엔터테인먼트 사이언스 I

# 엔터테인먼트
## 경영·경제학

First published in English under the title

Entertainment Science: Data Analytics and Practical Theory for Movies, Games, Books, and Music

by Thorsten Hennig-Thurau and Mark B. Houston, edition: 1

Copyright ⓒ Springer International Publishing AG, part of Springer Nature, 2019

Korean translation edition ⓒ 2021 by HanulMPlus Inc.

This edition has been translated and published under licence from Springer Nature Switzerland AG.

Springer Nature Switzerland AG takes no responsibility and shall not be made liable for the accuracy of the translation.

# ENTERTAINMENT SCIENCE
Data Analytics and Practical Theory for Movies, Games, Books and Music

## 엔터테인먼트 사이언스 Ⅰ

# 엔터테인먼트
## 경영·경제학

**토르스텐 헤니그-투라우**(Thorsten Hennig-Thurau) · **마크 B. 휴스턴**(Mark B. Houston) 지음
이청기 · 김정섭 · 조영인 · 조희영 · 박정은 · 이규탁 · 이은혜 옮김

한울
아카데미

'누가 감히 앞날을 점칠 수 있나요?(Who dares to predict the future?)' 또는 '어떻게 될지 아무도 몰라요(Nobody knows anything)'. 이 말들은 다른 곳에도 더러 통용되겠지만 엔터테인먼트 분야에서 보다 확실하게 소구되는 불문율과 같은 통설입니다. 한국 시간으로 2021년 4월 26일 새벽 일흔네 살의 대한민국 배우 윤여정은 영화 〈미나리〉로 제93회 미국 아카데미상 여우조연상을 수상해 세계를 놀라게 한 것은 물론 국내에서도 코로나19 팬데믹에 찌든 '우울한 봄' 분위기를 단숨에 날려 버렸습니다.

차디찬 죽은 땅에서 미려한 라일락을 꽃피우듯이 강인한 생명이 움트는 봄날이 너무 아름다워 역설적으로 '4월은 잔인한 달(April is the cruellest month)'이라 했던 영국 시인 T. S. 엘리엇의 명시 「황무지(The Waste Land)」의 주조(主調)와 상통할 정도였습니다. 윤여정이 수상 직후 〈미나리〉의 공동 제작사인 플랜B의 대표이자 유명 배우 '브래드 피트'에게 그간의 아쉬움을 따지듯 던진 위트 있는 수상 소감은 앞서 제시한 불문율처럼 엔터테인먼트 콘텐츠의 운명을 역설적으로 보여 주었습니다.

윤여정의 소감은 22억 원에 불과했던 〈미나리〉의 제작비를 좀 더 많이 투자했어야 하지 않느냐는 마음속 묻어 둔 이야기를 다소 직설적으로 토로한 것이지만, 역설적으로는 브래드 피트가 〈미나리〉의 히트를 전혀 예감하지 못했다는 방증이기도 합니다. 엔터테인먼트는 그래서 '서프라이즈 비즈니스'입니다. 할리우드에서 웬만한 상업영화의 제작비가 편당 수백억 원에 달하는 실정에서 아무리 독립영화라 해도 22억 원이라는 제작비는 그 규모가 너무 작았다고 평할 수 있습니다. 그러나 히트를 예감했다면 누구라도 보다 많은 투자를 했을 것입니다. 정반대의 입장에서 보면 22억 원이라는 적은 금액을 투자하고서도 영화가 아카데미 상도 받고 국제적인 관심을 끌어 예상하지 못한 수익도 거두게 되었으니 수익률 면에서는 '초대박'인 것입니다.

할리우드나 충무로에서는 마찬가지로 많은 제작비를 투자했어도 흥행에 이르지 못하는 사례가 부지기수입니다. 독립영화나 단편영화가 의외의 화제를 불러일으켜 관객몰이를 하기도 하지만 제작비 투자 유치와 마케팅, 홍보에 많은 공을 들인 상업영화라도 극장에 걸지도 못하는 경우가 많습니다. 그런 현실에서 〈미나리〉의 성공 사례는 엔터테인먼트 상품 성패의 불가측성과 서프라이즈 효과를 적확하게 설명해 주는 사례였습니다. 이는 엔터테인먼트 산업 종사자와 연구자들에게도 뜨거운 연구거리를 제공했습니다.

한국에서도 아이돌 그룹 방탄소년단(BTS)과 그 소속사 하이브(옛 빅히트엔터테인먼트)의 성공 사례는 미국 하버드 경영대학에서도 발 빠르게 한국에 찾아와 회사 관계자들을 인터뷰하고 경영 성과를 분석한 뒤 ≪하버드 비즈니스 리뷰≫에 "Big Hit Entertainment and BTS: K-Pop Reaches for a Global Breakthrough"와 "Big Hit Entertainment and Blockbuster Band BTS: K-Pop Goes Global" 등과 같은 연구 논문을 내놓을 만큼 세계적인 관심을 끌었습니다. 그만큼 이들의 성공은 불가측성과 의외성이 뚜렷했기 때문입니다. 미국, 영국 같은 주류 음악 시장에서 볼 경우 시장 규모가 작은 나라인 한국의 아이돌 그룹이 세계 음악 시장을 석권한 것부터가 너무 낯설고 놀라운 이슈였을 것입니다.

하이브는 2012년 최초의 아이돌 그룹 '글램'을 내놓았지만 안착에는 실패한 데다 추가 투자를 받지 못해 존폐 위기에 내몰렸기에 그때의 상황에서 보면 누구도 성공을 예상하지 못했을 것입니다. 이때 투자 회사 SV인베스트먼트는 BTS도 없던 시절 이 회사의 가능성을 믿고 40억 원을 투자했습니다. 하이브의 입장에서는 매우 어렵게 설득해 투자를 받은 것입니다. 이렇게 결성된 7인조 BTS는 선한 영향력의 전파를 목표로 신세대를 대변하는 노랫말과 세계 음악의 유행성과 한국 문화의 고유성을 결합한 멜로디와 안무를 창출해 선보이고, '참여형 아이돌' 콘셉트로 레거시 미디어에 의존하지 않고 동참 촉진형 소셜 미디어 전략을 구사해 아미(ARMY)라는 충성도 높은 팬클럽의 지원을 받아 글로벌 스타로 우뚝 섰습니다. BTS가 대히트한 덕분에 투자사인 SV인베스트먼트도 2018년 1088억 원을 회수하며 원금 대비 27.2배의 투자 수익을 거두었습니다. 성공 운명의 동반자였던 것입니다.

하이브는 세계 음악 시장의 제패라는 일단의 성과에 그치지 않고 음악적 영향력의 수명과 기세를 더욱 지속 및 확장하기 위해 최근 미국의 스쿠터 브라운이 설립한 아타카홀딩스를 10억 5000만 달러에 인수해 세계 1위의 기획사로 위상을 확보했습니다. 아타카홀딩스는 음악 관련 매니지먼트와 영화·TV를 아우르는 종합 미디어 지주회사로서 아리아나 그란데, 저스틴 비버, 제이 발빈, 데미 로바토 등 세계적인 팝 스타가 소속된 레이블 그룹을 산하에 두고 있기에 하이브의 목표인 음악 산업 혁신, 선한 영향력의 실천, 삶의 변화 추동 등을 실현하며 현재의 운명을 더욱 빛나게 증강하려는 구상을 실행한 것입니다.

이렇듯 〈미나리〉와 BTS의 성공은 대중문화의 힘이 세상을 크게 바꾸는 '컬처 파워 시대' 엔터테인먼트 경제학과 경영학의 규범과 원리를 잘 설명해 주는 대표 사례입니다. '하이 리스크 하이 리턴(high risk, high return)'의 메커니즘이 작동하는 엔터테인먼트 상품은 일반 상품의 운명이나 가치 사슬 특성과 전혀 다른 경우가 많습니다. 따라서 엔터테인먼트 산업 경영자와 투자자들은 제작비를 어느 정도 쏟을 것인지, 어떻게 상품을 기획하고, 제작 팀의 창의성이 어떻게 발휘되게 할 것인지 특별히 심사숙고할 수밖에 없습니다. 연구자들도 이 과정과 결과를 예민하게 주시하며 경험적·이론적·통계적 산물의 탐색과 도출에 관심을 보이고 있습니다.

이 책은 원제가 '엔터테인먼트 사이언스(Entertainment Science)'로서 엔터테인먼트 산업 경영자들은 물론 학자, 연구자들의 고민을 해결해 주는 데 큰 보탬이 되는 학술서입니다. 따라서 한국엔터테인먼트산업학회에서 활동하며 인연이 된 학자 7명이 마음을 모아 2020년부터 방대한 번역 작업에 나서 책이 나오게 되었습니다. 엔터테인먼트 분야에서 실무 경험이 많은 현장 전문가 출신과 아티스트 출신 학자들이 대거 참여함으로써 실무와 이론, 산업 현장과 학계의 괴리를 최대한 줄이는 이해도와 통찰력이 높은 번역서를 출간하려 한 것이 특징입니다.

구체적으로 번역 작업에는 KBS 콘텐츠전략팀장, KBS 미디어텍과 KBS 아트비전의 이사, e-KBS 대표 등을 지낸 이청기 KBS공영미디어연구소 연구위원, ≪경향신문≫ 문화부 기자 출신으로 현장 경험과 연구 경험이 조화된 엔터테인먼트 산업 전문가인 성신여대 김정섭 교수, 한국무용가이자 배우, 안무가 출신으로 동국대·추계예술대 강사이자 한국문화예술연구소장을 맡고 있는 조영인 박사, 한국영화아카데미 프로듀싱 과정을 나와 CJ CGV, CJ ENM, 타임와이즈인베스트먼트 등에서 영화·문화 콘텐츠 투자·유통 분야의 풍부한 실무 경험을 쌓은 바 있는 영화 산업 전문가 중앙대 조희영 교수, 클래식과 전자 바이올린 연주를 오가는 크로스오버 바

바이올리니스트 출신으로 실용음악 및 음악교육 전문가인 경희사이버대 박정은 교수, 케이 팝(K-pop)과 대중음악 전문가로 이름이 높은 한국조지메이슨대 이규탁 교수, 미국 브로드웨이와 한국에서 뮤지컬 주연배우로 활동한 뮤지컬 보컬 실기, 작품 분석, 공연 등 뮤지컬 전문가인 동국대 이은혜 교수가 각각 참여했습니다.

이 책을 공들여 번역하여 한국의 지식사회에 널리 보급하기로 한 것은 전적으로 이 책이 갖는 독보적인 특성과 매력 때문입니다. 이 책은 첫째, 가장 현대적인 관점에서 미국과 유럽 지역의 연구 실적 및 통찰력을 결합하여 다양한 장르의 엔터테인먼트 상품의 성공 법칙을 경험적·이론적·통계적으로 통합 분석 및 도출하여 제시했고, 둘째, 기획·투자-제작-배급·유통-이용 등 가치 사슬 전 과정에서 적용되어야 할 이론, 법칙, 전략을 일목요연하게 제시해 실용적 가치가 높습니다. 한마디로 엔터테인먼트 상품이 갖는 흥행과 실패의 불가측성에 특히 주목하여 이를 해소하기 위한 수단으로 강력한 실무 경험, 정교한 이론, 이를 뒷받침하는 방대한 데이터의 통계 분석을 동원한 것입니다. 위험은 가능한 한 축소하고 기대는 더욱더 높이려는 관점에서 이 책의 독자가 될 경우 남다른 과학적인 통찰과 혜안을 얻어 엔터테인먼트 비즈니스 예측력을 강화하도록 고려했습니다.

이 책의 저자인 토르스텐 헤니그-투라우와 마크 B. 휴스턴 교수는 각각 독일과 미국의 엔터테인먼트 산업·경제학 전문가로 이름이 높습니다. 토르스텐 헤니그-투라우는 독일의 저명 경제학자로 주로 미디어·영화·소셜미디어 경제, 관계 마케팅을 연구했으며, 현재 뮌스터대 마케팅 센터 마케팅·미디어 연구위원회 의장을 맡고 있습니다. 마크 B. 휴스턴은 미국의 마케팅 학자로 주로 채널·영화 마케팅 및 혁신 전략을 연구했으며 현재 텍사스크리스천대(TCU) 닐리비즈니스 스쿨 마케팅학과 교수로 일하고 있습니다. 이 두 사람은 학계의 관련 논문과 연구 사례를 집대성하고, 관련

업계 전문가들에 대한 인터뷰와 그들이 제공하는 산업 현장의 살아 있는 데이터를 축적해 이를 바탕으로 이 책을 저술했기에 활용 가치가 매우 높습니다.

이 책은 원서의 경우 단권이지만 분량이 방대하여 총 3권으로 나누어 I~III권 시리즈로 구성했습니다. I권은 6개 장으로 구성했습니다. 1장은 '어떻게 될지 아무도 몰라요'라는 통설은 잊어라: 이제는 엔터테인먼트 사이언스의 시간이다'라는 제목에 따라 이 경구가 엔터테인먼트 사이언스가 산업의 새로운 불문율이 되어야 하는 이유를 설명하고 책의 내용 및 책 전반에 걸친 주요 용어들을 간략히 풀이했습니다.

2장은 경영·경제학의 관점에서 엔터테인먼트의 기본 원리를 다루었습니다. 3장은 엔터테인먼트 상품이 독특한 이유, 즉 주요 특성을, 4장은 엔터테인먼트 시장이 독특한 이유를 각각 분석했습니다. 5장은 엔터테인먼트 상품의 필수적 비즈니스 모델로서 가치를 창출하고 돈을 버는 것에 관해, 6장은 엔터테인먼트의 소비 측면에 관해 각각 서술했습니다.

II권은 엔터테인먼트 상품의 히트를 결정하는 요소를 4P(Product, Promotion, Place, Price) 관점에서 III권과 더불어 기술했습니다. 그중 II권은 상품(Product)에 대해 II권 전체를 통해 깊이 있게 다루었으며, III권에서는 나머지 3P(Promotion, Place, Price)를 서술했습니다. 먼저 II권의 1장은 엔터테인먼트 상품 결정 중 위대한 엔터테인먼트에 필요한 스토리 등 경험 품질에 대해, 2장은 기술, 장르 등 상품의 탐색 품질 등에 대해 각각 다루었습니다. 3장은 엔터테인먼트 상품 결정 중 품질 지표로서의 브랜드를, 4장은 성공적인 새로운 엔터테인먼트 상품을 개발하는 방법을 각각 제시했습니다.

III권은 4P 중 나머지 3P(Promotion, Place, Price)와 함께 엔터테인먼트 통합 마케팅 전략을 다루었습니다. 1장은 엔터테인먼트 커뮤니케이션 결정 대상 가운데 유료 채널인 '페이드 채널(paid channel)'과 소유 채널인 '온드 채널

(owned channel)'을 각각 상술했습니다. 2장은 엔터테인먼트 커뮤니케이션 결정 대상 가운데 입소문 등의 평가형 채널인 '언드 채널(earned channel)'을 소개했습니다. 3장은 엔터테인먼트의 유통(배급) 과정을 다루는 엔터테인먼트 유통 결정 메커니즘을, 4장은 엔터테인먼트 가격 결정 전략을 각각 다루었습니다. 마지막으로 5장은 엔터테인먼트 상품과 커뮤니케이션, 유통, 가격 결정을 조합해 엔터테인먼트 상품의 가치를 높이고 소비를 촉진하는 통합 마케팅을 다루면서 블록버스터와 틈새 상품에 관해서도 상술했습니다.

옮긴이들 모두는 모쪼록 이 책이 출간되어 학생들은 물론 엔터테인먼트 산업과 학계 종사자들이 관련 지식과 실무의 지평을 넓히는 데 큰 도움이 되었으면 하는 바람을 갖고 있습니다. 번역 작업에 혼신을 다한 옮긴이들은 한 팀을 이루어 번역에 동참한 인연을 평생 소중히 여기며 지난 1년간 고역스러운 작업을 해낸 것에 대해 서로 위로하고 감사의 뜻을 표했습니다. 기획과 편집을 위해 수고한 한울엠플러스(주)의 김종수 사장, 윤순현 실장, 배소영 팀장 등 출판사 관계자들에게도 깊은 감사를 표합니다. 많은 독자들에게, 특히 학생, 연구자들과 산업 관계자들에게 유용한 책이 되기를 소망합니다. 독자 분들에게는 특별히 깊은 감사의 마음을 전합니다. 이 책과 인연을 함께한 지은이, 옮긴이, 출판인, 유통인, 판매인, 독자, 응원자, 출판 담당 기자 등 모든 분의 행복을 기원합니다.

2021년 6월 15일
옮긴이 일동

# 엔터테인먼트 사이언스 I — 엔터테인먼트 경영·경제학

# 엔터테인먼트 사이언스 II — 엔터테인먼트 상품 경영론

# 엔터테인먼트 사이언스 III — 엔터테인먼트 통합 마케팅론

# 서문

　영화, 게임, 책, 음악을 통해 수십억 명의 사람들에게 영감을 불어넣는 엔터테인먼트 산업의 특징은 종종 '어떻게 될지 아무도 몰라요'라는 통설로 대변됩니다. 전설적인 시나리오 작가 윌리엄 골드먼(William Goldman)에 의해 30여 년 전 처음 등장한 이 발언에 따르면 엔터테인먼트 상품의 생존과 성공은 그저 경영적 직관과 본능에 달려 있으며 엔터테인먼트 상품을 위한 경제적 규칙이나 법칙은 존재할 수 없습니다.

　골드먼의 발언은 새로운 영화나 비디오 게임 단 한 편의 제작과 마케팅에만 통상 1억 달러 이상이 소요되고 때로는 5억 달러까지도 달하는 최근 엔터테인먼트 업계의 예산 규모와 현저히 상충합니다. 이 책에서는 엔터테인먼트 사이언스를 하나의 대안으로서, 더욱 시의적절하게는 하나의 패러다임으로서 소개합니다. 거의 무제한의 데이터와 컴퓨터 파워의 시대에 엔터테인먼트 사이언스의 스마트 애널리틱스와 강력한 이론은 의사결정자들에게 귀중한 통찰력을 제공할 수 있을 것입니다. 골드먼의 발언을 폐기하려는 우리의 목표가 창의성과 직관을 폐기하려는 욕망과 혼동되어서는 안 됩니다. 엔터테인먼트 사이언스는 데이터 분석과 이론을 창의성이나 직관 같은 기본적 기술을 대체하는 것이 아니라 보완적인 자원으로 여깁니다.

이 책은 마케팅, 경제학 등 다양한 분야의 학자들이 엔터테인먼트의 성공이나 실패 요인에 대해 축적한 지식을 체계적으로 탐구해 제공합니다. 엔터테인먼트 상품을 관리하고 업계의 진로를 결정하는 많은 사람이 이러한 지식을 모른 채 지나쳐 왔습니다. 그러나 대부분의 연구가 엔터테인먼트 비즈니스의 특정 영역만 고립적으로 다루고 있어 해당 지식과 관련해 통합성 부족의 문제도 제기되어 왔습니다.

이 책의 주요 공헌은 엔터테인먼트 산업에 대한 35년 이상의 고품질 학술 연구를 담은 독특한 금고를 열어 미래 및 현재 의사 결정자들이 접근할 수 있도록 한다는 것입니다. 다시 말해, 우리는 할리우드의 실용적인 기술을 하버드, UCLA, 와튼, TCU(텍사스크리스천대) 및 뮌스터대－학자들이 엔터테인먼트 사이언스의 발전에 이바지한 전 세계 여러 곳 중 극히 일부만 언급한다면－의 지적 능력과 연결합니다. 그러나 우리의 목표는 훨씬 더 야심 찹니다. 우리는 엔터테인먼트 산업에서 '좋은' 마케팅 및 관리란 어떻게 정의되는가에 대한 포괄적인 접근 방식을 독자들에게 제공하고자 하며, 이를 위해서는 많은 다양한 연구를 잘 짜 맞춰진 퍼즐처럼 통합해야만 합니다. 이러한 통합적 성질이 이 책을 이론 구축 자체에 대한 시도로 만듭니다. 전반적으로 이 책은 무엇이 엔터테인먼트 상품을 성공으로 이끌며, 어떤 것들이 엔터테인먼트로서는 실패하는가에 대한 설명을 핵심으로 하는 엔터테인먼트 사이언스 이론의 첫 번째 초안으로 간주할 수 있습니다. 이 이론은 많은 틈과 공백이 남아 있는 이론이며, 일부 영역은 다른 영역보다 더 강력한 주장, 풍부한 데이터 및 더 엄격한 통계 방법으로 뒷받침됩니다. 그러나 이 계속 발전되는 특성은 모든 종류의 이론에서 전형적이며, 그러기에 이론이란 태생적으로 확고하거나 최종적인 경우가 드뭅니다.

엔터테인먼트 사이언스(책과 이론)의 핵심은 확률론적 세계관입니다. 이 책은 종종 묵과되었으나 골드먼 발언의 근간이 되어 온 결정론적 관점을, 엔터테인먼트 산업에서의 성공은 결정론을 따르는 것이 아니라 오로지 확률적이라는 주장으로 대체합니다. 새로운 엔터테인먼트 상품이 시장에서 성공할 것인가에 대해 누구도 확신할 수는 없다는 골드먼의 신봉자들도 옳지만, 이 책에 포함된 산업 메커니즘, 소비자 패턴 및 마케팅 도구에 대한 통찰력을 모든 경영자가 가슴에 담아 둔다면 다음번에는 성공 확률을 높일 수 있습니다.

학자들이 영화, 게임, 책 또는 음악의 성과에 빅데이터 세트에 대한 엄격한 분석 방법을 적용해서 생성된 결과에 가치를 더하는 것은 바로 이 확률적 관점입니다. 그러나 우리는 엔터테인먼트 학자들과 다른 분야의 학자들이 이미 기업과 그 고객의 행동에 대해 발전시킨 강력한 이론을 고려하지 않으면 엔터테인먼트 산업의 이론과 그 적용이 실제로 제 역할을 할 수 없다고 믿습니다. 그것이 우리가 이 책을 창의성, 데이터 분석 및 좋은 이론의 조합으로 구성한 이유입니다. 즉, 고전적으로 표현하자면 오늘날 엔터테인먼트 산업에서 성공하기 위해서는 창의성과 직관이라는 엔터테인먼트의 전통적인 요소를 보완할 수 있는 강력한 분석과 훌륭한 이론을 결합하는 것만큼 실용적인 것은 없습니다.

이 책은 다양한 독자 그룹을 대상으로 합니다. 비즈니스 또는 창작 예술 전공 학생이거나 다른 산업 근로자로서 엔터테인먼트와 이를 제공하는 기업들에 매료된 사람들을 대상으로 합니다. 이 책이 이 독특한 산업에 관한 관심을 심화시키고 경제 메커니즘을 더 잘 이해하는 데 도움이 되기를 바랍니다. 엔터테인먼트에 관한 과학적 연구의 많은 부분을 엔터테인먼트 사이언스라는 통합적 이론으로 정리하면 학자들의 차기 연구에 영감을 주고 흥미로운 '미지수들'을 식별하는 데 도움이 될 뿐만 아니라 학자의 작업을 구성하고 새로운 인식을 해석하는 데 도움이 됩니다. 우리는 또한 이 책을 자기 생각에 도전하는 것을 좋아하고, 의사 결정자로 성장할 방법을 찾고 있으며, 승자를 선택하고 패자를 피하는 기업의 능력을 향상하려는 현재 엔터테인먼트 기업의 의사 결정권자들을 염두에 두고 썼습니다. 우리의 디지털 시대는 엔터테인먼트 사이언스의 여러 매력적인 측면에 대해 이러한 모든 그룹 간의 활발한 교류를 가능하게 하고 촉진하는 도구를 제공합니다.

웹사이트 http://entertainment-science.com 및 https://www.facebook.com/EntertainmentScience 커뮤니티에 참여하도록 초대합니다. 이곳들은 또한 새로운 발견 및 발전에 대한 최신 정보의 업데이트 공간이 될 것입니다.

독자 여러분이 엔터테인먼트 사이언스의 세계로 뛰어들기 전에 설명하고 싶은 것이 더 있습니다. 우리 두 사람은 모두 훈련된 마케팅 학자이기 때문에 이 책이 경쟁 세계에서 고객을 확보하는 데 초점을 맞춘 시장 중심의 관점을 취한다는 것은 놀라운 일이 아닐 것입니다. 고객이 실제로 설득되고 시장과 관련된 목표를 달성하는 데 필요한 내부 조직 프로세스에 대해서는 훨씬 덜 다루고 있습니다(한 가지 예외는 혁신 프로세스의 조직입니다. 그 이유는 이와 관련한 조직적이고 절차적인 문제들이 고객에게 강력한 새로움을 제공하는 데 있어서 말 그대로 분리될 수 없는 사항들이기 때문입니다). 시장 중심 접근 방식은 전반적인 기업 전략을 참조하는 의사결정을 의미하며, 우리는 시장 중심 의사결정에서 성공 또는 실패가 어떻게 발생할 수 있는지 강조합니다. 우리는 시장 중심의 관점을 취하는 것이 엄청난 가치가 있다고 믿고 있으며, 오늘날 엔터테인먼트 산업에서 일어나고 있는 많은 변화는 우리의 사고방식을 공유하는 기업(예: 아마존 및 넷플릭스)에서 기인한다고 생각합니다.

또한, 종종 유리되기 마련인 엔터테인먼트 실무와 학계를 결합하는 것을 목표로 책을 집필하려면 때때로 어느 한쪽의 표준 언어에 반하는 용어를 사용하게 된다는 사실을 강조하고 싶습니다. 극단적인 예로 엔터테인먼트 산업에 대한 가치 사슬 분석의 결과로 영화관은 '상영관'이 아닌 영화 배급사로 지칭할 것입니다. 또한, 스튜디오/레이블은 소매업체가 소비자들에게 상품을 배포하는 것과 꼭 마찬가지로 상품을 소비자에게 유통하려는 소매업체들에게 상품을 '판매'하는 주체들입니다. 유통은 여전히 마케팅 믹스의 중요한 부분으로 남아 있습니다(이 책에서도 한 장를 할애했습니다). 하지만 산업적 관점에서 볼 때 엔터테인먼트를 갈망하는 사람들에게 영화를 배급하는 것은 극장입니다. 업계에서 선택한 용어의 적절성에 대해 결코 이의를 제기하지 않는다는 점을 강조하는 것이 우리에게는 중요합니다. 그러나 우리의 야망은 다른 시장과 산업에서 형성된 지식까지도 전파하는 것입니다. 일반적 이론과 모델이 때때로 확립된 '산업 언어'에 반하는 방식으로 실행되기 때문에 개념과 용어의 조화가 필요합니다. 독자들 가운데 (극장을 통해 관객에게 영화를 상영하는 행위를 스스로도 '극장 배급'이라고 부르는 데 익숙한) 산업계 대표들이 이 절차를 용인해 주셨으면 합니다. 양측이 서로 배울 수 있기를 바랍니다.

또한, 엔터테인먼트 세계의 다른 두 대륙 출신인 두 저자의 조합은 부가가치를 가져옵니다. 우리 둘 다 국제적인 관점을 가지고 있지만 '지구 중심적' 접근 방식과 북미(마크 B. 휴스턴) 및 유럽 대륙(토르스텐 헤니그-투라우)의 지역별 지식을 결합합니다. 이를 통해 전 세계 여러 지역에서 다양한 언어로 공개된 엔터테인먼트 통찰력을 다룰 수 있었습니다. 물론 세계화 시대에 엔터테인먼트의 세계는 그 두 대륙보다 훨씬 더 큰 세계를 이루며, 엔터테인먼트 세계의 다른 지역에서도 통찰을 가져오고자 했으나 이러한 지역들이 책에서 부족하게 표현되었음을 독자들은 느끼게 될 겁니다. 이 편향을 용서해 주십시오. 적어도 우리는 시도는 했습니다.

책을 쓰는 것은 집단적인 노력이라는 말을 자주 듣는데 이보다 더 정확한 표현은 없습니다. 우리는 우리의 생각을 형성하게 해 준 다양한 그룹의 사람들에게 깊이 감사합니다. 그들은 때때로 우리의 아이디어에 의문을 제기했고 영감을 주었습니다. 많은 동료의 직간접적 기여 없이는 엔터테인먼트 사이언스가 존재하지 않을 것이라고 말하면서 시작합니다. 특히 다양한 엔터테인먼트 산업 연구 프로젝트의 공동 저자들 — 수먼 바수로이(Suman Basuroy), 사빈 베스트(Sabine Best), 마티아 보드(Matthias Bode), 뵨(Björn), 본넨캄프(Bohnenkamp), 수비말 채터르지(Subimal Chatterjee), 하이펭 '알랑' 첸(Haipeng 'Allan' Chen), 미셸 클레멘트(Michel Clement), 도미니크 달빗츠-베그너(Dominik Dallwitz-Wegner), 펠릭스 에거스(Felix Eggers), 여호수아 '조시' 엘리아스버그(Jehoshua 'Josh' Eliashberg), 파비안 펠드하우스(Fabian Feldhaus), 스테판 푹스(Stefan Fuchs), 티모시 헤스(Tim(othy) Heath), 토르스텐 헤잇잔스(Torsten Heitjans), 빅터 헤니그(Victor Henning), 바바라 힐러(Barbara Hiller), 줄리안 호프만(Julian Hofmann), 람 자나키라만(Ram Janakiraman), 셰인 존슨(Shane Johnson), 알레그라 캐진스키(Alegra Kaczinski), 앤-크리스틴 쿠퍼냅(Ann-Kristin Kupfer(Knapp)), 브루노 코허(Bruno Kocher), 라울 큐블러(Raoul Kübler), 안드레 마찬드(André Marchand), 폴 마르크스(Paul Marx), 줄리앤 메티스(Juliane Mathys), 문상길(Sangkil Moon), 박은호(Eunho Park), 노라 팔러 보더 홀테(Nora Pähler vor der Holte), 리시카 리시카(Rishika Rishika), 헨리크 새트러(Henrik Sattler), 리카르다 샤우르테(Ricarda Schauerte), 레오 송(Reo Song), 샤리하리 하리 스리드하르(Shrihari 'Hari' Sridhar), 프란지스카 볼크너(Franziska Völckner), 잔프랑코 조니 월시(Gianfranco 'Johnny' (a.k.a. Frank) Walsh), 찰스 '척' 와인버그(Charles 'Chuck' Weinberg), 베렌드 위렝가(Berend Wierenga), 캐럴라인 비르츠(Caroline Wiertz), 올리버 '올리' 럭(Oliver 'Olli' Wruck)에게 감사드립니다. 우리가 이 책에서 우리의 작업이라 할 때 우리는 당신들을 염두에 두었습니다. 하디다(Hadida, 2009)와 펠토니에미(Peltoniemi, 2015)가 우리에게 가장 영감을 준 엔터테인먼

트 연구 분야를 구조화하기 위한 학자들의 초기 시도에 더해서 앤-크리스틴(Ann-Kristin)과 본은 이 책의 기초를 제공한 엔터테인먼트와 미디어 강의를 공동으로 개발했기에 특별히 감사를 드립니다. 그리고 로니 베레(Ronny Behrend)는 특별히 언급할 필요가 있는데 그가 이 책의 혁신 관리(innovation management) 장을 우리와 공저하며, 피드백을 해 주었고, 여러 편집 이슈를 도와주었습니다. 더 나아가 이 책이 출판 연도에 스무 번째 열릴 멜론 이코노믹스 필름 엔터테인먼트 콘퍼런스에 매년 모인 학자들과의 상호 협력으로부터 받은 많은 도움은 글로 표현하기 힘듭니다. 브루스 맬런(Bruce Mallee)은 이 콘퍼런스에 동기를 부여하고, 만든 강력한 분입니다. 우리는 항상 그의 지도력과 지지에 감사합니다. 그에게 이 책을 증정합니다. S. 아브람 '에브리' 래빗(S. Abraham 'Avri' Ravid)과 올라브 소랜손(Olav Sorenson)은 이 책의 저술 작업이 빠르게 진행될 수 있게 해 주었습니다. 그리고 많은 분들, 특히 달린 치숄름(Darlene Chisholm), 아트 드 배니(Art De Vany), 아니타 엘버스(Anita Elberse), 나타샤 포스(Natasha Fourth), 알레그레 하디다(Allegre Hadida), 모리스 홀브룩(Moris Holbrook), 아미트 조시(Amit Joshi), 용 리우(Yong Liu), 조르디 매켄지(Jordi McKenzie), 자말 샴지(Jamal Shamsie), 마이클 D. 스미스(Michael (D.) Smith), 제이슨 스콰이어(Jason Squire), 해롤드 '할' 보겔(Harold 'Hal' Vogel), 조시, 척, 수먼, 앤-크리스틴과 같이 위에 언급한 많은 공동 저자가 수년간 놀라운 아이디어 인큐베이터 역할을 해 주었습니다.

또한, 우리의 과거와 현재의 동료 교수들로부터의 지적인 도움에 빚을 졌습니다. 토르스텐에게는 토르스텐 비젤(Thorsten Wiesel)과 뮌스터대의 만프레드 크라프트(Manfred Krafft), 아르민 로트(Armin Rott), 볼프강 키슬(Wofgang Kissel), 바이마르의 바우하우스대에서 영감을 받은 탐 그로스(Tom Gross), 캐롤린 비르츠, 또한 빈스 미첼(Vince Mitchell)과 런던 시티대에 있던 조 렘펠(Joe Lempel)에게 빚을 졌습니다. 마크는 밥 레온(Bob Leone), 에릭 요크스턴

(Eric Yorkston), 크리스 화이트(Chris White)를 포함해 텍사스크리스천대의 동료들에게 감사합니다. 그리고 텍사스A&M대의 마케팅과 교수들, 미주리대의 코믹콘 광인 피터 블로치(Peter Bloch)에게 감사합니다. 우리 대학들은 책을 쓸 수 있게 연구 검색에 시간과 노력을 투자할 인터넷 대역폭과 자원을 제공해 주었습니다.

그러나 우리 책은 많은 다양한 역할과 기능 속에서 엔터테인먼트 산업의 일부인 숱한 위대한 이들의 도움이 없었다면 학계와 산업의 다리를 연결하지 못했을 것입니다. 그들이 데이터와 맥락을 공유하며 우리의 프로젝트를 돕고 영감을 제공해 주었기에 가능했습니다. 여기서 이름을 일일이 열거하기는 힘들지만 가장 도움을 주었고 함께 일하며 즐거워했던 분들은 안드레아스 바레이스(Andreas Bareiss), 말테 프로브스트(Malte Probst), 마이클 쾰멜(Michael Kölmel), 잰 리커스(Jan Rickers), 위프라이드 베라우어(Wiffried Berauer), 디트마어 귀터체(Dietmar Guntsche), 안드레아스 크라머(Andreas Kramer), 캐럴라인 번하트(Caroline Bernhardt) 그리고 빅데이터와 빅 무비스 콘퍼런스를 2016년 포츠담과 베를린에 있던 토르스텐과 함께 공동 주재했던 자니스 펑크(Janis Funk)에게도 감사합니다. 또한, 마이클과 디트마어의 웰키노(Welkino) 팀, 번하드 글로글러(Bernhard Gloggler), 크리스틴 베버(Christine Weber), 로거 그로티(Roger Grotti), 그리고 디즈니 저머니(Disney Germany)의 로버트 로스버그(Robert Rossberg), 폭스 저머니(Fox Germany)의 볼커 라우스터(Volker Lauster), 저마 태츨래프(Germar Tetzlaff)와 동료들, 그리고 카러 프리츠(Kalle Fritz), 그의 스튜디오카날 저머니(StudioCanal Germany) 팀, 그리고 마르셀 렌츠(Marcel Lenz), 그리고 바이마르-베이스드 오스트리트(Weimar-based ostlicht)인 귀도 슈바프(Guido Schwab)에게 감사합니다. 물론 책 내용 중 독자들이 동의하지 않는 부분이 혹시라도 있다면 그 책임은 오롯이 저자들의 몫입니다.

추가로 이 책에서 제공하는 많은 인사이트는 바이마르의 바우하우스대와 뮌스터대의 학부, 석사, 박사 과정 학생들의 도움이 없었다면 존재하지 않았을 것입니다. 그 학생들은 아이디어와 이론의 틀을 짜고 큰 도움을 주었습니다. 연구 보조원으로서, 다양한 중요한 발견인 데이터베이스를 구성한 것은 이 책에 중요하게 다뤄졌습니다. 그들 중 여러 분이 위에 언급되어 있고, 그들은 엔터테인먼트 학자나 경영자가 되었습니다. 토르스텐의 뮌스터에 있는 레브루스튜벨 슈에르테(Lebrustubl Schuertte)를 관리하는 탄자 거링호프(Tanza Geringhoff)와 함께 노라 팔러, 리카르다 샤우르테가 원고의 마무리 작업과 검수를 도왔습니다. 캐진스키와 우츠 릴(Utz Riehl)도 도와주었습니다. 더 나아가 잭 그림스(Jack Grimes)와 텍사스A&M대의 프레이언 차드리(Preyan Choudhuri)는 이 책의 기술적 부분을 도와주었습니다. 뮌스터대의 키라 슈렌더(Kira Schlender)는 웹사이트를 놀라울 정도로 구성해 주었고, 카이 포캄프(Kai Pohlkamp)는 데이터 분석과 이론이라는 의자를 책 표지 사진으로 창조해 주었습니다. 마리스 하트마니스(Maris Hartmanis)와 그의 스튜디오인 텐스(Tense) 팀은 여러 디자인으로 도와주었고, 의자들을 책의 로고로 만들어 주었습니다.

마지막으로, 우리 가족들과 가까운 친구들에게 고마워해야만 합니다. 토르스텐은 그의 오랜 친구인 올리, 앨릭스 데세니스(Alex Deseniss) 그리고 수십 년 동안 끊임없는 토론에서 엔터테인먼트 취향의 골간을 만들어 준 entertainment action research와 수많은 시간을 함께한 로니 지에츠(Ronnie Zietz)에게 고마움을 표합니다. 그러나 가장 먼저 그와 20년 이상을 함께한 아내 클라우디아와 모든 보이 그룹 중 가장 흥겨운 이들인 프레더릭(〈워킹 데드(Walking Dead)〉의 첫 시즌을 함께한 것은 확실히 끈끈한 경험이었습니다), 패트릭(우리는 EA'S FIFA를 함께했습니다), 톰(무한대로 그 너머까지)에게 그들이 주었던 무한한 사랑과 지지에 고마움을 표합니다. 마트는 30년 이상을 함께한 아내 낸시와 수많은 영화에서의 공범자들인 존, 엘리스와 윌 그리고 뛰어난 게이머인 셰인(이 책으로 발생한 마크 몫의 수익금은 최근 그의 Mario or Super Smash Bros 타이틀에서 사용되었습니다)에게 감사합니다. 가족들의 영감과 끝없는 지극한 인내가 있었기에 이 책이 나왔습니다. 우리는 서로에게, 또한 여러분 한 사람 한 사람에게 큰 신세를 지고 있습니다.

독일 뮌스터에서 토르스텐 헤니그-투라우(Thorsten Hennig-Thurau)

미국 포트워스에서 마크 B. 휴스턴(Mark B. Houston)

**참고문헌**

Hadida, A, L. (2009). Motion picture performance: A riview and research agenda. *International Journal of Management Review, 11*, 297-335.

Peltonenmi, M. (2015). Cultural industries: Product-market characteristics, management challenges and industry dinamics, *International Journal of Management Reviews, 17*, 41-68.

# 엔터테인먼트 사이언스 I — 엔터테인먼트 경영·경제학

과거 수십 년간 현장과 연구를 통해 축적된 경험, 직관, 데이터를 기반으로 문화산업학과 엔터테인먼트 경영·경제학의 시각에서 영상, 음악, 공연, 출판, 게임 등 엔터테인먼트 상품의 본질과 특성을 깊이 있게 통찰한다. 이어 이를 체계적으로 관리하고 마케팅하여 성공으로 이끄는 데 필수적인 시장과 소비자, 사업 모델들을 탐구한다. 산업의 '리스크'에 방점을 두는 전통 산업론자들의 시각을 뛰어넘어 적극적이고 공세적인 입장에서 엔터테인먼트 사이언스를 탐색함으로써 리스크를 피하고 이용자들에게 매력적인 최적의 콘텐츠와 서비스를 선보일 혜안을 제공하고자 한다.

# 1장

# '어떻게 될지 아무도 몰라요'라는 통설은 잊어라
## 이제는 엔터테인먼트 사이언스의 시간이다!

우리는 우리를 일깨우고 삶을 풍요롭게 하는 영화, 비디오 게임, 책, 음악의 꾸준한 흐름을 좋아하고 종종 당연한 것으로 여긴다. 이런 상품들은 우리의 시간, 관심과 돈을 두고 경쟁한다. 영화 〈스타워즈(Star Wars)〉, 니콜라스 스파크(Nicholas Sparks)의 소설, 현재의 〈그랜드 테브트 오토(Grand Theft Auto)〉 또는 〈슈퍼 마리오(Super Mario)〉 게임, 또는 가수 아델(Adele)의 최근 트랙 같은 것들이 가장 새로운 것이든지 아니든지 간에 엔터테인먼트 상품의 성공에 영향을 미치는 경영적 결정에 대해 잠시 생각해 보라.

많은 다른 선택 가운데 경영자들은 ▶ 상품을 승인할지, ▶ 대스타에게 지급할지 아니면 프랜차이즈에 맡길지 또는 알려지지 않은 아티스트나 인물과 함께할 것인지, ▶ 상품이 어떻게 자금 조달되고… 유통되며… 팔릴 것인지, ▶ 스크린을 얼마나 확보할지, 얼마나 창고에 보관할지, ▶ 잠재적 소비자와 소통하고 관여할 것인지 결정한다.

이런 결정이 새로운 엔터테인먼트 상품의 운명을 결정한다. 때로는 그 상품을 제작하는 회사의 운명이나 그들을 키운 매니지의 경력까지도 결정한다. 그래서 엔터테인먼트 상품을 만드는 데 책임 있는 누구나 그들을 돕거나 올바른 결정을 돕는 접근 방식을 사용하기를 원한다. 이 책을 구성할 때 그런 결정의 접근 방식은 '직감(gut feeling)'에 의존했다. 엔터테인먼트 산업은 수십 년 동안 이런 접근 방식이 적용되었고, 그것을 더욱 특별히 '어떻게 될지 아무도 몰라요(Nobody knows anything)'라는 통설로 만들어 왔다. 그 발언은 할리우드의 전설인 윌리엄 골드먼에게서 나왔다. 과학적 접근으로 제안되는 것들은 종종 우스운 것들이 되거나 '어떻게 될지 아무도 몰라요'라는 제안자에 의해 순진한 것으로 여겨졌다. 그러나 최근 몇 년 간 여러 학자와 혁신적인 경영자들은 빅데이터와 복잡한 분석(애널리틱스)이 그런 직감에 바탕을 둔 엔터테인먼트 상품의 의사결정에 있어 대안이 될 수 있다고 주장한다. 양적 통계는 다른 산업으로부터 큰 약속에 고무되고, 유추(類推)되어 권장되면서 엔터테인먼트의 새로운 방식으로 환영받고 있다.

전통적인 '어떻게 될지 아무도 몰라요'라는 통설과 이러한 데이터 기반의 새로운 방법이라는 2가지 접근 방식은 아주 다른 방법이지만 머리를 아프게 한다. 전통적 방식과 새로운 방식 2가지보다 엔터테인먼트 상품을 더 뛰어나게 관리하는 방식을 우리가 이 책에서 제공한다. 그 이유는 2가지 방식이 엔터테인먼트 경영자들이 피해야만 하는 특별한 함정에 묶여 있고, 이 책이 그것들을 정확히 할 수 있도록 돕기 때문이다. '어떻게 될지 아무도 몰라요'라는 통설의 첫째 함정은 직감을 바탕으로 한 의사결정이 더는 오늘날의 엔터테인먼트 산업에 도전을 주지 않는다는 주장에서 나온다(그것이 과거에도 그랬는지는 잘 모르겠다). 경쟁적인 디지털 환경에서 가능한 많은 정보가 있어서 더는 경영자들이 오로지 개인적 느낌에 바탕을 두고 중요한 결정을 하는 것을 정당화할 수 없다. 그렇게 하는 것이 근시안적이며 우리가 '어떻게 될지 아무도 몰라요'라는 함정으로 언급한 것들의 희생자가 되게 한다. 두 번째 함정은 빅데이터의 활용이 그것의 위험들을 가져온다는 믿음이다. 경영자는 어떤 변수와 그 상품의 성공과의 중요한 경험적 관계가 나타날 때까지 데이터를 잡고, 모델화할 수 있다. 그러나 우리 자신의 경험에 따르면 그러한 분석은 인상적으로 보이지만 특이한 결과를 가져올 수 있다. 그 결과는 또한 기껏해야 단기적으로 가치가 있거나 뻔한 오해의 소지가 있고, 최악의 경우 비생산적일 수 있다. 우리는 이것을 엔터테인먼트 의사결정의 '가짜-정확성(False-Precision)' 함정이라고 부른다.

이 책은 〈그림 1.1〉처럼 '어떻게 될지 아무도 몰라요'라는 함정과 '가짜-정확성' 함정 모두에 대한 반응으로 엔터테인먼트 사이언스를 소개한다. 엔터테인먼트 사이언스는 엔터테인먼트 상품을 관리하는 접근 방식, 즉 데이터 분석이 믿을 수 없을 정도로 가치의 잠재력을 가진다는 점을 강조한다. 또 그 방식은 다른 좋은 과학의 기본적 요소인 이론에 결정적 역할

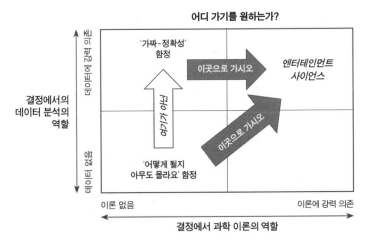

〈그림 1.1〉 엔터테인먼트 사이언스로 경영의 함정 피하기

을 부여한다. 이론은 경영자의 결정을 포함해 어떤 좋은 결정에 관한 것으로서든 유용한 과학의 기초이다. '이론'이 의미하는 것은 아래에서 논의한다. 그리고 엔터테인먼트에 대한 이론적 관점을 잘 적용하는 것은 창의성이나 직감을 배제하지 않고, 대신 그것들을 껴안는 것이다.

그래서 엔터테인먼트 사이언스는 강력한 이론과 데이터 분석을 함께 조합한다. 다음 단락에서는 이러한 아이디어를 더욱 자세히 펼치고, 과학적 접근 방식이 엔터테인먼트 산업에서 매일의 의사결정에 필요한 것들과 갈등을 일으키지 않는 이유를 설명할 것이다. 그러기 전에 '어떻게 될지 아무도 몰라요'라는 거의 신성한 격언에 대한 비판을 보다 완전하고 정교하게 다뤄 볼 것이다.

## 1. 엔터테인먼트에서의 '어떻게 될지 아무도 몰라요'라는 통설

메이저 스튜디오의 고위 임원은… 어떤 영화를 제작할 것인지를 성공적으로 선택하는 것은 아직까지는 주로 '직감 게임'이라고 주장한다.

— 자피로우(Zafirau, 2009: 196)

골드먼(Goldman, 1983)이 35년 전에 "어떤 사람도 전체 영화 분야에서 무엇을 작업할지 확실히 아는 사람은 없다"(p.39)라고 썼을 때 엔터테인먼트 경영자들 사이에서 그것이 경제적 의사결정의 기초가 되리라 예상했다고 믿기는 어렵다. 골드먼은 갈채 받는 극작가이자 소설가이다. 그는 로버트 레드포드(Robert Redford)와 폴 뉴먼(Paul Newman)의 합작품인 〈내일을 향해 쏴라(Butch Cassidy And The Sundance Kid)〉와 워터게이트(Watergate) 영화인 〈모두가 대통령의 사람들(All The President's Men)〉이라는 놀라운 극작으로 오스카 상을 수상했으며, 그 외에도 여러 작품으로 수많은 상을 받았다. 그의 학벌은 예술 학사와 예술 석사이다. 골드먼은 경영학이나 경제학은 전혀 공부하지 않았다. 그의 경영적 경험은 성공하지 못해 많이 잊힌 부치 캐시디(Butch Cassidy) 영화의 시퀄(sequel: 원작의 이후 이야기나 확장된 이야기를 다른 후속작) 하나를 제작한 것이다.

이 모든 것들이 골드먼의 '어떻게 될지 아무도 몰라요'라는 통설의 신뢰도를 해치지는 않는다. 왜냐하면 아마도 그것은 엔터테인먼트 산업의 리더들이 처음부터 작업의 기본으로 여겼던 것들을 단지 모아 놓은 것이기 때문이다. 이 격언은 골드먼이 처음 쓴 이래로 강하게 널리 퍼졌고 아직도 오늘날의 엔터테인먼트 비즈니스에서 존재하고 있다. STX 엔터테인먼트 CEO(이전에는 유니버설 픽처스(Universal Pictures)의 CEO) 애덤 포겔슨(Adam Fogelson)이 영화제작자들에게 "만들고 싶은 영화에 관해 설명하고 상업성이 있는지에 대해 그의 직감을 신뢰"(Friend, 2016)하게 했던 영화 비즈니스를 생각해 보자. 유니버설(Universial)의 CEO인 도나 랭글리(Donna Langley)는 영화 비즈니스는 아주 비합리적이고 위험하므로 특별하다고 언론인들에게 말한다(Beier, 2016 인용). 드림웍스(Dream Works)의 공동 창업자이자 전 디즈니 의장인 제프리 카젠버그(Jeffrey Katzenberg)에 의하면 영화 비즈니스에서 미친 것은 성공에 대한 비법이 전혀 없다는 것이다(Mediabiz, 2016). 똑같은 이야기가 음악, 게임, 책에서도 많다.

민족지학자(인간 사회와 문화의 다양한 현상을 정성적·정량적 조사 기법의 현장 조사를 통해 기술하고 연구하는 학자―옮긴이) 자피로우(Zafirau, 2009)가 엔터테인먼트 제작자와 경영진이 가르치는 수업에 등록했고, 또한 엔터테인먼트 리더들과 여러 차례 인터뷰를 진행한 바 있는데, 그는 연구에서 "'본능'이라는 개념은 많은 경영진이 결정을 내리는 이유에 대한 설명에서 계속 중요한 요소가 되고 있다"(p.196)라는 점을 끌어냈다. 학문 동료 몇 명은 "히트작을 미리 식별하는 것은 불가능하다"(Peltoniemi, 2015: 43), 그리고 "'어떻게 될지 아무도 몰라요'라는 것이 창의산업에서 핵심 문제이다"(De Vany, 2006: 619)[1]라고 주장하면서 골드먼의 주장과 깊이 사랑에 빠졌다.

골드먼의 발언은 성공의 이상적인 특징을 결정하는 경영자적 '본능'과 '직감'의 중요성을 강조한다. 그/그녀가 얼마나 힘들게 시도하느냐에 관계없이 '어떻게 될지 아무도 몰라요'라는 것이다. 우리가 독일 프로듀서인 X 필름(X Film)의 슈테판 아른트(Stefan Arndt)와 대화할 때 그는 "당신은 올바른 본능과 업데이트되어야만 한다고 이야기했고 훨씬 더 성공하는 것 이상이 없다"라고 했다(Arndt, 2009: 59). 운과 함께 성공의 주요 동인을 구성하는 그 '골든 터치'가 본능이다. 그런 인식이 임원들의 개인적 삶의 경험에서 보통 강화된다(Zafirau, 2009). 그러한 경험은 다른 임원과 친구들의 반응, 그리고 다른 엔터테인먼트 상품과 뉴스에 대한 그/그녀의 소비 같은 것에서 온다.

그렇다고 엔터테인먼트 산업이 논리적 사고를 전적으로 무시하는 것일까? 물론 그렇지 않다. 아른트는 제리 브룩하이머(Jerry Bruckheimer)와 같은 제작자들이 높은 직관력을 갖추고 또한 "다른 많은 사람에게는 없는 영화 경제학에 대한 깊은 이해력"을 가지고 있다고 강조했다(Arndt, 2009: 59). 그

---

1) 골드먼 아이디어에 대한 아트 드 배니(Art De Vany)의 언급은 분석적 접근 방식의 사용을 경멸하는 업계 경영자에 의해 학술적인 무화과나무 잎(성경에서 아담과 이브가 벌거벗은 것을 부끄러워해 나체를 가리기 위해 덮었던 데에서 유래, 불쾌한 행위나 대상을 가리기 위해 비유적으로 사용—옮긴이)으로 사용되기도 한다. 그러나 그것은 야심 찬 수학적 및 통계적 도구를 사용하여 창의산업의 패턴과 '규칙'을 광범위하게 연구한 경험적 엔터테인먼트 연구를 '창조한 아버지' 중 한 사람으로서 드 배니의 역할과 강하게 대비된다(De Vany, 2004). 드 배니는 또한 그의 회사인 익스트리멀 필름 파트너스(Extremal Film Partners)를 통해 영화제작자의 컨설턴트로 자신의 통찰력을 사용했다(예: *Indiewire Team*, 2011 참조).

리고 몇 분 정도 생각한 후에 그는 개인적인 성공의 '공식(formula)'을 가졌다고 인정했다. 그러나 그는 그때 이러한 공식을 의식하지 않는다는 점과 그것을 명확히 하지 않았다는 점을 빠르게 강조했다. 골드먼 격언의 기본적 요소가 그 지식이 매우 암묵적이고 다른 이들과 공유할 수 없고, 심지어 공식화될 수 없다는 것이다. 분석적이거나 과학적인 방법은 골드먼 격언에 대비되어 뚜렷한 대조를 이룬다. 자피로우(Zafirau, 2009)가 말한 것처럼 처음 인용했듯이 산업의 성공을 '직감 게임'으로 언급한 임원은 '과학적' 연구가 실질적으로 가치 있다는 가능성을 또한 없애 버렸다.

골드먼 발언은 매너리즘이 아니고 아주 깊은 함축성을 지닌다. 가장 큰 문제는 그것의 주요한 '독특성 가정(uniqueness assumption)'(Austin, 1989: 2)이 발전을 체계적으로 억제한다. 모든 상품이 독특한 작품이고, 직감에 의해 손상으로부터 개발될 필요가 있다면 일반화된 지식의 여지가 없고 또한 배우는 것은 가능하지 않다. 아울러 낭비할 만한 자원이 없다. 어떤 하나의 엔터테인먼트 상품의 연구나 청중으로부터 얻은 인사이트도 다음번에는 일반화될 수 없다. 게다가 실패는 잘못된 관리 과정과 결정의 결과라기보다는 '당연한' 것이고 '단지 일어났을 뿐'이라는 것을 의미하고, 그래서 의사결정 절차를 체계적으로 개선하려는 어떤 시도도 거의 정당성이 없는 것처럼 보인다(Thompson et al., 2007: 630). 전통적 마케팅과 경영학 이론이 적용되지 않는다. 이러한 메커니즘을 통해 골드먼 격언이 산업의 진보를 막는다. 수백만 소비자들을 유혹할 수 있는 주요 스타들과 볼거리가 있거나 없거나와 관계없이 왜 모든 영화가 박스오피스(box office)에서 가격이 같을까? '어떻게 될지 아무도 몰라요'라는 통설을 비난하라. "어떤 주어진 영화에 대한 수요에 대해 많은 것을 알지 못하는 때에는 어떤 특정 영화의 합당한 가격은 대개 전적으로 추측이기 때문이다"(McKenzie, 2008; 엔터테인먼트 가격에 대한 III권 4장을 보라).

배우지 않고, 발전하지도 않으면 소비자와 관객들에게 많은 문제를 일으킨다. 왜냐하면, 엔터테인먼트 상품들과 판매되는 방식들이 이러한 제한된 경영적 결정의 결과물이고 마케팅이 주는 잠재력에 부응하지 못하기 때문이다. 무엇을 진행시키고, 어떻게 소비자에게 제공할지 결정함에 있어서 정체가 지배한다. 만약 그 통설이 틀리고, '바깥쪽에' 배울 수 있는 것들이 정말 있다면 문제는 또한 엔터테인먼트 기업들 자체에 존재한다. 왜냐하면, 그런 숨겨진 보물을 아는 다른 사람들에게는 경쟁적 이점을 제공하지만 골드먼 추종자들은 어렵게 만들 수 있다.

## 2. 엔터테인먼트 사이언스가 엔터테인먼트 산업의 새로운 통설이 되어야만 하는 이유

우리는 스튜디오나 게임 디자이너가 단 한 개의 엔터테인먼트 상품을 만들고 유통하며 판촉을 하는 데 수백만 달러가 들 수 있는 세계에 살고 있다. 이 세상에는 단 한 번의 실패가 한 기업의 미래의 생존 능력을 위협할 수 있다. 업계의 권위자라는 신비감에 빠져 살아갈 경우 기업의 경쟁력을 위협할 수 있다. 힘들게 이겨낸 산업에서의 경험과 창의성에 실용적 이론과 데이터 분석을 잘 조합하는 것과 비교할 때 권위자는 열등적 결정이 될 수 있다. 두 강력한 원천이 이 책 엔터테인먼트 사이언스의 핵심이다. 어떤 가치 있는 데이터 분석이 제공해야만 하는 것과(소위 '어떻게 될지 아무도 몰라요'라는 함정을 피하는 것을 의미한다) 그리고 실용적 이론이 제공할 수 있는 인사이트에 데이터 분석을 혼합하여 경영자들이 얻을 수 있는 것들을 설명하고자 한다(소위 '가짜-정확성' 함정을 피하는 것을 의미한다).

## 1) 데이터 분석으로 '어떻게 될지 아무도 몰라요'라는 함정 피하기

빅데이터가 잠재적 시청자의 규모를 예측하는 데 다른 것보다 더 도움을 준다.
— 넷플릭스의 최고 콘텐츠 이사 테드 사란도스(Ted Sarandos)(Nocera, 2016 인용)

엔터테인먼트 사이언스의 첫 번째 강력한 원천이자 중요한 요소는 데이터이다. 오늘날 풍부한 데이터는 이 데이터를 정당한 가격으로 열심히 분석하는 사람들과 함께 엔터테인먼트 분야에 존재한다. 오늘날 시네마스코어(CinemaScore)와 렌트랙(Rentrak) 같은 많은 데이터 제공자들은 소비자의 신상품에 대한 인식과 관심에 관한 정보를 수집하는 광범위한 소비자 서베이를 행한다. 때때로는 그것들이 출시되기 수개월 전에도 행해진다(Moon et al., 2015). 정상적인 비즈니스 과정에서 생성되고, 소비자의 삶 속에서 얻어지는 데이터는 동등하게(더 많지는 않을지라도) 가치가 있다. 이러한 데이터, 특히 그들의 웹사이트에서의 소셜 미디어 데이터나 매일매일의 판매와 사전 판매 정보와 같은 데이터를 엔터테인먼트 기업이 자주 '보유한다'. 많은 애널리틱스 기업들은 엔터테인먼트를 그들의 장기로 삼고 이제 이용 가능한 데이터를 추가 수집한다. 대부분의 이러한 애널리틱스 기업들은 렐리시믹스(RelishMix: 마케팅 정보와 엔터테인먼트와 소비자 브랜드에 대한 데이터 시각화 정보를 전달하는 소셜 애널리틱스), 무비 파일럿(Movie Pilot: 영화, TV, 대중문화, 비디오 게임을 다루는 웹사이트), 넥스트 빅사운드[Next Big Sound: "스포티파이 청취자, 인스타그램 댓글과 브레이크아웃을 예측하기 위한 디지털 팬덤의 흔적들에 관해 웹을 갈고닦는다"(Thompson, 2014)]와 같은 새로운 스타트업이다. 다른 것들은 상품 아이디어를 데이터 기반으로 분해하는 것에 기초해서 조기에 성공적인 예측들을 제공한다[예를 들면, WMPG(Worldwide Motion Picture Group)(Barnes, 2013 참조), 에파고긱스(Epagogix)(Gladwell, 2006 참조), WMPG와 에파고긱스는 영화 시나리오를 분석한다]. 기존 여러 산업 플레이어들은 또한 소셜 미디어 기반의 배우의 스타 파워에 대한 측정치로서 버라이어티(Variety)의 '브이스코어(Vscore)' 같은 새로운 데이터를 모은다(Variety, 2014).

창의적인 문맥에서 데이터와 애널리틱스의 파워를 설명할 때에 인게임(in-game) 액티비티의 계량경제학적 분석인 세이버메트릭스(sabermetrics: 야구 데이터 분석)의 성공은 확실히 참고할 만하다.[2] 많은 야구 '순수론자들'에 의해 비판받기도 하지만 세이버메트릭스 개념은 머니볼(Moneyball) 영화에 출연해 패배한 팀에서 디비전 챔피언으로 달려가는 오클랜드 애슬레틱스(Oakland Athletics)의 부상(rise)을 연대기에 실었던 브래드 피트(Brad Pitt)를 통해 폭넓은 인기를 얻었다. 그 팀은 버림받은(cast-off) 플레이어나 다른 팀에서 거들떠보지도 않는 중간 수준의 스타들로 조심스럽게 구성된 뒤죽박죽을 모아서 했다. 그러나 오클랜드 팀의 데이터 분석 노력으로 눈에 띄게 되었다.

도움이 된다면 엔터테인먼트 사이언스를 '머니 영화(moneyflick)', '머니 음악(moneytune)', '머니 게임', '머니 북'으로 생각하라. 즉, 엔터테인먼트 상품과 동등한 머니볼이다. 비평적으로 말해 엔터테인먼트 사이언스를 포함한 애널리틱스는 모두 가능성에 관한 것이지 결정에 관한 것은 아니다. 골드먼 격언의 신봉자들이 아무도 신상품이 시장에서 성공할 것이라고 확신할 수 없다는 점에서는 맞았기 때문에 이 책에서 나누는 산업 규칙과 과정에 대한 인사이트는 경영자가 그/그녀가 다음번에 성공할 가능성을 높여 줄 것이다.

이제 스포츠 비즈니스를 다른 눈으로 보도록 하자. 메르세데스(Mercedes)

---

2) '야구 데이터 분석'은 제임스(James, 1985)의 『역사적 야구 발췌본』이라는 획기적인 책에서 두각을 나타냈다. 저자는 미국야구연구협회(SABR: Society for American Baseball Research, 여기서 'saber' 유래)로부터 역사적 데이터를 활용했다. 그리고 각각 야구 포지션에서의 역사적인 100명의 톱 플레이어를 인식할 수 있는 고급 통계분석을 적용했다.

가 잘못된 알고리즘 때문에 포뮬라 1(Formula 1) 경기를 졌을 때 그 팀의 주장인 토토 울프(Toto Wolf)는 자기 팀의 장기적 다중 경기 전망을 강조했다. "정기적으로 경기에서 이기기 위해서는 직감만으로보다는 데이터에 의존하는 것이 낫다"라고 말했다(Sturm, 2015). 이것을 애널리틱스와 엔터테인먼트 사이언스에 주안점을 둔 확률론적 세계관의 기본이라고 생각하라. 반면 알고리즘 인사이트는 하나의 상품의 히트(결정론적 지식이 있어야 하는)를 보장하지 않는다. 그것은 상품이 성공할 확률을 높일 것이다. 이것은 상품 손익 평균치의 무선 편차가 각기 다른 상품의 손익을 상쇄하기에 상품 목록 전체에 대해 지불하는 것이다.

전통적 엔터테인먼트 회사의 다른 주요한 도전처럼 넷플릭스와 아마존이 데이터 분석을 독특한 방법으로 비즈니스 모델의 핵심 요소로 만들었다. 넷플릭스의 당시 최고 상품 이사(Chief Product Officer)인 닐 헌트(Neil Hunt)가 이러한 자원들을 이용한 방법을 어떻게 설명했는지 생각해 보자. "하우스 오브 카드(House of Cards) 건에서 데이비드 핀처(David Fincher)가 스타와 함께 스토리를 가지고 우리에게 왔다. 그때 우리는 이 스토리가 얼마나 많은 사람에게 어필할 것인지를 계산했다. 그리고 이 시리즈는 뭉칫돈 값을 한다…. 그리고 〈국적 없는 짐승들(Beasts of No Nation)〉 영화가 아프리카의 어린 군사이며, 솔직히 아이드리스 엘바(Idris Elba)가 주연을 하고 분위기가 음산한 것이라는 것을 알았다. 이러한 정보에 기초해서 과거의 시청자 행태를 이용해 모델을 세웠다. 얼마나 많은 사람이 〈호텔 루안다(Hotel Luanda)〉와 〈쉰들러 리스트(Schindler's List)〉와 같이 비슷하게 극적인 영화를 볼 것인가? 그런 데이터를 이용해 잠재 시청자 수를 추정했다. 우리 창작자 팀은 이 숫자가 얼마나 재무적으로 가치 있는지를 우리에게 알려 준다. … 우리의 추정은 아주 정확하다. 데이터는 정보에 입각한 결정을 잘하도록 돕는다"(Brodnig, 2015 인용). 넷플릭스는 또한 그들의 고객들에게 강력한 추천을 제공하고, 인기 트렌드를 배우기 위해 데이터를 이용한다[나중에 그 기업은 비트토렌트(BitTorrent)와 같은 사이트에서 불법적인 다운로드를 모니터한다고 보도되었다 (*tickld*, 2016)]. 엔터테인먼트 산업에서 다수는 넷플릭스와 아마존이 해 온 결정들이 그 산업의 대부분 기존 플레이어의 것보다도 평균적으로 낫다고 믿는다(예: Bart, 2017).

적어도 몇몇 기존 플레이어들도 또한 그런 메시지를 얻어 오고 있고, 분석적 자원에 투자를 시작해 왔다. 예를 들면 비방디 SA의 유니버설 뮤직 그룹(Vivendi SA's Universal Music Group)은 직원들이 데이터와 분석에 부분적으로라도 관심을 보이는 부분을 평가하는 것으로 보도되었다. "그리고 이용자들이 아티스트의 판매량, 스트리밍, 소셜 미디어 버즈(buzz), 전 세계 실시간 방송을 추적하도록 하는 '아티스트 포털'을 만들었다. 이것은 각 측정 항목의 급등 및 하락의 유발 요인에 대한 인사이트를 제공한다"(Karp, 2014). 디즈니는 자기들의 영화가 더 성공할 것인지를 예측하기 위해 이용자 인식 기술로 실험하고 있다. 그리고 소니는 영화와 TV 프로그램의 원가와 수익 항목에 조명을 비추도록 의도된 분석적 플랫폼에 대해 공을 들이고 있다고 한다. 그 분석적 플랫폼은 기업이 적극적인 데이터 기반 모델에 기초해 의사결정을 한다. 이 이니셔티브가 '머니볼 이니셔티브(Moneyball initiative)'라는 적절한 이름으로 정해졌다.

## 2) 이론으로 '가짜-정확성' 함정 피하기

엔터테인먼트 사이언스의 두 번째 권력의 원천이자 똑같이 중요한 요소는 이론이다. 데이터 분석이 골드먼의 발언에 대한 해독제 역할을 하고, 경영자들이 '어떻게 될지 아무도 몰라요'라는 함정을 피하도록 돕지만 '이론이 없는' 방식으로 적용될 때에는 위험할 수 있다. 경영자들을 '가짜-정확성' 함정으로 이끌기 때문이다. 다시 머니볼 사례를 보자. 많은 야구 팀은 애널리틱스에만 의존해서는 성공하지 못했다. 예를 들어 보스턴 레드삭스(Boston Redsox)는 오클랜드 애슬레틱스가 크게 성공했던 세이버메트릭스에 많이 투자했으나 2014년과 2015년에 초라한 성적을 거두었다. 사용된 공식은 너무 복잡했으나 실상을 정확히 포착하지도 예측하지도 못했다. 왜 그랬을까? 애널리틱스는 빅데이터와 스마트 알고리즘만 필요로 하지 않고 시장 메커니즘과 시장의 배우들에 대해 깊이 있게 이해해야 하기 때문이다. 엔터테인먼트 상품의 소비자와 기업의 경쟁자들 말이다(Walker, 2016).

엔터테인먼트 문맥에서 '가짜-정확성' 함정에 빠지는 여러 사례를 본다. ≪이코노미스트(The Economist)≫(2016) 기자들은 영화 비즈니스 분석에 빅데이터가 적용되는 단순한 가능성에 매료되었다. 그 분석으로 "박스오피스 수입을 절대적으로 강력히 예측할 수 있는 것은 영화의 예산"이고, "미국과 캐나다 극장에서 영화 하나가 한 개의 스튜디오가 쓰는 1달러당 평균 80센트를 벌었다"라고 결론지었다. 조금은 단순하게 들리고, 완전히 모호하지 않다고 생각한다면 당신이 맞다. 기자들은 데이터 뒤의 복잡함을 간과하거나 무시하기 때문이다. 이런 결과는 기본적으로 제작자들이 영화의 예산을 무한정 늘리도록 제안한다(영화제작자는 북아메리카 박스오피스 이외에도 다른 많은 수입을 얻을 수 있다). 이것은 아주 위험한 일인데 추정치가 건전한 이론에 기초하지 않기 때문이다. 경험적 예산 파라미터가 자연스럽게 처리되지 않는 이유를 나중에 논의할 것이다.

일부 '가짜-정확성' 함정은 이론이 없는 데이터 기반 경영이 기회주의적 방식으로 쉽게 이(오)용된다. 산업이 메커니즘과 상관관계 뒤의 로직을 무시한 채 뮤직 밴드의 위키피디아 페이지 방문자를 순전히 넥스트 빅사운드 애널리틱스(Next Big Sound Analytics) 기업이 보고한 경험적 상관관계를 바탕으로 그 밴드의 미래 성공 예측치로 여길 때, 이것은 음악가들이 운율을 체계적으로 조절하는 동기를 만들어 낸다. 당신의 모든 친구에게 위키피디아를 보내라. 현실적으로 엔터테인먼트 상품은 이 책이 입증한 야심 찬 경험적 분석의 토대 역할을 한다. 건전한 이론은 미터법(예: 위키피디아 방문자 수)이 경험적으로 성공에 연결된 이유를 보여 준다. 그렇게 함으로써 매니지먼트 접근 방식이 더욱 강력하게 오역이나 조작을 막을 수 있다. 이 책을 기술하면서 만났던 상업적 데이터 분석가들이 하는 접근 방식들은 같은 이유로 우리에게 깊은 인상을 주지 못했다.

이 문맥에서 '이론'의 의미는 무엇인가? 과학자들이 말하는 이론은 ("그것은 마크의 이론이다. ─모든 이들은 자기 의견을 가질 권리가 있다"라고 하는 것처럼) 의견이나 느슨한 생각을 의미하지 않는다. 대신 뛰어난 생물학 동료를 인용하기 위해 "이론은 한 더미의 사실들을 묶는 일련의 설명들이다. 사실만을 설명하는 것이 아니라 다른 관찰이나 실험에서 발견해야만 하는 것을 예측하는 것이다"[케네스 R. 밀러(Kenneth R. Miller)(Zimmer, 2016 인용)]. 이론은 학문적 의미로 각 질문에 대한 신중한 정의를 의미한다. 용어의 정확한 사용 그리고 매우 명료한 언어로의 원인과 결과의 설명(흔히 공식적인 가정의 형태에 의한)이다. 데이터로 지지가 되거나 지지가 되지 않는 주장에 대한 엄격한 테스트이다.

엔터테인먼트에 과학적 접근 방식을 적용함으로써 학자들은 과거 35년간 엔터테인먼트 상품이 경제적으로 성공할지를 결정하는 규칙과 패턴에 대한 광범위한 증거를 수집해 왔다. 이 작업은 마케팅, 재무론, 경제학, 경영학, 정보시스템과 언론학(여기에 한정되지 않는다)을 포함해 많은 학문 분야를 넘나들며 일하며 세계 최고의 학문 기관을 대표하는 국제 학자 핵심 그룹에서 나온다. 그들의 인사이트는 가장 훌륭하고 활동적인 과학 저널에 그 분야의 다른 최고 전문가들의 철저한 심사를 받아 자주 게재되어 왔다.

이론은 실험이 필요하고 이 책에서 보고하는 것처럼 학자들은 자주 대안적 설명[스타나 감독이 아닌 시대정신(the zeitgeist)이 영화의 진짜 성공 동인이었는가?]을 배제한 채 자기주장을 경험적으로 실험해 왔다. 때때로 실험이나 질문지를 이용하지만 대부분 실험은 엔터테인먼트 상품의 성공과 소비에 대한 실제 단어 정보 데이터베이스에 반하게 나온다. 의미 있는 이론은 비선형(non-linear)적이고 다각적인 실제 세상을 반영할 필요가 있다. 대부분의 엔터테인먼트 연구가 단순히 직접적(자주 '주요'로 칭해지는) 효과라기보다 소위 '컨틴젠시(contingencies)'에 초점을 맞춘다는 것은 놀라운 일이 아니다. 컨틴젠시는 어떤 결정들이 성공하게 되는 조건을 설명한다. 예를 들어 스타가 문제가 되는지 아닌지는 왜 스타가 때때로 가져야 할 가장 중요한 것인지보다도 훨씬 덜 흥미로운 질문이다. 그러나 다른 상황에서는 역효과를 내지는 않는다고 할지라도 관련성이 없다. 왜 어떤 시퀄이나 리메이크가 다른 것보다 나을까? 어떤 환경에서 3D가 영화에 상업적 이점을 제공하는가? 이 책에서 이런 것과 다른 많은 컨틴젠시 관련된 질문에 대한 답을 공유할 것이다.

좋은 결정을 하는 것이 목표라면 실증 연구로 지지되는 이론 기반의 결정이 가야 할 길이다. 강력한 이론이 경제의 모든 분야에서 좋은 결정의 기초인 것처럼 말이다(또한, 전부는 아니지만 대부분 인생의 다른 분야와 같이). 엔터테인먼트 산업이 이론으로부터 도움을 받을 시간이라 믿는다. 넷플릭스가 데이터 분석만이 아니라 이론과 과학에 아주 밀접한 산업 구성원의 하나이듯 산업 구성원들은 이미 그렇게 하고 있다(예: Amatriain and Basilico, 2012a, 2012b; Gomez-Uribe and Hunt 2015; Liu et al., 2018). 아마존의 결정들이 이론에 의해 이루어졌는지 여부와 어떻게 되었는지에 대해 알려진 바가 매우 적다. 그 기업이 이런 점을 덜 강조하고, 사람과 초점이라는 관점에서 전통적인 엔터테인먼트 대기업(conglomerate)을 더욱더 닮고 있다는 점이 보고된 몇 가지 논쟁이 있다(Littleton and Holloway, 2017). 엔터테인먼트 사이언스의 잠재력

전부가 탈취되는 것으로부터 기업을 보호하면서 데이터 분석 기술 파워를 타협하는 관점 말이다.

이론을 이용할 때에 전통적 프로듀서와 스튜디오, 레이블(labels)은 어떠한가? 확실히 '전통적인' 기관이 아닌 픽사(Pixar Animation)의 탁월한 성과 기록은 그 회사의 리더들이 '학계에서 일어나는 기술 혁신에 가까이 있을 필요가 있다'라고 강조해 왔기에 가능했다(Catmull, 2008: 71). 그러나 그들의 관심은 경제적 학문적 진보보다 기술적인 것에 더욱 가까이 있다. 앞에서 언급한 픽사의 모기업 디즈니가 영화 관객의 정서적 반응을 읽는 노력은 정보 기술 과학에 연결되어 있음을 나타낸다. 그러나 우리를 엔터테인먼트 학자로 소개하면서 얼굴을 들고, 종종 멍한 시선으로 만나면서, 이 책을 저술하는 우리의 경험은 기쁨과는 거리가 먼 그림을 그렸다. 우리는 더 많은 영화와 게임 포스터, 노래 운율, 소설 인용구를 포함하기를 원했고, 저작권 담당들은 많은 우리의 요구에 전혀 대꾸도 하지 않았다. 또는 회사가 라이선스 장난감을 만들기 위해 지급하는 것과 유사한 수수료를 요구했다. 이것들은 대부분 가장 전통적인 기업들이 학문적 작업에서의 이해나 관심이 없는 (비)반응 신호이다. 다른 산업 연구에서는 우리가 경험하지 못한 반응이다. 그러나 의미 있는 방식으로 '어떻게 될지 아무도 몰라요'라는 사고로 지배된 세계에서 이론과 그 창조자들은 그리 쉬운 시간을 갖지 못할 것이다. 엔터테인먼트 스튜디오와 레이블을 다루는 것은 올바른 주제를 선택했다고 종국적으로 확신하는 것이 되었다.

엔터테인먼트 분야에서 행해지는 학문 연구의 광활한 주제는 엔터테인먼트 산업의 일반화된 이해를 제공한다. 달리 말해 넓은 범위의 학문 연구는 이 책─매우 파편적이고 불완전하나 엔터테인먼트의 전체적 이론이며 적어도 첫 번째 초안─에서 제공하는 자체에 대한 더 큰 이론에 이바지한다. 이 이론은 일부 엔터테인먼트 제작자들이 어떻게 그리고 왜 크게 성공할지를 반면, 다른 것들은 상업적으로 실패하는지를 설명한다. 이 엔터테인먼트 사이언스 이론은 경영자들이 '어떻게 될지 아무도 몰라요'라는 함정을 극복할 수 있도록 말해 줄 뿐 아니라 그들이 빅(그러나 우둔한)데이터와 인상적인(그러나 관련성 없는) 분석들이 경영자들을 호도하는 '가짜-정확성' 함정을 피하도록 돕는다. 이 엔터테인먼트의 전체 이론이 콘텐츠 관련 모든 기업과 심지어 엔터테인먼트 산업 바깥쪽을 다루는 기업들에 도움을 줄 수 있다.

영리한 사고와 영리한 통계를 잘 조합함으로써 엔터테인먼트 사이언스는 앤더슨(Anderson, 2008)의 ≪와이어드(Wired)≫ 매거진 타이틀인 '이론의 종점'이라고 한 것에 대한 대조법이다. 앤더슨은 "충분한 데이터로 숫자들이 스스로 말한다"라고 했다. 한정된 특별한 질문에만 잠재적 진실이지만 엔터테인먼트 경영자들이 하는 수많은 중요한 결정에 대해 강하게 반대하지 않았다. 우리 작업의 중요한 이론이 풍부한 빅데이터 시대에서만큼은 유용하지 않다. 달리 말해 빅데이터를 똑똑한 정보로 바꾸는 이론과의 조합이다.

엔터테인먼트 사이언스 이론이 직감과 부딪치지 않는다는 점을 강조하는 것이 중요하다. 대신 엔터테인먼트의 학문 연구의 주요한 발견은 위대한 엔터테인먼트가 항상 중요한 특징의 하나로 창의성에 달려 있다는 점이다. 엔터테인먼트 사이언스는 창조적 과정의 핵심 역할을 부정하기보다는 인정한다. 넷플릭스의 테드 사란도스가 엔터테인먼트 사이언스가 "확실히 아트와 과학의 결합"이라고 한 것을 따왔다(Vance, 2013). 이런 견해는 데이터 분석의 역할을 창의성이나 직감의 승수이자 보조재로 여기며 그것의 대체재로 여기지 않는다는 점을 명확히 한다.

이 책에서 설명하듯 창의성은 엔터테인먼트 소비자에게 가치를 제공하는 데 필수적이다. 워커(Walker, 2016)가 보스턴 레드삭스가 '세이버메트릭스'를 적용해서 왜 성공하지 못했는지에 대해 통찰력 있게 분석했듯이 "기업이 잘못된 창의성을 추구하면 모든 베팅은 끝난다". 인공지능(AI)이 실제로 시작하지 않는 한, 인간들은 새롭고, 예상하지 못했던 것을 만들 때 알고리즘 성과를 넘어선다. 컴퓨터가 위대한 시나리오를 쓸 수 있을까? 애널리틱스가 위대한 이야기체의 일반 구조에 대해 할 말이 많지만, 대사와 화면 구성(mise-en-scene)은 인공지능이 쉽게 제공할 수 없는 원래의 결정을 요구한다. 확신이 들지 않는다면 실험적 단편인 〈선스프링(Sunspring)〉을 보자. 그 영화는 고전적 SF 시나리오(사이언스 픽션 클래식, science fiction classics)로 훈련된 되풀이되는 신경망이 전적으로 썼다(Newitz, 2016). 당신도 아마 동의할 것이다. 창의적 콘텐츠를 생산하지 못하는 알고리즘은 일단의 컴퓨터 과학자들이 런던에서 인공지능으로 극장 연극을 제작할 때 드러났다. 결과는 센세이션, 문맥과 장기적 구조가 부족했다(Jordanous, 2016). 구글은 마젠타 프로젝트(Magenta Project)•(Eck, 2016)로 잠재력 있는 창의적 알고리즘을 푸는 것을 목표로 한다. 그러나 그런 노력을 적어도 이 책의 1판에서는 과학적 픽션으로 분류한다.

엔터테인먼트 사이언스는 홀로가 아니라 의사결정 지원 접근 방식으로 역할하도록 의도되었다. 이 의사결정 지원 관점은 엔터테인먼트 산업에서 오늘날 가장 성공적으로 애널리틱스를 사용하는 것과 함께한다. 넷플릭스가 창작인들에게 데이터를 모아서 시나리오를 쓰도록 이야기했다는 것은 널리 잘못 알려진

• 예술과 음악을 창작하는 과정에서 기계학습의 역할을 탐사하는 프로젝트로 더글러스 에크(Douglas Eck)라는 과학자가 구글에서 2016년 시작했다. 이후 많은 과학자 연구원들이 참여했다. 에크는 "구글의 마젠타가 기계들이 더욱 창의적으로 되도록 가르치기를 원한다"라고 했다.

•• 『프랑켄슈타인』은 영국 작가 메리 셸리(Mary Shelley)가 쓴 1818년 소설이다. 그녀는 비정통적인 과학 실험에서 지성 있는 생물을 창조한 젊은 과학자 빅터 프랑켄슈타인의 이야기를 들려준다. 2015년의 영화 〈프랑켄슈타인〉은 버나드 로스(Bernard Rose)가 셸리의 원작을 기초로 영화화했다. 어느 괴이한 과학자 부부에 의해 만들어진 로봇(아담)이 이내 부부에게 버림받는다. 죽은 줄로만 알았던 아담은 다시 살아나고, 그를 둘러싼 세상의 폭력과 공격으로 인해 아담이 인류의 무시무시한 본성을 안고 점점 괴물로 변해 간다는 내용이다.

것이다. 사실은 엄청나게 엔터테인먼트 사이언스에 발맞추면서 이론적 사고와 강력한 데이터 분석으로 안내되었다. 그러나 데이터 분석은 창의적 결정을 대체하지 않는다. CEO 리드 헤이스팅스(Reed Hastings)가 말하듯 "창작가들에게 '개를 더해라. 개들과 함께하는 시리즈가 더 낫다…'라고 말하지 않는다. 창작인들은 그런 조건에서 일하기를 원하지 않는다. 결과는 지독할 것이다. 프랑켄슈타인(Frankenstein)●●이 될 것이다"(Reinartz, 2016 인용).

사이퍼트와 하디다(Seifert and Hadida, 2013)는 엔터테인먼트 사이언스의 의사결정 지지(decision-support) 기능의 힘에 관한 첫 번째 경험적 증거를 제공했다. 그들은 일단의 음악 매니저들에게 발매 1~2주 전 40개 싱글의 미래 차트 성적을 예측하라고 요구했다(2007년에). 그들은 또한 싱글 앨범의 성적을 예측하는 데 간결하면서도 이론에서 영감을 받은 선형 회귀분석 모델을 사용했다.[3] 아티스트가 기존 트랙 앨범의 기록을 가지고 있으면 성공을 예측하는 데에 알고리즘은 매니저들만큼이나 잘하거나 더욱더 잘했다. 다만, 새로운 아티스트에게는 알고리즘이 덜 정확했다. 그러나 사이퍼트와 하디다 연구의 본질은 (주요 독립한 레이블의 관리자들, 기성 아티스트들과 신인들의 노래와 같은) 수많은 조건을 넘어선 다른 것이다. 인간의 판단과 계량 경제적 추정을 조합하면 알고리즘이나 오직 경영자의 개인적 판단만으로 하는 것보다 25% 이상 정확도를 올릴 만큼 명확히 성과가 좋다.

요약하면 엔터테인먼트 사이언스는 우리(더 중요하게는 독자들)에게 엔터테인먼트 산업을 과격할 정도로 새롭고 체계적으로 관찰할 수 있도록 해 준다. 그리고 엔터테인먼트 상품의 경제적 성공에 중요한 메커니즘을 조명

---

3) 특히 그 계량경제학 모델에 광고 지출, 아티스트의 과거 성적(일종의 '스타 파워'), 노래 그 자체가 제공되었다.

하게 해 준다. 엔터테인먼트 사이언스는 엔터테인먼트 상품 결정의 미묘하지만 매우 중요한 뉘앙스 이해를 돕는 이론적 논증을 제공한다. 그리고 자주 '빅데이터'를 사용해 분석적 기법과 모델들로 논증들에 관한 경험적 증거를 제공한다. 엔터테인먼트 사이언스는 완전히 조화롭고 동질적인 접근 방식과는 거리가 멀지만, 대신 학문에 이바지한 사람들의 배경을 고려할 때 그 가치는 많은 사고방식, 기법, 모델들을 통해 생성된 통찰력을 포함하는 매우 다양한 개념에서 비롯된다.

'사이언스'가 지나치게 많은 시간을 소요하는 것을 두려워하는 독자들에게 우리는 여러 일을 했다. 경영자들이 시간에 압박받는 세상에서 의사결정을 해야 하므로 각자의 대체안을 경험적으로 사전 실험할 공간이 충분하지 않은 사람에게 엔터테인먼트 산업에 대한 주요 모델과 경험적 연구로부터 중요한 통찰력을 제공한다. 과학자들이 사용하는 어려운 심리적 이론과 통계적 방법에 독자들이 깊이 들어가지 않고서도 소화할 만할 정도의 방법을 이용해서 말이다.

그러나 깊이 있게 보는 것에 흥미가 있는 독자들과 엔터테인먼트 학자들에게 인사이트를 제공할 수 있도록 사용된 방법들에 대한 짧은 부문을 이 책은 포함한다(1장 4절 '시작 전에: 엔터테인먼트 사이언스 연구자가 적용하는 실증적 방법에 관한 몇 가지 어록'을 참조하라). 또한, 우리는 학자들이 적절하게, 보고된 연구 결과와 잠재적 한계에 대한 더 나은 틀을 만들 수 있도록 그들의 통찰력에 도달하도록 이끈 방법론과 접근법에 이름을 붙일 것이다.

### 3) '어떻게 될지 아무도 몰라요'라는 통설의 지속적 힘 이해하기(그리고 극복하기)

엔터테인먼트 사이언스가 가야 할 길이라고 동의할지라도 경영자들과 기업들이 새로운 데이터와 이론에 기반한 접근 방식으로 이동하는 것과 관련해서 극복할 필요가 있는 몇 개의 지속적 힘이 있다. 첫째, 기업 의사 결정과 결과를 포함한 것처럼 불확실성 개념의 본질을 기본적으로 오해하는 것이다. 이것은 확률론적 사고는 결정론적 사고와 근본적으로 다르기 때문이다.

중증 흡연자의 100회 생일파티가 있다고 하여 많은 암 연구가 잘못되었다고 증명하지 않는 것처럼, 예상치 못한 히트나 실패가 이론을 확인하거나 부인하지 않는다는 인식이 확률론적 사고의 핵심이다. 어떤 기자가 영화의 성공이 예측하기 어렵다고 한 면책적 발언을 한 것을 생각해 보자. 그는 데이터와 알고리즘으로 경영적 결정을 주입할 수 없다는 명확한 증거를 제시한다(Wallace, 2016). 여기에서 '예측 불가능한'이라는 단어는 2가지로 예측을 이해하는 것이다. 즉, 완전히 '맞거나' 또는 완전히 '틀리거나'이다. 그러나 실제로나 확률론적 통계로나 예측은 항상 어느 정도 맞거나 어느 정도 틀리다.

많은 사람에게 골칫거리가 되는 것은 많은 사례(담배 피우지 않는 사람보다 피우는 사람의 폐암 가능성이 크다)에 적용할 때 거의 직관적인 것을 단일 사례에 적용할 필요가 있는 것이다. 확률상 모든 것이 잘못된 회사가 크게 히트할 확률이 낮지만, 그것은 일어날 수 있거나 일어난다. 확률론적 견해가 추천하는 것은 경영자가 이것은 일어날 것이라고 배팅하지 않아야만 하는 것이다.

'옳을' 가능성을 관리하거나 대량의 예측 오차를 줄이려는 노력은 확률론적 접근 방식의 특징이다. 결정론적 사고는 엔터테인먼트와 어울리지 않고, 확률론적 견해를 채택하는 것이 그 가치를 인식하는 데 필수적이다. 윌리엄 골드먼과 추종자들은 무엇이 작동할 것인지 확실하게 아는 사람은 없다는 말로 결정론적 세계관을 택했다. 좋은 결정을 하기 위해 확신을 가질 필요가 있을까? 아니다. 어떤 똑똑한 경영자도 삶에서 확실한 것은 없다. 이 책에서 보여 주듯 엔터테인먼트 사이언스가 엔터테인먼트와 관련된 의사결정의 불확실성을 줄여 줄 수 있다(적어도 그 확신을 결정할 수 있다). 이러한 의사결정이 실질적인 경쟁 우위의 강력한 원천을 만들어 준다.

둘째, 엔터테인먼트에서 강력한 의사 결정자들에게 약간의 에이전시 문제가 있다. 한 기업에 최고로 좋은 것은 개별 경영자에게 최고로 좋은 것과 완벽히 일치하지 않을 수도 있다. 그래서 잠재의식적으로 자기방어가 있을 수 있다. '어떻게 될지 아무도 몰라요'라는 환경에서 엔터테인먼트 경영자의 전문적 평판은 명료해질 수 있는 그/그녀의 특이한 암묵적 지식에 기초한다(앞에서 언급한 아른트의 발언을 생각해 보라). '어떻게 될지 아무도 몰라요'라는 것으로 차이를 가져오는 승자 또는 멍청이를 발견하는 능력은 경영자의 유일한 능력이다. 과학적 모델과 알고리즘으로의 변형 일부로서 이런 지식을 이용하고 투명하게 하면 경영자가 덜 필요하게 될지도 모르며, 이는 경영자의 최고 관심거리이다. 그래서 경영자 개인에게 최고인지, 기업에 최고인지 사이의 차이를 줄이는 인센티브 시스템을 통해 기업들은 어떻게 그런 걱정거리를 해소할 것인지 생각할 필요가 있다.

셋째, '평가 저하 불안'이라고 하는 것이다. 경제 산업의 핵심에서 일하지만 많은 엔터테인먼트 상품 경영자들은 문화적 토대(underpinnings)로 영화, 책, 음악, 게임에 매력을 느꼈다(아직도 느끼고 있다). 문화적 환경의 일부가 되는 것은 종종 업계 참여자의 자기개념의 핵심 요소이다(예를 들어 '음악은 나의 일부이다'). 엔터테인먼트의 예술적 특징에 대해 엔터테인먼트 생산의 경제적 요소를 강조하는 것은 저주, 금기 또는 깨닫지 못하는 것이고, 깊이 헌신한 열성적인 애호가로 변신한 경영자의 정체성과 동기부여를 위협할 수 있다. 〈마이너리티 리포트(Minority Report)〉 제작자인 개리 골드먼(Gary Goldman)이 패널 토론 시 우리에게 이야기한 것처럼 "통계적 접근 방식으로 당신들은 마술을 파괴하고 있다"(Dehn, 2007). 당시 우리가 그에게 말했던 것처럼 엔터테인먼트 사이언스의 아이디어는 예술 그 자체(art per se)와 부딪히지 않는다. 예술 창조와 부딪힐 때 돈을 잃는다. 감각에 더해서 데이터와 이론으로 새로운 아이디어와 프로젝트의 상업적 잠재력에 대해 배우는 것은 기존의 관리적 사고에는 없는 급진적인 아이디어를 얻는 데 도움이 될 수도 있다(보수주의는 '어떻게 될지 아무도 몰라요'라는 것의 핵심 특징이다). 차이를 가져오는 것은 데이터, 분석들, 이론들의 질이다.

마지막으로 엔터테인먼트 사이언스의 적응을 방해하는 가장 깊고 엄격한 지속적인 힘은 산업의 자기 신화의 긴 역사이다(Austin, 1989: 5 참조). 거래 이야기와 무용담은 산업의 성공이 교육적 성과나 지적 기술보다도 거래 상대방이나 동료들과의 관계를 관리할 능력에 달려 있다고 주장한다(Caldwell, 2008). 엔터테인먼트의 하나의 큰 신화는 강인함, 거친 여행, 자신감, 공격적인 성격들이 주로 필요하다는 것이다. 이런 특징을 갖는 사람만이 산업에서 일할 수 있고, 성공한다. 거기서 일하는 사람만이 그것을 갖추고 있다. 그리고 그들만이 산업의 작동법과 그 의미, 화면 뒤에서 정말 진행되는 것에 관한 판단을 할 권한을 갖는다(Caldwell, 2008: 10). 달리 말해 그것에 속한 사람들만이 그것을 이해할 수 있다.

이런 신화의 결과로 산업과 그것의 밖에 있는 것(확실히 과학을 포함해)들 간에 강한 분리가 이뤄진다. 그것은 무지를 정당화하고("산업 내 누군가 그것을 알지도 이해하지도 못한다면 어떻게 그것이 좋거나 심지어 중요하다 할 수 있을까?") 오만이나 자기애("나는 산업의 일부이며 그래서 위대해야만 한다")에 닿을 수 있다. 관계가 가져오는 것들에 관한 그 신화는 또한 '파티 산업(party industry)'으로서 엔터테인먼트 평판의 기초이다. 영화제작자인 마리오 카사르(Mario Kassar)가 그의 경력을 뒤돌아볼 때 그 축제들은 최고였을 만했다. "물론 파티들이 있었다. … 모두가 춤추고 마시고 미친 듯 먹어댔다. … 믿을 수 없을 만큼"(Jaafar, 2016 인용).

배울 수는 없지만, 관계를 유지함으로써 얻을 수 있다면 많은 시간과 돈을 파티에 쏟는 것은 계량경제 모델을 공부하고 운용하는 것보다도 더 좋은 투자이다. 분석적 접근 방식에 있어서 리드 헤이스팅스와 그들의 경쟁자들은 이 믿음에 집착하지 않고 또한 그들의 성공은 그것의 신뢰성에 의문을 제기하고 있다. 그리고 아마도 어떤 지점에서 그것으로부터 물러설 가장 큰 기회이다.

엔터테인먼트 사이언스를 채택하는 것은 기업들과 경영자들이 이런 모든 힘과 싸우고 극복하도록 요구한다. 이것은 쉽지 않고 단기적 일은 아니다. 광범위한 규모의 변화가 산업의 핵심 가치와 정체성을 재정의하는 것 이상을 의미한다. 그러나 위의 4가지 주장의 어떤 것이 기업의 성공을 이끈다고 믿을 이유(적어도 긍정적으로)가 없으므로 엔터테인먼트 사이언스의 접근 방식을 채택하는 것이 그 노력의 가치가 있으리라고 주장한다. 올바르게 행해지면 풍부한 데이터와 강력한 이론으로 가득 찬 엔터테인먼트 사이언스는 골드먼의 발언(그것의 시간이 지나고 있다)에 대한 바른 대안이다. 이제 엔터테인먼트 사이언스의 잠재력을 풀어 보기 시작하자.


## 3. 이 책의 구성: 지식 창출의 융합 상품 접근 방식으로서의 엔터테인먼트 사이언스

거의 모든 엔터테인먼트 경영자의 정보나 지도서는 특별한 종류의 엔터테인먼트 상품(즉, 영화, 게임, 소설, 음악)에 초점을 둔다. 이 책은 4가지 엔터테인먼트 상품을 볼 때 다른 접근 방식, 즉 엔터테인먼트 산업에 있어서 융합 상품 관점을 취한다. 왜 우리는 이것을 할까? 우리가 각각의 엔터테인먼트 상품의 독특한 성공 동인이 있다고 명확히 인식하지만(그리고 이 책을 통해 강조하지만) 여기에서 연구는 이러한 상품이 성공을 가져오는 근본적인 원칙이라는 관점에서라기보다 공통으로 갖는 강력한 증거를 제공한다.

더구나 똑같이 중요하게도 모두 4개의 최종 상품 사업을 함께 검증하는 것으로부터 배우는 시너지와 기회가 있다. 음악과 같은 엔터테인먼트 산업의 특별한 부분에서 겪는 많은 경험은 그 분야에서의 미묘한 뉘앙스에 대한 통찰력을 준다. 그러나 표준과 경험의 규칙과 함께 한 부분에서만 작동하는 것은 창의적이고 분석적인 사고를 또한 위축시킬 수 있다. 문제의 본질을 제대로 이해하기 위해 더욱 일반화된 관점으로 문제를 물러서서 봄으로써 더 많이 얻을 수 있다고 주장한다. 예를 들어 저작권 침해를 융합 산업(cross-industry)의 도전으로 인식할 때, 이런 관점을 가진 영화와 책 경영자들은 음악 산업의 최고 저작권 침해 반대 노력이 재앙 같은 결과로부터 많은 것을 얻을 수 있을 뿐 아니라 게임 제작자들이 이런 세찬 파도를 어떻게 성공적으로 헤쳐 나가는지를 아는 것으로부터 많은 것을 얻을 수 있다. 더욱 일반적인 관점으로 들어가 봄으로써 엔터테인먼트 경영자들에게 새롭게 통찰력을 주는 방식으로 기본 이슈를 해결하도록 돕는다. 영화 경영자(그리고 영화 학자들이 연구한 것처럼)가 실행하는 것처럼 영화 프랜차이즈를 운영하는 경영자들에 의해 어떻게 브랜드들이 관리되는가에서부터 (학문 연구에 따르면 그렇게 되어야 한다) 다양한 채널로 상품의 배급이 이뤄지는 것까지 똑같이 배울 기회들이 엔터테인먼트 사이언스 분야에 많다.

이런 이유로 이 책을 다른 엔터테인먼트 상품 주변이 아닌 중심 이슈, 중심적 경영 결정, 주요 성공 동인으로 구성했다. 엔터테인먼트 산업에서의 도전의 진정한 본질을 보여 줄 통상적인 중요 원칙에 초점을 두고서 대부분 통찰력은 이 책에서 다루는 다른 엔터테인먼트 상품 모두에 적용할 수 있다. 동시에 필요할 때면 산업의 특수성을 인정한다. 그래서 우리를 오해하지 말기를 바란다. 우리는 독자들이 특별한 분야에서 어렵게 얻은 경륜과 지혜를 대체하려고 의도하지 않는다. 그러나 다른 형태의 엔터테인먼트 배포로부터 배움으로써 전문성을 확장하도록 도울 것이다.

특히 엔터테인먼트 사이언스를 2개의 주요 분야로 나눠서 다음 것들을 탐구하도록 구성했다. I권 1부는 주요 엔터테인먼트 시장과 엔터테인먼트 기초를 풍부하게 이해하는 데 도움을 주는 주요 개념, 이론, 실제에 대해 개관할 것이다. 우리는 엔터테인먼트 상품 및 기타 상품이 얼마나 유사한지에 대한 양극적 관점을 발견했다. 몇몇 산업의 아웃사이더들은 엔터테인먼트 상품과 시장이 '다른 것과 같다'라고 주장하면서 빠르게 움직이는 소비재 및 자동차와 함께 작동하는 것이 영화, 게임, 책 및 음악에도 효과적일 것이라고 한다. 반면 산업 내 내부자들은 정반대 태도를 보이는데, 엔터테인먼트 관리는 매우 독특하여 다른 산업에서 배울 수 있는 것이 없다고 주장한다.

우리는 종종 진실이 중간 어딘가에 있음을 보여 준다. 한편으로 우리의 책은 엔터테인먼트와 다른 상품 및 산업 사이에 상당한 유사점이 존재한다는 증거를 제공하며 이러한 유사성은 외부 지식을 엔터테인먼트 비즈니스로 이전하는 기초를 구성한다. 디즈니, 워너(Warner) 및 기타 엔터테인먼트 대기업이 전 세계에서 가장 가치 있고 잘 알려진 상표(〈어벤져스(The Avengers)〉를 생각해 보라! 〈스타워즈〉를 생각해 보라!)를 만든 방식은 학습 잠재력의 상당히 좋은 예이다. 여러 엔터테인먼트 사이언스 학자들은 엔터테인먼트 관련 질문을 다룰 때 다른 상품에 대해 개발된 개념과 접근 방식을 사용하는 경우가 많다. 이 책 전체에서 예제를 찾을 수 있다. 브랜딩 및 혁신 관리(특허 확산 모형화)에 관한 II권 3장, 4장에는 가장 눈에 띄는 예가 포함되어 있다.

한편, 우리는 학자들이 보여 주듯이 엔터테인먼트를 경제의 다른 부분과 차별화하는 몇 가지 독특한 특성을 강조한다. 이러한 특성은 상품과 그것들이 생산되고 소비되는 방식(예를 들어, 엔터테인먼트 상품은 '문화적인' 상품이며, 또한 그들이 교환되는 시장도 의미한다) 예를 들어, 특정 자원을 필요로 한다. 우리가 지적하는 바와 같이, 학술적인 증거에 근거하여, 엔터테인먼트 상품을 담당하는 매니저는 이러한 특수성을 알아야 한다. 예를 들어, 엔터테인먼트 상품의 문화적 측면은 소비자의 의사결정에 있어 취향의 역할에 중요성을 부여하지만, 그것은 또한 엔터테인먼트의 쾌락적 성격과 결합하여, 업계가 '블록버스터 전략'을 구축한 거대한 사전 발매 버즈의 잠재력을 제공한다. 엔터테인먼트 사이언스 학자들은 이러한 세부 사항과 그들이 사업 운영에 미치는 영향에 대한 깊은 이해를 발전시켰다.

우리는 I권 1부에서 엔터테인먼트 상품과 시장의 구체적인 내용에 대해 논하는 것 외에(그리고 이 논의에 기초해), 업계의 필수적인 비즈니스 모델을 탐구한다. 구체적으로, 우리는 엔터테인먼트로 수익을 창출할 수 있는 일반적인 방법과 또한 그렇게 함으로써 오는 위험을 어떻게 해결할 수 있는지를 보여 준다. 우리는 엔터테인먼트 산업에서 가치가 어떻게 창출되는지에 대한 심층적인 분석을 통해, 콘텐츠를 경제적 가치로 바꾸는 데 관여하는 다양한 역할을 해부하고 연결함으로써 비즈니스 모델의 분석을 틀로 만든다. 이러한 역할과 상호작용을 아는 것은 예를 들어 전략적인 통합이나 해체 결정에 따라 시장에서 기업의 역할을 확장(또는 축소)함으로써 기업의 가치를 높일 방법을 이해하는 데 필수적이다. 엔터테인먼트 산업에 대한 우리의 가치 창출 분석은 디즈니, 아마존, 넷플릭스 등의 최근 사업 결정을 평가하는 것은 물론 현재(또는 미래의) 엔터테인먼트에 있어 어떤 것이 최선일지 결정하는 데 도움이 된다. 주요 엔터테인먼트 제작자들의 자산과 활동에 대한 개요도 제공한다. 이곳과 책의 나머지 부분에서 우리의 초점은 엔터테인먼트 콘텐츠와 그 제작자들에 집중되어 있지만, 우리의 가치 창출 분석은 그러한 콘텐츠와 다른 가치 창출 활동 사이의 연관성을 명확히 한다. 이어 6장은 모든 엔터테인먼트 활동의 경제적 성공을 궁극적으로 결정하는 사람들, 즉 소비자들을 다룬다. 아래 모든 좋은 경영 결정에는 대상 그룹에 대한 철저한 이해가 요구된다는 가정하에, 우리는 소비자들이 엔터테인먼트 상품에 대해 실제로 어떻게 그리고 왜 행동하는지 풍부한 통찰력을 제공한다. 엔터테인먼트 소비의 동기를 파고들며, 학자들이 말하는 '서사 몰입(narrative transportation)', '몰입감(immersion)' 그리고 '몰입(flow)'의 상태를 포함하여, 그러한 소비 경험과 관련된 인지적·감정적 과정도 조사한다.

2부인 II권, III권에서는 이런 일반적인 통찰력을 바탕으로 새로운 엔터테인먼트 상품의 성공 가능성에 영향을 미치는 경영 결정에 관한 강력한 이론에 기반한 틀과 분석적 접근 방식을 제시한다. 마케팅 학자로서, 우리가 '상품', '판촉', '장소', '가격' 활동의 고전적인 '4P' 타입을 기반으로 하는 것은 거의 직관적으로 보였다. 이런 유형학은 매카시(McCarthy, 1960)에 의해 소개된 이후 50여 년 동안 사업 결정이 상품의 시장 성공에 어떤 영향을 미치는지에 대한 매우 유익한 틀로 자리매김했다. 우리는 4개의 'P'가 다른 어떤 상품처럼 엔터테인먼트 상품에 중요한 역할을 한다는 것을 논증하고 보여 준다. 한쪽 면(예: 〈클래시 오브 클랜(Clash of Clans)〉과 같은 모바일 게임)이상을 보유한 엔터테인먼트 시장의 소비자를 위해 상품의 가격이 0(또는 0처럼 보일)일지라도 엔터테인먼트가 생성되어 제공되어야 하고('상품'), 고객에게 전달되어야 하며('판촉'), 배포되고('장소'), 가격 결정('가격')이 되어야 한다.

'4P'의 틀은 엔터테인먼트 맥락에서는 거의 적용되지 않았으나,[4] 우리는 그것을 이용하는 것이 이 책의 강점이라고 본다. 이를 채택함으로써 학자들의 시선을 끌었지만 ('어떻게 될지 아무도 몰라요'라는 격언으로 자주 운영해 온) 경

---

4)    그렇지만 독일의 마이클 클레멘트(Michael Clement)의 논문은 확실한 예외이다.

영자들로부터 무시당한 몇몇 산업 '규칙'을 확인할 수 있게 되었다. 우리 책이 확실히 '마케팅 101'에 관한 책은 아니지만 안심하라. 대신 엔터테인먼트에 '4P' 틀을 적용하고 엔터테인먼트 상품에 필요한 구체적인 결정과 그 고유한 특징에서 비롯된 결정에 초점을 맞춘다.

상품이 모든 엔터테인먼트 활동의 핵심이기 때문에 상품 관련 의사결정에 4개의 장(II권 전체)을 할애했다. 이 장들에서는 상품 경험 자체를 핵심 성공 동력으로 논하는 것으로 시작한다. 그러나 상품의 '진정한' 품질을 알지 못한 채 소비자들이 많은 구매 결정을 내리는 상황에서, 우리는 또한 영화의 장르나 원산지와 같이 소비자들에게 그러한 품질을 알리는 요소들에 상당한 여지를 둔다. 시퀄이나 스타 등 다른 브랜드[업계에서 흔히 말하는 IP, 즉 지적재산권(과 겹치는 용어)]가 소비자의 엔터테인먼트 결정에 어떤 영향을 미치는지를 논의한다. 우리의 엔터테인먼트 브랜드 분석은 디즈니가 마블 시네마틱 유니버스(Marvel cinematic universe)•로 잘 해 왔기 때문에 브랜드의 경제적 가치를 평가하는 데 도움이 되는 접근법과 '브랜드 영역'을 효과적으로 관리하는 데 필요한 것을 포함한다. 그런 다음 네 번째 최종 상품 관련 장은 기업이 엔터테인먼트 상품의 혁신 프로세스를 효과적으로 설계할 수 있도록 도울 수 있는 이론과 분석 접근법에 전념한다.

III권은 다른 P들, 즉 프로모션(달리 말해 커뮤니케이션), 장소(달리 말하면 유통), 가격 등을 전담한다. 우리는 엔터테인먼트 커뮤니케이션에 대한 논의를 2개의 장으로 나눴다. 첫 장에서는 예비 고객들이 신상품에 대해 알아야 할 것(그리고 모르는 것이 좋을 것!)과 같은 질문을 고려하여 '페이드(paid)'(예: 광고)

• 마블 코믹스에서 출간된 만화를 기반으로 영화화한 슈퍼히어로 시리즈 및 해당 영화들과 세계관을 공유하는 연계 텍스트들, 혹은 그 텍스트들이 속한 세계관을 지칭한다. 만화를 원작으로 하지만 스토리 전개와 각종 설정은 영화를 근간으로 연속성을 유지한다. 마블 코믹스나 DC 코믹스 등에서 출간된 만화들이 품고 있는 세계관들은 긴 역사 속에서 여러 번 구조적 변화를 겪어 왔는데 그 모든 유니버스들의 집합을 멀티버스(multiverse)라고 일컫는다. '마블 시네마틱 유니버스'도 그중 하나에 해당한다.

와 '온드(owned)'(예: 페이스북 페이지) 미디어를 통해 엔터데인먼트가 어떻게 진달되어야 하는지, 각 미디어에 얼마를 지출해야 하는지, 그리고 그 시기에 대해 논의한다. 엔터테인먼트 상품의 경험 속성은 문화적인 역할과 함께, 고객에게서 나오는 '언드(earned)' 미디어[입소문, 떼 짓는 연속 흐름(cascade)를 통해], 알고리즘(자동화된 추천을 통한), 전문가(전문적 리뷰를 통한), 다양한 종류의 상들에도 중요성을 부여한다. 두 번째 장에서는 이러한 서로 다른 '언드' 미디어가 엔터테인먼트 상품의 성공에 어떻게 그리고 어떤 조건에서 영향을 미치는지와 그것들이 어떻게 관리될 수 있는지에 대해 어떤 연구가 밝혀질지 요약한다. 유통 장인 세 번째 장에서는, 타이밍 결정, 오늘날 엔터테인먼트가 디지털 시대에 이용할 수 있는 다중 채널의 복잡한 조정, 그리고 최근 수십 년 동안 산업을 매우 강력하게 형성해 온 불법적 출처와의 경쟁에 초점을 맞추고 있다. 가격 책정은 '어떻게 될지 아무도 몰라요'라는 격언의 분명한 희생양이 되어 다른 마케팅 수단보다 엔터테인먼트 회사들의 주목을 덜 받았다. 그러나 학자들은 상품 간 차등 가격에 대한 실증적 현장 실험을 포함하여 엔터테인먼트 상품의 가격을 결정할 수 있는 몇 가지 기회를 강조해 왔다. 가격 결정 장인 네 번째 장에서 이러한 연구 결과를 요약한다. 따라서, 엔터테인먼트 사이언스 채택에 개방적인 엔터테인먼트 사상가들과 제작자들은 책의 이 부분에서 특히 흥미롭고 혁신적인 통찰력을 얻을 수 있을 것이다.

III권의 마지막 장에서는 우리가 독자 여러분 앞에 내놓은 모든 과학적 증거들을 수백 페이지에 걸쳐 통합한다. 우리는 지난 수십 년 동안 엔터테인먼트에서 지배적인 마케팅 전략인 블록버스터 개념과 틈새 개념으로 발전한 2가지 핵심 통합 마케팅 전략에 대한 학자의 시각을 제시함으로써 이를 실현한다. 이론적·분석적 연구가 만들어 냈다는 지식을 통해 우리는 어떤 개념이 어떤 조건에서 가장 잘 작용하는지 추출한다. 우리는 몇 가

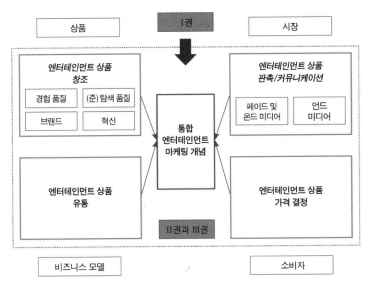

<그림 1.2> 엔터테인먼트 사이언스의 구조

지 경고를 한다. 상황이 불균형해지는 경향이 있으므로, 불균형은 어떤 형태의 엔터테인먼트를 위협한다. 그리고 어쩌면 전체적으로 영화와 시리즈, 게임, 책, 그리고 음악의 전통적인 제작자들까지도 위협한다. 그런 다음 우리는 우리가 함께 만든 것을 적용하고, 엔터테인먼트 사이언스의 힘을 발휘하여 여러분 자신의 의사결정을 실제적인 방법으로 향상하는 것을 여러분에게 맡긴다. <그림 1.2>는 영화(및 시리즈), 게임, 책, 음악의 성공적인 관리에 대한 '엔터테인먼트 사이언스 관점'을 만들기 위해 각 부분과 장과 장들이 함께 일하는 방법 등에 관한 구조를 요약하고 있다.

## 4. 시작 전에: 엔터테인먼트 사이언스 연구자가 적용하는 실증적 방법에 관한 몇 가지 어록

　이론이 필수적인 것은 엔터테인먼트 사이언스 연구자들이 올바른 질문을 하도록 안내하고 데이터에서 발견되는 패턴에 대한 설명을 제공하기 때문이다. 엔터테인먼트 사이언스에도 마찬가지로 필수적인 것은 연구자들이 그러한 패턴을 식별하고 다른 무작위로 보이는 숫자의 집합에서 지식을 추출하도록 돕는 통계적 방법이다. 이론과 방법 모두 단순한 복잡성 때문에 비과학자에게 도전적인 경우가 많다. 그러나 경험적 연구 방법(및 그 결과)에 대한 우리의 이해는 한 가지 추가적인 특징에 의해 방해받고 있다. 즉, 그것들은 숫자, 표기 및 부호의 공식적인 '언어'로 표현된다. 이 언어는 우리의 통상적인 커뮤니케이션 방식과는 매우 다르며 또한 마지막 통계학 수업을 배운 지 오래된(또는 즉시 잊어버리자고 결정했을 수도 있는) 누구에게도 쉽게 친숙하지 않은 일련의 통계적 가정을 바탕으로 한다.

　이 책의 목적은 독자들을 엔터테인먼트 사이언스에서 사용하는 모든 방법에 대한 전문 지식을 가지고 통계적 방법의 전문가로 만드는 것이 아니다. 우리는 학자들 사이에서 엔터테인먼트 사이언스로 가치 있는 통찰력을 펼치기를 원한다. 그러나 또한 엔터테인먼트계의 미래 또는 현재 의사 결정권자와도 공유하기를 원한다. 이를 가능하게 하려고 우리는 경제학이나 경영학, 수학 분야의 석사 학위나 박사 학위 없이도 연구를 해독할 수 있는 언어로 바꾸기에 힘썼다. 동시에 엔터테인먼트 사이언스의 논리는 확률론적이기 때문에, 핵심 방법의 일반적이고 기초적인 논리를 따르고, 일정한 '학술' 어휘를 보유하는 것이 분명히 도움이 된다. 이러한 기술들은 또한 독자들이 연구 결과를 해석하고 그 숫자들을 어그러뜨리는 데이터 과학자들과 상호 작용하는 데 도움을 줄 것이다. 따라서, 우리는 이 섹션을 통해 독자들이 엔터테인먼트 사이언스로부터 얻는 이익을 촉진하기 위한 연구 방법의 '충돌 과정'을 제공한다.

## 1) 엔터테인먼트 사이언스 방법론의 계량경제학의 모태: 회귀분석

통계에 압도당하는 사람이라면 여기에 좋은 소식이 있다. 학자들은 매우 다양한 연구 방법을 사용하지만 이러한 방법 대부분은 공통된 통계적 기반을 공유한다. 회귀분석이다. 회귀분석의 주요 목적은 간단하다. 둘 이상의 현상(또는 '변수') 간의 관계를 식별하는 것이다. 현상이 과거에 시간이 지남에 따라 또는 여러 관찰(예: 상품, 소비자)에서 어떻게 행동했는지에 따라, 예를 들어 사회학자는 개인의 교육 수준과 소득에 대한 과거 자료를 수집하고 회귀분석을 사용하여 이 두 변수가 서로 어떻게 관련되어 있는지 확인할 수 있다. 본질에서 문제는 한 변수의 변화가 다른 변수의 변화와 어떻게 관련되는지이다. 참고로 적어도 회귀분석의 기본 형식이 아닌 상태에서는 회귀분석은 이러한 효과가 우연이라고 가정하지만, 공식적으로 우연 관계를 증명하지는 않는다. 이 토론을 엔터테인먼트 상품에 대한 초점으로 되돌리기 위해 〈그림 1.3〉은 〈언더 더 세임 문(Under the Same Moon)〉, 〈와일드(Wild)〉(2014), 〈K-팩스(K-Pax)〉, 〈아틀라스 슈러그드: 파트 1(Atlas Shrugged: Part I)〉, 〈악마는 프라다를 입는다(The Devil Wears Prada)〉라는 5개 표본 영화의 배급 전 광고비와 북미 지역의 박스오피스 성적 간의 관계를 보여 준다.

〈그림 1.3〉에서 우리는 광고 지출과 박스오피스에서 얻은 수익 측면에서 실제 가치에 따라 5개의 영화에 점을 찍었다. 수백만 달러 단위의 광고 지출은 플롯의 가로축(x축)이고 박스오피스(단위: 백만 달러)는 세로축(y축)이다. 2차원 공간에서 5개의 원형 점의 위치를 파악하면 각 영화의 광고 지출

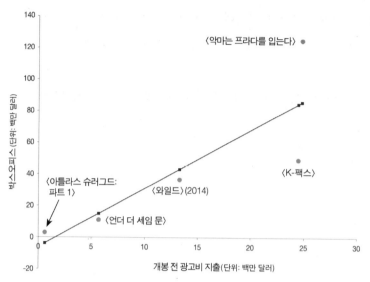

**〈그림 1.3〉 영화 광고에 대한 박스오피스의 OLS 회귀분석**

주: 그래프에서 원형 점은 출시 전 광고 지출 및 흥행 수익 측면에서 영화의 실제 값이고, 사각형 점은 회귀 함수로 예측한 값이다. 함수의 $R^2$는 0.69.
자료: 광고비 데이터는 Kantar Media, 박스오피스 데이터는 The Numbers.

및 매표 수준을 빠르게 확인할 수 있다. 예를 들어, 〈K-팩스〉의 제작자는 북미 극장 개봉을 지원하기 위해 광고에 2400만 달러 이상을 지출했다. 2001년 10월, 그들의 영화는 북미 박스오피스에서 약 5000만 달러를 벌어들였다. 광고에 y축 대신 x축을 사용하기로 선택한 이유는 무엇인가? 다른 변수에 영향을 미칠 것으로 생각되는 변수에 대해 x축을 사용하는 것이 통계의 관례이기 때문이다. 이 변수를 '독립'변수 또는 IV라고 한다(다른 변수의 영향을 받지 않는다고 가정하기 때문에 '독립'). y축은 다른 변수의 영향을 받는 것으로 여겨지는 변수를 위한 것이다(값이 IV의 값에 의존하기 때문에 '종속'변수 또는 DV라고 한다). 우리의 경우 광고 지출(x)이 흥행 결과(y)에 영향을 미치며 그 반대가 아니라고 가정한다. 하지만 그렇게 해야 하는가? 제작자가 영화의 초기 성적을 기반으로 광고 수준을 조정하는 경우 이는 인과관계 가정에 위배되며 결과를 신뢰할 수 없다. 그러나 우리는 곧 이 문제로 돌아간다.

회귀분석은 연구 표본의 전체 구성원(또는 사례) 세트에 대한 IV 및 DV를 고려하고(이 예에서는 5개 영화 각각에 대한 광고 지출 및 박스오피스) 두 변수 사이 관계를 수학적으로 해결한다. 이 관계에 따라 IV의 각 수준에 대한 DV의 예측 값에 점을 찍을 수 있다. 이러한 예측 값을 연결하면 IV가 DV에 연결되는 방식을 보여 주는 〈그림 1.3〉과 같이 2차원 공간에서 관찰된 변수의 산점도를 자르는 선으로 끝난다. 가장 기본적인 형태의 회귀는 둘 사이의 선형 관계를 가정하고 최적화 기준을 충족하는 방식으로 선 또는 함수를 위치시킨다. OLS(Ordinary Least Squares) 회귀분석이 표준 유형이고 여기에서 예제에 사용하는 것인데 종속변수의 실제 값과 함수가 추정한 값 간의 차이를 제곱해서 합한 것을 최소화하도록 한다. 이런 차이를 '잔차'라고 한다.

〈그림 1.3〉에서 이 기준은 실선으로 가장 잘 충족되며, 5개의 사각형 점은 영화의 광고 지출을 기준(광고 지출에만 해당)으로 5개의 영화에 대한 회귀분석 함수로 예측된 박스오피스의 값을 말한다. 선(line)의 과정(즉, 회귀 함수)을 알면 몇 가지 유용한 수치를 제공받을 수 있다. 첫째, 독립변수(IV: 광고)가 실제로 종속변수(DV: 박스오피스)와 관련이 있으며 그 연관성이 얼마나 강한지를 알 수 있도록 도와준다. 독립변수(IV)의 '영향'의 강도는 계수의 형태 또는 회귀분석 프로세스 중에 계산되는 '매개변수'의 형태로 계량화된다. '영향'이라는 용어를 주의해서 사용한다는 점에 유의하기 바란다. 관계가 실제로 우연한 관계인지 완전히 확신하지 못한다. 함수의 모양이 중요하다. 위의 예에서 함수의 기울기는 광고에 추가로 100만 달러를 지출하면 평균적으로 다른 모든 것이 일정하게 유지되면 370만 달러의 추가 흥행 수익을 창출할 수 있음을 나타낸다. 이러한 결과는 가르치려는 목적으로만 선택한 영화 5편의 작은 표본을 기반으로 한다. 페이드(유료) 엔터

테인먼트 커뮤니케이션에 관한 III권 1장에서 광고 효과에 대해 자세히 설명한다. 다음으로 회귀 함수의 매개변수를 사용하면 해당 값을 간단히 삽입하여 DV(종속변수)에 대한 IV(독립변수) 수준의 효과를 예측할 수 있다. 함수는 상수 '절편' 값의 형태를 취한다(즉, IV=0인 경우 DV 값, 절편은 일반적으로 알파라고 한다). 그리고 IV의 계수인 매개변수(일반적으로 베타라고 한다)는 IV의 각 변화 단위에 대해 DV가 얼마나 많이 변하는지를 나타낸다. 이 예에서 추정된 함수는 다음과 같다.

$$BoxOffice_m = -4.26 + 3.70 \times Advertising_m$$

이는 광고 예산이 1000만 달러인 가상의 영화 m이 회귀 결과를 기반으로 북미 영화관에서 3274만 달러($= -4.26+3.70 \times Advertising_m$)를 생성할 것으로 예상할 수 있음을 의미한다.

마지막으로 결과를 추출한 데이터 세트(data set)를 넘어 일반화할 수 있을지도 결정할 수 있다. 이러한 정보는 임의의 힘의 결과가 아니라 회귀 분석 결과가 체계적인지 아닌지를 결정할 때 연구자가 수용해야 하는 오류의 척도인 매개변수의 통계적 유의성에 의해 제공된다. 학자들 사이에서 널리 공유되는 관행은 5% 오차가 '중요한' 결과와 그렇지 않은 것을 분리한다는 것이다. 5개 영화 표본은 의미 있는 결과를 산출할 만큼 충분히 크지 않다. 더 많은 영화 표본이 필요하다. 그러나 매우 큰 표본에서는 종종 너무 쉬워서 유의 변수를 못 찾을 수 있다는 점을 유의해야 하는데 유의성은 표본 자체의 크기에 영향을 받기 때문이다.

회귀분석의 결과가 얼마나 의미가 있을까? 의미성은 실제 값과 분석으로 예측된 값 사이의 거리에 따라 달라진다. 거리가 작을수록 모델이 더 정확하고 결과가 더 의미가 있다. 위 예시에서 분석은 세 영화(⟨아틀라스 슈러

그드: 파트 1〉, 〈언더 더 세임 문〉, 〈와일드〉 (2014)])의 값을 상당히 잘 예측할 수 있지만, 나머지 두 영화인 〈K-팩스〉 및 〈악마는 프라다를 입는다〉라는 잔차 (residuals)가 훨씬 크다. 분석은 〈악마는 프라다를 입는다〉의 흥행 수익을 과소평가하는 반면 〈K-팩스〉의 성과를 과대평가했다. 〈K-팩스〉가 받은 광고 지출 금액을 사용하면 분석은 영화가 실제로 번 5000만 달러 대신에 약 8500만 달러의 박스오피스를 예측한다. 이것은 매우 전형적인 현상이다. 시장 현실에 완벽하게 맞는 회귀분석은 거의 없다. 회귀분석의 의미 또는 '적합'에 대해 널리 사용되는 측정치는 '결정 계수' 또는 $R^2$로, 범위는 0(IV가 모든 사례에서 DV의 변이의 어떤 것도 설명하지 못하는 경우)에서 1(변동이 완벽하게 설명되고 예측 값이 실제 값과 정확히 일치)이다. 이 예에서 회귀 함수의 $R^2$는 0.69이다. 즉, 5개 영화 사이의 박스오피스 변동의 약 3분의 2가 광고 지출로 설명된다.

이것으로 충분할까? 대답은 분석자가 원하는 것에 달려 있다. 광고 지출이 흥행에 영향을 미친다고 예측하는 확실한 이론이 있다면 그 결과는 합리적이고 상당한 차이를 설명한다. 우리는 이론적 논증으로 박스오피스에 미치는 영향을 암시하지 않는 다른 IV들을 선택함으로써 이론의 가치를 알 수 있다. 예를 들어 영화의 상영 시간을 IV(독립변수)로 사용하여 박스오피스를 설명하는 대체 모델의 $R^2$는 5편의 영화에 대해 0.12이다. 몇 가지 다른 적합 측정치도 존재한다. 예를 들어, 평균 절대 백분율 오차 (MAPE: Mean Absolute Persentage Error)는 실제 값에서 예측된 평균 백분율 편차를 보고한다. 예측(설명과 비교)이 회귀분석 실행의 주요 목표일 때 특히 유용하다. 우리 모델의 MAPE는 우리의 예제에서 58%이고 가장 작은 필름을 제외하면 37%이다.[5]

---

5)  MAPE와 같은 편차 메트릭의 문제 중 하나는 종속변수의 큰 값보다 작은 값에서 백분율 편차가 체계적으로 더 높다는 것이다. 이를 수정하는 한 가지 방법은 그 사례들을 측정

## 2) 몇 가지 과제와 이를 숙달하기 위한 방법론적 접근 방식 힐끗 보기

위에 든 영화의 예의 명백한 한계 중 하나는 광고를 박스오피스의 유일한 결정 요소로 취급한다는 것이다. 물론 이것은 훨씬 더 복잡한 현실을 지나치게 단순화한 것이다. 모든 엔터테인먼트 경영자와 학생은 역할을 할 수도 있는 다른 요소를 쉽게 지명할 수 있다. 2부인 II권과 III권에서는 이러한 다중 결정 요인에 전념하면서 하나씩 논의한다. 그러나 이것은 회귀분석에서 중요한 문제는 아니다. 이 방법을 사용하면 추정에 더 많은 독립변수 또는 결정 요소들을 포함할 수 있다. 여러 독립변수를 처리하고 상대적인 영향 수준을 동시에 결정할 수 있다.

이 예의 영화 중 우리는 〈악마는 프라다를 입는다〉가 성과 예측에서 최악이 되었다. 회귀분석 함수는 실제 제작한 영화보다 3900만 달러 더 적게 추정한다. 왜? 엔터테인먼트 사이언스의 이론은 이 책에 나와 있듯이 영화의 성과가 브랜드의 영향을 받는다고 제안한다. 특히 〈악마는 프라다를 입는다〉는 베스트셀러 소설을 원작으로 했다. 따라서 표본의 필름이 베스트셀러를 기반으로 했는지 아닌지를 두 번째 독립변수로 추가하면 $R^2$가 0.88로 거의 30%까지 증가하고 〈악마는 프라다를 입는다〉의 예측 오류가 1400만 달러로 줄어든다.[6] 〈K-팩스〉에 대한 우리의 예측도 또한 좋지 않다. 이 경우 영화가 9월 이후 한 달 만에 개봉했다고 설명할 수 있다. 2001년 11건의 테러 공격은 영화를 보려는 사람이 거의 없었던 역사상 극

---

해 보는 것이다. 이 예에서 영화당 광고 지출을 가중치로 사용하면 MAPE가 58%에서 43%로 줄어든다. 엔터테인먼트 혁신 관리의 맥락에서 예측 척도들에 대한 논의도 참조하라.

6)  독립변수들의 숫자로 $R^2$를 조정할 때도 마찬가지이다. 이 조정된 $R^2$ 값은 0.59에서 0.76으로 증가한다.

한의 시기였다. 이 문제를 해결하려면 모델에 '위기 기간에 배포(released-during-crisis)' 변수(⟨K-팩스⟩의 경우 1, 나머지 4개의 경우 0)를 추가할 수 있다. 이렇게 하면 거의 완벽하게 적합한 모델이 만들어진다. 설명된 박스오피스 분산의 비율이 0.99로 증가하고 이제 모든 영화에서 예측 오차가 매우 작다. 그러나 이 결과는 피해야 할 가공치이다. 사례들의 수와 관련된 독립변수 수가 임계 수준을 초과하면 소위 '과적합(overfitting)'으로 인해 결과가 무의미해진다. 따라서 보유하고 있는 사례의 수는 고려할 수 있는 독립변수 수에 대한 제한을 가져온다. '위기' 변수는 또 다른 이유로 문제가 된다. 이 변수는 하나의 필름에만 연결되어 있는데 회귀 모델이 이 필름에 대한 모든 성공 편차를 이 독특한 요소에 할당할 수 있는 문제가 있다.[7]

주목할 만한 또 다른 문제는 여기에서 박스오피스인 종속변수가 '연속적인' 변수라는 것이다. 사실상 무한한 수의 가능한 값이다. 경우에 따라 관리자들은 연속적이지 않지만 가능한 값의 이산형(discrete) 숫자 중 하나만 취할 수 있는 다른 종속변수에 관심이 있을 수 있다[예: '이항(binary)' 종속변수에는 2개의 가능한 값만 있다]. 손익분기점의 비디오 게임과 그렇지 않은 비디오 게임의 차이점은 무엇인가? 어떤 노래가 그래미(Grammy) 상을 받을 것인가? 기본 선형 회귀분석은 연속적이지 않고 이산형 종속변수에는 사용할 수 없다. 그러나 약간 수정하면 처리하기에 적합한 로짓 회귀분석(logit regression) 또는 프로빗 회귀분석(probit regression)과 같은 다른 분석 도구가 있다.

다른 문제는 해결하기 어렵고 발견하기도 쉽지 않다. 오늘날 회귀분석을 실행하는 것은 메뉴 기반 인터페이스가 있는 통계 패키지가 존재하기

---

7) 덜 성공적인 영화 표본 일부에 제임스 카메론(James Cameron)의 〈타이타닉(Titanic)〉의 놀라운 성공을 설명하고 'Lead-actor-says-'I-am-the-king-of-the-world'-while-standing-on-large-ship'을 독립변수로 포함하려는 때도 똑같이 일어날 수 있다.

때문에 매우 간단한 작업이다(엑셀도 기능하다!). 그러나 이러한 단순성은 어떤 결과를 얻는 것만큼 잘못된 경험적 결과를 쉽게 얻기 때문에 몇 가지 함정이 있다. 이러한 함정은 통계 초보자에게만 국한되지 않는다. 그들은 또한 엔터테인먼트 사이언스(신뢰할 수 있는 연구만 보고하고 적절한 경우 몇 가지 제한 사항을 언급하기 위해 이 책에서 최선을 다한다)에 관한 수많은 과학적 의미를 제한한다. 가장 시급한 문제 몇 가지를 나열하고 학자들이 이를 피하거나 처리하기 위해 어떻게 노력하는지 설명하겠다.

### ※ 데이터베이스

'모든 연구는 단지 데이터만큼만 우수하다'라는 문구는 특히 회귀분석에 적용된다. 회귀분석은 항상 과거 정보를 사용하여 이전에 발생한 일을 기반으로 미래를 예측한다. 따라서 과거 연구자들 중 어떤 부분으로부터 그들의 연구 결과를 도출했는지 늘 면밀하게 살펴보라. 데이터 세트가 오래되었거나 새것인가? 북미 또는 독일인인가? 포괄적인가 아니면 특정 상품(예: 저예산 또는 고예산 상품)을 체계적으로 제외하는가? 아니면 독특한 기간(예: 경기 침체 또는 인터넷이 존재하기 전에 수집)에 비롯된 것인가? 이 책에 인용된 연구는 그들이 사용하는 데이터에 있어서 상당히 다르다. 종종 일반화가 가능하고 합법적이지만 연구 결과에 의존하기 전에 그 결론의 기초가 되는 부분을 항상 주의 깊게 고려하라.

### ※ 허위 문제(Spuriousness Challenge)

회귀분석에 의한 통계적 설명은 인과관계일 수도 있고 아닐 수도 있다. 여러 경우에 회귀분석의 기초가 되는 요인의 상관관계는 단순히 기이한 운명이나 '생략된 변수'로 인해 존재한다. 비겐(Vigen, 2015)은 무의미하고 인과적이지 않은 경험적 연결에 대한 전체 예들을 책으로 제공하는데, 통계적으로 브래드 피트의 연간 수입은 2001년과 2009년 사이 미국인 평균 아이스크림 소비의 약 84%를 설명한다(p.29). 정부가 지출하는 아르헨티나의 국민총생산(GDP)은 TV 코미디 〈빅뱅 이론(Big Bang Theory)〉의 북미 시청자 중 무려 97%를 설명한다(p.115). 이것은 미국의 아이스크림 소비가 브래드 피트의 수수료를 낮춰서 줄일 수 있다는 의미인가? 아니면 〈빅뱅 이론〉의 제작자들이 아르헨티나 경제를 부흥해야 한다는 말인가? 물론 아니다. 이러한 상관관계에는 인과관계가 없기 때문이다. 많은 허위 효과는 덜 분명하지만, 똑같이 오해의 소지가 있다. 비우연적 관계의 본질적인 문제는 효과가 없는 것으로 판명될 처방을 사용하도록 하는 것이다. 따라서 철저한 테스트를 통해 연결 관계 허위 특성을 배제해야 하지만 강력한 설명이 훨씬 더 필수적인 것으로 여긴다. 이론 없는 방식으로 데이터가 '말'할 수 있도록 데이터를 탐색해 볼 가치가 있을 수 있지만, 좋은 이론 없이는 경험적 상관관계를 신뢰할 수 없다.

## ※ 비선형 관계

때로는 결정 계수와 결과 간의 관계가 선형적이지 않다. 독립변수의 모든 변화가 종속변수의 동일한 수준의 변화를 가져오지 않는다. 이러한 비선형성에는 여러 가지 이유가 있다. 포화 수준 또는 임계 값이 존재하거나 결과가 스스로의 역학 관계를 만들어 낼 수 있다. 포화 수준은 엔터테인먼트 소비의 일반적인 현상이며 역학 관계는 타인 의견 추종(케스케이드) 및 피드백 효과의 형태로 존재한다[예를 들면 버즈가 더 많은 버즈를 생성하고, 차트가 이미 성공한 사람들에게 도움이 되는 경우; '언드(평가형)' 엔터테인먼트 커뮤니케이션에 대한 III권 2장 참조]. 따라서 선형 모델에서 독립변수의 영향을 찾지 못한다고 해서 변수가 전혀 영향을 미치지 않는다는 의미는 아니다. 즉, 관계가 비선형적일 수 있다. 비선형성을 테스트하기 위해 연구자는 회귀 모델에 제곱항(squared terms)과 세제곱항(cubed terms)을 추가하거나 분위 수 회귀분석(quantile regression)과 같은 특정 기법을 사용한다.

## ※ 변수 간의 상호작용

비선형성의 특별한 경우는 둘 이상의 독립변수(IV)가 결과에 공동으로 영향을 미칠 때이다. 영화 시퀄의 경우를 고려해 보라. 나중에 논의하겠지만 이전 영화의 인기가 후속 편의 성공 가능성을 높이지만 이 인기 효과는 모든 후속 편에서 같지 않다. 이는 이전 영화의 스타가 후속 편에서 돌아오는지 아닌지에 따라 다르다. 이러한 유형의 상호작용을 설명하는 일부 연구자들은 공동 효과를 발휘하는 것으로 가정되는 변수를 곱하여 모델에 '상호작용 항'을 추가하는 반면, 다른 연구자들은 '하위 표본' 또는 '다중 그룹' 분석을 실행해 데이터 하위 집합에 대한 회귀 결과를 비교한다.

## ※ 생략된 변수 편향

회귀분석은 실제 시장 현실을 적절하게 반영하기 위해 올바른 독립변수가 모델에 포함되는 정도로만 강력한 결과를 산출한다. 특히 회귀분석의 목표가 인과관계를 설정하는 것이라면 종속변수에 영향을 미치는 모든 변수를 모델에 포함하여 그 효과를 통제해야 한다. 그러나 주요 변수가 생략되면 허위의 상관관계가 나타날 수 있다. 모델의 변수들은 실제로 분석에서 설명되지 않은 다른 독립변수에 속하는 종속변수의 분산을 공유한다고 주장한다. 위의 5편 영화의 예에서 영화의 장르 및 스타 파워와 같은 다른 변수의 부족은 흥행 수익에 미치는 광고의 영향을 과장하고 잘못된 해석을 초래한다.[8]

---

8)  비겐(Vigen, 2015: 29)은 살인율과 아이스크림 소비 사이의 매우 높은 상관관계를 인용

※ 다중 공선성 편향(Multicollinearity Bias)

한 개 이상의 독립변수를 가진 회귀분석(다중 회귀분석) 결과는 독립변수 사이의 높은 상관관계로 인해 왜곡될 수 있다. 예를 들어, 영화의 흥행 성공을 설명하면서 광고와 영화가 상영되는 극장 수 및 제작 예산을 동시에 포함하면, 설명하려는 회귀에서 세 독립변수가 다른 영화—독립영화의 경우 낮음, 일반 스튜디오 영화의 경우 높음, 블록버스터 영화의 경우 매우 높음—에서 유사하게 분포(공선적: collinear)되어 있으므로 종종 편향된 결과가 발생한다. 높은 (다중) 공선성은 통계적 유의수준을 부풀려 결과 해석을 거의 불가능하게 만든다. '분산 팽창 요인(VIF: Variance Inflation Factor)'과 같은 공식 메트릭을 측정하고 보고하는 데 더해 연구자는 다른 독립변수와 겹치는 원시 데이터 대신 독립변수의 잔차의 사용을 고려할 수도 있다. 잔차는 다른 독립변수에서 다루지 않는 고유한 정보를 분리한다.

※ 내생성 편향(Endogeneity Bias)

회귀분석에서는 모든 독립변수가 진정으로 '독립적'이라고 가정한다. 계량경제학자들은 이런 독립성에 대해 더욱 정확한 용어인 '외생적(exogenous)'을 사용하는데, 이는 독립변수가 자율적으로 생성되어야 하고 모델의 다른 요인이나 모델 외부의 요인에 의해 부당하게 결정되지 않음을 의미한다. 이 외생성 조건이 충족되지 않으면 변수는 '내생성'으로 간주한다. 실제로, 외생성 조건은 거의 항상 위반된다. 다른 요인에 의해 적어도 조금이라도 영향을 받지 않는 것은 우리 세상에서 찾기가 어렵기 때문이

---

하면서 다채로운 예를 제공한다. 그렇다면 어떤 아이스크림 성분이 우리를 살인자로 만들까? 적어도 우리와 식품 과학자들이 아는 한은 없다. 대신, 계절은 여기서 생략된 변수이다. 살인은 사람들이 보통 아이스크림을 먹는 여름에 더 흔하다. 따라서 살인율을 줄이기 위해 아이스크림을 금지하려는 시도는 매우 비효율적일 것이다.

다. 그러나 어떤 경우에는 내생성이 회귀분석에서 잘못된 결과를 초래하는데 이는 피해야 한다. OLS 회귀분석에서 스타의 존재가 영화의 수익을 평균 1300만 달러 증가시킨다고 하면(Litman and Kohl, 1989), 스타가 이러한 영향을 미친다는 의미인가? 반드시 그런 것은 아니다. 스타들이 더 높은 성공 가능성을 가진 영화에 조직적으로 서명할 수 있기 때문이며, 이러한 영화는 더 높은 잠재력 때문에 제작자로부터 유리한 대우를 받을 것이다. 즉, 스타는 내생적일 수 있으므로 이 내생성을 설명하지 않으면 스타의 영향에 대한 추정이 부풀려질 수 있다. 이를 위해 통계적 일치, 2단계 최소제곱 회귀분석(2SLS: 2 stage least square regression) 및 3단계 최소제곱 회귀분석(3SLS: 3 stage least square regression)과 같은 다양한 접근 방식과 방법을 사용할 수 있도록 연구자들에 의해 개발되었다(어떤 스타들이 정말 가치 있는지 확인하려면 엔터테인먼트 상품 브랜드에 대한 II권 3장을 참조하라).

※ 이질성(Heterogeneity)
회귀분석에서의 편향의 또 다른 원인은 엔터테인먼트 상품을 특징짓고 엔터테인먼트 소비자 사이에 존재하는 이질성이다. 회귀 매개변수는 정의에 따라 평균 효과이며(표본의 모든 사례에서 하나의 매개변수가 생성되기 때문에) 그 유효성은 일반적으로 데이터 세트에 대한 전체 수학적 평균이 얼마나 의미 있는지에 따라 달라진다. 한 발은 얼음물에, 다른 한 발은 끓는 물에 담그면 발의 평균 온도가 아늑하게 보일 수 있지만, 이 평균은 실제로 어떻게 당신이 느끼는지를 정확하게 담아내지 못한다. 유사한 고려 사항으로 인해 연구자들은 결과가 엔터테인먼트의 형태와(또는) 소비자 세그먼트 간에 다를 수 있음을 인식해야 한다. 잠재 계층 회귀분석(latent class regression) 및 하위 표본에 대한 회귀 모델 추정을 포함하여 이질성을 설명하는 방법이 있다.

이러한 함정에 대해 아는 데 있어서 2가지 주요 사항이 있다. 첫 번째는 데이터 분석 작업을 다시 이론과 연결하고 엔터테인먼트 사이언스의 핵심 요소의 중요성을 강조한다. 회귀분석 모델을 적절한 방식, 즉 소비자가 엔터테인먼트 상품을 경험하고 경영자가 결정을 내리는 현실을 잘 설계하려면 강력한 이론이 필요하다. 이론은 관련 변수와 데이터를 선택하여 여기에 언급된 문제와 편향, 즉 내생, 비선형, 이종 및 상호작용 관계를 피하는 데 도움이 된다. 즉, 회귀분석 모델이 잘못 정의되고 이론과 충돌하면 결과가 상황을 악화시킬 뿐이다. 두 번째 주요 요점은 독자들에게 연구를 직접 수행할 때뿐만 아니라 새로운 연구, 저널리즘 발견에 대해 들을 때, 특히 상업적 데이터 컨설팅 제안에 직면할 때 이러한 요구 사항에 주의를 기울이도록 요청한다는 것이다. 데이터 분석의 함정과 복잡성은 오해 또는 더 나쁜 조작의 여지를 제공한다. 예를 들어, 렐러티버티 미디어(Relativity Media)가 어떻게 알고리즘을 (잘못) 사용하여 투자자에게 깊은 인상을 줄 유망한 재정적 예측을 얻었는지 생각해 보자. 그 회사는 〈언터처블(The Untouchables)〉의 전편의 성공 가능성을 알고 싶을 때 주연배우 후보 니콜라스 케이지(Nicholas Cage)가 출연한 이전 영화의 평균 흥행 결과를 계산했다. 이 접근 방식의 정교함이 일반적으로 부족하다는 비판을 받을 수 있지만, 더 근본적인 문제는 렐러티버티 미디어가 니콜라스 케이지의 실패작인 〈스네이크 아이스(Snake Eyes)〉를 분석에서 제외함으로써 '일부 조작(massaged)'한 것으로 밝혀졌다(Wallace, 2016).

우리는 또한 애널리틱스 회사들이 종종 정보를 신비주의로 대체하면서 그들의 방법론적 접근법을 숨긴다는 것을 알게 되었다. 시나리오 분석 회사인 에파고긱스의 경우 직원의 비밀이 쿠엔틴 타란티노(Quentin Tarantino) 감독의 〈저수지의 개들(Reservoir Dogs)〉을 참고해 '미스터 핑크(Mr. Pink)', '미스터 브라운(Mr. Brown)'처럼 멋지게 들리는 가명으로 감추어져 있다(Gladwell,

2006). 우리는 과학 학술지에 학술적으로 제출한 자료를 동료들이 검토하는 경우와 마찬가지로 계량학적 방법의 투명성 결여가 주요 관심사여야 한다고 열렬히 믿는다. 중요한 결정을 내리기 위해 발견에 의존할 필요가 있다면, 그 발견을 끌어낸 방법과 이론의 질을 판단할 수 있어야 한다. 특히 데이터, 방법론 관련 정보 및 적합도 통계에 관한 투명성은 좋은 엔터테인먼트 사이언스의 필수 요건이다. 이 토론은 우리가 엔터테인먼트 사이언스 이론을 구축하는 연구들이 사용하는 방법과 데이터에 대한 몇 가지 기본을 제공했다. 물론 많은 세부 사항들이 빠져 있지만, 여기서 보고하는 통찰력이 어떻게 생성되었는지에 대한 몇 가지 배경을 제공하고 싶었다. 그리고 당신은 결코 우리의 말을 복음으로 받아들이지 않아야 한다. 우리는 이 책을 통해 항상 발견 뒤에 있는 각각의 학자들을 명명하고 여러분이 각각의 저서를 검토하도록 독려한다. 그렇게 하는 데 필요한 모든 정보는 각 장 뒤에 붙은 참고문헌을 확인하라.[9]

## 5. 맺음말

이 첫 장에서 우리는 엔터테인먼트 산업계에 만연하고 경영 결정을 정면으로 만들어 온 '어떻게 될지 아무도 몰라요'라는 격언과 대면했고, 엔

---

9)  엔터테인먼트 사이언스의 방법론 차원에 대해 더 깊이 알고 싶은 독자들을 위해 회귀분석 및 확장에 관한 좋은 책이 많이 있다. 초보자에게는 헤어 주니어 등(Hair Jr. et al., 2014)의 책은 매우 탁월하고 읽기 쉬운 방식으로 다른 통계적 방법과 함께 회귀분석의 기초를 다루고 있어서 추천한다. 고급 주제 및 질문의 경우 회귀분석에 대한 설명에서 우리는 여기에 나열한 대부분의 함정 문제와 다른 많은 문제에 세부적인 주의를 기울인 앵그리스트와 피시케(Angrist and Pischke, 2009)의 책을 추천한다.

터테인먼트 사이언스를 시의적절한 대안으로 제시했다. 우리의 목표는 경영 직관을 폐지하는 것이 아니며, 또한 빅데이터의 제단에 예배를 드리는 것도 아니라는 점을 명확히 했다. 우리는 '어떻게 될지 아무도 몰라요'라는 접근 방식이 데이터와 그 분석이 경영자들에게 제공하는 학습 잠재력을 무시하는 반면, '데이터 유일(data only)' 관리 접근 방식은 양적 분석이 너무 권위적으로 보이고 심지어 주요 설명 변수를 생략하는 등 부주의한 방식으로 수행될 때 '가짜-정확성' 함정으로 이어진다는 것을 보여 준다. 대신에, 엔터테인먼트 사이언스는 직관을 데이터 분석뿐만 아니라 실제적인 과학 이론과 결합한다. 즉, 우리가 보여 준 것처럼, 각 접근 방식의 장점을 포착하는 동시에 각 접근 방식의 약점을 보완하는 접근 방식이다.

이 장에서는 또한 책의 구조를 개략적으로 설명했다. I권 1부에서는 엔터테인먼트 상품과 시장을 다른 맥락과 다르게 만드는 것, 엔터테인먼트 회사가 돈을 버는 방법, 소비자들이 이러한 쾌락적이고 창의적인 상품에 관한 결정을 내리는 방법에 대한 비판적인 검사를 포함해 엔터테인먼트의 기본 원리를 다룬다. 통찰력은 2부인 II권, III권에 대한 토대를 마련하는데, 9개의 장에 걸쳐, 우리는 엔터테인먼트 매니저들이 그들의 상품을 만들고, 판촉하고, 유통하고, 가격을 책정할 때 내리는 구체적인 결정뿐만 아니라, 그것들을 전략적으로 철저하게 통합하는 힘을 살펴본다. 우리는 독자들에게 전체적으로 엔터테인먼트 사이언스를 구성하는 연구 결과의 기초가 되는 접근법에 대한 일반적인 이해를 주기 위해 이 장을 연구 방법인 기초와 함정에 대한 짧은 입문서로 마무리했다.

# 참고문헌

Amatriain, X., & Basilico, J. (2012a). Netflix recommendations: Beyond the 5 stars (Part 2). *The Netflix Tech Blog*, June 20, https://goo.gl/N6QNK9.

Amatriain, X., & Basilico, J. (2012b). Netflix recommendations: Beyond the 5 stars (Part 1). *The Netflix Technology Blog*, April 5, https://goo.gl/6ur2Qs.

Anderson, C. (2008). The end of theory: The data deluge makes the scientific method obsolete. *Wired*, June 23, https://goo.gl/usVwdK.

Angrist, J. D., & Pischke, J.-S. (2009). *Mostly harmless econometrics: An empiricist's companion*. Princeton: Princeton University Press.

Arndt, S. (2009). Marken aus der Manufaktur: Filme für das 21. Jahrhundert. In T. Hennig-Thurau & V. Henning (Eds.), *Guru Talk — Die deutsche Filmindustrie im 21. Jahrhundert* (pp.47-63). Marburg: Schüren Verlag.

Austin, B. A. (1989). *Immediate seating: A look at movie audiences*. California: Wadsworth Pub. Co.

Barnes, B. (2013). Solving equation of a hit film script, with data. *The New York Times*, May 5, https://goo.gl/S5RvQt.

Bart, P. (2017). Peter Bart: Amazon raises bet on movie business, but rivals still baffled about long-term strategy. *Deadline*, March 10, https://goo.gl/t46Vvj.

Beier, L.-O. (2016). Instinkt. Geschmack. Eier. *Der Spiegel*, February 27, https://goo.gl/r5dKPH.

Brodnig, I. (2015). Netflix-Produktchef Neil Hunt: 'Ich weiß das alles über Sie'. *profil*, December 11, https://goo.gl/TSHFgD.

Caldwell, J. T. (2008). *Production culture: Industrial reflexivity and critical practice in film and television*. Durham and London: Duke University Press.

Catmull, Ed. (2008). How Pixar fosters collective creativity. *Harvard Business Review, 86*, 64-72.

Clement, M. (2004). Erfolgsfaktoren von Spielfilmen im Kino — Eine. Übersicht der empirischen betriebswirtschaftlichen Literatur. *Medien & Kommunikationswissenschaft, 52*, 250-271.

Dehn, P. (2007). InsightOut: Blick auf digitales Kino und Verwertungskette insgesamt. *Film-TV-Video.de*, April 2, https://goo.gl/p432yW.

De Vany, A. (2004). *Hollywood economics: How extreme uncertainty shapes the film industry*. London: Routledge.

De Vany, A. (2006). The movies. In V. A. Ginsburgh & D. Throsby (Eds.), *Handbook of the economics of art and culture* (pp.615-665). Amsterdam: Elsevier.

Eck, D. (2016). *Welcome to Magenta! Magenta*, June 1, https://goo.gl/gWNt8B.

Friend, T. (2016). The mogul of the middle. *The New Yorker*, January 11, https://goo.gl/8hYXxT.

Gladwell, M. (2006). Annals of entertainment: The formula. *The New Yorker*, October 9, https://goo.gl/x9e7qD.

Goldman, W. (1983). *Adventures in the screen trade*. New York: Warner Books.

Gomez-Uribe, C. A., & Hunt, N. (2015). The Netflix recommender system: Algorithms, business value, and innovation. *ACM Transactions on Management Information Systems, 6*, 13-19.

Hair Jr., J. F., Black, W. C., Babin, B. J., & Anderson, R. E. (2014). *Multivariate data analysis* (7th ed.). Harlow: Pearson.

*Indiewire Team* (2011). Show me the money: Extremal Film Partners pitches a new financing product. September 7, https://goo.gl/U3NLkE.

Jaafar, A. (2016). The king of Cannes Mario Kassar on the glory days of Carolco, why buying Arnie a plane made sense and talking vaginas. *Deadline Hollywood*, May 12, https://goo.gl/eoW3fz.

James, B. (1985). *The Bill James historical baseball abstract*. New York: Villard Books.

Jordanous, A. (2016). Has computational creativity successfully made it 'Beyond the Fence' in musical theatre? Conference Paper, University of Kent.

Karp, H. (2014). Music business plays to big data's beat. *The Wall Street Journal*, December 14, https://goo.gl/Rc3Tv7.

Litman, B. R., & Kohl, L. S. (1989). Predicting financial success of motion pictures: The 80's experience. *Journal of Media Economics, 2*, 35-50.

Littleton, C., & Holloway, D. (2017). Jeff Bezos mandates programming shift at Amazon Studios. *Variety*, September 8, https://goo.gl/GFtV37.

Liu, X., Shi, S., Teixeira, T., & Wedel, M. (2018). Video content marketing: The making of clips. *Journal of Marketing, 82*, 86-101.

Lohr, S. (2009). Netflix awards $1 million prize and starts a new contest. *The New York Times*, September 21, https://goo.gl/ZX38Up.

McCarthy, E. J. (1960). *Basic marketing: A managerial approach*. Homewood, IL: Richard D. Irwin.

McKenzie, R. B. (2008). *Why popcorn costs so much at the movies*. Leipzig: Springer.

*Mediabiz* (2016). Jeffrey Katzenbergs Gedankenspiele um Paramount. March 3, https://goo.gl/Fn1TNA.

Moon, S., & Song, R. (2015). The roles of cultural elements in international retailing of cultural products: An application to the motion picture industry. *Journal of Retailing, 91*, 154-170.

Newitz, A. (2016). Movie written by algorithm turns out to be hilarious and intense. *Ars Technica*, June 9, https://goo.gl/3RrB5n.

Nocera, J. (2016). Can Netflix survive in the new world it created? *The New York Times Magazine*, June 15, https://goo.gl/e1d2Zu.

Peltoniemi, M. (2015). Cultural industries: Product-market characteristics, management challenges and industry dynamics. *International Journal of Management Reviews, 17*, 41-68.

Reinartz, P. (2016). Nimm einen Hund rein. *Die Zeit*, April 22, https://goo.gl/pKVQ7o.

Seifert, M., & Hadida, A. L. (2013). On the relative importance of linear model and human judge(s) in combined forecasting. *Organizational Behavior and Human Decision Processes, 120*, 24-36.

Sturm, K. (2015). Mercedes-Rechenfehler in Monaco: 'Wie zum Teufel konnte das passieren?' *Spiegel Online*, May 25, https://goo.gl/K8HLRy.

*The Economist* (2016). Silver-screen playbook: How to make a hit film. February 27, https://goo.gl/J7daa7.

Thompson, D. (2014). The Shazam effect. *The Atlantic*, December, https://goo.gl/LasX8e.

Thompson, P., Jones, M., & Warhurst, C. (2007). From conception to consumption: Creativity and the missing managerial link. *Journal of Organizational Behavior, 28*, 625-640.

*Tickld* (2016). 31 Fascinating things most people don't know about Netflix. https://goo.gl/8pNw7X.

Vance, A. (2013). Netflix, Reed Hastings survive missteps to join Silicon Valley's elite. *Business Week*, May 10, https://goo.gl/ss45xZ.

*Variety* (2014). Variety launches Vscore to measure actors' value. August 6, https://goo.gl/9W6tE7.

Vigen, T. (2015). *Spurious correlations*. New York: Hachette.

Walker, J. (2016). OMG! Analytics didn't work! *LinkedIn*, February 25 https://goo.gl/2s2rNW.

Wallace, B. (2016). The epic fail of Hollywood's hottest algorithm. *Vulture*, https://goo.gl/QbEYiK.

Zafirau, S. (2009). Audience knowledge and the everyday lives of cultural producers in Hollywood. In V. Mayer, M. J. Banks, & J. T. Caldwell (Eds.), *Production studies: Cultural studies of media industries* (pp.190-202).

Zimmer, C. (2016). In science, it's never 'Just a Theory'. *The New York Times*, April 8, https://goo.gl/dker2P

# 1부

# 상품, 시장, 소비자
## 엔터테인먼트 경영·경제학

Ⅰ권은 엔터테인먼트 상품을 성공적으로 마케팅하고 관리할 수 있는 기반을 마련하기 위한 것이다. 우리는 독자 여러분께서 이미 건실한 일반 경영 지식을 갖춰 잘 구사하고 있다고 가정하면서, 영화, 책, 게임, 음악의 사업을 이렇게 매력적인 것으로 만드는 엔터테인먼트의 특성에 대한 핵심적인 통찰력을 제공하여 그 지식을 풍부하게 하고 싶다.

엔터테인먼트의 특성을 이해하는 것은 엔터테인먼트 상품을 정의하고 대가가 큰 실수를 피할 뿐만 아니라 엔터테인먼트 사이언스(Entertainment Science, 엔터테인먼트학)를 기회보다는 위협으로 인식하는 일부 산업 전통주의자들의 허를 찌르는 마케팅 전략을 개발하는 데 필수적이다. 앞에서 논했듯이 엔터테인먼트의 맥락에서 어떤 마케팅 전략이 효과적인지를 살펴보는 학습은 가능하다. 그러나 이것은 단순히 다른 산업의 맥락에서 지식을 전달하는 방식이 아니라 구체적인 엔터테인먼트 콘텐츠에 세심하게 적용시켜야 가능하다.

I권 1부에서는 사람들을 즐겁게 하려고 만든 상품, 그것이 공급되는 경제적 시장, 그리고 엔터테인먼트로 금전적 가치를 창출할 수 있는 사업 모델에 대해 세부적으로 조명할 것이다. 그 뒤 우리는 소비자 연구자들이 지난 수십 년간 축적한 핵심 통찰력을 확대해 나갈 것이다. 모리스 홀브룩(Morris Holbrook)과 엘리자베스 허슈먼(Elisabeth Hirschman)의 '쾌락 소비(hedonic consumption)'에 대한 선구적인 연구를 바탕으로 다양한 분야에서 알려진 연구 결과물을 통합해 엔터테인먼트 소비자 행동에 대한 종합적인 이해로 발전시켜 나갈 것이다.

그러나 그것을 시작하기 전에, 이 주제에 대한 우리의 연구, 즉 스스로 '좋아서 하는 일'을 조사할 시간을 주기를 바란다. 그래서 자문해 본다. 결국 엔터테인먼트란 무엇인가? 그리고 왜 그것을 연구하는가? 그것을 관리하는 데 많은 시간을 할애할 가치가 있는가?

# 엔터테인먼트의 기본 원리

## 1. 엔터테인먼트란 무엇인가?

  엔터테인먼트는 거대하다. 요즘 '엔터테인먼트'를 구글로 검색해 보면 무려 24억 개의 웹사이트가 뜬다. 사람들은 인터넷에서 '경제', '정치', 심지어 '행복'과 같은 근본적 개념들보다 '엔터테인먼트'라는 용어를 훨씬 더 자주 검색한다. 그렇다면 우리가 이 책에서 공부하는 주제인 엔터테인먼트는 정확히 무엇일까? 작가(우리)와 독자(당신) 사이에서 엔터테인먼트란 주제를 서로 똑같이 잘 이해하려면 배우이기도 한 가수 프레드 애스테어(Fred Astaire)와 그의 동료들(Jack Buchanan, Oscar Levant)이 1953년 함께 부른 명곡 「그게 즐거움이지!(That's Entertainment!)」(관련 내용의 정확한 맥락 이해를 위해 노래 가사를 소개한다)에서 제시한 에피소드 이상의 정의들(비열한 악당들아! 로맨틱한 꿈! 파이팅! 광대! 섹스!)을 이해하는 것은 필수이다.

## 「그게 즐거움이지!(That's Entertainment!)」

인생에서 일어나는 모든 일/ 쇼에서 다 일어나지/ 너를 웃길 수도 있고/ 너를 울릴 수도 있지/ 그게 뭐든 쇼는 할 수 있어!
Everything that happens in life/ Can happen in a show;/ You can make 'em laugh,/ You can make 'em cry,/ Anything, anything can go!

광대/ 그가 넘어져도/ 춤/ 그것이 낭만적인 꿈 같아도/ 영화의 한 장면에/ 비열한 악당이 나와도/ 그게 즐거움이지!
The clown/ With his pants falling down,/ Or the dance/ That's a dream of romance,/ Or the scene/ Where the villain is mean,/ That's entertainment!

섹시한 여자를 비추는 조명/ 한 신부/ 남자와 함께 있어도/ 어느 무도회/ 그곳에서 남녀 서로 홀딱 빠져도/ 그게 즐거움이지!
The lights On the lady in tights,/ Or the bride/ With the guy on the side,/ Or the ball/ Where she gives him a her all,/ That's entertainment!

뜨거운 정사 이야기도/ 전처에 이혼당한 바람둥이 남자도/ 오이디푸스 렉스 왕일 수 있지/ 아버지를 살해한 놈도/ 많은 피해를 끼친 놈도.
The plot can be hot,/ simply teeming with sex,/ A gay divorcee who is after her ex,/ It could be Oedipus Rex,/ Where a chap kills his father,/ And causes a lot of bother.

점원/ 사장에 의해/ 바로 일터에서 내쳐졌어도/ 점원을 내던진 사장도/ 여자/ 사장을 유혹했어도/ 세상은 무대야/ 무대는 즐거움의 세상/ 그게 즐거움이지!/ 그게 즐거움이지!
The clerk/ Who is thrown out of work/ By the boss/ Who is thrown for a loss/ By the skirt/ Who is doing him dirt,/ The world is a stage,/ The stage is a world of entertainment!/ That's entertainment!/ That's entertainment!

의구심/ 배심원 없는 상황의 느낌/ 스릴/ 유언장을 읽을 때의 느낌/ 추격/ 도망자를 쫓는 상황의 느낌/ 모두가 즐거움을 주는 것/ 그것이 즐거움이지!
The doubt/ While the jury is out,/ Or the thrill/ When they're reading the will,/ Or the chase/ For the man with the face,/ That's entertainment!

귀부인/ 뜨겁다고 소문난 여자/ 왕/ 지하세계를 호령하는 분/ 그의 광대/ 여인을 가둬버린 자/ 그게 즐거움이지!
The dame/ Who is known as the flame,/ Or the king/ Of an underworld ring,/ He's an ape/ Who won't let her escape,/ That's entertainment!

영화에서 보는 결투 장면도/ 여왕의 사랑을 얻고자 노예가 된 청년도/ 멋진 셰익스피어의 장면도/ 유령과 왕자가 만나는 그 장면/ 모든 사람이 짬뽕파이가 되네.
It might be a fight like you see on the screen,/ A swain getting slain for the love of a queen,/ Some great Shakespearean scene,/ Where a ghost and a prince meet,/ And everyone ends in mincemeat.

악당/ 깃발을 흔드네/ 시작했네/ 코헨이 개그를/ 만세 만만세!/ 아주 미국식으로/ 세상은 무대/ 무대는 즐거움의 세상.
The gang/ May be waving the flag/ That began/ With a Mister Cohan,/ Hip hooray!/ The American way,/ The world is a stage,/ The stage is a world of entertainment.

그렇다면 우리가 이 책에서 '엔터테인먼트'에 대해 쓸 때 그것은 무엇을 의미할까? 엔터테인먼트를 정의하기 위한 두 저자의 접근법은 매우 간단하다. 바라건대 이것은 그 개념에 대한 독자들의 직관적 이해와 일치한다. 우리는 엔터테인먼트에 대해 제작자 관점을 취한다. 다시 말해, 엔터테인먼트를 기능적 유용성의 제공보다는 소비자에게 즐거움을 제공하는 것이 주된 목적인 모든 시장의 제공물로 간주한다.

이 책의 뒷부분에서 좀 더 상세히 논하겠지만, 드레이크(Drake, 1919: 666)가 거의 1세기 전에 "우리 경험의 확실한 질(質)"의 발견이라 정의한 '쾌락'은 우리 삶에서 소비자로서 얻으려 노력하는 본질적인 상태 가운데 하나이다. 그것은 심지어 모든 심리적 최종 상태들 가운데 가장 필수적인 것일 수도 있다(못 참겠다면 더 상세한 정보를 얻기 위해 엔터테인먼트 소비를 다룬 6장을 참조하라). 이 '확실한 품질'은 경박한 즐거움에서부터 관능적 만족, 산만함, 정신적 도전 등에 이르는 광범위한 소비자의 상태를 포괄한다. 엔터테인먼트 상품들은 바로 이 모든 범위에 걸쳐 있다.

소비자에게 즐거움을 제공하고 그것들을 통해 얻을 수 있는 많은 방법이 있다. 우리는 '산업'(가령 바로 '그 엔터테인먼트 산업'에 있는)에 대한 전통적인 이해와 일치시켜 '라이브' 서비스 대신에 미디어를 통해 사전 제작 및 유통되는 엔터테인먼트에 초점을 맞추고 있다. 이러한 사전 제작 엔터테인먼트는 소비자들에게 다음과 같은 하나 이상의 콘텐츠에 접근하도록 함으로써 즐거움을 제공할 수 있다.

- 영상 콘텐츠(filmed content): 픽션 영화 및 시리즈물, 다큐멘터리, 비디오 클립
- 인쇄 콘텐츠(written content): 소설, 시 등
- 녹음 콘텐츠(recorded content): 팝송, 클래식 곡, 영화 사운드트랙
- 프로그램 콘텐츠(programmed content): 콘솔 게임, 대규모 다중 사용자 온라인 게임(MMOG: Massive Multiplayer Online Games)

우리의 관점은 경제적인 데에 있기 때문에 위와 같은 콘텐츠를 만드는 회사들이 분석의 중심에 있으며, 일상적으로 우리는 그래서 엔터테인먼트 상품들을 염두에 두고 있다. 그러한 상품들은 소비자들이 이용료를 내거나 또는 무료로, 그리고 제한된 기간이나 영구적으로 구매할 수 있는 것으로써 소비자들을 즐겁게 해 주는 콘텐츠에 대한 접근성을 제공한다. 엔터테인먼트 상품은 물질적 유형이거나 비물질적 유형 가운데 어느 하나가 될 수 있다.

물질적 유형의 엔터테인먼트 상품은 소비자에게 전송되는 엔터테인먼트 콘텐츠가 포함된 물리적 도구(예: DVD 또는 CD 등)를 말한다. 이에 비해 비물질적인 유형의 엔터테인먼트 상품은 인터넷, 케이블, 위성과 같은 (기술적) 채널들을 통해 소비자에게 콘텐츠를 전송한다.[1] 〈표 2.1〉은 이 책에

---

1)  우리는 여기서 말하는 '채널'과 경영 배급(유통) 결정의 맥락에서 논의하는 '채널'을 차별

〈표 2.1〉 엔터테인먼트 상품의 유형

| 콘텐츠 형태 | 물질적 유형의 엔터테인먼트 상품 사례 | 비물질적 유형의 엔터테인먼트 상품 사례 |
|---|---|---|
| 영상 콘텐츠 | • 〈헝거 게임(The Hunger Games)〉 블루레이 | • 아마존 비디오에서 스트리밍한 〈헝거 게임〉 |
| 인쇄 콘텐츠 | • 『헝거 게임』 책 | • 『헝거 게임』 e북 |
| 녹음 콘텐츠 | • 레이디 가가(Lady Gaga) CD | • 인터넷 라디오로 수신한 레이디 가가의 곡들<br>• 레이디 가가 MP3 곡들<br>• 스포티파이에서 스트리밍한 레이디 가가의 곡들 |
| 프로그램 콘텐츠 | • 〈어쌔신 크리드(Assassin's Creed)〉 플레이스테이션 3 디스크 | • 플레이스테이션 스토어에서 구매한 〈어쌔신 크리드〉 파일<br>• 온라인 게임 〈월드 오브 워크래프트(World of Warcraft)〉 |

서 연구하는 다양한 형태의 엔터테인먼트 콘텐츠와 그에 상응하는 상품들의 이름을 붙인 것인데, 내용과 형식을 조합한 각각의 인기 상품 사례를 모은 것이다.

그리고 광고도 어떻게 보면 엔터테인먼트로서 자격이 되지 않을까? 유튜브에 있는 일부 광고 방송물이 수백만 번 클릭되어 입증되었듯이 광고는 소비자들에게 즐거움을 선사하기 때문에 광고가 재미있는 것, 즉 엔터테인먼트가 될 수 있다는 데에는 의심의 여지가 없다. 그러나 광고의 주된 목적은 소비자들을 즐겁게 하기 위한 것이 아니라 소비자들이 다른 브랜드명을 기억하게 하고 다른 제품을 구매하도록 독려하기 위한 것이다.

따라서 광고의 경우 소비자 갖는 즐거움의 경험은 별개의 목적을 실현하기 위한 수단일 뿐이다.[2] 따라서 우리는 이 책에서 광고를 엔터테인먼

---

화하기 위해 '기술적'이라는 용어를 추가했다.

2)  사람들은 즐거움이 영화, 음악 등의 경우, 그것을 만든 창작자를 인기 있고 부유하게 만

트로 취급하지 않는다[물론 영화와 게임 같은 다른 엔터테인먼트 상품의 마케팅 믹스(market-
ing mix: 마케팅의 전략적·전술적 요소를 균형 있게 적용해 종합적으로 실시하는 것)에 포함된 중요한 요
소로는 논의한다].

이것은 분명 광고 제작자들이 엔터테인먼트 소비의 동기 기반처럼 우
리가 여기서 보고하는 통찰에서 이익을 얻을 수 없다는 것을 의미하지 않
는다. '콘텐츠 마케팅' 사업을 성장시키고 있는 이들에게는 더욱 그러해야
한다고 생각한다. 콘텐츠 마케터들의 임무는 광고와 마찬가지로 여전히
다른 '상품'의 성공을 명확히 하는 것이지만, 그것의 효과성은 보다 더 강
력하게 소비자들이 그것들을 경험하는 즐거움에 달려 있다.

## 2. 엔터테인먼트는 결국 왜 중요한가?

경영대학원에 입학한 학생들은 학업 주제로서 엔터테인먼트 분야를 다
루는 경우가 많지 않다. 그 이유는 학업 커리큘럼의 초점이 일반적으로
일용재[日用財, fast-moving goods, 일용 소비재(FMCG: fast-moving consumer goods)라고도 한다.
예: 청량음료]와 내구재(耐久財, durables, 예: 자동차)와 같은 '더 중요한' 상품과 산업
에 크게 쏠려 있기 때문이다. 실제로는 엔터테인먼트를 재미있는 이야기
보다 더 많이 고려하는 이유가 매우 많다. 우리가 이 섹션에서 보여 주듯
이 엔터테인먼트는 실질적인 경제가치를 창출한다. 그러나 엔터테인먼트

---

드는 것 같은 다른 목표에도 얽매여 있다고 말할 수 있지만, 여기서 '다른' 목표는 소비
자의 즐거움 또는 적어도 소비자의 기대에서 비롯된 즉각적인 결과이다. 반면에 광고
소비자에게 즐거움과 그것의 경제적 효과는 단지 2가지에 불과하다. 또한 엔터테인먼
트 상품의 품질은 도구적인 기능을 가지고 있을 뿐만 아니라 거의 항상 그 자체로 최종
상태이다. 따라서 우리는 이러한 엔터테인먼트 제품의 고유한 특성에 대해 논의한다.

상품이 몇 가지 비즈니스 개념과 관련하여 선구적 역할을 해 온 것을 고려할 경우 결과적으로 다른 산업(콘텐츠 마케팅 사업을 넘어서)에도 광범위한 통찰력을 제공할 수 있다. 하물며 우리에게 똑같은 중요성을 갖는 것으로서, 엔터테인먼트는 소비자들에게 비교 불가할 정도로 중요한 개인적 신분과 가치의 원천이다.

## 1) 엔터테인먼트는 실질적 경제가치를 창출한다!

우리는 이 책에서 분석하는 엔터테인먼트 상품에 의해 생산되는 연간 수익이 전 세계적으로 통틀어 7500억 달러에 이를 것으로 추산한다. TV, 킨들(Kindle), 스마트폰과 같은 엔터테인먼트 하드웨어에 대한 소비자 지출은 고려하지 않은 것이다. 적어도 간접 수익(indirect revenue)을 고려할 경우 전체 가운데 영상 엔터테인먼트 콘텐츠가 가장 큰 몫을 차지한다. 요즘 영화들은 극 채널과 홈 엔터테인먼트 채널을 통해 거의 1000억 달러에 가까운 돈을 벌어들이는 반면, 그것의 약 2배에 이르는 TV 광고 물량에 대한 책임을 떠안고 있다.

영상 콘텐츠(Filmed content)도 유사한 크기의 TV 구독료(Pay-TV subscription fees)를 발생시킨다. 전자 게임 형태의 영상 콘텐츠는 모든 플랫폼과 채널을 통해 보급되어 소비자와 광고주로부터 약 1000억 달러를 벌어들이며, 레크리에이션 서적 형태의 출판 엔터테인먼트 콘텐츠(학자의 연구서, 교육 서적 등 다른 출판 범주는 고려하지 않는다)는 전 세계 소비자 소비에서 약 750억 달러를 책임진다. 그리고 녹음(음악) 콘텐츠(Recorded[music] content) 수익은 150억 달러에 가깝고, 그 금액의 3배가 넘는 라디오 방송사의 광고 및 기타 수익을 벌어들이는 데 중추 역할을 한다.[3]

이러한 콘텐츠를 소비하는 데 필수적인 하드웨어(예: TV, 컴퓨터, 컴퓨터 게임 콘솔 등)를 덧붙이면 경제적인 측면에서 엔터테인먼트와 미디어 산업이 가장 큰 산업 가운데 하나가 된다. 미국 상무부(Department of Commerce) 산하 경제분석국(Bureau of Economic Analysis)이 내놓은 분석 자료에 따르면, 미국에서는 자동차, 가구, 교육에 대한 지출은 각각 뒷걸음질치고 있는 가운데 소비자 관련 예산에서 오직 주택, 헬스, 식품 및 음료 분야만이 엔터테인먼트와 미디어 분야보다 더 많은 액수를 할당받고 있다.

엔터테인먼트의 경제적 실체도 단일 상품의 성공 가능성을 보면 분명해진다. 월트 디즈니 컴퍼니는 40억 달러에 루카스 필름(Lucas film)의 판권을 사들여 〈스타워즈〉 시리즈의 일곱 번째 목록인 〈스타워즈 깨어난 포스(Star Wars: The Force Awakens)〉(2015)를 제작해 2015년 12월 개봉했다. 이로써 중국(다른 곳보다 나중에 개봉)을 제외한 북미에서 2억 4800만 달러, 전 세계적으로 5억 2800만 달러의 극장 상영 수입을 올리는 데 단 사흘밖에 걸리지 않았다.

영화 〈스타워즈: 깨어난 포스〉의 수익이 10억 달러 마크를 찍는 데 시장 진입(개봉) 후 12일밖에 걸리지 않았으며, 개봉 53일째가 되자 20억 달러의 수익을 돌파한 역사상 세 번째 영화로 기록되었다. 보도에 따르면 비록 디즈니 컴퍼니가 이 영화제작에 2억 5900만 달러를, 전 세계 개봉을

---

3)  이 섹션에 제시된 모든 수치는 우리 자신의 계산에 따른 것이다. 다른 무엇보다도 글로벌 컨설팅 및 시장분석 업체인 매킨지(McKinsey), 프라이스워터하우스쿠퍼스(PwC: PricewaterHouseCoopers), 스태티스타(Statista), 데이터모니터(Datamonitor) 및 국제음반산업협회(IFPI: International Federation of the Phonographic Industry)가 공개해 이용할 수 있도록 한 정보를 바탕으로 업계 전문가와 다양한 대화를 나눔으로써 나온 대략의 추정치로 봐야 한다. 이러한 수치는 일반적으로 소비자나 광고주가 지불하는 '산매(retail, 소매)' 가치를 반영하는 것이지, 엔터테인먼트 제작자에게 되돌아오는 돈의 몫이 아니라는 것을 유의하기 바란다. 우리는 다른 형태의 엔터테인먼트에 대한 가치 창출을 다룬 이 장에서 후자를 좀 더 조명했다.

지원·홍보하기 위해 1억 8500만 달러를 각각 추가 투자했다고 하지만 영화 전문가들은 이 영화가 그런 투자 비용을 상쇄하고도 남게 제작 스튜디오인 디즈니 컴퍼니에 7억 8000만 달러의 순익을 제공할 것이라고 추산한다. 이는 상품 판매 수익과 시퀄과 스핀오프(spin-off: 원작을 응용해 전혀 다른 인물 및 상황 설정과 이야기로 구성한 후속작)와 같은 후속작의 제작·개봉을 통해 장기적으로 발생하는 잠재 수익은 포함하지 않은 금액이다(Fleming, 2016).

요컨대 훌륭한 엔터테인먼트의 특징인 재미와 경쾌함을 업계 자체가 갖는 경제적 진지함과 혼동하는 실수를 범해서는 안 된다. 엔터테인먼트는 엄연히 가장 큰 산업 가운데 하나로서 최상위 수준과 규모의 금융 투자를 필요로 하는 상품들을 포함하고 있으며, 투자 수익률과 절대적인 수익 측면에서도 거의 다른 상품 분야들과 경쟁이 되는 분야이다.

## 2) 엔터테인먼트는 선구적인 산업이다!

엔터테인먼트 산업을 공부하는 것은 이 특정 분야에서 독자의 경력에 도움이 될 뿐만 아니라 엔터테인먼트 이외의 다른 산업을 비판 측면에서 접근할 때 이해를 높일 수 있다. ≪비즈니스 위크(Business Week)≫가 아니타 엘버스(Anita Elberse)에게 (그녀가 개설한) '엔터테인먼트 마케팅 코스'가 왜 그렇게 하버드대 학생들에게 인기가 많은지 물었을 때, 그녀는 "비록 (내 제자들이) 이 업계에 들어가지는 않고 있지만 마케팅의 세계를 이해하는 데 매우 유용한 과정이기 때문이다. 그리고 나는 많은 영역에서 우리가 엔터테인먼트에서 보는 개념들 가운데 일부를 채택하고 있다고 생각한다. 그리고 … 그 개념들은 너무 많이 바뀌었다"(Zlomek, 2013 인용)라고 답했다.

엔터테인먼트 분야의 몇 가지 핵심적인 이슈는 꽤 오랫동안 엔터테인먼트 경영자들의 의제가 되었지만, 이제가 되어서야 다른 사업 분야에서 성공을 위해 중요하게 부각되고 있다. 그런 다른 산업 업종 경영자들은 엔터테인먼트 분야에서 습득한 것과 우리가 이 책에서 축적한 것으로부터 이익을 얻을 수 있다. 다음 7가지 이슈를 좀 더 자세히 살펴보도록 하자.

※ 사전 출시 입소문 내기(Pre-release Buzz)

엔터테인먼트 마케팅은 신제품을 내놓기 전에 미리 광고, 유통, 기타 활동에 초점을 맞추면서 '전방 배치'되는 경우가 매우 잦아졌다. 이는 부분적으로 엔터테인먼트의 속성이 작용한 결과일 뿐만 아니라 엔터테인먼트 경영자들이 '블록버스터(blockbuster)'의 개념을 수용하고 신제품 입소문을 사전에 내놓은 결과이기도 하다('에써 획득한' 엔터테인먼트 커뮤니케이션에 관해서는 이 장 참조). 입소문 집중과 관련된 이점은 애플이나 테슬라와 같은 다른 업계 선두 주자들에게 영감을 주기 시작했다. 오늘날 신상품을 빨리 받으려는 대기 라인과 팬 보이들의 열광적인 흥분을 전하는 생방송 매체의 보도가 수반되지 않는 주요 제품의 출시나 증권시장에 기업공개(IPO: Initial Public Offering)를 하는 것은 생각하기 어렵다.

※ 소셜 네트워크(Social Networks)

소비자의 소셜 네트워크는 엔터테인먼트 산업의 핵심 요소로서 이를 직간접적으로 활용하는 것은 엔터테인먼트 상품 마케팅을 하는 데 필수적인 과제가 되어 왔다. 그러나 오늘날 네트워크 관리는 더 이상 엔터테인먼트 경영자들에게 남겨진 틈새의 주제가 아니다. 대신 이제 거의 모든 경영자들이 소셜 미디어의 가치 잠재력(은 물론 이 가치 실현과 관련된 어려움)을 인식하고 있기 때문에, 네트워크 중심 전략은 일반적으로 마케팅의 필수적인 부분이 되었다. 소비자들이 새로운 영화, 음악 등에 대해 갖는 드높은 본질적 관심 때문에, 앞서가는 엔터테인먼트 경영자들은 소비자들을 참여시키기 위해 페이스북 브랜드 페이지와 같은 '온드(owned: 소유)' 미디어를 이용하듯 마케팅 커뮤니케이션을 구사함에 있어 '핀볼(pinball)' 접근법이라는 뚜렷한 사례를 보여 주고 있다(유료 및 소유 엔터테인먼트 커뮤니케이션에 관해서는 이 장 참조).

※ 지속적인 혁신(Continuous Innovation)

매년 엄청난 사례의 혁신을 수행하는 것이 특징인 산업계에서 혁신 프로세스를 효과적으로 조직하는 것은 불가결한 조건이다. 만약 혁신 경영(innovation management)이 제대로 작동하지 않으면 엔터테인먼트 업계에서 살아남을 수 없다. 따라서 선견지명이 있는 경영자들은 학자들과 함께 그러한 혁신(예: 성공 예측, '혁신 문화' 구축)이 조직에 얼마나 효과적으로 보이는지 폭넓게 고려했다(엔터테인먼트 상품 혁신을 다룬 II권 4장 참조). 이러한 혁신 관련 지식은 상품의 수명주기가 점점 줄어들고, 초경쟁(mega-competition)이 이뤄지고, 지체 없는 기술 발전이 이뤄지는 요즘 시대에 어떤 기업에게도 가치가 큰 논쟁거리이다.

※ 창의성(Creativity)

창의성과 창의성 관리(예: 예술가, 배우, 작가, 감독 등)는 엔터테인먼트 상품과 케이브스(Caves, 2000)와 같은 학자들이 말한 '창의 산업(creative industries)'의 일부인 모든 기업에게 필수적이다(엔터테인먼트 상품 특성에 관해서는 이 장 참조). 오늘날 엔터테인먼트 이외의 대부분의 상품 시장에서 제한된 기능적 차별화(functional differentiation)가 특징적으로 나타나고, 시장 점유율은 소비자에게 제공되는 심리적·사회적 편익에 기초하여 형성되는 경우가 많다. 이때 그 차이를 만드는 것은 다른 것이 아니라 매우 흔한 창의적 요소이다. 어떤 면에서는 모든 산업이 창의적인 시장으로 이동하고 있다. 그렇다면, 아예 첫 단계부터 창의적인 아이디어와 창의 경영으로 생계를 유지하는 사람들한테서 배워 보는 것은 어떨까?

※ 스토리텔링(Storytelling)

창의성과 관련된 것으로 스토리텔링 능력에 대한 관심이 높아지고 있다. 설득력이 있는 서사(narrative)를 만드는 것은 오랫동안 호평을 받는 영화, 비디오 게임, 소설의 중요한 전제 조건이라고 인식되어 왔다. 전통적이며 정보적인 광고는 다수에 의해 영향력을 잃고 있다고 여겨지고, '콘텐츠 마케팅(content marketing)'이 유효한 대안으로 인식되고 있다. 이 때문에 경영자들의 관심은 커뮤니케이션 캠페인을 설계할 때 스토리텔링 기술 쪽으로 옮겨 간다. 코카콜라 '콘텐츠 공장'의 성공(또는 실패) 사례는 영화, TV 시리즈, 소설로 들려주는 이야기와 비슷한 논리 구조를 따른다. 또 학자들은 트립 어드바이저(Trip Advisor)에 대한 가장 영향력 있는 소비자의 리뷰가 서사 유형을 따랐다는 경험적 증거를 제시했다(van Laer et al., 2017). 스토리텔링에 대해 배울 곳이 있다면 그것은 확실히 엔터테인먼트이며, 엔터테인먼트 사이언스 학자들의 연구 업적들은 그런 메커니즘을 이론적·경험적으로 조명했다(엔터테인먼트 상품 품질에 관해서는 이 장 참조).

※ 브랜드 구축과 브랜드 제휴(Building Brands and Brand Alliances)

브랜드라는 용어는 최근에서야 엔터테인먼트 경영자들에 의해 '발견'되었다. 하지만 요즘은 야심 찬 '브랜드 경관(특정 시장 및 문화권 내에서 진행되는 로고, 광고 제작 등으로 브랜드 홍보 활동의 확장 개념을 의미한다)'으로 작업하고 복잡한 전략을 적용하는(예를 들어 〈어벤저스〉를 핵심으로 한 마블 시네마틱 유니버스 같은) 것처럼 다재다능한 방식으로 브랜딩의 강력한 잠재력을 활용하는 산업을 찾아보기 어렵다. 엔터테인먼트 사이언스를 연구하는 학자들은 엔터테인먼트 상품의 브랜드화 방법을 폭넓게 조명하여 엔터테인먼트 브랜드 접근법의 효과를 시험하고 새로운 브랜딩 프레임워크와 방법을 개발했다(엔터테인먼트 브랜드를 다룬 II권 3장 참조). 엔터테인먼트 브랜드의 다면적 구성 요소를 역동적으로 관리하는 것은 이제 다른 산업에 있는 브랜드 매니저들에게 브랜드 세계의 발전과 혁신적 관리의 측면에서 영감을 제공할 수 있다는 것은 명백하다.

※ 디지털 혁신이 야기한 변화 대비(Dealing with Digital Disruption)
엔터테인먼트 상품 콘텐츠는 본질적으로 정보로 구성되어 있기 때문에 엔터테인먼트 산업은 디지털화 도전 대처에서 항상 의도적이지는 않았지만 선구적 역할을 확실히 해 왔다. 엔터테인먼트 내의 일부 산업 부문은 [MP3 포맷과 광대역(broadband) 연결이 되었을 때 디지털 채널을 통해 음악을 합법적으로 이용할 수 없게 만드는 것과 같은] 자체적 결정으로 인해 심각한 고통을 겪었다. 그러나 오늘날 엔터테인먼트 회사들은 디지털 아이디어와 개념에 대해 착상을 하는 리더 역할을 해야 한다는 점을 대체로 받아들였다(엔터테인먼트 유통에 대한 이 장의 예시 참조). 디지털화가 이제 모든 산업에 근본적으로 영향을 미치기 때문에 엔터테인먼트 밖의 다른 산업 분야의 경영자들에게도 유사한 과제가 존재하거나 곧 도래할 것이다.

엔터테인먼트 경영자들은 이 모든 분야에서 폭넓은 경험을 쌓고 초기 전략을 개발했다. 엔터테인먼트 분야 학자들은 종종 엔터테인먼트 세계에서 무엇이 효과적인지(그리고 무엇이 효과가 없는지에 대한) 경험적 통찰력을 제공함으로써 그들의 학습 탐구 여정을 지탱해 왔다. 경영자들이 실제 엔터테인먼트 상품 관리자들이 행한 결정의 성패를 상세히 학술 조사한 보물 창고로부터 기꺼이 배우려 한다면 학자들이 축적해 놓은 것이 충분하기에 많은 고통을 피할 수 있다.

우리는 위의 언급에서 제시했듯이 이 책 전반에 걸쳐 그러한 교훈을 제공한다. 그것들은 상품 및 고객에 따라, 그리고 시간에 따라 다른 특정한 조건과 맥락에 비춰 마케팅 접근법이 얼마나 효과적으로 설계되어야 하는가를 다루는 우리의 논의에 포함되어 있다. 우리는 특정 장(예: 브랜드 관리 및 혁신)에서 위의 몇 가지 이슈를 논의한다. 이에 비해 디지털화(digitalizing)와 같은 다른 이슈들은 엔터테인먼트 사이언스의 다양한 측면을 아우르는 우리의 사고에 영향을 미쳤다. 이런 영향성은 배급에서 소통까지 이 책의 여러 부분에서 찾을 수 있다. 본질적으로 엔터테인먼트 사이언스에 보고된 통찰력은 엔터테인먼트에 관심이 있는 사람들을 위한 것이지만, 그렇다고 그들에게만 국한된 것은 아니다.

### 3) 엔터테인먼트는 우리의(당신의) 세상을 정의한다!

[뛰어난 엔터테인먼트는] 우리의 개인적 삶과 추억에 대한 목소리, 사운드트랙, 이야기들을 제공한다.
— 데이비드 M. 루벤슈타인(David M. Rubenstein)(Viagas, 2015 인용)

전 세계의 소비자들은 엔터테인먼트 상품을 즐기며 소일하는 것을 좋아한다. 보겔(Vogel, 2015: XIX)은 미국인들이 이제 여러 형태의 엔터테인먼트에 연간 약 1600억 시간을 할애한다고 보고한다. 2013년 미국인은 하루 평균 11.4시간을 엔터테인먼트와 미디어 제품 이용에 썼는데, 이는 1970년에 비해 86%p나 증가한 것이다. 이러한 소비의 약 3분의 1은 모든 종류의 엔터테인먼트 콘텐츠를 이용할 수 있는 인터넷을 통해 이뤄지고 있다.

오프라인 엔터테인먼트 제품 소비의 경우 영상 콘텐츠가 소비자 이용 시간에서 가장 큰 비중을 차지(여전히 TV를 주로 시청)했으며, 녹음 콘텐츠(대부분 라디오를 통해 청취)와 프로그램 콘텐츠 및 인쇄 콘텐츠(〈그림 2.1〉 참조)가 각각 그

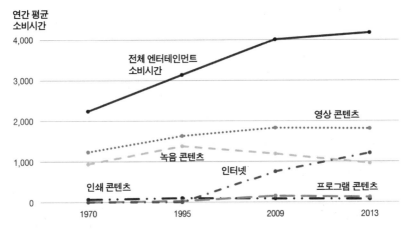

〈그림 2.1〉 개별 유형의 엔터테인먼트 소비에 쓴 성인 1인당 평균 시간

자료: Vogel(2015 및 이전 버전)에 보고된 데이터를 참조.

뒤를 이었다. 우리는 엔터테인먼트 이용 시간 점유율의 추세는 세계의 다른 선진국에서도 비슷해 보일 것이라 가정한다.

그러나 엔터테인먼트가 소비자들에게 미치는 영향은 우리가 그것의 소비에 투자하는 시간의 양보다 훨씬 더 많다. 엔터테인먼트는 우리 문화 전반에 울려 퍼지고 있다. 또 우리 주변에 존재하는 것에 대한 우리의 관점을 형성한다. 나아가 우리의 행동과 어휘에도 영향을 미친다. 때때로 엔터테인먼트는 심지어 가장 희소한 자원들 가운데 고려될 수 있는, 동기 부여(motivation)와 개인적 의미에 영감을 준다.

### (1) 우리의 세계관을 형성하는 엔터테인먼트(그리고 개를 다룬 영화들)

엔터테인먼트는 소비자들에게 정보와 의사체험(擬死體驗, pseudo-experiences)을 제공할 수 있는 능력과 함께 사람들, 역사적 사건, 문화 및 정치 기관 등과 같은 자기 세계의 많은 측면에서 귀중한 지식의 원천이다(Kolker,

1999). 이런 학습은 분명한 역사적 정확성과 무관하게 소비자가 실생활에서 경험하지 못한 현실의 특정 버전을 대리하여 '경험'할 수 있도록 하기 때문에 발생한다(Pautz, 2015). 인도의 혁명가 마하트마 간디(Mahatma Gandhi)에 대한 우리의 인식은 (영화 〈간디(Gandhi)〉(1982)에서) 벤 킹슬리(Ben Kingsley)가 연기할 때 그를 묘사한 것에 의해 형성되며, 영국의 장교 로렌스(Lawrenc)의 경우 영화 〈아라비아의 로렌스(Lawrence of Arabia)〉(1962)에서 피터 오툴(Peter O'Toole)의 캐릭터 연기를 통해 시각적으로 느끼게 된다.

팔코(Falco)의 팝 히트곡 「록 미 아마데우스(Rock Me Amadeus)」와 톰 헐스(Tom Hulce)의 영화 〈아마데우스(Amadeus)〉(1985)에서 묘사된 것을 보면 우리는 고전 작곡가 모차르트(Wolfgang Amadeus Mozart)에 대한 기존의 인식에 '록 스타(rock star)'를 덧붙이게 된다. 겸손한 고교 영어 교사가 시간 여행을 통해 1960년으로 돌아가 1963년 11월 22일 벌어질 미국 제35대 대통령의 암살을 막으려고 하면서 벌어지는 이야기를 그린 소설로 2011년 스티븐 킹(Stephen King)이 출간한 시간 여행 베스트셀러 『11/22/63』[그리고 J. J. 아브람스 (J. J. Abrams)가 그 소설을 각색한 TV 시리즈 〈11.22.63〉]의 경우와 마찬가지로 존 F. 케네디(John F. Kennedy)의 암살에 대한 사람들의 견해는 영화 〈JFK〉(1991)에서 올리버 스톤(Oliver Stone)이 수행한 스토리텔링(사건을 다시 열어 암살 음모를 다시 논의의 테이블 위에 올려놓는 것)에 영향을 받았다(Tiefenthaler and Scott, 2017).

독일 나치의 과거에 대한 공개적인 논쟁은 1970년대 후반에 가상의 와이스 가족(Weiss family)의 비애를 다룬 미국 TV 시리즈 〈홀로코스트(Holocaust)〉(1978)의 방영으로 촉발되었다. 제2차 세계대전 중인 1944년 6월 전격 단행된 연합군의 디데이 노르망디 상륙작전에 대한 우리의 집단적 이미지는 스티븐 스필버그(Steven Spielberg)의 영화 〈라이언 일병 구하기(Saving Private Ryan)〉(1998)에서 묘사된 것과 불가분의 관계에 있다.

그러한 엔터테인먼트의 묘사가 정확할까? 즉답하면 꼭 그렇다고는 할 수 없다. 왜냐하면 엔터테인먼트 산업, 그리고 인간으로서, 존 포드(John Ford)가 그의 서부영화 〈리버티 밸런스를 쏜 사나이(The Man Who Shott Liberty Valance)〉(1962)에서 유명하게 만든 것처럼, 또는 혹은 영화 〈재키(Jackie)〉 (2017)의 시나리오 작가들이 주인공에게 "우리가 그 페이지에서 읽은 그의 캐릭터들은 우리 옆에 서 있는 남자들보다 더 실제적인 것이 된다"라고 말한 것처럼, 그런 사실보다 그 전설을 선호하는 경향이 있기 때문이다.

때로는 파리의 유명한 노트르담 대성당의 사례처럼 전설을 본떠 현실을 만들기도 한다. 노트르담 대성당을 방문한 독자들은 빅토르 위고(Victor Hugo)가 고전소설 『노트르담의 꼽추(The Hunchback of Notre-Dame)』를 쓰면서 교회의 갈레리 데 시메레스(Galerie des Chimeres)와 그 신화적이고 환상적인 피조물들을 얼마나 가까이서 포착해 반영했는지 감명받았을 것이다. 그러나 실제로, 그것은 위고가 자신에게 헌신적이었던 건축가 외젠 비올레르뒤크(Eugène Viollet-le-Duc)가 19세기 복원 프로그램을 진행하면서 피조물들을 추가한 것에 영감을 받아 만든 작품이었다.

이러한 형태의 엔터테인먼트 기반 인식과 지식은 개인의 태도, 선호도는 물론 결국 행동의 토대가 될 수 있다. 파우츠(Pautz, 2015)는 우리가 우리 정부에 대해 어떻게 생각하는지, 그리고 우리가 그들이 하는 일을 어떻게 평가하는지에 관해 작동하는 영화의 영향을 보여 준다. 고전적인 실험 설계를 한 다음 그녀는 69명의 학생 표본을 선정해 2012년 각각 개봉된 영화 〈아르고(Argo)〉와 〈제로 다크 서티(Zero Dark Thirty)〉를 보여 주었는데, 그들 가운데 약 25%가 이 영화 중 하나를 본 후에 미국 정치와 미국 정부에 대해 더 긍정적인 시각을 갖게 되었다는 것을 발견했다. 글래스와 테일러(Glas and Taylor, 2018)는 권위주의 테마(영화 〈300〉, 2014년 개봉)나 반공주의 테마(〈브이 포 벤데타(V for Vendetta)〉, 2006년 개봉)를 담은 영화를 보게 되면 그 영향으로 적어도 단기적으로는 소비자 각자의 성향이 활성화된다는 증거를 제시했다.

이와 관련해 영국 시민은 다른 나라 사람들과 비교했을 때 자국의 보안 기관에 대해 높은 수준의 신뢰를 보이는데, 이는 영국의 인기 엔터테인먼트 콘텐츠가 묘사해 축적된 결과일 수도 있다고 주장해 왔다. 이런 사례에는 존 르 카레(John le Carre)의 소설이나 영화가 포함되지만, 가장 두드러진 것은 전설적인 에이전트 배역인 제임스 본드(James Bond)가 등장하는 작품들이다. 이를 통해 영국인들은 "제임스 본드와 수수께끼 같은 에니그마 암호 해독자들(Enigma codebreakers)을 영웅으로 삼아, 항상 정보기관이 우리를 보호한다고 믿어 왔다"(Freedland, 2015).

그크리트잘리 등(Gkritzali et al., 2016)은 파리에 가 본 적이 없는 미국인 가운데 367명을 표본으로 선정해 조사한 결과, 할리우드 영화를 통해 파리를 본 경험이 프랑스의 수도 이미지 형성에 영향을 미친 것으로 나타났다. 다른 연구는 또한 어린 시절의 엔터테인먼트 아이콘이 우리의 발달에 영향을 미친다는 것을 시사한다. 코인 등(Coyne et al., 2016)은 5세 전후의 어린이 198명을 표본으로 아이들과 캐릭터인 디즈니 공주의 관계를 연구한 후 1년 뒤 (예를 들어 '외모 꾸미기' 놀이와 '예쁜 것'을 좋아하는 것과 같은) 젠더 정형화 행동을 연결시켰다. 아이들 행동의 초기 단계에 대해 구조 방정식 모델의 통제가 있지만 연구자들은 디즈니 공주들과 아이들의 관계 수준은 더 높은 수준의 여성 젠더 유형적 행동과 관련되어 있다는 통계적 증거를 발견했다.

마지막으로, 엔터테인먼트의 선택이 일상생활에도 훨씬 더 온기 효과(heart-warming effect)를 미칠 수 있다는 증거가 있다. 기를란다 등(Ghirlanda et al., 2014)은 우리가 가장 친한 친구로 삼기 위해 선택한 개에게도 엔터테인먼트가 영향을 미칠 수 있다는 것을 경험적으로 증명했다. 연구자들은 미국 내에서 실제로 애완견을 등록하는 트렌드에서 알 수 있는 대형 애견 등록 데이터베이스를 바탕으로 하여, 개를 주인공으로 내세운 29편의 영화

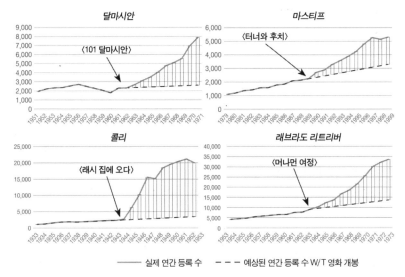

〈그림 2.2〉 영화로 특화된 4종의 개 사육 두수 등록 트렌드

자료: Ghirlanda et al.(2014) 참조.

가 사람들이 선택하는 각각의 애견 종류의 인기에 어떤 영향을 미쳤는지 분석했다.

그들의 연구 결과는 영화가 개 품종의 선호도에 지속적인 영향을 미칠 수 있다는 증거를 제시했다. 개 출연 영화 개봉과 관련 1~10년 동안 애견 등록 경향은 평균적으로 3~10%까지 증가했고(영화 개봉 후 기간이 길어질수록 증가율이 더 높다), 영화의 주말 관객 수는 애견 등록 트렌드의 증가와 큰 상관관계가 있었다. 따라서 개를 주인공으로 한 영화를 보려고 극장에 더 많은 사람들이 몰릴수록, 사회적 차원에서 개 관련 영화가 개의 선호도와 개와 관련된 선호도에 미치는 영향이 강력해질 것임을 알려 준다. 〈그림 2.2〉는 개를 주인공으로 한 4편의 영화 사례에 대한 이러한 경험적 효과를 보여 준다.

## (2) 우리에게 언어를 선사하는 엔터테인먼트

엔터테인먼트는 우리가 생각하는 세계와 그 기관, 우리의 여행지, 산책에 동행하는 개의 선택에 영향을 줄 뿐만 아니라 우리가 자신을 말로 표현하게 도와준다. 엔터테인먼트 레퍼토리에서 유래한 많은 구체적인 단어들과 구절들이 표준 어휘로 자리 잡아 우리 가운데 많은 이들이 우리의 삶과 많은 다른 상황에서 사용하고 있다. 종종 우리는 약간의 가벼운 분위기 조성을 위해 가장 좋아하는 대사를 인용하고 친구들과 공유하는 경험에 대해 웃음을 나눈다. 그러나 사회적으로 의미 있는 이런 단어와 구절들은 또한 우리가 낯선 사람들과 사교하거나 심지어 무거운 상황이 속출하는 공공 담화에서도 도움을 줄 수 있다.

예를 들어 미국 대통령 로널드 레이건(Ronald Reagan)은 1985년 의회의 세금 인상 법안에 거부권을 행사하겠다고 위협하면서, 다음과 같이 말했다. "세금이 늘어나는 사람들에게 할 말이 딱 한 가지 있습니다. 어서, 나의 하루를 만드세요." 레이건의 언술 커리어(Curry, 2004)를 규정하는 구절로 회자되는 이 말은 사실은 배우이자 감독인 클린트 이스트우드(Clint Eastwood)한테 빌려 온 것이다. 이스트우드는 이 말을 레이건이 언급하기 바로 전해인 1984년에 그 해 개봉된 더티 해리(Dirty Harry) 시리즈 영화 〈더티 해리 4: 써든 임팩트(Dirty Harry 4: Sudden Impact)〉(1983)에서 악당을 겁탈하는 데 사용했던 것이다.

소설뿐만 아니라 영화도 우리에게 언어를 선사한다. 영국 셰익스피어(William Shakespeare)의 작품 『햄릿(Hamlet)』의 유명한 인용구 "죽느냐 사느냐, 그것이 문제로다(To be, or not to be, that is the question)"나 독일 괴테(Johann Wolfgang von Goethe)의 대표작 『파우스트(Faust)』의 대사 "이보게 친구! 모든 이론은 잿빛이고, 오직 푸르른 것은 황금가지의 생명력뿐이라네(Gray, dear friend, is all all theories, and green alone Life's golden tree/ 독일어로는 Grau, teurer Freund, ist alle Theorie und grün des Lebens goldener Baum)"를 보라.

언어는 노래를 통해서도 제공된다. 가수 존 레논(John Lennon)이 많은 사람들이 보다 평화로운 세상을 그리도록 격려하고 공동으로 노력하게끔 격려한 「이매진(Imagine)」의 말들(가사)을 생각해 보자. 그리고 비틀즈(The Beatles)의 「올 유 니드 이즈 러브(All you need is love)」와 같은 훌륭한 노래 가사를 인용하는 것보다 사랑하는 사람에게 말할 수 있는 더 좋은 방법이 있을까?

심지어 인터넷상의 많은 '최고의 비디오 게임 인용 문구들'에서 증명되었듯이 일부 비디오 게임도 언어를 덧붙여 주고 있다. 이 중 몇몇은 보다 기술적 진보가 이뤄져 여전히 더 많은 작품이 나와야 하는 상황이지만, 상상의 캐릭터 마리오(Mario)에게 '고맙다(Thanks)'라고 말하는 동시에 전설적인 컴퓨터 게임 〈슈퍼 마리오 브라더스(Super Mario Bros.)〉를 즐기는 모든 플레이어들에게 닥쳤던 일인양 끝내 공주를 탈출시키기 위해 다른 성으로 향하라고 힘주어 말한다.

만약 여러분이 좋아하는 엔터테인먼트 콘텐츠 인용 문구가 다른 사람들의 머릿속 사전에도 가장 지속적인 영향을 끼친 것인지 알고 싶다면, 1967년 미국 제36대 대통령 린든 존슨(Lyndon Johnson)이 예술·인문학에 관한 국가단체설립법을 통과시켜 만든 미국영화연구소(AFI: American Film Institute)가 '역대 최고 100대 영화 인용 문구'라고 꼽은 것, 즉 '대중문화의 유포를 통해' '미국 어휘(American lexicon)의 일부'가 된 과정들을 볼 수 있다(AFI, 2005).

1944년 아카데미 감독상을 받은 영화감독 마이클 커티즈(Michael Curtiz)의 멋진 〈카사블랑카(Casablanca)〉(1942)만 해도 AFI의 100대 인용 문구에 선정된 것이 6개나 된다(이해를 돕기 위해 영화 〈카사블랑카〉의 명대사를 소개한다). 이 영화는 제2차 세계대전 당시에 전란을 피해 미국으로 가려는 사람들로 붐볐던 북

- 당신의 눈동자에 건배를(Here's looking at you, kid).
- 루이스, 이것은 아름다운 우정의 시작일 것 같아(Louis, I think this is the beginning of a beautiful friendship).
- 샘, 그걸 연주해 줘. 「애즈 타임 고즈 바이(As Time Goes By)」 말이야(Play it, Sam. Play 'As Time Goes By).
- 유력한 용의자를 잡아 와(Round up the usual suspects).
- 모든 세상 모든 도시의 싸구려 술집 중에서 그녀는 내게로 걸어왔어(Of all the gin joints in all the towns in all the world, she walks into mine).
- 우린 언제나 파리에 대한 추억이 있어요(We'll always have Paris).

아프리카 모로코의 기항지 카사블랑카에서 만난 두 연인(릭 블레인, 일사 런드)의 사랑을 그린 로맨스 영화이다. 여러분은 그 문구 중 몇 개가 떠오르는가(물론 꼬맹이 같은 당신, 아이들, 우정, 시간, 용의자, 진을 파는 싸구려 술집들, 파리를 생각해 보라!), 그리고 그것을 친구들과 채팅할 때 얼마나 많이 사용했는가?

### (3) 의미와 동기부여를 제공하는 엔터테인먼트

인류의 가장 실존적인 추구 가운데 하나는 개인적 의미의 자기 발견이다. 개인적 의미는, 그것이 발견되면 그것을 평생 지속된 방식으로 충족하려는 동기부여와 결부되어 있다. 개인적인 의미와 동기부여는 개인이 얻을 수 있는 가장 희소하고 가치가 있는 '자원'의 일부이다. 엔터테인먼트는 이러한 희소 자원의 중요한 원천이 될 수 있다. 이것은 우리가 이 책에서 논의한 모든 형태의 엔터테인먼트에 대해 사실인 것으로 인식되어 왔다.

우리는 종종 '나는 누구인가', '나의 가치는 무엇인가'와 같은 질문을 스스로에게 던진다. 엔터테인먼트를 소비하면서 자신을 발견하게 된 사람들의 이야기가 많다. 조셉 윙클러(Joseph Winkler)의 사례를 보자. 그는 정통 유대인으로 자랐지만 자신의 진정한 가치가 매우 동정심이 많은 자유주의자라는 것을 알게 되었다(Winkler, 2013). 그는 어떻게 그런 발견을 했을까? 그는 "모든 것 가운데 호머 제이 심슨(Homer Jay Simpson)과 그의 가족들의 좌충우돌 일상을 그린 애니메이션 〈심슨 가족(The Simpsons)〉(2007)에서 해답의 씨앗들"을 찾았다. 일상적인 가정생활의 혼란, 고통, 행복에 대한 수많은 이야기들, 노동자들과 경제계의 거물들 사이의 투쟁에 대한 이야기들은 그가 실제로 누구인지 파악하게 한 소재들이었다.

우리 중 많은 이들은 엔터테인먼트 콘텐츠에서 유래한 이야기들에 의해 비슷하게 영향을 받았다. 엔터테인먼트 상품은 비록 방식이 매우 다르지만, 영화 〈조찬 클럽(The Breakfast Club)〉(1985)과 〈위험한 청춘(Risky Business)〉(1983)이 어려움을 겪고 있는 많은 십 대들을 위해 해 왔던 것과 같이 우리의 삶의 울퉁불퉁한 여정에 대한 지침과 선구안을 제공할 수 있다.

내성적인 사람은 자신의 지적 능력을 중시하기 시작한다. 동화된 사람은 특별한 것을 발견한다. 영화 〈월터의 상상은 현실이 된다(The Secret Life of Walter Mitty)〉(2013)를 보면서 한때는 세상을 등진 아이들과 십 대를 '리더의 직책'에 넣었지만 이제는 종종 '선동적 행동의 선수(先手)'로 만든다는 것을 느낀다(Marshall, 2016). 마셜(Marshall)에게 이 작품은 "내가 말로 표현한 것보다 더 자유로운" 영화였다. 다른 이들은 영화 〈포레스트 검프(Forrest Gump)〉(1994)와 사랑에 빠진 후 자신보다 더 약한 사람들을 얕보는 것을 멈췄다고 고백한 반면, 일부는 영화 〈인투 더 와일드(Into the Wild)〉(2007)를 관람한 결과로 관계에 더 가치를 두기 시작했다.

우리가 모두 개별적인 존재인 것처럼(영화 〈라이프 오브 브라이언(Life of Brian)〉(1979)을 기억하라!) 우리에게 답을 알려 주거나 우리를 안내하는 엔터테인먼트 제공물도 다양한 그 답만큼이나 각자에게 다르다. 윙클러를 위한 〈심슨 가족〉일 수도 있지만, 독자 여러분에게는 다른 시리즈가 될 가능성이 있다. 아니면 대안 영화(alternative movie). 아니면 게임. 아니면 소설. 아니면 앨범.

그러면 당신이 인생에서 하고 싶은 것은 무엇인가? 엔터테인먼트는 또한 이런 점에서 일반적인 영감의 원천으로서나 개인 직업 상담가로서도 도움의 손길을 제공할 수 있다. 현재 웹 개발자로 일하고 있는 라틴계 후안 갈라도(Juan Gallardo)는 영화 〈스탠드 업(Stand and Deliver)〉(1988)을 보면서 대학에 진학하고 '더 크게 생각'할 동기를 얻었다. 이 영화는 히스패닉 학생들과 그들의 잠재력을 자유롭게 펼치게 해 주는 선생님의 이야기를 다뤘다. 영화 〈록키(Rocky)〉(1976)와 〈행복을 찾아서(The Pursuit of Happyness)〉(2006)와 같은 영화들은 사람들에게 따라야 할 과정보다는 설정 목표를 어떻게 달성해야 하는지에 대해 영감을 준다. 혹은 후자의 영화를 인용하자면, "누군가 네게 어떤 것을 할 수 없다고 말하는 것을 절대로 허락하지 마라."

하지만 엔터테인먼트는 또 어떤 직업을 추구해야 하는지에 대해 훨씬 더 구체적인 힌트를 제공해 줄 수 있다. 미국 항공우주국(NASA)이 2015년 화성 탐사 임무를 수행하기 위해 우주인을 모집하자 지원 건수가 엄청났는데, 이는 관객들을 폭풍의 도가니로 몰아넣은 영화 〈마션(The Martian)〉(2015)과 같은 흥행작과 무관하지 않을 것으로 추측한다. 이 영화의 원작 소설을 쓴 앤디 위어(Andy Weir)는 다음과 같이 주장했다. "선순환이 진행되고 있다. 사람들은 다시 우주에 매료되어 엔터테인먼트 산업계가 더 많은 우주소설을 만들게 되고, 이로 인해 더 많은 사람들이 우주에 매료되게 된다"(Berger, 2016).

마찬가지로 1986년 해군 최신 전투기 F-14 기를 모는 젊은 조종사 매버릭(Maverick) 대위(톰 크루즈)의 이야기를 다룬 영화 〈탑건(Top Gun)〉(1986)이 박스오피스를 장악했을 때 미국 내 군무원 신청이 급증했다(Rigby, 2015). 그리고 할리우드는 또한 현재 유명한 유전학자인 애덤 러더포드(Adam Rutherford)가 왜 자연과학 분야에서 직업을 찾았는지 설명할 때도 역할을 한다. 미국의 SF영화 〈백 투 더 퓨처(Back to the future)〉(1985)에서 현재, 과거, 미래를 순간적으로 오가던 드로리언(DeLorean)과 영화 〈고스트버스터즈(Ghostbusters)〉(2016) 출연자 팀의 초심리학적 모험이 그를 흥분시키고 그 분야 쪽으로 향하게 한 것이다(Rigby, 2015). 우리는 〈스타 트렉(Star Trek)〉(1976/2016)이라는 재미있는 우주 세계와 마주친 후에 과학자가 된 다른 사람들도 발견했다.

때때로 그러한 직업의 영감은 예상치 못한 출처에서 비롯되어 발휘된다. 통제 불능의 자본주의의 위험성에 대한 이야기로 의도되어 만들어진 영화 〈월 스트리트(Wall Street)〉(1987)는 "출연한 수많은 자칭 은행가와 무역업자들이 거의 최면에 가까운 매력을 발산했다"(Guerrera, 2010). 마이클 더글러스(Michael Douglas)가 맡은 상징적인 사악한 은행가 고든 게코(Gordon Gekko)는 많은 학생들에게 지울 수 없는 인상을 남겼다. "탐욕이 선(Greed is good)"이라 말했듯이, 도덕이라고는 찾아볼 수 없는 그의 지독한 냉정함에 감명을 받았고 그의 한 줄 대사("점심은 얼간이들이나 먹는 거야!"), 그의 문헌 인용(중국 군사 책략서 『손자병법(孫子兵法)』], 그의 드레스 코드(그래, 멜빵!)를 각각 따라 했다.

이 영화의 감독인 올리버 스톤은 영화를 본 많은 사람들이 수년간 자신에게 "나는 그 영화 때문에 월 스트리트에 갔다"라고 말했다고 털어놓았다(Wise, 2009). 영화의 동기부여 효과는 누군가에게는 너무 강력해서 결국 일부 학생들의 삶에 영향을 줄 뿐만 아니라 제도 전체에 영향을 미쳤다고 할 수도 있다. 그 영화는 개봉 후 20년이 지나 세계를 금융 붕괴의 끝단으로 몰고 간 기업 사냥꾼들과 투기거래에 좋은 빛나는 플랫폼으로 변모시켰다. 아이러니하게도 금융 위기는 올리버 스톤 감독이 처음 사회에 경고하고 싶었던 상황과 매우 유사했다.

마지막으로, 엔터테인먼트 상품은 미디어 자체에 흥분을 불러일으킬 수도 있다. 당시 14세였던 제이 듀플래스(Jay Duplass)와 그의 동생 마크(Mark)가 처음 영화제작자로 공동 취업을 한 것은 영화 〈아리조나 주니어(Arizona

Junior)〉(1987) 시절이었다(Metz, 2012). 그것을 경험한 후 형제들은 전혀 다른 관점에서 영화를 보기 시작하면서, 영화라는 것은 사람들이 수년간 작업하는 거대한 예술 작품이며, 창의적인 부분에서 책임을 맡은 사람들이 있다는 것을 알았다. 그래서 영화제작도 가능할지 모른다는 생각을 갖게 되었다(Metz, 2012). 제이 듀플래스는 영화 프로듀서이자 배우로서 코미디 영화 〈사이러스(Cyrus)〉(2010)를 감독하고 미국 드라마 〈트랜스페어런트(Transparent)〉 시리즈에 출연했다. 2005년 제55회 베를린국제영화제 단편영화 부문 은곰 상과 테디 상을 각각 받았다.

엔터테인먼트에서 과학에 대한 열정을 자극받은 러더포드는 오늘날 그가 영화 〈월드 워 Z(World War Z)〉(2013)와 같은 작품에 대해 과학적 조언을 하고 있듯이, 할리우드 작품을 통해 과학에 반했을 뿐만 아니라 엔터테인먼트 매력 자체에도 빠지게 되었다. 일부 마케팅 전공 교수들도 자신들의 엔터테인먼트 창작 열정에 대한 반응으로 엔터테인먼트 산업에 대한 면밀한 관찰자나 분석가가 되었을 수도 있다고 말해 왔다. 그러나 그것은 물론 순전히 추측이다.

## 3. 맺음말

우리처럼 두꺼운 책을 읽는 것이 무슨 타당성이 있겠는가? 엔터테인먼트 학습? 직업(그리고 삶)을 그것에 바치는 것? 엔터테인먼트는 이 책의 모든 독자들이 그 세계 안에서 부를 성취할 만큼 충분히 크다는 점에서 중요한 경제적 영역이다. 경제의 다른 영역들에서 생계를 이어 가는 것을 선호하는 사람들에게도 많은 교훈을 주는 선구적인 산업이기도 하다. 그리고 비록 이런 내용이 당신의 관심을 끌 만한 가치가 있다고는 말할 수 없을지라도 깊은 의미를 갖는 산업인 것은 분명하다. 엔터테인먼트 상품은 더 중요한 목적을 위한 수단으로서 기능할 뿐만 아니라 그 자체로서도 사회적 차원(엔터테인먼트가 세상을 이해하는 데 도움을 줌)과 개인 차원(엔터테인먼트가 영감을 줌)에서 의미를 주기 때문이다. 그래서 우리는 가능하면 엔터테인먼트 세계의 중요성을 과대평가하는 것이 어렵다고 결론지으면서 여러분도 동의해 주기를 희망한다.

# 참고문헌

*AFI* (2005). AFI'S 100 Years…100 Movie Quotes. American Film Institute, June 21, https://goo.gl/ogd2hW.

Berger, E. (2016). NASA just smashed its record for astronaut applications—18,000+. *ARS Technica*, February 19, https://goo.gl/C7kJJD.

Caves, R. E. (2000). *Creative industries: Contracts between art and commerce*. Cambridge, MA: Harvard University Press.

Coyne, S. M., Linder, J. R., Rasmussen, E. E., Nelson, D. A., & Birkbeck, V. (2016). Pretty as a princess: Longitudinal effects of engagement with Disney princesses on gender stereotypes, body esteem, and prosocial behavior in children. *Child Development, 87*, 1909-1925.

Curry, T. (2004). Phrases that defined a career. *NBC News*, June 5, https://goo.gl/TzFNWT.

Drake, D. (1919). Is pleasure objective? *The Journal of Philosophy, Psychology and Scientific Methods, 16*, 665-668.

Fleming, Jr., M. (2016). No.1 'Star Wars: The Force Awakens'—2015 most valuable movie blockbuster tournament. *Deadline*, March 28, https://goo.gl/Rtj96X.

Freedland, J. (2015). The spooks will keep spying on us Brits: We clearly don't care. *The Guardian*, November 6, https://goo.gl/nY471m.

Ghirlanda, S., Acerbi, A., & Herzog, H. (2014). Dog movie stars and dog breed popularity: A case study in media influence on choice. *PLOS ONE, 9*, 1-5.

Gkritzali, A., Lampel, J., & Wiertz, C. (2016). Blame it on Hollywood: The influence of films on Paris as product location. *Journal of Business Research, 69*, 2363-2370.

Glas, J. M., & Benjamin Taylor, J. (2018). The silver screen and authoritarianism: How popular films activate latent personality dispositions and affect American political attitudes. *American Politics Research, 46*, 246-275.

Guerrera, F. (2010). How 'Wall Street' changed Wall Street. *Financial Times*, September 24, https://goo.gl/ptq8fG.

Kolker, R. P. (1999). *Film, form, and culture* (4th ed.). New York: Routledge.

Marshall, E. (2016). The secret life of Walter Mitty. *Quora*, March 31, https://goo.gl/8iaRxy.

Metz, N. (2012). Duplasses found a career via Coens. *Chicago Tribune*, July 6, https://goo.gl/9bV1Sm.

Pautz, M. C. (2015). Argo and Zero Dark Thirty: Film, government, and audiences. *Political Science and Politics, 48*, 120-128.

Rigby, R. (2015). How Hollywood films inspire careers. *Financial Times*, February 18, https://goo.gl/MTRR6n.

Tiefenthaler, A., & Scott, A. O. (2017). Why do we love J.F.K. conspiracy theories? Blame the movies. *The New York Times*, October 26, https://goo.gl/q5KyH2.

van Laer, T., Escalas, J. E., Ludwig, S., & van den Hende, E. A. (2017). What happens in vegas stays on tripadvisor? Computerized text analysis of narrativity in online consumer reviews. Working Paper, Vanderbilt Owen Graduate School of Management.

Viagas, R. (2015). Stephen Colbert hosts 2015 Kennedy Center Honors tonight. *Playbill*, December 6, https://goo.gl/PRkGGN.

Vogel, H. L. (2015). *Entertainment industry economics: A guide for financial analysis*(9th ed.). Cambridge: Cambridge University Press.

Winkler, J. (2013). Everything I know I learned from watching 'The Simpsons'. *Medium*, October 24, https://goo.gl/W8Xi8Y.

Wise, Z. (2009). A conversation with Oliver Stone. *The New York Times*, September 8, https://goo.gl/3tRzZa.

Zlomek, E. (2013). HBS Professor brings Jay-Z, Lady Gaga to the classroom. *Business Week*, April 25, https://goo.gl/ZAoBP2.

# 3장

# 엔터테인먼트 상품이 독특한 이유
## 주요 특성

　엔터테인먼트 상품은 소비자와 그들의 의사결정뿐만 아니라 상품을 생산하고 고객에게 제공함으로써 영위하는 회사에도 영향을 미치는 점에서 다른 많은 상품과 다르다. 엔터테인먼트 상품에 대한 효과적인 마케팅 전략을 개발할 수 있으려면 일반적인 마케팅 표준에 대한 확실한 이해가 필요하다. 그러나 마케팅 도구를 잘못 계량하는 것을 피하기 위해 경영자는 엔터테인먼트 상품의 이러한 고유한 특성과도 씨름해야 한다. 엔터테인먼트 경영자는 마케팅의 바퀴를 다시 발명할 필요가 없지만, 이 마케팅 바퀴를 부착하는 차량이 빠르게 움직이는 소비재 또는 산업 상품을 운반하는 다른 차량과 어떻게 다른지 알아야 한다. 당신이 테슬라를 운전한다면 보통 주유소에서 주유하면 안 되는 것처럼.

　이 책에서 우리는 각 엔터테인먼트 상품이 최대 8개의 고유한 특성을 가지고 있다고 주장한다.

　〈그림 3.1〉에서 볼 수 있듯이 그중 4개('소비자 측면 특성'이라고 표시)는 소비자

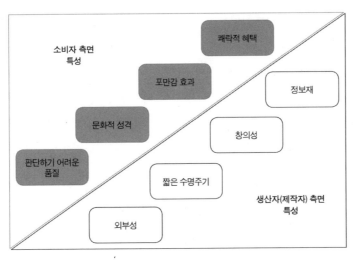

소비자 측면
특성

쾌락적 혜택

포만감 효과

정보재

문화적 성격

창의성

판단하기 어려운
품질

짧은 수명주기

생산자(제작자) 측면
특성

외부성

〈그림 3.1〉 엔터테인먼트 상품의 주요 특성

와 엔터테인먼트 관련된 그들의 태도 및 행동과 관련이 있다. 즉, 쾌락적 (Hedonic) 혜택 제공, 소비에 대한 포만감 효과의 존재, 문화적 성격, 상품 품질 판단의 어려움이다. 나머지 4개는 '생산자(제작자) 측면 특성'으로 경영자들이 대면하는 주요 결정과 관련된다. 그것은 엔터테인먼트 상품의 '정보재'로서의 특징, 창의적 성격, 짧은 수명주기, '외부성'의 존재이다. 그러나 실수하지 마라. 상품의 성공(따라서 경영자의 성공)은 소비자의 의사결정 방식을 이해하는 데 달려 있으므로 소비자 특성은 경영자가 이해하는 데 절대적으로 중요하다. 8가지 특성이 각 엔터테인먼트 상품에 모두 적용되어야 하는 것은 아니며, 그 중요성은 상품마다 다르지만(짧은 텍스트에서 큰 예산이 소요되는 게임에 이르기까지 광범위하다) 그것들에 대해 이해(와 희망컨대 처리)를 한다면 모두 다 엔터테인먼트 상품에 일반적이고 전형적이다.

엔터테인먼트의 8가지 특성에 대해 논의하기 전에 독자들 중 일부가 그림에 나타날 것으로 예상했을 것이지만 우리가 포함시키지 않은 다른 2가지 측면, 즉 ⓐ 엔터테인먼트 상품의 위험성, ⓑ 기하급수적인 붕괴로 표시된 채택 패턴을 살펴보겠다.

수많은 엔터테인먼트 경영진과 일부 엔터테인먼트 학자들은 엔터테인먼트 상품이 비정상적으로 높은 수준의 위험 또는 불확실성을 특징으로 한다고 주장했다(예: Caves, 2006; De Vany, 2006). 실제로 이 섹션에서 논의하는 엔터테인먼트 특성 중 일부(예: 엔터테인먼트의 창의적 특성)는 관리 통제를 방해한다. 그러나 높은 위험을 당연히 '주어진' 것으로 간주하는 대신 우리는 엔터테인먼트 상품의 위험성의 원인을 살펴보고 관리자도 똑같이 해야 한다고 믿는다. 위험은 상품 수준의 개념이 아니라 위험의 원인에 대응하기 위해 결정을 내려야 하는 회사 수준에서 발생하는 개념이기 때문이다. 따라서 비즈니스 모델에 관한 5장에서는 위험 관련 비즈니스 전략에 대해 설명한다.

그러나 우리의 관점은 대부분 다른 상품보다 엔터테인먼트를 제작하는 것이 보다 본질적으로 위험하다고 생각하는 사람들과 더 근본적으로 충돌한다. 지난 수 세기 동안 업계는 자원을 처리하여 상품의 위험을 줄이기 위한 전략을 개발했다(유사한 관점은 Elberse, 2013 참조). 이러한 전략은 매우 효과적이었으며, 최소한 희소한 콘텐츠를 독점적으로 제공하는 사람들에게는 엔터테인먼트를 제작하는 데 추가 수준의 비즈니스 위험이 수반될 필요가 없음을 입증했다. 이러한 효과는 여러 엔터테인먼트 대기업이 지난 수십 년 동안 축적할 수 있었던 인상적이고 매우 안정적인 수익에 반영된다(물론 잘못된 관리로 인한 실패를 배제하지 않는다).[1] 2000년대 후반과 같은 경제 혼란기에도 마찬가지이다. 시사적인 경험적 증거는 업계 전문가인 팔로

---

1)  이 책은 이러한 실패 중 상당 부분을 지적한다. 예를 들어 엔터테인먼트 상품 혁신에 관한 II권 4장에서 요약한 1980년대에 야심 찬 캐논 그룹의 오류를 참조하라.

우스(Follows, 2016)로부터 나온 것으로, 대규모 예산(즉, 1억 달러 이상)이 소요된 할리우드 영화 279개의 풍부한 데이터 세트를 분석한 결과 10편의 영화 중 평균 2편만이 수익을 낸다고 하는 소위 '20-80' 규칙을 거부한다. 대신 그는 자신의 데이터베이스에 있는 영화의 절반 이상이 수익을 냈으며 2억 달러 이상의 예산을 가진 영화 중에서 4분의 3조차도 수익을 창출했다.[2]

유사한 분석에서 스파비에로(Sparviero, 2015)는 유수의 선도적 스튜디오에서 2007년에 출시한 191개 영화의 수익성을 계산하여 사용 가능한 데이터를 수수료 및 비용 흐름의 '사례 시나리오'로 보완했다. 그 결과에 따르면 영화의 70% 이상이 "2차 창구를 통한 수익을 고려하면 제작자에게 긍정적인 수익을 올릴 가능성이 높았으며" 이 수치는 대기업 수준(다른 유통 지점도 고려된다)에서 훨씬 더 긍정적인 것으로 나타났다. 그는 적어도 영화의 경우 20-80 규칙과 보다 일반적으로, 엔터테인먼트가 매우 위험하다는 주장은 "여러 가지 방식으로 주요 대기업의 이익에 기여하는 해로운 이야기"라고 주장한다. 요컨대, 우리는 엔터테인먼트에 대한 상당한 위험의 존재를 확실히 무시하지는 않지만 그 출처를 이해하는 데 초점을 맞추고 비즈니스 모델의 맥락에서 경영적 결과에 대해 논의한다. 엔터테인먼트에 대한 다양한 마케팅 접근 방식의 효과에 대한 통찰력을 제공함으로써 이 엔터테인먼트 사이언스(이론 및 책)가 엔터테인먼트 산업계의 위험성을 더욱 완화할 수 있기를 바란다.

또한 일부 학자들은 출시 직후 상품 수익이 정점을 찍고, 시간이 지남에 따라 일관된 속도로 감소하는(시간이 지남에 따라 함수 곡선의 감소가 덜 가파르도록) 기하급수적으로 감소하는 사용 패턴이 엔터테인먼트 상품의 표준 요소라

---

2) 스티븐 팔로우스(Stephen Follows)의 분석은 심지어 업계에서 '유통 수수료'라고 부르는 것을 통해 얻을 수 있는 잠재적 이익을 고려하지 않기 때문에 보수적인 경향이 있다.

고 했다(예: Jedidi et al., 1998; Luan and Sudhir, 2010).[3]

엔터테인먼트 상품에 대한 이런 패턴은 실제로 꽤 자주 관찰될 수 있지만, 우리는 이 장에서 논의하는 엔터테인먼트의 특성과 달리 '주어진' 패턴은 아니라고 주장한다. 대신, 우리는 그것들을 엔터테인먼트 상품에 주어진 특정한 전략적 처리의 결과로 간주한다. III권 마지막 장(5장)에서 검토할 야심 찬 통합 마케팅 전략인 '블록버스터 개념'으로 요약된다. 실제로 업계에서 블록버스터로 취급되지 않는 엔터테인먼트 상품은 일반적으로 매우 다른 채택 패턴을 보이며, 이는 종종 비(非)엔터테인먼트 상품으로 알려진 상품과 유사하다. 실제로 감쇄 함수에 내재된 요소가 있다면 이는 엔터테인먼트 상품의 특정 가치 패턴과 짧은 수명주기에 기인한다. 이 장에서는 엔터테인먼트 특성에 대해 별도로 다룬다. 따라서 우리는 감쇄 채택 패턴에 대해 별도의 섹션을 제공하지 않더라도 그 이유를 논의한다.

이제 엔터테인먼트 상품의 8가지 주요 특성으로 간주하는 것에 대해 살펴보겠다. 각 특성에 대해 엔터테인먼트 마케팅에 미치는 영향을 지적한 다음 이 책의 후반부에서 자세히 설명하겠다.

---

3) 공식적인 관점에서, 이러한 모델에서 수익 y는 a×b$^t$의 결과이며, 여기서 a는 시작 값(예: 개봉 첫 주에 영화에서 생성된 수익)이고, b는 감쇄 요소(또는 '승수')이다. b는 곡선의 기울기를 결정하고 t는 기간이다(1은 영화 개봉 첫 주, 2는 두 번째 주 등).

# 1. 엔터테인먼트 상품은 쾌락적 혜택을 제공한다

## 1) 즐거움 원칙

2300년 전에 글을 썼던 아리스토텔레스는 무엇보다도 사람들이 개인적인 행복과 즐거움을 추구한다고 결론지었다.

— 첸(Chen, 2007: 31)


엔터테인먼트 상품의 첫 번째 소비자 측면 특성은 소비자가 받는 혜택의 유형과 관련이 있다. 엔터테인먼트의 정의에서 표현했듯이 엔터테인먼트 상품의 핵심에는 엔터테인먼트 활동을 소비자로서 수행하는 대부분의 다른 활동과 구분하는 독특한 동기가 있다. 엔터테인먼트 사이언스 학자들은 이러한 특정 동기를 '쾌락적' 동기라고 부르며, 우리가 다른 상품을 소비하는 '실용적' 동기와 종종 대조된다(Alba and Williams, 2013). 엔터테인먼트의 이러한 쾌락적 특성은 매우 기본적이므로 전문가들은 종종 영화, 음악 및 소설을 '쾌락적 상품'이라고 부른다(예: Strahilevitz and Myers, 1998).

모리스 홀브룩과 엘리자베스 허슈먼은 이 주제에 대한 2명의 세계적 전문가이다. 쾌락적 소비에 관한 중요한 기사 중 하나(Holbrook and Hirschman, 1982)에서 그들은 지그문트 프로이트(Sigmund Freud)의 근본적인 정신분석학적 개념과 연결하여 쾌락 개념의 본질을 설명했다. 그들은 빠르게 움직이는 소비재나 가전 상품과 같은 대부분의 다른(즉, 실용주의적인) 상품의 경우, 사람들은 기능적 목표에 도달하기 위해 상품을 소비하는 문제 해결자 역할을 한다고 주장한다. 즉, 상품을 통해 목표에 도달한다. 상품은 도구 또는 별도의 목표를 위한 수단으로 사용된다.

예를 들어, 우리는 맛을 좋아해서가 아니라 체중 감량이라는 목표를 추구하기 위해 저지방 음식을 선택한다. 시간을 관리하거나 바쁜 생활을 정리하는 데 도움이 되는 도구로 캘린더 앱을 구입한다. 우리는 이러한 상품 자체를 소비하고 싶지는 않다. 대신 우리는 그들이 생산하는 결과를 원한다. 이익은 상품을 소비하는 것이 아니라 목표에 도달할 때 온다. 이와 같은 상품을 선택할 때 소비자는 정보 검색과 기억을 뒤지고, 주장들을 재 보는 등의 인지 활동을 수행한다. 이러한 활동은 소비자가 자신의 내적 욕구를 조정해야 하는 복잡한 외부 현실의 요구 사항을 인식한다는 점에서 '2차 프로세스 사고'를 반영하는 활동이다(Holbrook and Hirschman, 1982).

쾌락적 소비의 경우 상황은 근본적으로 다르다. 상품을 사용하여 별도의 목표를 달성하는 대신 소비자에게 만족감을 주는 것은 상품 자체의 소비이다. 즉, 상품은 단순히 도구나 다른 목표를 위한 수단으로 소비되는 것이 아니다. 대신 소비를 촉발하는 상품을 경험하고 싶은 욕망이다. 그리고 왜 고객은 단순히 그 상품을 경험하기 위해 상품을 소비하기를 원할까? 엔터테인먼트에 대한 이전 정의에서 언급했듯이 쾌락 상품은 '특정 품질'의 경험을 제공하기 때문에 종종 즐거움 향유(즐기기) 용도로 분류된다. 즐거움은 가벼운 여가일 뿐만 아니라 감각적 만족(모든 형태, 예를 들어 욕망, 놀라움, 흥미진진한 공포영화로 인한 공포)에서 산만함, 도덕적 또는 인지적 도전에 이르기까지 다양하다. 쾌락적 소비는 상품을 즐기는 경험에 관한 것이다. 우리의 경우에는 엔터테인먼트를 경험하는 것이다.

쾌락적 소비의 핵심인 이 '즐거움 원칙(pleasure principle)'은 프로이트의 '1차 프로세스 사고'라는 아이디어와 일치한다. 이는 소비자의 내적 욕구와 욕구를 즉시 충족시키기 위해 수행되는 행동이다. 그것은 아기가 즉각적인 즐거움이나 만족을 추구하는 방식으로 되돌아간다는 의미에서 '일차적'이다(Holbrook and Hirschman, 1982: 135). 엔터테인먼트 상품은 직접 쾌락을 만들어 내는 도구인 반면, 비쾌락적 상품은 별도의 목표 달성을 가능하게 하여 간접적으로만 만족감을 만들어 낸다. 요컨대, 엔터테인먼트는 소비자에게 즐거움을 직접 제공하는 것이다. 따라서 엔터테인먼트 상품은 이런 즐거움을 제공할 수 있는 능력만으로 소비자에 의해 평가된다(Peltoniemi, 2015).

그런데 그러한 즐거움의 경험은 얼마나 '귀중한' 것일까? 우리는 즐거움의 제공은 (전체적으로) 실질적인 경제적 효과를 가지며 그것을 경험하는 사람들에게 의미와 동기를 제공할 수 있음을 이미 보여 주었다. 그러나 단순히 상품을 소비하여 즐거움을 경험하는 것은 생산적인 것에 비해 유치하고 값싼 행위가 아닐까? 우리가 처음 인용한 어구의 주체인 아리스토텔레스만이 동의하지 않는 것이 아니다. 도어(Doerr, 2014)가 『우리가 볼 수 없는 모든 빛(All the Light We Cannot See)』으로 퓰리처 상을 받으면서 그의 주역들이 이 질문에 답을 하도록 했다. 나치에 세뇌되어 잔인한 전쟁에 참가한 독일국방군(Wehrmacht)의 젊은 병사가 전쟁으로 찢겨진 빈에서 그네를 타는 어린 소녀를 볼 때 그녀를 유치하게 보는 것이 아니라 정반대로 여겼다("이것이 삶이다, … 이것이 우리가 사는 이유이고, 이렇게 논다…")(p.366). 이 대답에 대한 학문적 지지는 사회심리학자인 샬롬 슈워츠(Shalom Schwartz)와 그의 동료들이 했다. 그들은 인간의 동기부여에 대한 폭넓은 조사에서 즐기는 것이 인간의 기본적 요구 사항에 부응하면서 작고 일반적인 인간의 가치들의 조합의 하나라고 결론 내린 바 있다(예: Schwartz and Bilsky, 1990).

엔터테인먼트 소비의 쾌락적 특성을 이해하는 것은 엔터테인먼트 상품에 대한 강력한 마케팅 결정의 중요한 전제 조건이다. 즐거운 경험을 목표로 하는 소비자 결정은 소비자가 다른 목표를 추구하는 결정과 상당히 다르기 때문이다.[4] 쾌락적 소비 프로세스의 초점 요소로서 허슈먼과 홀

---

4)  실용적 상품이 특정 쾌락적 요소를 가질 수 있다는 점을 추가하겠다. 그 밖의 모든 것이

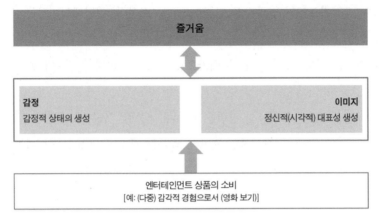

〈그림 3.2〉 쾌락적 소비의 주요 측면인 감정, 이미지, 감각 과정

자료: Hirschman and Holbrook(1982) 참조.

브룩(Hirschman and Holbrook, 1982)은 소비자 감정(consumer emotions)과 소위 이미지(imagery)의 중요한 역할을 강조했다. 후자, 즉 이미지는 감각적 경험의 정신적, 종종 시각적인 표현을 포함하는 인지 과정을 설명한다. '제다이(Jedi)'라는 단어를 들을 때나 〈스타워즈〉 음악 주제가를 영화에서 여러 번 직접 경험한 결과로써 다른 사람이 그 음악을 벨소리로 사용할 때 당신의 마음속에 떠오르는 그림을 생각해 보라. 〈그림 3.2〉는 우리의 생각을 보여 준다. 즐거운 경험을 만들기 위해 소비 과정은 감정 상태와 정신적 표현(예: 이미지)을 생성해야 한다. 그림은 또한 그러한 감정과 이미지, 그리고 결국 즐거움을 유발하는 감각 과정의 중요성을 지적한다(Hirschman and

동일하다. 우리는 체중 감량을 추구하면서 더 좋은 맛의 저지방 음식을 선택하고 다음과 같은 캘린더 앱을 선택할 것이다. 당신의 삶을 정리하기 위해 노력하면서 더 매력적인 그래픽을 가지고 있다. 그러나 음식이나 앱을 소비하는 근본적인 동기는 상품 자체를 경험하려는 욕구가 아니라 다른 목표를 달성하는 것이다.

Holbrook, 1982).

## 2) 전체적 판단

감정, 이미지 및 감각 경험의 특정 역할 외에도 쾌락적 소비를 안내하는 즐거움의 원칙은 소비자의 의사결정과 판단(정보가 처리되는 바로 그 방식)에서 쾌락적 상품과 실용적 상품을 다르게 만든다. 광범위한 마케팅 조사에 따르면 실용적인 상품에 대한 의사결정은 주로 상품 특성에 초점을 맞추고 있으며, 구매 결정은 상품의 여러 속성에 대한 소비자의 평가를 기반으로 한다. 이러한 속성 판단에 대한 가중치 통합은 소비자에게 상품에 대한 전체적이고 인지 중심적인 태도를 생성한다. 이러한 종류의 의사결정은 소비자 선택이 가져오는 결과와 그 결과가 소비자에게 얼마나 매력적이고 가치 있는지에 대한 사람의 암묵적 추정의 결과로 간주되는 기대 가치 이론(expectancy-value theory)에 반영된다(예: Fishbein and Ajzen, 1975). 학자들은 이 이론을 작동시키는 소위 소비자 태도에 관한 다중 속성 모델(multi-attribute model)을 개발했다(예: Mazis et al., 1975).

사람들이 즐거움을 추구하며 소비하는 쾌락적 상품의 경우의(기능적·실용적 이익을 위해 노력하는 것과 비교) 의사결정은 동일한 논리를 따르지 않는다. 특히 개별 상품 속성은 소비자 판단의 중심에 있지 않으며 '인지 대수(cognitive algebra)' 과정으로 통합된 여러 개별 속성도 아니다. 대신 소비자는 쾌락 상품을 보다 전체적이고 감정적으로 판단한다. 예를 들어 상품(또는 예고편, 샘플 등의 광고)이 원하는 감정 상태와 반응을 유발하는가? 상품이 소비자의 욕구를 자극하는가?

따라서 쾌락 상품의 품질에 대한 소비자의 판단은 부품/속성의 (가중치) 합계가 아니라 상품 전체에 대한 전반적인 반응이다. 스타 배우나 저명한 감독의 가용성과 같은 상품 속성은 그 자체로 품질 차원이 아니라 소비자가 상품이 소비될 것으로 예상되는 쾌락 상태를 유발할지 여부를 추론하는 데 사용된다. 따라서 벨크 등(Belk et al., 2000)은 속성 기반의 인지적 지배 정보처리 유틸리티 패러다임에 대한 쾌락적 대안으로서 '욕망 패러다임'을 제공한다.

### 3) 쾌락은 실용성을 배제하지 않는다

그러나 당신이 빠르게 움직이는 소비재의 마케터로 훈련을 받았다면 아기를 목욕물과 함께 버리지 마라. 상품에는 일반적으로 쾌락적 요소와 실용적 요소가 모두 포함되어 있으므로 엔터테인먼트 상품이 순전히 쾌락적이라는 생각은 어느 정도 지나치게 단순화된 것이다. 사람들이 때때로 자동차를 운전하고, 식사를 요리하고, 컴퓨터를 사용하여 즐거움을 경험하는 것처럼, 사람들은 특정 상황에서 실용적인 혜택을 얻기 위해 엔터테인먼트 상품을 소비하기도 한다. 예를 들어 누군가가 교양을 늘리고자 고전소설을 읽고, 친구의 친교 모임에 속하기 위해 게임을 하거나, 역사의 특정 부분에 대해 배우기 위해 다큐멘터리나 드라마 영화를 시청한다.

학자들은 상품에 쾌락적이고 실용적인 요소가 비배타적으로 존재한다는 증거를 제공했다. 예를 들어, 보스 등(Voss et al., 2003)은 상품의 쾌락적 및 실용적 수준을 측정하기 위한 척도를 개발한 다음 최대 380명 학생의 평가를 기반으로 2차원 공간에서 16개의 상품을 분류했다. 그 결과 높은 쾌락성-낮은 실용성 사분면에 비디오 게임을 배치하는 반면, 그들은 TV 세트가 매우 쾌락적이며 실용적이라는 것을 발견했다.

〈그림 3.3〉은 뮌스터대 경영학과 학생 359명이 5가지 비엔터테인먼트 상품(운동화, 스마트폰, 세제, 구두끈, 두통약)과 이 책이 다루는 엔터테인먼트 상품(영

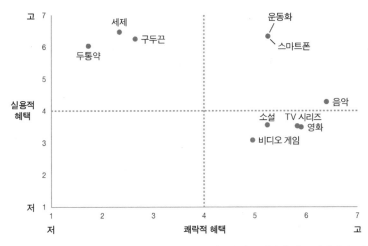

〈그림 3.3〉 선택한 엔터테인먼트 및 비엔터테인먼트 상품에서 소비자가 얻는 쾌락적이고 실용적인 혜택

화, 음악, 비디오 게임, 소설, TV 시리즈)에서 추출한 쾌락적인 이익과 실용적인 이익 평가를 기반으로 우리가 직접 분류한 결과를 보여 준다.[5]

### 4) 쾌락적 특성의 경영상 의미

엔터테인먼트 상품의 쾌락적 특성은 경영 및 마케팅에 몇 가지 의미가 있다. 우리는 이 책의 다른 부분에서 그것들을 다룬다.

---

5)  특히, 우리는 실용적 이익을 측정하기 위해 다음 진술을 사용했다. ① 일반적으로 [상품]은 나에게 매우 실용적이다[praktisch: 실용], ② 일반적으로 [상품]은 매우 유용하다고 생각한다[zweckmäßig: 기능], ③ 대부분의 경우 [상품]이 매우 기능적[기능적]이라고 생각한다. 쾌락적 혜택을 측정하기 위해 다음 항목을 사용했다. ① 대부분의 경우 [상품]을 사용하면 즐겁다[Vergnügen: 즐거움], ② 일반적으로 [상품]을 사용하기를 정말 좋아한다[Freude haben: 재미있다], ③ 보통 [상품]을 사용할 때 재미있다[Spaß: 재미있다].

## ※ 소비자 행동

소비자가 엔터테인먼트에서 끌어오는 즐거움의 정도는 감정과 이미지의 생성에 크게 의존하며, 엔터테인먼트 학자들은 엔터테인먼트 소비의 이러한 측면을 이해하기 위해 상당한 노력을 기울였다. 우리는 엔터테인먼트 소비자 행동에 관한 장에서 그 결과를 요약한다. 또한 엔터테인먼트 소비자에게 즐거움을 제공하는 것과 관련하여 이러한 개념을 엔터테인먼트 사이언스의 중심에 두는 이론적 체계를 개발하면서 '흥분'과 '친숙(성)'을 비판적 개념으로 소개한다.

## ※ 상품 결정

4개의 개별 장에서 상품 결정에 영향을 미치는 다양한 문제에 대해 논의한다. 예를 들어 소비자의 감각적 경험의 중요성은 엔터테인먼트에서 감각적 자극의 수준에 영향을 미칠 수 있는 기술(예: 가상현실 및 3D 프로젝션)의 역할에 특히 주의를 기울이도록 한다. 또한, 쾌락 소비에 전형적인 전체적 판단은 엔터테인먼트의 개별 상품 속성에 다른 기능을 제공한다. 이러한 속성은 소비자가 엔터테인먼트 상품의 전반적인 품질에 대한 결론을 형성하는 데 도움이 되는 '추론적 단서'로 사용된다. 또한 전체적 판단은 기능적 속성에 중점을 둔 소비재를 위해 개발된 전통적인 혁신 기술이 엔터테인먼트 맥락에서는 덜 적절함을 의미한다.

## ※ 커뮤니케이션 결정

기능적 성능 대신 즐거움에 중점을 둔 쾌락적 성격은 엔터테인먼트 상품의 마케팅 커뮤니케이션에도 중요한 의미를 지닌다. 상품에 대한 추가 정보의 한계효용은 소비자가 실용적 이익을 추구할 때 거의 항상 긍정적인 반면, 엔터테인먼트 상품의 경우 새로운 지식을 추가하는 임계 값이 존재한다. 새 스릴러 소설 광고에서 살인자의 신원을 밝힐 때 소비자의 흥분이 상승하는 대신 하락할 수도 있다. 경영자는 너무 많은 정보가 즐거움을 저해할 수 있다는 점을 이해해야 하므로 최적의 정보 제공량을 결정하는 것이 엔터테인먼트 상품의 성공에 중요할 수 있다. 또한 우리는 출시 전 '버즈'가 새로운 엔터테인먼트 상품에 대한 소비자의 기대를 높이는 데 큰 역할을 한다는 것과 마케팅 커뮤니케이션을 미세 조정하여 소비자 대 소비자의 흥미를 자극하는 것이 핵심임을 보여 줄 것이다.

※ 유통 결정

엔터테인먼트의 즐거움 추구 동기는 시간이 지남에 따라 엔터테인먼트 상품에 대한 수요에도 영향을 미친다. 소비자들 사이에서 엔터테인먼트에 대한 수요는 유통 결정을 내릴 때 고려해야 하는 비전통적이고, 반순환적인 방식으로 경제적 여건과 소비자 정서에 따라 다르다.

## 2. 엔터테인먼트 상품은 포만감 효과가 발생하기 쉽다

사람들은 일반적으로 경험을 반복하게 되면 덜 좋아한다. 그들은 포만감을 느낀다.
— 레덴(Redden, 2008: 624)

### 1) 효용과 포만감에 대해

엔터테인먼트의 이 두 번째 소비자 측면 특성은 고객이 엔터테인먼트 상품을 반복적으로 소비함으로써 얻는 혜택의 패턴과 관련이 있다. 엔터테인먼트 상품에 대한 소비자의 효용 기능은 다른 상품의 효용 기능과 다

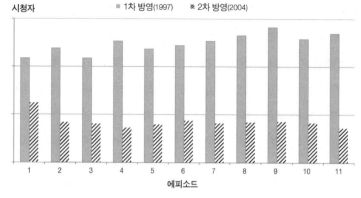

시청자     ■ 1차 방영(1997)    ※ 2차 방영(2004)

에피소드

**〈그림 3.4〉독일의 TV 시리즈 1차, 2차 방영 시청률**

자료: 다수의 보고된 데이터를 참조.

르다. 반면 소비자가 '보통' 상품을 사용하여 얻는 효용은 시간이 지남에
따라 대체로 일정하게 유지된다(예를 들어 세탁기나 컴퓨터를 사용하면 1일차, 2일차, … n
일차에 동일한 효용이 제공된다). 엔터테인먼트 상품에 대한 소비자의 효용은 종종
'단일 정점적(single-peaked)'이다. 특히 엔터테인먼트 사용의 효용은 초기에
정점을 찍었다가 사용 횟수에 따라 급속도로 자주 감소한다. 1997년 독일
의 전국 방송사가 처음 방송한 TV 시리즈의 예를 생각해보자. 7년 후 같
은 방송국에서 같은 시리즈를 다시 방영했을 때 각 시리즈의 에피소드는
상당히 적은 시청자를 끌어들였다(〈그림 3.4〉 참조).

쿰스와 에브루닌(Coombs and Avrunin, 1977)은 이 패턴의 기초가 되는 심리
적 과정을 분석하여 단일 정점 코스를 엔터테인먼트의 쾌락적 성격과 연
결한다. 그들은 상품이 즐거움을 위해 소비될 때 소비자는 항상 '좋은' 결
과(예: 새롭고 흥미로운 쾌락적 혜택)에 직면하지만 또한 '나쁜' 결과(예: '생산적'이고 '유용
한' 무언가에 참여하지 않음으로 인한 기회비용)에 직면하게 된다고 주장한다. 관찰된
효용 패턴의 경우, 엔터테인먼트 상품을 반복적으로 소비할 때 소비의 '좋

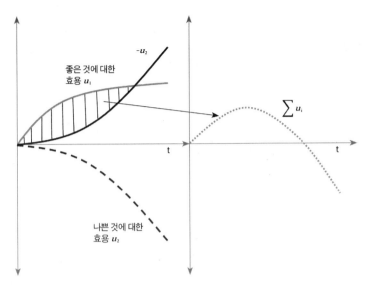

〈그림 3.5〉 시간이 지남에 따라 엔터테인먼트 상품에 대한 소비자 효용의 발전

주: $u_1$은 소비의 '좋은' 결과이고, $u_2$는 소비의 '나쁜' 결과이고(-$u_2$는 그들의 가산 역수), $u$는 '좋은'
결과와 '나쁜' 결과의 합이다. 상품에서 소비자의 총 (순)효용은 t 기간 동안 $u$의 합계이다.
자료: Coombs and Avrunin(1977) 참조.


은' 및 '나쁜' 결과가 시간이 지남에 따라 어떻게 발전하는지가 중요하다.

쿰스와 에브루닌은 '좋은' 결과는 시간이 지남에 따라 누적되지만 소비
자가 특정 TV 프로그램이나 영화를 보거나 특정 소설을 읽거나 특정 영화
를 재생하는 등 엔터테인먼트 상품에서 얻는 자극이 포만하게 되어 '좋은'
결과가 점점 더 느리게 축적되게 된다고 주장한다. 게임을 계속하면 재미
가 줄어들고 상품을 좋아하더라도 지루한 경험이 될 수 있다. 처음 영화
를 볼 때 즐겼던 감각은 반복되지 않는다. 포만감의 존재로 인해 다른 연
구자들은 삶을 소비자가 행복을 추구하면서 끊임없이 새로운 경험을 시
도하는 '쾌락적 러닝 머신'과 비교하게 되었다(Brickman and Campbell, 1971;
Redden, 2008).

또한 나쁜 결과는 시간이 지남에 따라 증가하고 소비가 반복되면서 증가할 뿐만 아니라 가속화된 방식으로 증가한다. 따라서 시간이 지남에 따라 엔터테인먼트 상품을 반복적으로 소비하는 경우 "좋은 것은 포만하고, 나쁜 것은 증가한다"(Coombs and Avrunin, 1977: 224). 그리고 엔터테인먼트 소비로부터 소비자가 받는 총 (순)효용은 좋은 결과와 나쁜 결과의 합이기 때문에, 이 순효용은 〈그림 3.5〉의 오른쪽 패널에 설명된 것처럼 초기에 정점을 찍고 나중에 떨어진다.

현실은 종종 그렇듯이 더 복잡하다. 본질적으로 흥분은 엔터테인먼트 효용의 유일한 원동력이 아니기 때문이다. 우리의 엔터테인먼트 흥분(sensations)-친숙(familiarity) 체계의 맥락에서 자세히 논의할 때(엔터테인먼트 소비에 관한 6장 참조) 상품에 대한 친숙함으로 인해 좋아하는 노래나 영화를 반복해서 즐길 수 있다(매일 저녁 〈토이 스토리(Toy Story)〉를 보겠다고 고집하는 아이들이 있다면, 우리가 무슨 말을 하는지 알 것이다). 또는 더 친숙한 기술로 인해 비디오 게임을 반복해서 플레이한다. 친숙함은 컬트 고전(cult classics)의 구성 요소이다. 〈귀여운 여인(Pretty Woman)〉이 2013년(즉, 극장 개봉 23년 후)에 독일 방송인 ZDF에서 상영되었을 때, 그리고 TV에서 수없이 방송된 후에도 500만 명이 넘는 사람들이 시청함으로써 TV에 상영되는 영화의 올해 최고 시청 프로그램 가운데 하나가 되었다.

이 추가적인 효용의 원천으로 인해 엔터테인먼트 상품의 순효용은 모든 엔터테인먼트 상품과 소비자가 처음으로 상품을 소비할 때 반드시 최대일 필요는 없다. 그럼에도 불구하고 포만감은 현실이며 시간이 지남에 따라 우리가 갖게 되는 전체 효용의 주요 부분인 각 엔터테인먼트 상품의 흥분의 효용을 감소시킬 것이다. 그래서 우리 아이들은 결국 사랑하는 영화를 보는 것에 흥미를 잃고, 우리가 게임을 마스터했다면 결국 그것을 그만두게 된다. 〈귀여운 여인〉과 같은 컬트 고전은 정의에 따라 드물게 예외적이다. 즉, 통계적으로 표현하자면 특이치(outliers)이다. 우리는 독자들에게 예외가 아닌 규범에 집중할 것을 촉구한다.

## 2) 엔터테인먼트의 포만감 수준

엔터테인먼트 소비의 맥락에서 〈그림 3.6〉이 보여 주듯이 포만감은 다양한 개념적 수준에서 존재할 수 있다. 첫째, 단일 특정 엔터테인먼트 상품에 대한 포만감이 존재할 수 있다. 이것이 이전 섹션에서 논의한 내용이다. 엔터테인먼트 상품을 반복적으로 소비하면 자극이 감소하기 때문에 시간이 지남에 따라 유용성이 감소한다. 그림의 패널 A에서는 소비자가 처음으로 상품을 소비하기 전에도 신상품에서 일부 효용을 얻도록 했다. 소비자가 실제로 소비하기 전에 엔터테인먼트 상품에서 긍정적인 감정을 '예측'하기 때문에 그렇게 한다.

칸 등(Kahn et al., 1997)은 이러한 '기본' 유형의 포만감에 대한 경험적 증거를 제시한다. 그들은 학생들이 실험실에서 이전에 이미 평가한 노래를 선택해야 하는 실험을 수행했다. 결과는 좋아하는 3곡의 시퀀스를 반복하는 것이 청취자의 즐거움 수준을 떨어뜨렸다는 것을 분명히 보여 준다. 같은 학자들이 후속 실험에서 45초 분량의 노래 15개를 학생들에게 들을 것을 요청했을 때(Ratneret al.,1999), 학생들이 '매우 좋아하는 노래를 듣는 즐거움'을 발견했다. 같은 노래를 반복해서 들어야 할 때는 상당히 낮았다. 그들의 즐거움 점수는 0~100점 척도에서 80점에서 20점으로 떨어졌다. 〈그림 3.7〉은 좋아하는 노래를 두 번째 노래('교체 조건')와 함께 사이에 배치해 반복해서 플레이되었을 때 청취자의 즐거움 감소가 덜했다. 그 다른 노래가 참가자가 실험에서 사용 가능한 노래 중 가장 선호하지 않는 선택임에도 불구하고 말이다. 분명히 두 번째 노래가 추가한 변형(또는 포만감 감소)은 좋

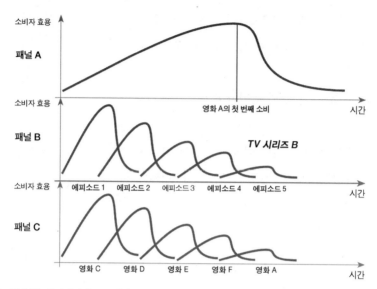

〈그림 3.6〉 엔터테인먼트 포만감의 3가지 수준

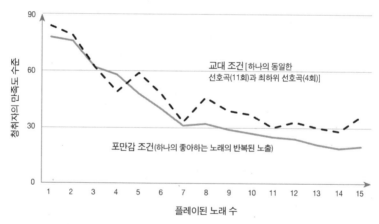

〈그림 3.7〉 반복되는 음악 소비에 대한 만족 효과

주: 교대 조건에서 가장 선호도가 낮은 노래는 4, 7, 11, 14 위치에서 플레이되었다.
자료: Ratner et al.(1999) 참조.

아하는 부족분을 극복할 만큼 가치가 있었다.

둘째, 공동 상품 또는 브랜드의 반복된 제공으로 포만감이 존재할 수 있다. 〈하우스 오브 카드〉와 같은 TV 시리즈의 다른 에피소드, 『스파이 더맨(Spider-man)』과 같은 만화의 다른 발간물, 영화 〈록키〉 또는 게임 〈콜 오브 듀티(Call of Duty)〉의 다른 속편을 고려해 보라. 이 모든 경우에서 소비 효용은 최신 〈하우스 오브 카드〉 에피소드와 같은 신상품은 상품 또는 브랜드로 포만감을 유발할 수 있는 자극이 부족해 고통을 받을 수 있다(왜냐하면 시리즈의 이전 에피소드와 매우 유사하기 때문이다). 우리는 TV 시리즈 에피소드에 대해서 〈그림 3.6〉의 패널 B에서 이러한 종류의 포만감을 설명한다. 다시 한번 말하지만, 친숙함은 적어도 특정 기간 동안 효용을 증가시킬 수 있으므로 이 패턴은 정해진 것이 아니다.

셋째, 동일한 시리즈나 브랜드에 속하지는 않지만 콘텐츠, 스타일 등으로 인해 소비자가 유사하다고 인식하는 다른 엔터테인먼트 상품의 존재로도 포만감을 유발할 수 있다(〈그림 3.6〉의 패널 C 참조). 바로소 등(Barroso et al., 2016)은 단일 엔터테인먼트 브랜드를 넘어서 발생하는 이러한 종류의 포만감 효과의 존재에 대한 경험적 증거를 제공한다. 그들은 1946년부터 2003년까지 미국에서 방영된 2245개의 모든 TV 시리즈의 생존율을 분석하여 역사가들의 설명을 기반으로 콘텐츠를 코딩한 다음 유사한 프로그램의 클러스터를 결정했다. 프로빗 회귀분석을 사용하면 다른 프로그램과 유사한 주제를 다루는 시리즈가 많을수록 더 이상 시즌이 생성되지 않고 시리즈가 취소될 확률이 높아졌다. 그 결과를 바탕으로 학자들은 "특정 상품의 반복적인 소비가 상품 자체뿐만 아니라 다른 유사한 상품(동일한 틈새시장에 있는 상품)에 대한 소비자 관심도를 감소시키는 것으로 보인다"(Barroso et al., 2016: 576)라고 결론지었다.

그리고 음악의 맥락에서 아스킨과 마우스카프(Askin and Mauskapf, 2017)는 노래의 '전형성'['댄스 빌리티(dance-bility)'와 같은 11가지 음악적 기능에 대해 노래가 출시되기 전 1년 동안 다른 모든 차트 히트곡과의 유사성으로 측정]이 어떻게 판매 잠재력에 영향을 미치는지 분석했다. 1958년과 2016년 사이에 빌보드 차트에 도달한 약 2만 5000곡의 경우[각각 순서가 지정된 로짓 회귀분석 및 음이항 회귀분석(negative binomial regression)을 통해] 특정 시점부터 이러한 높은 수준의 전형성/유사성이 더 낮은 정점에서 더 적은 주(weeks) 동안 차트에서 함께 있었던 것을 밝혀 냈다.

우리는 이런 종류의 일반적인 포만감이 케빈 코스트너(Kevin Costner)의 영화 〈와이어트 어프(Wyat Earp)〉에 상처를 입혔다고 생각한다. 이 영화는 미국의 '와일드 웨스트(Wild West)' 출신의 실제 변호사 발 킬머(Val Kilmer)의 연기가 인기 있었던 영화 〈툼스톤(Tombstone)〉에 바로 이어서 개봉되었다. 그리고 〈다이버전트(Divergent)〉와 〈메이즈 러너(Maze Runner)〉 영화 시리즈의 후반부에 대한 소비자의 미지근한 반응은 적어도 부분적으로는 영화의 설정에 대한 소비자의 포만감 때문이었을 가능성이 있다. 4편의 〈헝거 게임〉 이후 사람들은 더 많은 '청소년 중심의 디스토피아적 미래' 영화를 열렬히 기다리지는 않았다.

### 3) 포만감 효과의 경영상 의미

엔터테인먼트 상품에 내재된 포만감 효과는 마케팅 및 경영 방식에 많은 영향을 미친다. 우리는 엔터테인먼트 사이언스의 여러 부분에서 이러한 의미를 다룬다.

#### ※ 소비자 행동

경영자가 고객을 확보하려고 할 때 포만감 효과는 극복해야 할 주요 과제를 강조한다. 포만감은 우리가 엔터테인먼트 소비의 기본이라고 주장하는 흥분-친숙(성) 틀과 밀접하게 관련되어 있기 때문에 이것은 분명히 사소한 문제가 아니다. 이 틀은 경영자에게 소비자를 위한 엔터테인먼트에서 친숙성 요소의 높은 '가치 잠재력(value potential)'을 지적하는 동시에 이러한 친숙성 요소가 포만감을 유발하여 엔터테인먼트 상품의 매력을 떨어뜨릴 수 있음을 강조한다. 이것은 섬세하지만 중요한 균형 잡힌 행동을 나타낸다. 우리는 소비자 행동에 관한 6장에서 새로운 흥분과 친숙의 균형을 맞추기 위한 틀과 일반적인 요구 사항에 대해 논의하고자 한다.

### ※ 상품 결정

포만감 위협을 해결하는 것은 엔터테인먼트 상품을 설계할 때 핵심 주제이다. 포만감은 오리지널 상품과 관련이 있지만 상품 시리즈 또는 브랜드 프랜차이즈의 일부인 경우 특히 중요하다. 상품 결정에 대한 분석에서 브랜드 확장(예: 책이나 게임의 속편, 리메이크 및 스크린 각색)에 내재된 포만감과 포만감의 결과(예: 엔터테인먼트 상품 이름 지정)에 대해 논의한다.

### ※ 커뮤니케이션 결정

포만감에 의해 소비자 효용이 감소될 수 있다는 사실은 엔터테인먼트 경영자가 신상품에 대해 소비자와 공유해야 하는 정보에도 영향을 미친다. 고객을 유치하고 기대감을 높이기 위해 충분한 정보를 공개해야 하지만, 예고편이나 샘플을 통해 소비자에게 (너무) 많은 상품에 대한 접근을 제공하면 해당 상품의 매력이 떨어질 수 있다. 그들은 이미 새로운 상품을 경험했다고 생각할 수 있으며, 다시 시도해도 별 가치가 없다고 생각할 수 있다. 따라서 경영자는 엔터테인먼트 상품의 어떤 부분이 커뮤니케이션 캠페인의 일부로 제공되어야 하는지 신중하게 고려해야 한다.

※ 유통 결정

엔터테인먼트 상품은 종종 일련의 유통 채널을 통해 소비자에게 도달한다(예를 들어, 영화가 극장에서 먼저 개봉한 다음 홈 엔터테인먼트, 스트리밍, TV 등의 순으로 도달한다). 채널 시퀀스가 수익성이 있는지 여부는 한 채널의 소비가 다른 채널의 상품 수요에 미치는 영향에 따라 다르다. 포만감은 이러한 채널 간 집합(inter-channel constellations)의 주요 요소이며 높은 포만감은 사람이 여러 채널에서 상품을 여러 번 소비할 가능성을 줄인다.

※ 통합 결정

마지막으로, 거대 제작자에 의해 엔터테인먼트 마케팅의 블록버스터 개념을 지나치게 좁게 해석함으로써 초래되는 일반적인 포만감이 있을 수 있고, 전체적으로 이 책에서 논의하는 엔터테인먼트의 형태에 대한 수요를 해칠 수 있는 무엇으로부터 초래되는 포만감도 있을 수 있다.


## 3. 엔터테인먼트 상품은 문화 상품이다

할리우드 영화는 미국 문화 및 사회사(史) 속으로 향하는 창을 제공하는 중요한 문화 작품이다.
― 아이비(Ibbi, 2013: 96f)


세 번째 소비자 측면의 특성은 인기 있는 엔터테인먼트 상품이 문화 내에서 본질적으로 두드러지기 때문에 발생한다. '문화'는 많은 학문적 연구와 훨씬 더 비공식적인 논쟁의 주제가 되어 온 복잡하고 무정형적인 개념이다. 다양한 관점의 존재에도 불구하고 대부분의 문화 학자들은 문화의 핵심이 사람들 그룹이 공유하는 일련의 태도, 가치 및 신념이라는 데 동의

하는 경향이 있다. 이 그룹이 소비자의 일부인지, 회사의 직원, 부족의 구성원 또는 한 국가의 시민인지 여부에 관계없이 말이다. 문화는 그 그룹의 구성원에게 그들의 행동 규범을 제공한다(예: Deshpande and Webster, 1989).

엔터테인먼트 상품이 경제적으로 어떻게 작동하는지 이해하는 열쇠는 그것이 '문화적' 상품임을 인식하는 것이다. 문화의 존재, 발전 및 내용의 중요한 요소를 나타낸다. 특히 엔터테인먼트 상품은 사람들의 세상에 대한 인식에 영향을 미칠 수 있는 제작자의 태도와 가치를 '전달'한다. 그렇기 때문에 문화의 모든 구성원 또는 일부(예: 미성년자)에 대해 특정 엔터테인먼트 상품에 대한 접근 제한이 설정되었다. 소비자 측면에서 문화의 정체성을 형성하고 엔터테인먼트 소비 패턴에 영향을 미칠 수 있는 것은 엔터테인먼트가 전달하는 이런 태도와 가치와 그 미학 및 상징적 잠재력이다.

## 1) 엔터테인먼트 상품은 태도와 가치를 표현한다

엔터테인먼트 상품은 다양한 문화적 태도와 해당 상품을 만든 아티스트가 보유한 가치와 신념을 전달하는 주요 운송 수단이다. 영화 〈레인맨 (Rain Man)〉은 드라마틱한 가족 이야기일 뿐만 아니라 장애가 있는 사람들을 존중하고 그들의 특정 능력을 인정해 달라는 간청으로 기념될 수 있으므로 이러한 가치는 이야기, 노래 텍스트 또는 상품의 미학에 절묘하게 포함될 수 있다. 그러나 가치는 엔터테인먼트 상품에서 더 분명하게 표현될 수 있으며 명시적으로 정치적일 수 있다. 예를 들어, 영화는 사회주의 이데올로기를 전달하면서[세르게이 예이젠시테인(Sergei Eisenstein), 피에르 파올로 파솔리니 (Pier Paolo Pasolini), 장뤼크 고다르(Jean-Luc Godard)의 대부분의 영화 참조] 우익 이데올로기를 표현했다[White, 2000에 인용된 대로 자신을 '극우파 반동'이라고 한 존 밀리우스(John Milius)가 감독한 러시아의 미국 침략 이야기인 〈레드 던(Red Dawn)〉 참조].

이 책에 나오는 다른 모든 형태의 엔터테인먼트에 대해서도 매우 유사한 주장을 할 수 있다. 가치를 전달하는 음악의 능력은 수많은 정치인이 캠페인 노력의 일환으로 노래를 사용했거나 사용하기를 원했던 것으로 입증된다. 예를 들어 빌 클린턴(Bill Clinton)이 플리트우드 맥(Fleetwood Mac)의 「돈 스탑(Don't Stop)」을 활용했고, 도널드 트럼프(Donald Trump)가 2016년 캠페인 집회에서 에어로스미스(Aerosmith)의 「드림 온(Dream On)」을 사용하여 그 밴드의 리더인 스티븐 타일러(Steven Tyler)가 노래의 무단 사용에 대해 '미국 우선(America-First)' 후보를 고소하겠다고 위협한 경우이다(Kreps, 2015). 특정 ('애국적인') 정치적 가치를 전달하는 인기 있는 비디오 게임 브랜드는 〈레드 던〉과 같이 미국 영토에 대한 외국 침략(이 경우 북한군)의 이야기를 따르는 1인칭 슈팅 게임인 〈홈프런트(Homefront)〉이다. 이 작품의 첫 번째 보급 편에 존 밀리우스가 컨설턴트로 일했다.

엔터테인먼트 상품은 사회적 태도와 가치를 지니고 있기 때문에 타인도 다치게도 한다. 따라서 사회 구성원들이 특정 엔터테인먼트 콘텐츠와 사건, 기관 및 사람의 묘사에 노출되거나 보호되어야만 하는지 여부나 방법에 대해 그 사회(또는 지도자)의 인식을 반영하는 여러 규정이 마련되어 왔다. 이러한 규정 중 가장 분명한 것은 접근 제한으로, 한 국가의 국민 전체에 적용되거나 해당 국가의 하위 그룹에만 적용된다.

특정 종류의 엔터테인먼트에 대한 일반적인 접근 제한은 거의 모든 곳에서 적용되지만 국가마다 크게 다르다. 독일에서는 '증오를 불러일으키거나'[악명 높은 주드 수브(Jud Süß)와 같은 반유태인 나치 선전의 메아리로, "모든 유대인에 대한 혐오감을 조장한다"(Culbert, 2003: 205). 이는 여전히 금지되어 있다] 또는 '인간의 존엄성을 손상시킬'[이러한 이유로 〈이블 데드(The Evil Dead)〉는 2016년까지 금지되었고, 2017년 9월에는 총 445개의 공포영화와 게임이 금지되었다] 잠재력을 지닌 것으로 여겨지는 엔터테인먼트 작품은 금지된다.

중국과 러시아에서는 외국 영화 및 기타 엔터테인먼트 콘텐츠의 내러 티브가 지배 정치 이념과 일치할 때만 배포가 허용된다. 1950년대 소련 연쇄 살인범에 관한 할리우드 영화 〈차일드 44(Child 44)〉의 예를 들어 보자. 이 영화는 러시아 정부가 "승전 제70주년 기념일 전야에 이런 종류의 영화를 상영하는 것은 용납될 수 없다"고 여겼기 때문에 러시아에서 개봉 되지 않았다(Walker, 2015). 이러한 국가에서 제한은 명시적인 정치적 또는 도덕적 요소에 국한되지 않고 엔터테인먼트가 거의 모든 종류의 실제 현 상에 대한 소비자의 인식을 형성한다는 생각에 이야기, 대본 및 설정의 훨 씬 더 일반적인 측면에도 영향을 미친다. 중국의 내부자는 중국에서 "검 열은 항상 공산당 몫으로 돌아가고, 그들은 항상 중국이 어떻게 묘사되는 지 보고 있다"라고 보고했다[에이펙스 엔터테인먼트(Apex Entertainment)의 CEO인 T. J. 그 린(T. J. Green)(Langfitt, 2015 인용)]. 제임스 본드 영화 〈007 스카이폴(Skyfall)〉에서 암살자가 상하이의 고층 건물에 들어와 경비원을 쏘았을 때 검열관은 이 것이 중국이 '약해 보이는' 결과를 낳는다고 믿었고, 따라서 그 장면을 제 거해야 했다.[6] 그리고 정통 종교적 견해를 가진 국가에서는 '논란의 여지 가 있는' 종교적 주제와 신성모독으로 인해 엔터테인먼트가 금지되었다[예 를 들어 〈그리스도 최후의 유혹(The Last Temptation Of Christ)〉은 이스라엘, 멕시코, 터키 등의 국가 에서 금지되었다]. 사우디아라비아가 1979년에 '초보수적 종교 기준'(Cowell and Kirkpatrick, 2017)을 채택했을 때, 이것은 종교 지도자들이 영화 엔터테인먼트 를 '타락의 근원'으로 간주했기 때문에 모든 공개 상영이 끝났다는 것을 의미했다. 국가가 2018년에 금지를 해제할 때, 영화는 여전히 도덕적 검

---

6)  엔터테인먼트의 정치적 역할은 재키 찬(Jackie Chan, 成龍)과 같은 영화배우가 마오쩌 둥(Mao)과 다른 국가 리더들을 인용한 '사회적 핵심 가치'를 홍보하는 영화 상영이나 비 디오 메시지를 진행시키는 최근 중국의 이너셔티브에 의해 더욱 입증되었다(Qin, 2017).

열의 대상이 될 것이며 '샤리아(Sharia) 왕국의 법과 윤리적 가치'에 부합해야 한다고 공식 발표했다.

기타 다소 덜 급진적인 제한은 인구의 특정 부류(종종 미성년자)가 적합하지 않은 엔터테인먼트 상품에 접근하는 것을 방지하기 위해 시행된다. 예를 들어 미국에서 게임은 ESRB(Entertainment Software Rating Board)에 의해 등급이 매겨지며 eC(유아기: early childhood)와 A(18세 이상 성인 전용: adult only 18+) 사이의 카테고리가 있다. 음악은 '부모 보호 권고 레이블(parental advisory label)'을 붙일 수 있으며, 만화책에는 다른 등급 모델이 있다. 영화는 민감한 문제와 주제를 다루는 방식에 따라 미국영화협회(MPAA: Motion Picture Association of America)에서 분류한다. G(전 연령 가능: all ages are admitted)부터 거의 배정되지 않은 NC_17(17세 미만 불가: no one under 17)에 이르기까지 다양하다.[7]

다른 국가에서도 비슷한 등급 시스템이 있지만, 국가의 문화적 가치와 규범을 반영하는 등급의 불일치와 함께 그들의 판단뿐만 아니라 경직성(즉, 미국에서 부모가 마지막 단어를 사용하는 반면, 등급은 독일에서 법과 같은 지위를 가진다) 면에서 다르다. 예를 들어 미국 등급은 종종 성적인 묘사와 언어적 음란에 매우 민감하다(국가의 청교도적 뿌리를 반영한다). 대조적으로 독일, 프랑스, 스페인과 같은 서유럽 국가는 폭력의 표현에 더 강하게 초점을 맞추고 있다[미국은 역사적 기원으로 인해 무기와 싸움에 대해 더 관대한 태도를 보인다(Bellesiles, 1996)].

영화 〈셰익스피어 인 러브(Shakespeare in Love)〉는 연령 등급과 관련해 다

---

7)  영화 등급 사이에는 PG(13세 미만 어린이에게는 부모 지도 권장), PG_13(12세 이하 어린이의 부모는 강력히 주의), R(17세 미만은 성인이 그들과 함께). 게임의 경우 추가 범주는 E(모든 사람), E10+(모든 사람 10+), T(십 대) 및 M(만 17세 이상)이다. 일반적으로 책에 대해서는 그런 제한이 없다는 것이 흥미롭다. 분명히 영화 〈그레이의 50가지 그림자(50 Shades of Grey)〉에서 성관계를 갖는 캐릭터인 아나스타샤 스틸(Anastacia Steele)을 보는 것은 소설 『그레이의 50가지 그림자』의 묘사를 읽는 것보다 더 영향력이 있는 것으로 간주된다.

른 가치의 결과에 대해 매우 극적인 예이다. 이 영화는 독일에서 6세 이상의 어린이와 스페인에서는 더 어린 어린이(폭력이 거의 없기 때문에)에게 제공되는 반면, 미국에서는 R 등급을 획득해 17세 미만의 관객에 대한 접근이 제한되었다. MPAA는 제한적인 판단으로 영화의 '성(sexuality)'을 비난했지만, 평가자들은 보수적인 성 관습을 위반하여 도덕적 갈등을 일으킨 두 주인공 간의 간음으로 인한 약간의 노출과 암시적 연애에 대한 우려가 높았다.[8] 이와는 대조적으로 공포 코미디 영화 〈그렘린(Gremlins)〉은 MPAA에 의해 어린이에게 적합하다고 간주되었지만 독일의 배심원들은 유혈과 폭력의 노골적인 장면으로 인해 16세 이상의 관객에게만 제한적으로 영화에 대한 접근을 허용했다.

엔터테인먼트 사이언스 학자 린더스와 엘리아시버그(Leenders and Eliashberg, 2011)는 등급 시스템에서 이러한 차이의 체계적인 특성에 대한 경험적 증거를 제공했다. 그들은 1996년에서 2000년 사이에 국제적으로 개봉된 227개의 미국 제작 영화의 연령 등급을 조사하여 MPAA의 등급을 다른 8개국(대부분 유럽, 호주 및 홍콩)의 등급과 비교했다. 그 결과는 미국 등급이 저자가 연구한 다른 모든 국가보다 체계적으로 더 규제적임을 보여 준다(프랑스와 이탈리아의 등급이 가장 관대하다). 린더스와 엘리아시버그는 또한 이러한 차이가 사회심리학자 기어트 호프스테드(Geert Hofstede)(예: Hofstede, 1991)가 확인한 문화 차원에 의해 부분적으로 설명될 수 있음을 발견했다. 보다 제한

---

8) 이런 도덕적 갈등은 영화에 대한 종교 웹사이트의 많은 댓글에서 분명하게 드러난다. 예를 들어, 프린스(Prins, 1999)는 크리스천 앤서스 네트워크(Christian Answers Network)에 대한 리뷰에서 이 영화를 "매우 도덕적으로 공격적"이라고 판단했고, "많은 기독교인들은 셰익스피어가 결혼하고 비올라가 다른 남자와 약혼했음에도 불구하고 셰익스피어와 비올라가 성적 관계를 맺고 있다는 사실에 의심의 여지 없이 불편했을 것이다"라고 썼다.

적인 등급은 더 높은 남성성(masculinity: 성과와 물질적 보상을 선호) 수준과 문화에서 개인주의(사람들은 자신만을 돌본다)와 관련되었다. 반대로 문화의 불확실성 회피 수준이 높을수록(즉, 불확실성과 모호성을 회피하려는 시도에 대해 사람들이 불편함을 느낀다) 영화 등급이 덜 규제적이다.

엔터테인먼트 콘텐츠에 대한 규제는 문화의 근본적인 가치를 반영할 뿐만 아니라 이러한 요소에 노출되는 것이 소비자의 웰빙에 어떤 영향을 미치는지에 대한 문화의 신념에도 영향을 받는다. 학자들은 이러한 효과, 특히 엔터테인먼트에 묘사된 폭력의 효과를 밝히기 위해 노력해 왔다. 그러한 폭력이 소비자들에게 지속적인 영향을 미치는지에 대한 그들의 논쟁은 '복잡하고 다면적인' 발견과 함께 열렬한 논쟁거리이다(Marchand and Hennig-Thurau, 2013). 여러 실험 및 상관관계 연구에 따르면 소비자의 폭력적인 비디오 게임 플레이와 관련하여 생리적 각성과 공격적인 행동이 증가하고 '친사회적' 행동(다른 사람에 대한 공감 표시 등)이 감소했다(앤더슨의 2003년 요약 및 2010년부터의 메타 분석 참조)[9]. 또한 부시먼(Bushman, 2016)은 한 개인의 폭력적인 엔터테인먼트 미디어 소비와 다른 사람의 행동에 대한 공격적('적대적 평가') 인식 사이의 기존 연구를 모두 수집하여 메타 분석했을 때 '작음에서 중간 정도'였고, 하지만 강력한 상관관계를 발견했다.

그러나 퍼거슨(Ferguson, 2013)과 같은 다른 학자들은 이러한 연구 결과가 방법론적 문제 때문에 오해의 소지가 있다고 생각한다. 그들은 유효하지 않은 측정값을 사용하고 중요한 제어 변수(대체 설명을 제공할 수 있다)를 포함하지 않으면 허위 효과와 대안적 설명의 여지를 남긴다고 주장한다. 많은 엔터테인먼트 사이언스 분야에서와 마찬가지로 상관관계와 우연한 효과

---

9)  메타 분석은 원본 데이터를 사용하지 않고 주제에 대한 많은 연구의 데이터를 결합하여 '진정한' 평균 효과를 결정하는 연구 기법이다.

관계를 혼동하지 않도록 주의해야 한다.10) 여러 연구에서 폭력적인 엔터
테인먼트가 소비자 내부의 공격성향 수준[예를 들어 매카시 등(McCarthy et al., 2016)
은 소비자 386명을 대상으로 폭력적인 게임 플레이어와 '비폭력적' 게임 플레이어 간의 '공격적 성향'을 비
교했다]을 증가시킨다는 사실을 발견하지 못한 것처럼 연구 설계와 데이터
가 명확하게 중요하다. 일부 연구에서는 폭력적인 콘텐츠를 시청하는 일
부 소비자(예: Unsworth et al., 2007)에 대한 공격성이 감소한 것으로 나타나기
도 했다. 이는 폭력적인 미디어 소비가 실제 생활에서 공격적인 행동의
필요성을 대체할 수 있다는 심리학의 카타르시스 이론과 일치하는 결과
이다(Feshbach and Singer, 1971).

 그러나 폭력 효과에 대한 다른 많은 실험과 마찬가지로 이러한 연구조
차도 심각한 연구 설계의 한계에 시달린다. 대부분의 폭력 연구는 즉각적
인 효과만 다루는 매우 단기적인 초점을 가지고 있다. 따라서 폭력적인
엔터테인먼트 소비가 소비자의 장기적이고 실제적인 행동에 어떤 영향을

---

10)  힐가드 등(Hilgard et al., 2017)에 의한 앤더슨 등(Anderson et al., 2010)의 메타 분석
    결과에 대한 비판도 참조하라. 힐가드 등(2017)은 동일한 연구를 재분석한 후 저자의 주
    요 연구 결과에 의문을 제기한다. 별도의 작업에서 드캉(DeCamp, 2017)은 사람들의 폭
    력 게임 플레이를 결정하는 요인에 대한 풍부한 통찰력을 제공하며, 이는 잠재적으로
    실제 폭력에도 영향을 미친다. 이때의 실제 폭력은 폭력적인 게임을 하는 것과 실제 폭
    력 사이의 경험적으로 측정된 상관관계의 기초가 될 수 있는 내생성 편향의 잠재적 원
    인이다. 2015년 델라웨어의 공립 및 공립 차터 스쿨에서 실시한 다양한 설문 조사를 사
    용한 OLS 회귀분석에 따르면 폭력적인 게임을 하는 것은 성별에 따라 다르다(남성들이
    훨씬 더 많이 논다). 여러 가족 요인(예를 들어, 가족 구성원이 군대에 있을 때 학생이
    더 많이 놀거나 아버지가 직장을 잃었거나 가족 구성원이 최근 감옥에 갇혔을 때 더 많
    이 논다), 사회적 변수(학교나 이웃에서 안전하다고 느끼고 교사의 지원을 받는 사람들
    은 모두 덜 폭력적인 게임을 한다)에도 달랐다. 그들은 또한 건강 문제(예를 들어, 양극
    성 장애에 대한 약물을 복용하거나 담배를 피우는 사람들 주변에서 더 많이 논다)나 심
    리적 상태와 태도(근처에서 괴롭힘을 당했던 사람들과 마찬가지로 걱정되는 사람들이
    더 많이 논다)에서 영향을 발견했다.

미칠 수 있는지는 분명하지 않다. 아마도 스직크 등(Szycik et al., 2016)의 연구는 통찰력 있는 기여를 준다. 그들은 폭력적인 슈팅 게임의 헤비 유저(heavy user) 28명을 대상으로 긍정적·부정적·중립적 사진에 대한 뇌 반응을 조사하여 같은 크기의 대조군과 비교했다. 그들은 엔터테인먼트에서 거리로 퍼지는 폭력의 전제 조건인 플레이어의 정서적 둔감화(desensitization)를 가리키는 차이점을 찾지 못했다(Szycik et al., 2017 참조). 미디어 폭력과 실제 행동의 인과관계에 대한 학술적 증거로 추정되는 회의적 관점에서 우리는 혼자가 아니라는 점을 추가해야 한다. 미국 대법원이 미성년자의 폭력적인 게임에 접근하면서 폭력 효과에 대한 연구, 특히 앤더슨과 그의 동료들의 연구에 대해 매우 비판적으로 말했다. 재판관들은 그들의 연구 결과를 고려하기를 거부했다.11)

## 2) 엔터테인먼트 상품은 문화를 구성하고 구성원의 선택에 영향을 미친다

엔터테인먼트 상품은 의미를 전달하기 때문에 모든 문화를 형성하고 정의한다. 소비자는 자신이 전달하는 메시지와 가치를 기준으로 엔터테

---

11) 특히 재판관들은 "[앤더슨의 연구]는 폭력적인 비디오 게임이 미성년자에게 공격적인 행동(최소한 시작일 것)을 유발한다는 것을 증명하지 않는다. 대신, '거의 모든 초기 연구는 인과관계의 증거가 아닌 상관관계에 기반을 두고 있으며, 대부분의 연구는 방법론에서 인정되는 중대한 결함이 있다'(Video Software Dealers Assn. 556 F. 3d, at 964). 폭력적인 엔터테인먼트에 노출되는 것과 비폭력적인 게임을 한 다음 좀 더 폭력적인 게임을 하고 나서 몇 분 안에 어린이가 더 공격석으로 느끼거나 더 큰 소리를 내는 것과 같은 사소한 실제 효과 사이의 상관관계를 보여 준다. [그러나] 이런 효과는 [벅스 버니 TV 쇼와 같은] 다른 매체에서 제작한 효과와는 구별할 수 없을 정도로 작다"(*Supreme Court*, 2011). 반사회적일 뿐만 아니라 친사회적인 엔터테인먼트, 특히 게임의 효과에 대해 더 깊이 알고 싶은 독자들에게는 코워트와 퀀트(Kowert and Quandt, 2016)의 편저를 추천한다.

인먼트를 판단하지만 더 나아가 '미적 기준'에 따라 판단한다(Thompson et al., 2007: 630). 따라서 엔터테인먼트 상품은 거의 모든 그룹의 정체성과 업적 및 지위를 나타내는 중요한 표현이며, 지역과 사회 또는 문명에까지도 적용된다. 소비자의 엔터테인먼트 선택은 다른 사람들에게 "세상과 자신의 개인적 가치, 야망, 신념 및 인식"을 알려 준다(Schäfer and Sedlmeier, 2009). 〈스타 트렉〉의 하위문화 예를 들어 보자. 20개월간의 현장 조사를 기반으로 코지네츠(Kozinets, 2001)는 〈스타 트렉〉의 팬인 '트레키스(Trekkies)'[12]의 경우 〈스타 트렉〉 브랜드가 "자신감과 삶에서 중요한 것에 대한 감각을 구축하는 데 필수적이라는 질적 증거"임을 보고했다(p.67).

엔터테인먼트의 미학은 여기에서 특별한 역할을 한다. 그것은 '기호 시스템(signifying system)'(Markusen et al., 2008) 역할을 하고 소비자에게 '기호 가치(sign-value)'를 제공한다(예: DeFillippi et al., 2007). 미학에 대한 태도는 그룹의 '취향'을 구체화한다(취향 개념에 대한 자세한 논의는 엔터테인먼트 상품 특성에 대한 3장 참조). 당신이 사용하는 스마트폰 벨소리와 징글(Jingle)이 다른 사람들에게 당신에 대해 말하는 것에 의해 선택이 영향을 받았는지, 왜 그것을 이용하는지를 생각해 보라(Audley, 2015). 아베베(Abebe, 2017)는 음악과 모든 종류의 엔터테인먼트 선택에 대해서 "지금은 그 기준이 모두 정체성이다"라고 썼다.

따라서 한 그룹의 엔터테인먼트 소비 선택은 구성원과 타인 모두에게 강력한 상징적 메시지를 보낸다. 특히 공개적으로 볼 수 있는 소비 선택에 대해 다른 그룹에 대한 '상징적 경계'를 설정한다. 다른 사람들에게 영화를 보겠다고 말하거나 페이스북을 통해 노래를 '듣거나', 게임을 한다는

---

12) 〈스타 트렉〉은 진 로든베리(Gene Roddenberry)가 제작해 1964년부터 1969년까지 미국 NBC 방송에서 방송된 오리지널 시리즈로 이후 영화화와 프랜차이즈화까지 된 작품이다. 트레키스는 〈스타 트렉〉 프랜차이즈의 팬 또는 해당 프랜차이즈 내의 특정 TV 시리즈 또는 영화의 팬을 칭한다.

것을 알리면 특정 문화 집단에 속하거나 속하고 싶다는 메시지를 보내는 것이다. 본질적으로 문화는 종종 자신이 소중히 여기는 엔터테인먼트 상품, 무시하는 상품 및 경멸하는 상품을 통해 스스로를 정의한다. 엔터테인먼트의 신호 역할과 일치하여 이아논 등(Iannone et al., 2018)은 일련의 실험에서 소비자가 "일상생활의 문화적 순환에서 벗어났다"고 느끼고, 예를 들어 음악가, 영화 및 책에 대한 지식이 부족하다고 느낄 때 부정적인 심리적 결과를 경험한다는 것을 발견했다. 소비자는 인간의 기본적인 욕구에 대한 만족도가 낮다고 답했다. 즉, 더 단절되고, 자신에 대해 덜 좋으며, 사물을 제어하는 데 덜 만족한다고 느꼈다.

〈그림 3.8〉은 문화와 엔터테인먼트 상품 간의 연결이 실제로 상호적임을 보여 준다. 특정 영화, TV 쇼, 음악 등은 이러한 형태의 엔터테인먼트에 대한 선호도 개발인 '기호 가치(sign-value)'를 통해 한 집단의 문화를 규

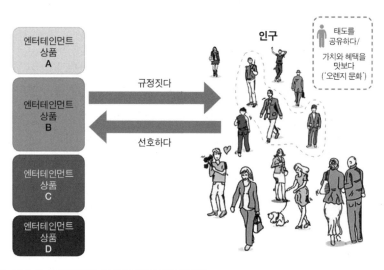

〈그림 3.8〉 문화에 대한 엔터테인먼트 상품의 역할

주: Studio Tense 그래픽 지원.

정하는 데 도움이 된다. 그 '기호 가치'는 그런 형태의 엔터테인먼트에 대한 선호도를 개발하는 것과 함께한다. 이러한 선호도가 문화 구성원이 문화적 가치에 부합하는 영화를 보고 음악을 듣는 미래의 엔터테인먼트 선택에 영향을 미친다.

엔터테인먼트 상품은 문화와 그것의 취향을 정의하고 강화할 수 있지만 문화의 취향에 도전할 수도 있다. 새로운 엔터테인먼트 경험에는 그룹의 새로운 수준의 판단이 필요하고 엔터테인먼트의 본질상 이러한 판단이 비교적 짧은 시간에 많이 필요하기 때문이다. 베르나르도 베르톨루치(Bernardo Bertolucci)의 〈파리에서의 마지막 탱고(Last Tango In Paris)〉는 진보적인 걸작인가 아니면 예술로 위장한 외설물인가? 그리고 클린트 이스트우드의 〈아메리칸 스나이퍼(American Sniper)〉는 반전(anti-war)영화인가 아니면 전쟁의 복잡성과 희생자를 경시하게 하는 우익 판타지인가? 이 감독들, 관련 스타들, 영화의 종류가 어떤 그룹에 중요하고 그러한 논란에 대한 공감대를 찾지 못하면 그 그룹의 존재조차 위협받을 수 있다.

1980년대에 급증했던 '펑크(punk)' 장면에 대한 반발로 성장한 젊은 독일 소비자 그룹의 (하위) 문화인 '팝퍼(poppers)'의 예를 생각해 보자. 팝퍼는 대부분 소비를 좋아하고 당시 유행했던 '반소비(anti-consumption)' 청소년 운동에 일종의 항의를 하는 순응주의자로 고급스러운 어린이였다. 다른 문화와 마찬가지로 팝퍼는 미적 정체성을 필요로 했다. 팝퍼 그룹은 영화 〈위험한 청춘〉에서 톰 크루즈(Tom Cruise)의 조엘 굿슨(Joel Goodson)과 같은 영화 캐릭터의 쾌락성에서 미적 정체성을 발견했다. 또한 록시 뮤직(Roxy Music)과 스팬다우 발레(Spandau Ballet)와 같은 밴드의 화려한 팝 음악에서도 발견했는데 이 밴드들의 브랜드나 드레스 스타일은 팝퍼에 큰 영향을 미쳤다. 그러나 톰 크루즈가 야심 찬 드라마(예: 〈레인맨〉 및 역사적인 반전 영화(〈7월 4일생(Born on the Fourth of July)〉))에 출연하여 주연하는 것과 같은 새로운 트렌드를 팝퍼의 엔터테인먼트 아이돌이 채택하면서 그 그룹은 일관성을 잃었고, 결국 멤버들이 다른 (하위) 문화에 합류하면서 해체되었다.

### 3) 문화적 특성의 경영상 의미

쾌락과 포만감 측면과 마찬가지로 엔터테인먼트 상품의 문화적 특성은 마케팅 및 관리 방식에 영향을 미친다. 특히 이 책의 다음 부분이 영향을 받는다.

※ 상품 결정

경영자는 엔터테인먼트 상품의 콘텐츠와 미학이 상품의 목표 시장을 구성하는 문화의 다른 구성원들과 어떻게 공감하는지 고려해야만 한다. 소비자의 경우 엔터테인먼트 상품의 문화적 적합성은 주로 상품의 장르와 콘텐츠 테마에 따라 결정된다. 여기에서 국가 간 문화적 차이가 강하기 때문에 글로벌 출시 전략을 계획할 때 엔터테인먼트의 세계시장에 대한 철저한 이해가 필요하다. 또한 문화를 규정하는 태도와 신념이 시간이 지남에 따라 일정하지 않지만 종종 정치적·사회적·경제적 사건에 따라 달라지고, 이에 따라 엔터테인먼트 상품에 상응하는 수요에 영향을 미친다는 점을 경영자들은 인식해야 한다. 결과적으로 엔터테인먼트 상품의 성공 가능성은 시대적 요인의 영향을 받을 수 있다. 상품의 잠재 고객을 구성하는 소비자 외에도 경영자는 소비자의 접근성을 결정하는 정부 및 기타 당국의 반응도 고려해야 한다. 〈홈프런트〉 게임과 같은 침략 이야기가 출처가 모호한 공격자들을 묘사하는 이유를 밝히는 것이다. 또한 엔터테인먼트의 문화적 특성은 연령 등급을 의미하므로 경영자는 이러한 등급과 등급을 유도하는 콘텐츠 요소가 잠재 고객을 제한하고 유치함으로써 상품의 성공 잠재력에 어떤 영향을 미치는지 알아야 한다.

**※ 커뮤니케이션 결정**

소비자에 대한 상징적 가치 때문에 엔터테인먼트 상품은 새로운 상품에 대한 기대의 근원이 되는 다양한 소비자 그룹에 대해 강한 개인적 공감을 가질 수 있다. 이러한 기대가 눈에 띄는 행동으로 표현되면 상품에 대한 엄청난 소비자의 버즈를 자극할 수 있다(〈스타워즈: 깨어난 포스〉를 둘러싼 열풍을 기억할 것이다!). 이러한 버즈가 어떻게 자기 강화 고리(self-enhancing loops)를 유발하고 더 많은 소비자를 끌어들이는지, 그리고 그러한 버즈를 자극하고 수확하기 위해 경영자가 해야 할 일에 대해 논의하고자 한다.

## 4. 엔터테인먼트 상품은 판단하기 어렵다

엔터테인먼트 상품을 돋보이게 만들고 특정 마케팅 및 관리 솔루션이 필요한 네 번째 소비자 측면 특성은 소비자가 품질을 판단할 때 직면하는 어려움이다. 이 섹션에서 논의할 바와 같이 이러한 어려움은 특히 새로운 엔터테인먼트 상품을 처음 사용하기 전에 두드러지지만 소비 행위 이후에도 지속된다. 그것은 강력한 이론적 기반을 가진 2가지 소스에 의해 공급된다. 즉, 엔터테인먼트 상품의 '경험재' 성격(소비자가 완전하지 않은 상품 지식을 가지고 선택해야 함을 의미한다)과 예술 작품으로서의 성격['기호(taste)' 문제로서의 예술에 대한 감상을 가지고]이다.

## 1) 엔터테인먼트의 경험재적 (및 유사 탐색) 성격

소비자에게 있어 엔터테인먼트 상품의 품질은 경험재적 특성으로 인해 소비 전에는 거의 관찰할 수 없다. 드 배니와 월스(De Vany and Walls, 1999: 288)는 "영화를 보기 전까지는 영화를 좋아하는 사람은 아무도 없다"라고 영화 엔터테인먼트의 맥락에서 너무 간결하게 표현했다. 이 책에서 논의하는 다른 모든 형태의 엔터테인먼트에 대해서도 마찬가지이다. 고객은 비디오 게임을 플레이할 때까지 비디오 게임을 좋아할지, 소설을 읽기 전까지는 소설을 좋아할지, 아니면 노래를 들을 때까지는 노래를 좋아할지 알 수 없다.

경제학자 넬슨(Nelson, 1970)은 '경험재'라는 개념을 도입하여 특정 상품의 경우 소비자가 상품을 체험함으로써 상품의 품질에 대해 얻을 수 있는 정보가 그/그녀가 소비 전 탐색을 통해 얻을 수 있는 상품의 품질에 대한 정보보다 훨씬 우월하다고 주장했다. 넬슨의 이론은 많은 상품의 경우 구매 전에 상품에 대한 철저하고 유익한 검사가 이뤄질 수 있음을 인식한다. 예를 들어 매장에서 드레스를 입어 보거나 자동차를 시운전하면 상품을 구매하기 전에 상품의 품질을 보다 정확하게 평가할 수 있다. 그리고 직접 시도하지 않아도 운전하기 전 차량의 색상과 디자인을 판단할 수 있다. 그러나 경험재의 경우 이러한 사전 구매 판단이 불가능하거나(예를 들어, 이발을 '시도'하기 어려움) 소비자가 금지한 비용을 발생시키는 경우에만 발생할 수 있다.

실제로 상품은 100% 검색 또는 100% 경험으로 분류될 가능성이 없지만 대신 비율이 다른 조합으로 구성된다(예: Ekelund et al., 1995). 따라서 분류를 이분법으로 생각하지 않고 소비자가 구매하기 전에 접근할 수 있는 품질 정보의 비율과 이후에만 결정할 수 있는 비율을 기반으로 상품을 배치할 수 있는 연속체로 간주하고자 한다. 상품을 구매하지 않고 고객이 품질(예: 자동차 색상, 의자 재질, 스마트폰 화면의 크기 및 해상도)을 판단할 수 있는 경우 상품 요소를 '탐색 속성'으로 지정하고 '경험 속성'은 평가를 위해 구매 후 경험해야 하는 상품의 측면이다(예: Hennig-Thurau et al., 2001).

그러나 왜 우리는 엔터테인먼트를 경험재(정확히 말하자면 경험 속성이 지배적)라고 부를까? 새로운 영화나 게임에 대한 비용을 지불하기 전에 정보에 입각한 판단을 내리는 데 사용할 수 있는 엔터테인먼트 상품에 대한 정보가 많지 않는가? 영화의 상영 시간, 블루레이의 보너스 기능, 표지 디자인 또는 영화 포스터에 대한 정보가 있다. 영화가 2D로 표시되는지 3D로 표시되는지, 게임에 멀티플레이어 모드가 있는지는 소비하기 전에도 명확하다. 그리고 영화의 장르, 배우, 감독, 프로듀서에 대한 정보와 그 중심 캐릭터(특히 속편 또는 각색인 경우)에 대한 정보가 있다. 심지어 인터넷에서 어떤 상품의 개발 예산에 대해 파악할 수도 있다! 그렇다면 왜 엔터테인먼트 상품은 탐색 상품이 아닌가?

이 질문에 대한 답은 3가지이다. 첫째, 엔터테인먼트 상품은 실제로 영화의 상영 시간, 보너스 기능 및 위 목록의 표지 디자인과 같은 일부 탐색 속성을 가지고 있다. 그러나 이러한 정보의 일부는 일반적으로 소비자의 전반적인 품질 판단에 있어서 중심적인 것은 아니다. 극소수의 사람들이 상영 시간 때문에 영화를 좋아하거나 커버 때문에 게임을 좋아하기도 한다. 탐색 속성이 있지만 그 정보의 가치는 그다지 대단하지 않다.

둘째, 일부 다른 탐색 속성은 엔터테인먼트 상품의 기술적 측면(예: 3D 프레젠테이션, 인기 있는 전자책 리더기의 가용성 또는 멀티플레이어 모드)을 나타낸다. 이러한 객관적인 기능들은 소비자에게 중요할 수 있지만 그것들은 보통 성격상 일반적이다. 그것들은 단일 특정 상품이라기보다는 상품들의 유형을 설명한다. 따라서 소비자의 상품 특화적 품질 판단을 보완하는 것처럼 보이지만 이를 형성하지는 않는다. 영화가 3D로 표시되기 때문에 보는 사람은 거의 없다. 대신 2D 버전보다 영화의 3D 버전을 보는 것을 선호할 수 있다(또는 그 반대).

세 번째이자 가장 중요한, 위에서 언급한 다른 객관적인 속성(예: 아티스트, 속편, 예산)은 소비자가 엔터테인먼트 상품을 좋아할 이유가 아니다. 대신 이러한 속성은 상품 품질의 신호 역할을 한다. 소비자는 이러한 신호를 사용하여(다른 엔터테인먼트 상품에 대한 이전 경험을 기반으로) 소비 전에 추론하지만 소비 후 최종적인 품질의 판단은 이러한 초기 추론에 의존하지 않는다. 조니 뎁(Johnny Depp)과 같은 영화배우의 예를 들어 보자. 소비자는 뎁이 출연하는 영화를 좋아할지 확신할 수 없지만(모든 사람이 자신이 좋아하는 스타가 나오는 영화를 하나 이상 싫어했거나 사랑하는 가수가 부른 노래를 경멸했다), 그들이 뎁의 참여로부터 유추할 수 있고, 또한 뎁이 출연한 다른 영화와 관련해 맺어진 사람들과의 개인적 인연의 역사에서 추론할 수 있는 것은 이 새로운 영화는 그들에게 비슷한 수준의 호소력을 갖게 될 것이라는 점이다(그리고 그에 따라 티켓 구매 결정을 내리게 된다).

우리는 이러한 신호 '유사 탐색 속성(quasi-search attribute)'(Hennig-Thurau et al., 2001)을 만들었다. 그들이 고품질을 생산하는 정도는 소비자가 선험적으로 알 수 없지만('진정한' 탐색 속성이 있는 경우와는 달리) 소비자가 그 속성이 소비자의 쾌락 수준에 어떻게 영향을 미칠 수 있는지에 대한 가정을 할 수 있는 근거를 제공한다. 조니 뎁의 영화를 좋아하는 사람이 이 배우가 출연한 새 영화에 대해 듣게 되면, 그/그녀는 이전의 뎁의 영화에 대한 자신의 경험을 통해 이 새 영화가 원하는 혜택을 줄 것이라고 추론할 수 있다. [13]

---

13) 특정 유사 탐색 속성이 일부 소비자에게 '진정한' 탐색 품질로 기능하는 특정 집합이 있음에 유의하라. 조니 뎁의 경우, 특히 열성적인 팬은 영화에 대한 조니 뎁의 공헌이 아

그러나 이러한 추론은 소비자가 결국 새 영화를 좋아할 것이라고 보장하지 않는다. '유사 탐색 속성'은 단지 신호일 뿐이며 상품이 전송하는 다른 모든 신호와 마찬가지로 그것들에 기초한 소비자의 추론은 잘못될 수 있다(자주 잘못된다). 고객의 기대치를 점화하는 것 외에 유사 탐색 속성은 소비자의 소비 기반 품질에 있어서 소비를 경험하는 중일 때와 경험 후의 판단에 영향을 미치지 않는다. 또한 단일 유사 탐색 속성의 추론적 특성은 소비자가 쾌락적인 엔터테인먼트 상품을 판단하는 전체적인 방식에서 조정된다. 앞서 논의한 바와 같이 소비자는 개인의 특성(예: 조니 뎁의 참여) 때문에 영화나 책을 거의 좋아하는 것이 아니라 전체적 소비 경험 때문에 좋아하게 된다.

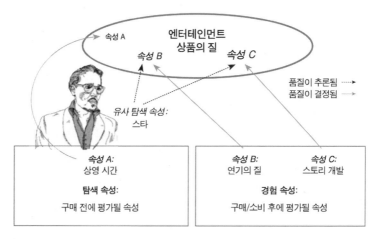

〈그림 3.9〉 엔터테인먼트 상품의 탐색, 경험 및 유사 탐색 속성

주: Studio Tense 그래픽 지원.

---

니라 단순히 조니 뎁을 보기 위해 영화를 보러 가고, 그/그녀가 미리 얻을 것을 알 정도로 매력적일 수 있다.

요약하면 경험 속성이 엔터테인먼트 상품에 대한 소비자의 품질 판단을 지배하며, 반면 탐색 속성은 제한된 역할만 수행한다. 유사 탐색 속성은 소비자가 경험 속성을 구매 및 소비 전에 신상품의 품질에 대해 더 나은 판단을 내리는 데 사용할 수 있는 정보로 변환하는 데 사용하는 수단이다. 그것들을 생각하는 좋은 방법은 경험 속성에 대한 대리물이다. 〈그림 3.9〉는 엔터테인먼트 상품의 다양한 속성 유형을 보여 준다. 새 영화의 상영 시간은 미리 결정할 수 있으므로 탐색 속성 역할을 하지만 〈그림 3.9〉의 '속성 A'처럼 전체적으로는 미미한 역할만 한다. 대조적으로 연기와 이야기의 질은 전반적인 질적 판단에 더 중요하지만 소비자가 실제로 영화를 볼 것을 요구한다. 따라서 이들은 경험 속성이다. 알려진 영화배우는 소비 전에 이러한 품질 측면에 대한 대리물을 제공하고 소비자는 이전 경험과 연관성을 기반으로 해서 이 유사 탐색 속성의 추론을 생성한다.

## 2) 엔터테인먼트 선택은 취향에 달려 있다

### (1) 취향 판단의 어려움

그러나 소비자가 엔터테인먼트 상품의 품질을 판단할 때 겪는 어려움을 이해하는 데 있어 경험적 특성이 전부가 아니다. 대신, 경험 품질을 판단하는 것은 다른 경험 상품보다 엔터테인먼트 상품에 대해 훨씬 더 미묘하다. 그 이유는 엔터테인먼트의 문화적 특성이 의미하는 것은 상품의 미적 및 예술적 측면이 평가에 핵심 역할을 한다는 것이다. 소비자가 엔터테인먼트 경험을 통해 얻는 혜택은 본질적으로 소비자의 취향에 달려 있다. 그리고 취향 판단은 항상 악명 높은 수준의 주관성을 수반한다. 왜냐하면 결국 "아름다움은 보는 사람의 눈에 달려 있다". 취향 판단은 주관적이고 전체적이기 때문에 소비자가 새로운 엔터테인먼트 상품을 경험할 때마다 처음부터 생성되어야 하며 단순한 어림짐작이나 공식 규칙으로 판단할 수 없다. 라디오에서 방금 들은 노래가 정말 마음에 드는가? 그리고 얼마나? 그리고 왜 정확히? 친구와 우리의 취향을 정당화하는 것은 엄청난 도전이 될 수 있다.

이러한 취향을 둘러싼 불확실성은 엔터테인먼트 상품의 품질에 대한 소비자의 판단이 '예술적 우수성'이라는 외부 표준의 영향을 받기 때문에 증가한다. 이러한 표준은 시간이 지남에 따라 문화적 및 미적 기준의 형태로 발전했다. 그들은 미디어 이론가 및 철학자와 같은 전문가에 의해 정의되었다. 이러한 우수성의 예술적 기준에 대한 지식은 소비자마다 크게 다르지만 엔터테인먼트 상품의 예술성은 소비자가 필요한 전문 지식이 부족하더라도 취향을 판단하게 만든다.

소설이 '진정한 고전'이라는 말을 듣고 읽은 소비자는 취향과 관련된 사전 지식이 없이 가졌던 것보다 더 높게 책의 품질을 평가할 것이다. 우리가 읽고, 보고, 재생하고, 듣는 것이 고품질인지 확실하지 않더라도 우리의 품질 인식은 상품이 가지고 있다고 가정하는 예술적 우수성에 영향을 받는다. 이러한 인식은 즐거운 경험이나 소비 즐기기에 약간의 영향을 미친다. 학자들은 취향의 '객관적인' 측면과 주관적이고 개인적인 측면의 공존을 강조해 왔다. 예를 들어, 제나티(Zenatti, 1994: 177)는 취향을 작품의 "[예술적] 가치에 대한 평가로 그리고 [그것이] 상대방을 기쁘게 하거나 불쾌하게 한다는 인식으로 정의한다. [취향은… 주로 작업에 부여된 [예술적] 가치 또는 개인적인 즐거움에 관한 판단으로 표현된다".

## (2) 결국 소비자는 취향을 가지고 있을까?

소비자의 취향 판단과 이러한 판단에 대한 불확실성을 이해하는 데 초점을 맞춘 질문은 '평범한 사람들'이 실제로 취향을 어느 정도나 가지고 있는지를 결정하는 것이다. 2007년 1월 워싱턴 DC에서 진행된 문화 실험부터 살펴보자. 아름다움이 "초월할 것인가"(Weingarten, 2007)에 대한 답을 찾기 위해서 다음과 같은 실험을 했다. 도시의 주요 교통 허브에서 45분 동안 아침 출퇴근 시간에 청바지, 티셔츠, 야구 모자 복장의 평범한 남자가 바이올린으로 6개의 클래식 곡을 연주했다. 시크릿 바이올리니스트는 세계에서 가장 유명한 클래식 음악가 중 한 명인 조슈아 벨(Joshua Bell)이며, 그가 슈베르트(Franz Peter Schubert)의 「아베 마리아(Ave Maria)」와 같이 이제껏 작곡된 가장 훌륭한 곡 몇 개를 350만 달러 상당의 스트라디바리(Stradivari) 바이올린으로 연주했다. 지나가는 1000명 이상의 사람들 중 단 7명만이 이 예술적 탁월함을 1분 이상 멈춰 듣고, 27명이 돈을 주었다. 군중은 없었다. 분명히 조슈아 벨의 공연의 아름다움은 적어도 이 특정 환경에서는 그의 거리 복장을 넘어서지 못했다.[14]

엔터테인먼트 사이언스 학자들도 동일한 질문을 보다 체계적인 방식으로 다뤘다. 그들의 일반화는 사람들의 취향에 대해 다소 차별화된 그림을 그린다. 대부분의 경험적 조사는 전문가와 일반 소비자 사이에 취향 차이가 있음을 확인하지만 어느 정도만 그렇다. 이 주제에 대한 중요한 연구는 게첼스와 칙센트미하이(Getzels and Csíkszentmihályi, 1969)가 소규모 전문가 그룹(예술가 및 미술 강사)과 비전문가(수학과 및 경영학과 학생)가 31개의 그림의 미적 가치를 어떻게 평가할 것인지를 비교했던 거의 반세기 전으로 거슬러 올라간다. 두 전문가 그룹의 판단은 비전문가 그룹의 판단과 마찬가지로 높은 상관관계(r=0.73)를 보였다. 그러나 전문가를 비전문가와 비교할 때 판

---

14) ≪워싱턴포스트(Washington Post)≫에 실린 바인가르텐(Weingarten, 2007)의 실험 보도는 실험 자체만큼이나 매력적이다. 이 책은 많은 수상작을 언급하고 있지만, 퓰리처 상을 수상한 것은 아마도 우리의 참고 목록에서 유일한 항목일 것이다. https://goo.gl/MmwRBi에서 조슈아 벨의 공연을 타임 랩스 버전으로 볼 수도 있다.

단 사이의 겹침은 여전히 0과 긍정과는 분명히 다르지만 상당히 낮았다(상관관계 범위는 0.11~0.43).

그들의 연구 결과는 방법론적 차이에도 불구하고 책의 주요 엔터테인먼트 상품에 중점을 둔 미래의 조사를 예고했다. 예를 들어 원더러(Wanderer, 1970)는 최대 9명의 전문 비평가와 보고되지 않은 수의 소비자 연합 회원('보통 관객')이 1947년과 1968년 사이에 컨슈머 리포트(Consumer Reports)에 게시된 영화 5644개에 대해 각각 평가한 등급을 비교했다. 영화 등급을 '동등'(두 그룹 모두 10점 척도에서 동일하게 영화를 평가한 경우) 또는 '다름'으로 분류하면서 원더러는 '동등' 영화가 개별 연도의 27~71% 범위에서 전체 평균이 53%임을 확인했다. 이와는 별도로 상을 받거나 최우수 영화 목록에 포함된 높은 미적 품질을 인정받은 1986년 이전의 영화 1000편의 샘플에 대해 영화 가이드(전문가 측정) 6명과 유료 TV 채널 HBO(일반 소비자 측정) 가입자[15]에 의한 평가에서 홀브룩(Holbrook, 1999)은 유의미하지만 제한적인 0.25의 상관관계를 보고했다.

흥미롭게도 그는 2000년에 미국에서 개봉한 영화 219편의 2차 데이터를 사용하여 전문가와 소비자의 취향을 비교했을 때 0.84라는 훨씬 더 강한 상관관계를 발견했다(Holbrook, 2005). 왜 그럴까? 그 결과는 취향 차이를 반증하기보다는 서로 다른 소비자 그룹 간에 실질적인 이질성이 존재한다는 점을 지적했다. 일반 HBO 가입자 대신 홀브룩은 이번에 IMDb 사용자를 평가자로 사용했다. '마니아' 경향의 소비자는 '일반' 소비자보다 훨씬 더 높은 평균적 참여도와 전문성을 가졌다. 이런 취향의 이질성에 대한 보다 체계적인 증거는 드베네데티와 라르세뉴(Debenedetti and Larcenieux,

---

15) 제곱 상관계수가 두 등급의 공유 분산과 같으므로 전문 비평가의 평가는 일반 소비자의 선호도의 6%에 불과하며 홀브룩의 연구에서는 그 반대의 경우도 마찬가지이다.

2011)가 제공한다. 드베네데티와 라르세뉴는 전문가(전문 비평가)와 일반 영화 관람객(출구 설문 조사를 통해 조사됨) 및 IMDb에 비교할 만한 프랑스 영화 사이트 알로씨네(allocine.fr) 사용자 간의 상관관계를 계산한다. 2005년부터 2009년까지 프랑스에서 개봉된 인기 영화 622개에 대한 전문가 및 영화 관람객의 평가는 0.19의 작은 값(홀브룩의 1999년 연구와 잘 비교된다)의 상관관계가 있는 반면, 전문가와 영화 사이트 사용자 간의 상관관계는 2.5배 높다(r=0.49). 홀브룩의 2005년 연구 결과에 더 가깝다. 흥미롭게도 전문가와 영화 사이트 사용자 간의 겹침은 두 고객 그룹(상관관계 0.40) 사이에서 훨씬 높다. 따라서 취향은 단지 직업에 의해서만 결정되는 것이 아니다.

이러한 결과를 염두에 두고 취향의 차이를 살펴보는 것을 거부할 수 없었다. 〈표 3.1〉에는 전문 리뷰어, IMDb 사용자, 개봉일 야간 영화 관람객, 국제 영화/시리즈 스트리밍 서비스('주문형 구독 비디오' 또는 SVOD) 가입자 등 4개 그룹의 영화 등급 간의 상관관계가 나열되어 있다. 10개 장르를 대표하는 영화 200편(장르당 20편)의 무작위 샘플에 대해 그룹의 품질 판단을 분석했다.[16] 연구 결과는 이전 연구의 결과를 확인한 반면, 서로 다른 그룹 간의 상관관계는 모두 통계적으로 유의하다(즉, 0보다 높다). 그들은 또한 완전한 겹침과는 거리가 멀고, 그룹 간의 평균 상관관계는 0.56(공유 분산 또는 $R^2$가 약 30%)에 불과하다.

그룹 취향의 가장 큰 차이는 전문 리뷰어와 '일반' 관객(개봉 야간 영화 관람객과 SVOD 구독자 모두에 의해 포착된다) 사이에 존재하는 반면, 우리는 또한 전문 리뷰어와 비슷한 취향을 가진 영화 '열성 팬'을 찾았다. 한 가지 신선한 통찰은 상품 유형에 따라 취향 기준이 다르다는 사실을 발견했다는 것이다. 일부 장르에서는 등급이 상당히 동질적인 반면(예: SF/판타지의 평균 상관관계는 인

---

16) 장르는 액션, 코미디, 드라마, 공포, 독립, 국제, 로맨스, SF/판타지, 스포츠, 스릴러였다.

<표 3.1> 4개 다른 그룹별 영화 품질 등급 간의 상관관계

| | 개봉일 야간 영화 관람객 | SVOD 구독자 | IMDb 이용자 | 전문 비평가 |
|---|---|---|---|---|
| 개봉일 야간 영화 관람객 | 1 | | | |
| SVOD 구독자 | .66 | 1 | | |
| IMDb 이용자 | .45 | .71 | 1 | |
| 전문 비평가 | .34 | .43 | .74 | 1 |

주: 개봉일 야간 등급은 북미에서 널리 개봉된 영화에만 사용할 수 있었기 때문에 이 변수에 대한 상관관계는 180편의 영화 등급만을 기준으로 했다. 모든 등급을 숫자 점수로 변환했다.
자료: Metacritic(전문 리뷰용), CinemaScore(개봉일 야간 영화 관람객 등급용), IMDb에서 발표한 데이터를 참조.

상적인 0.81이다) 취향 판단은 다른 그룹에 따라 상당히 다양했다. 예를 들어 독립영화의 경우 평균 상관관계는 0.34에 불과했다.

그리고 다른 엔터테인먼트 상품에 대한 취향은 어떤가? 음악적 취향에 대한 연구에서 홀브룩 등(Holbrook et al., 2006)은 재즈/팝송 「마이 퍼니 발렌타인(My Funny Valentine)」의 200개의 음악 변형에 대한 전문가(음악 교수 및 대학원생)와 일반 소비자(비 음악 대학 학생)의 평가를 비교했다., 노래 버전의 '미적 우수성'에 대한 전문가의 판단(작가가 '예술적 창의성과 기술적 정확성'으로 정의)과 소비자의 '우수성 판단'은 대부분의 영화 연구에서보다 다소 더 강력하지만 여전히 완벽하지는 않았다(r=0.55). 그러나 홀브룩 등의 결과는 또한 다른 것에 대한 증거를 제공한다. 소비자로서 우리에게 '위대한 예술'이라는 인식이 부분적으로만 큰 개인적 즐거움(2개의 상관관계 0.59)으로 해석된다. 우리는 엔터테인먼트 상품 품질에 관한 II권 1장에서 품질 판단과 엔터테인먼트 상품의 재정적 성공 사이의 연관성을 논의할 때 이것(및 그 경영상 결과)으로 돌아갈 것이다.

## (3) 취향의 차이는 어디에서 비롯될까?

왜 그런 취향의 차이가 있을까? 연구에 따르면 사람의 취향을 결정하는 요인은 '문화 자본', 연령, 국가 문화 3가지이다. 소비자의 취향을 형성하는 데 있어 각각의 역할에 대해 간략히 살펴보자.

### ※ 문화 자본

'문화 자본'의 개념은 프랑스 사회학자 피에르 부르디외(Pierre Bourdieu)(예: Bourdieu, 2002)가 소개했는데 경제 자본(금융 자원) 및 사회적 자본(관계, 제휴 및 네트워크)을 더해 사회에서 개인의 지위를 결정하는 3가지 자원 중 하나이다. 문화 자본은 예술뿐만 아니라 정치, 교육 등과 관련된 "사회적으로 희소하고 독특한 취향, 기술, 지식 및 관행의 집합"(Holt, 1998)으로 구성된다. 이 문화 자본은 갤러리 방문이나 예술 작품 소유를 통해서뿐만 아니라 엔터테인먼트, 스포츠 및 기타 생활 부분에서의 소비 활동으로 행해진다.

부르디외에 따르면 소비자의 '사회적 환경'은 그/그녀의 문화적 자본 수준에 매우 중요하다. 소비자의 문화적 기술과 자원을 전달하고 지속적으로 개선하는 것은 양육, 공적 교육 및 사회화이다(예: Holt, 1998). 즉, 문화적 기술은 부모와 교사가 가르치는데, 소비자 자신의 교육 및 타인과의 상호작용 외에도 주로 부모의 교육 및 직업의 함수이다.[17]

따라서 소비자가 소유한 문화 자본의 수준은 엔터테인먼트 상품에 내장된 '본질적인 우수성'을 해독하고 소비자가 그러한 엔터테인먼트를 즐기는 정도를 변경할 수 있는 능력을 결정한다. 1005명의 이스라엘 소비자를 대상으로 야이시와 카츠-게로(Yaish and Katz-Gerro, 2010)는 요인 분석을 사

---

17) 홀트(Holt, 1998: 23)는 또한 본질적으로 소비자와 부모의 교육과 직업에 가중치를 주는 문화 자본의 실용적인 척도를 제안한다.

용해 다양한 형태의 엔터테인먼트를 '고급(high-brow)' vs. '대중적[주류(main-stream)]' 상품으로 분류했다. 그런 다음 학자들은 이러한 종류의 상품에 대한 소비자의 선호도(즉, 소비자의 엔터테인먼트 취향)가 각자의 문화 자본에 따라 다르다는 증거(구조 방정식 모델링을 통해)를 제공했다. 예를 들어, '고급' 취향은 소비자의 교육뿐만 아니라 그/그녀의 부모의 '고급' 선택 소비의 영향을 받았다.

로셀과 브롬버거(Rössel and Bromberger, 2009)는 독일 소비자 590명의 영화 관련 취향에 대해 유사한 결과를 찾았다. 회귀 결과는 '높은' 문화적 취향('아트 하우스' 영화에 대한 소비자의 선호도에 의해 표현된)이 아버지의 교육 수준과 긍정적인 관련이 있음을 보여 준다. 그리고 독일 소비자 1860명의 예를 들면 사람들이 〈브레이킹 배드(Breaking Bad)〉와 〈매드 맨(Mad Men)〉과 같은 새로운 '고품질' 드라마 시리즈를 시청하는 정도가 더 높은 수준의 '문화 자본'과 연결될 수 있음을 보여 주었다(Pähler vor der Holte and Hennig-Thurau, 2016).

이러한 모든 연구는 소비자를 각각 고유한 취향을 가진 2가지 일반 그룹으로 암시적으로 할당하는 반면['저급(low-brow)' 장르를 선호하는 낮은 문화 자본 소비자 vs. '고급' 장르만 선호하는 '엘리트' 소비자], 학자들은 또한 소위 '문화 잡식성(cultural omnivores)' 부류라는 세 번째 그룹의 존재를 지적했다. 이들은 높은 수준의 문화 자본을 보유하면서도 동시에 더 다양한 장르와 상품을 경험할 수 있는 소비자(예: Petersen and Kern, 1996)이다. 이와 관련하여 우리는 방법론과 데이터 세트를 조합하여 엔터테인먼트 상품의 예술적 우수성의 부족이 때때로 높은 문화 자본 소비자가 상품을 즐기는 바로 그 이유가 될 수 있다는 증거를 발견했다. 예를 들어 '미디어 쓰레기'를 좋아하는 소비자는 처음부터 상품의 품질이 낮은 것으로 분류되는 사회적 규범에 도전할 수 있게 한다(예: Bohnenkamp et al., 2012).

※ 소비자 연령

취향을 이해하기 위해 소비자 연령의 역할을 연구한 별도의 취향 연구 흐름이 있다. 여기서 핵심적인 발견은 소비자가 자신의 취향이 결정되는 동안 '감동할 수 있는 해(impressionable years)'(Peltoniemi, 2015: 44)를 가지고 있다는 것이다. 특히 홀브룩과 쉰들러(Holbrook and Schindler, 1989)는 삶의 여러 시점에서 들었던 음악 녹음에 대한 소비자 108명의 선호도를 분석한 결과 역U자 패턴을 따르는 것을 확인했다. 우리는 이십 대 초반에 인기를 끌었던 노래를 가장 좋아한다(〈그림 3.10〉의 패널 A).

얀센 등(Janssen et al., 2007)은 2161명의 (국제) 소비자 샘플에게 음악, 책, 영화의 3가지 엔터테인먼트 카테고리에서 좋아하는 이름을 지정하도록 요청하여 이러한 통찰력을 확장했다. 그들은 또한 역U자와 유사한 패턴을 발견했으며, 세 가지 상품 범주 모두에서 가장 선호하는 것은 소비자가 16세에서 20세 사이였던 시기에서 비롯되었다(〈그림 3.10〉의 패널 B). 곡선의 패

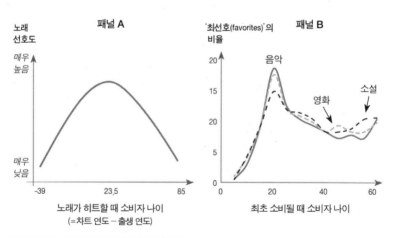

〈그림 3.10〉 소비자 연령의 함수로서의 취향

자료: 패널 A는 Holbrook and Schindler(1989) 참조. 패널 B는 Janssen et al.(2007) 참조.

턴은 여러 엔터테인먼트 상품에서 매우 유사하며, 노년에 읽은 소설은 노래나 영화보다 우리에게 약간 더 강한 영향을 미치는 경향이 있다(그래서 만약 당신이 마이클 잭슨의 음악이 최고라는 저자 토르스텐 헤니그-투라우의 말에 동의한다면, 우리는 당신이 몇 살인지 알 수 있다).

이러한 연구 결과에 대한 잠재적인 심리학적 설명은 '회상 범프(reminiscence bump)' 효과이다. 이는 우리가 특정 연령에 도달하면 초기 기억을 가장 쉽게 기억한다는 것을 의미한다. 이러한 기억은 종종 더 생생한 최초의 사건을 대표하고, 우리 뇌의 '장기 저장'(Jansari and Parkin, 1989)에서 더 쉽게 기억을 복구할 수 있기 때문이다. 이러한 회상 기반 효과는 상황이 옛날 '그때' 더 좋았다는 일부 소비자의 믿음에 의해 더욱 높아질 수 있다. 따라서 그들은 현대의 엔터테인먼트 제공에 대해 할인하는데 이는 홀브룩(Holbrook, 1993)이 '향수 경향성(nostalgia proneness)'이라고 한 소비자 특성이다. 그의 연구 결과는 170명의 경영학과 학생 샘플을 기반으로 한 주성분 분석 결과 영화의 경우 이러한 향수의 특성이 더 부드러운 영화에 대한 선호도와 함께하는 반면 폭력적인 콘텐츠는 향수에 높은 점수를 준 사람들에 의해 평가 절하되는 것을 보여 준다.

### ※ 국가 문화

마지막으로, 취향은 소비자가 사는 국가를 특징짓는 문화의 영향을 받는 것으로 나타났다. 국가는 지속적이고 종종 평생 사회화 과정의 일부로 평가되어야 할 것(그리고 그렇지 않은 것)의 가치를 구성원들에게 전달한다. 엔터테인먼트 상품의 문화적 특성으로 인해 엔터테인먼트에 대한 품질 인식이 국가 문화에 내재되어 있다고 주장할 수 있다.

회귀분석을 이용하여 특정 국가의 영화에 익숙한 '문화적 요소'를 사용한 영화에 초점을 맞춰 25개국 260편의 영화(2007~2008년 미국에서 개봉한 영화)에 대한 소비자 평가를 분석했다. 예를 들어 중국에서는 무술이 친숙하지만 독일에서는 그다지 덜하다. 그 결과 영화와 관객 사이의 이러한 '문화적 일치'가 소비자가 영화를 좋아하는지 여부에 영향을 미치는 것으로 나타났다(Song et al., 2018). 우리는 IMDb에 대한 소비자 리뷰를 수집하여 문화 특화적 요소를 구별하고 각 영화에 대한 '문화 점수'를 계산한 결과 IMDb의 10점 척도에서 영화의 문화 콘텐츠와 해당 지역의 문화 간 일치도가 1 표준편차(standard deviation)로 증가하면 영화의 품질 등급이 0.5점 더 높아진다는 사실을 발견했다.

또한 독립영화의 경우와 같이 문화 콘텐츠가 더 중심적인 역할을 하는 상품인 '문화가 실린(culturally loaded)' 상품의 경우 이 효과가 훨씬 더 높다는 것을 알게 되었다. 따라서 삶의 다른 부분과 같이 엔터테인먼트도 마찬가지이다. 우리는 좋다고 배운 것을 좋아한다.[18]

### 3) 엔터테인먼트 판단의 어려움으로 인한 경영상 의미

이 섹션에서는 엔터테인먼트 상품의 품질이 2가지 이유로 소비자에게 판단하기가 매우 어렵다는 것을 보여 주었다. 엔터테인먼트 상품에는 탐색 속성이 없고 특정 기술을 인식하고 가치를 부여하는 데 필요한 비활성화된 예술적 우수성이 포함되어 있기 때문이다. 이러한 판단의 어려움은 우리가 이 책에서 다루고 있는 엔터테인먼트 마케팅 및 경영에 많은 의미를 가지고 있다.

---

18) 국가 문화의 취향 형성 역할은 장르와 같은 엔터테인먼트 요소 및 형식에 대한 선호도에도 영향을 미친다.

## ※ 상품 결정

엔터테인먼트 상품의 '경험재' 특성의 초점은 엔터테인먼트 상품에 시간과 비용을 소비할지 여부에 대한 소비자의 결정이 심각한 위험을 수반한다는 것이다. 이러한 위험을 극복하기 위해 엔터테인먼트 제작자는 소비자의 불확실성 인식을 낮추는 강력한 전략을 마련해야 한다. 상품 결정의 맥락에서 기업은 불확실성을 줄이기 위해 고객에게 충분히 유용한 '단서'를 소비자에게 제공해야 한다. 경영자는 '브랜드가 없는' 속성(예: 소설 장르 또는 영화의 원산지)부터 엔터테인먼트 경영자가 사용할 수 있는 다양한 브랜드(유명 아티스트 및 제작자 포함)에 이르기까지 다양한 상품 속성의 신호 능력을 이해해야 한다. 브랜드가 없는 지표와 브랜드가 있는 지표는 모두 유사 탐색 속성으로 소비자가 사용할 수 있다. 그러나 엔터테인먼트 상품의 예술적 특성으로 인해 소비자가 경험했을 때 무엇을 좋아하는지 이해하는 것은 사소한 일이 아니다. 엔터테인먼트 상품 결정에 관한 4개 장 중 첫 번째 장에서 엔터테인먼트 사이언스 학자들이 엔터테인먼트의 경험 품질에 대해 발견한 내용을 논의한다.

## ※ 커뮤니케이션 결정

구매 전 엔터테인먼트 상품의 품질에 대한 소비자 고유의 불확실성은 관리자의 출시 전 커뮤니케이션 활동에 특히 중요하다. 새로운 엔터테인먼트 상품이 널리 출시되려면 이러한 커뮤니케이션이 잠재 고객에게 설득력 있는 주장을 제공해야 한다. 예고편, 베타 버전, 미리보기 챕터 및 노래 미리듣기와 같은 샘플은 불확실성 장벽을 극복하는 데 도움이 될 수 있지만 비용은 얼마일까? 샘플이 소비 경험 자체를 망칠 수 있을까? 구매 전 불확실성은 또한 모든 종류의 '언드(평가형)' 미디어의 중요성을 지적한다. 엔터테인먼트 소비자는 회사의 유료 광고에 노출될 뿐만 아니라 일반적으로 경영자가 구매하지 않고 품질로 얻은 새로운 엔터테인먼트 상품에 대한 많은 정보에 접근할 수 있다. 이러한 '평가형' 미디어에는 '취향 전문가'의 전문 리뷰, 이미 상품을 소비한 다른 소비자의 입소문, 심지어 '성공이 성공을 부르는' 타인 의견 추종(케스케이드)(베스트셀러 차트 및 그와 비슷한 품질의 '사회적 증거'를 제공하는)을 포함한다. 동시에, 엔터테인먼트의 예술적 본질은 그러한(비개인적인) 정보의 힘을 다소 제한한다. 왜냐하면 우리는 취향이 특이한 요소를 포함한다는 것을 보여 주었기 때문이다. 여기에서 자동화된 추천 시스템이 큰 기반의 다른 소비자로부터 개별 소비자의 '취향 이웃(taste neighbors)'을 찾을 때 큰 가능성을 보여 준다.


## 5. 엔터테인먼트 상품은 창의적인 상품이다

> 비즈니스로서 영화의 문제점은 예술이라는 것이고, 예술로서 영화의 문제점은 비즈니스라는 것이다.
> ─ 작가 가슨 카닌(Garson Kanin)의 (것으로 여겨지는) 할리우드 속담


이제 엔터테인먼트의 생산자 즉, 제작자 측 특성을 살펴보고 엔터테인먼트 상품의 창의적 특성에 대한 탐사를 시작하고자 한다. 소비자를 위한 매력적인 상품을 성공적으로 제작하기 위해 제작자는 쾌락적이고 심미적인 특성으로부터 포만감 경향에 이르기까지 엔터테인먼트의 소비자 측면 특성을 파악해야 한다. 이를 위해서는 제작자가 2가지 '특징(hallmark)' 차원의 창의성(creativity)을 갖춘 '창의적인' 콘텐츠를 제공해야 한다(Amabile, 1983).

- 창의적인 상품이 새롭고 놀랍거나 충격적이어야 하는 '독창성' 차원
- '가치' 또는 '적절성' 차원: 창의성이 특정 목표 또는 목적(예: '흥미로운 새

스릴러 영화' 개발)과 연결되어 있다는 아이디어 표현(예: Runco and Charles, 1993).

소비자가 '상상력', '아름다운', '감동적'과 같이 훌륭한 엔터테인먼트 상품을 설명하는 데 사용하는 많은 용어는 상품에 존재하는 독창성과 적절성을 모두 요구한다.

이러한 요구 사항을 충족하는 창의적인 상품을 개발하려면 올바른 예술적 본능을 가진 특정 유형의 사람이 필요하다. 소설가, 배우, 감독과 같은 '크리에이티브'는 다른 산업(예: 소비재, B2B 기술)에서 신상품을 개발하는 직원이 보유한 유형의 창의성과는 다른 예술적 창의성을 가지고 있다. 특히, 새로운 엔터테인먼트 상품 제작에 관여하는 사람들은 확실히 근본적인 '창의성 관련 기술'(예: 과제나 미적 기술에 직면할 때 응답 옵션을 열어 두는 것) 및 독특한 과제 동기부여를 가지고 있어야 한다(Amabile, 1983). 그러나 그들은 또한 이러한 일반적인 창의성을 예술가의 영혼, 눈 및/또는 귀와 결합해야 한다(즉, 아래에서 논의하는 '예술적 논리').

필요한 기술은 우리 대부분에게서 찾아볼 수 없는 특정 인격 특성과 밀접한 관련이 있다. 즉, 생각함에 있어서 순응할 필요성의 부족, 높은 수준의 독립성, 사회적 동의에 영향을 받지 않음, 상상력으로 사고할 수 있는 능력이다(Bryant and Throsby, 2006). 또한 창의적인 작업에 필수적인 작업 동기는 상품의 개발을 외적인 목표에 대한 수단으로 보는 대신 엔터테인먼트 상품 자체에 대한 본질적인 관심을 의미한다(Amabile, 1983).

창의적인 상품을 보다 분석적인 창작물과 차별화하는 것은 창의성의 '인간적 측면'이다. 이는 엔터테인먼트 상품의 3가지 특정 속성(Caves, 2006)인 '예술을 위한 예술(art-for-art's sake)' 속성, '각양각색(motley crew)' 속성 및 '무한한 다양성(infinite variety)' 속성에 반영된다.

## 1) 엔터테인먼트의 '예술을 위한 예술' 속성

정장이 형편없네.

— TV 시리즈 〈앙투라지(Entourage)〉의 캐릭터인 영화감독 빌리 월시(Billy Walsh)가 착용한 티셔츠에

적힌 글귀

리들리 스콧(Ridley Scott)의 영화 〈블레이드 러너(Blade Runner)〉(1982)가 개봉되었을 당시인 1980년대 초에 영화를 봤다면 영화 스타 해리슨 포드(Harrison Ford)가 전달한 둔한 음성에 깜짝 놀란 기억이 있을 것이다. 그의 목소리는 현재 매체의 가장 위대한 예술적 업적 가운데 하나로 간주되는 이 영화를 거의 망칠 뻔했다. 대체 무슨 일이 벌어진 것인가? 자금을 제공하는 스튜디오인 워너 브라더스(Warner Bros)는 이 영화가 잠재 관객에게 이해가 안 될 것을 걱정하여 음성 해설(voice-over)을 추가하라고 지시했다. 포드는 음성 해설에 심각한 불만을 가지고 있었지만 계약상 의무를 져야 했다. 스타는 계약을 이행했지만 제작자조차도 '모욕'(Merchant, 2013)이라 생각하는 방식이었다. 그는 제작자가 절대 사용하지 않기를 바라며 그것을 "단순히 읽었다"[해리슨 포드(Empire, 1999 인용)]. 그러나 제작자들은 사용했다.

엔터테인먼트의 역사는 크리에이티브와 비즈니스 의사결정을 담당하는 경영진의 갈등에 관한 이야기로 가득 차 있다. 배우 피터 셀러스(Peter Sellers)는 스튜디오의 1인자와 싸우고 난 후(Koski, 2014) 제임스 본드 영화 〈007 카지노 로열(Casino Royale)〉의 촬영장을 떠났다. 영화 〈인크레더블 헐크(The Incredible Hulk)〉에서 에드워드 노턴(Edward Norton)은 주인공 헐크 역을 맡았음에도 불구하고 이야기를 어떻게 스크린에 담아야 하는지에 대해 마블 스튜디오(Marvel Studio)와 다투다가 영화 홍보에 참여하지 않고 한 달 간의 아프리카 여행을 시작했다(Lee, 2013). 그리고 수많은 아티스트들이 음

악이 계약상의 이유로만 존재한다는 것을 청취자에게 다소 분명하게 보여 주는 음악 트랙을 발표했다.[19]

이러한 갈등의 기본 주제는 창작자들이 예술적 무결성(및/또는 자유)이 위협받고 있다고 느꼈다는 것이다. 그리고 예술가들이 자신의 작품에 대해 얼마나 깊이 관심을 갖는지, 아이디어와 구성의 독창성, 기술적 숙련과 실행, 그리고 최종적으로 창작 행위로 인한 예술적 성취에 대해 깊이 관심을 갖는지에 대해 실수하지 마라(Caves, 2006). 종종 창작자들은 경제적 이익보다는 예술 자체에 대한 열망에 의해 움직인다. 그들의 보상은 상품의 미적 또는 문화적 가치에서 비롯된다(Bryant and Throsby, 2006).

아이크호프와 혼스칠드(Eikhof and Haunschild, 2007)는 이러한 관점을 '실행의 예술적 논리'라고 부르며 이는 '실행의 경제적 논리'와 대조를 이룬다. 후자는 상품의 시장(또는 재무적) 가치를 강조하는 반면, 전자는 '예술을 위한 예술(l'art pour l'art)'을 생산하려는 욕구로 표시된다. 예술 자체는 예를 들어 "특정 미학이나 또는 수신자의 개별 반응에서 표면화되는 추상적인 품질로 간주되며 외적 합법화가 필요하지 않다"(p.526). 시장 가치는 이 논리에서 중요한 역할을 하지 않는다. 대신 엔터테인먼트 제작의 주요한 정당성은 예술을 더 위대한 상품으로 공헌하는 것이다[예술가의 자기실현, 아름다운 창조의 완전한 실현, 또는 영화·노래·록 쇼로 '세상을 변화'시킬 것인지 영화 〈스쿨 오브 락(School of Rock)〉*에서 듀이 핀(Dewey Finn)의 대사**를 생각해 보라—옮긴이].

---

19) 포드(Forde, 2013)는 더 마마스 앤 파파스(The Mamas & Papas), 밴 모리슨(Van Morrison), 마빈 가예(Marvin Gaye)와 같은 뮤지션들이 본질적인 동기가 아니라 소송을 피하기 위해 노래와 앨범을 제작한 사례 목록을 작성했다. 아마도 그러한 '예술적 불복종'의 가장 과감한 사례는 롤링스톤즈(The Rolling Stones)의 1970년 노래 「스쿨보이 블루스(Schoolboy Blues)」일 것이다. 롤링스톤즈의 성적 '기법'에 대한 명백한 언급이 너무 급진적이어서 데카(Decca)의 매니저들이 그것을 공개하지 못하게 했다(제작자의 의도와 맞춰서).

• 〈스쿨 오브 락〉은 리처드 링클레이터
(Richard Linklater)가 감독하고, 스콧 루딘
(Scott Rudin)이 제작했으며, 마이크 화이
트(Mike White)가 각본을 맡은 영국에서
제작된 뮤지컬 코미디 영화(영국에서 제작,
2003년)이다. 이 영화에는 잭 블랙(Jack
Black) 등이 출연한다.

•• 아이들이 미래다. 그들을 잘 키워 그들
이 길을 인도하도록 하자!(the children
are the future, teach them well and let
them lead the way!)

영화감독 스티븐 스필버그가 에르
제(Hergé)의 만화 『탱탱(TINTIN)』(20세기
유럽에서 가장 유명한 코믹 만화 시리즈—옮긴이)
을 수백만 달러에 달하는 영화로 각
색하려고 한 동기를 예로 들어 보자.
스필버그는 상업적인 관심에 끌리지
않고 "에르제의 삽화에 충격을 받았
다. 그들은 스토리텔링, 줄거리 및
캐릭터 관계를 너무나 잘 연상시켜 나는 결국 한 단어도 모르고 전체 이야
기를 이해했다. […] 동료 프로듀서인 캐시에게 '우리는 이것을 영화로 만
들어야 한다'라고 말했다"(Spielberg, 2012). 이 영화는 스필버그의 말에 의하
면 2개의 주요 할리우드 스튜디오에서 제공하는 리소스를 사용한 '만화
기자와 그의 개에 대한 1억 3500만 달러 내기' 영화였다.

엔터테인먼트 상품에 대한 비즈니스 결정을 내려야 할 때 크리에이티
브의 '예술적 로직'의 결과가 발생한다. 크리에이티브는 관리자와 협력하
기보다는("매진시키지 마세요!"), 타협을 맹세하는 경향이 있다("예술과 타협해서는 안
됩니다!"). 엔터테인먼트 상품의 품질에 대한 크리에이티브와 매니저 간의
논의는 예술적 가치가 있는지 여부를 놓고 모호함으로 인해 더욱 복잡해
진다. 마지막으로, 예술은 논리적 논증이 아니라 창의적인 비전의 결과이
기 때문에 아티스트는 특정 행동 과정이나 특정 타임 라인에 대한 헌신을
거부하는 경향이 있다. 내일의 비전은 오늘날의 그것보다 우월할 수 있
다. 가수 프린스(Prince)는 앨범 〈블랙(Black)〉을 녹음한 후, 전체 앨범이 '악'
이라는 자발적인 영적 깨달음을 만났고, 이미 50만 장의 디스크를 제작했
음에도 불구하고 워너 뮤직(Warner Music)에 앨범을 출시하지 말아 달라고
요청했다(Hahn, 2004).

## 2) 엔터테인먼트의 '각양각색' 속성

팀워크는 꿈을 실현한다. 함께 우리는 무언가를 만들 수 있다 … 감히 말할까요? 블라블라.

— 〈베터 콜 사울(Better Call Saul)〉 시리즈의 출연진인 지미 맥길(Jimmy McGill)의 별칭 사울 굿맨(Saul
Goodman)(소니 픽처스 텔레비전 제공).


엔터테인먼트 분야에서 많은 완제품에는 다양한 사람들의 의견에 따라
매우 다양한 창의력이 필요하다. 영화의 품질은 배우와 여배우, 작가, 감
독 및 작곡가의 기여뿐만 아니라 특수 효과, 편집, 사진 및 사운드 디자인
기술을 가진 사람들의 창의적인 기여에 의해 결정된다. 음악 작품에는 작
곡가, 작사가, 편곡가, 가수 및 다양한 악기 연주자뿐만 아니라 무대 관리
자, 사운드 엔지니어 등의 창의적인 의견이 필요하다. 이러한 모든 창의
적인 기여는 소비자가 판단하는 엔터테인먼트 상품의 전반적인 품질에
어떤 영향을 미칠까? 전반적인 품질은 개별 공연의 단순한 '합계'가 아니
다. 대신, 그것은 ⓐ 비보상적(non-compensatory) 및 ⓑ 비선형적이라는 2가
지 특성을 가진 서로 다른 공연의 복잡한 상호작용에 의해 결정된다. '비
보상적'이란 높은 품질 수준에서도 하나의 개별 구성 요소의 존재가 다른
구성 요소의 부재를 보완할 수 없음을 의미한다. 따라서 엔터테인먼트 상
품을 제작하는 데 필요한 '출연자'를 넘어서 하나의 공연이 평범하다면 다
른 사람들의 우수한 공연은 일반적으로 이 약점을 완전히 보완할 수 없다.
대신 훌륭한 대본과 강력한 연기 공연에도 불구하고 영화는 단일 장면 또
는 나쁜 사운드트랙으로 망칠 수 있다. 스크롤러(Scrawler, 2016)는 "단지 하
나의 나쁜 장면으로" 망쳐졌다고 느끼는 영화 목록을 모았다.[20] 〈스파이

---

20) 우리는 스크롤러가 훌륭한 스토리텔링을 위한 진실의 필요성을 논의할 때 소비자 행동

더맨 3)에서 피터 파커(Peter Parker)가 춤을 추는 것이 그 목록에서 1위를 차지했다. 같은 방식으로 게임에서는 비록 그래픽과 스토리라인이 최고 수준이라 하더라도 주인공의 목소리로 망칠 수 있다. 그리고 훌륭한 보컬과 악기도 최적이 아닌 곡 편곡을 극복할 수 없다. 엔터테인먼트 상품의 제작 기능이 곱셈적 종류라고 생각할 수 있다. 엔터테인먼트 상품의 전반적인 품질은 상품을 구성하는 여러 공연의 곱셈(덧셈이 아니다)의 결과이다. 한 성능이 실패하면 다른 성능에 영향을 준다. 또는 케이브(Caves, 2006: 5)가 이야기한 것처럼 "0을 곱한 큰 숫자는 여전히 0이다".

이 각양각색의 기여자에 대해 이해해야 할 또 다른 뉘앙스는 보상이 없는 것 외에도 개별 공연이 결합하여 전체적인 품질을 창출하기 때문에 각 개별 공연의 품질이 다른 공연의 품질에 의해 변경된다는 것이다. 즉, 공연은 상호 의존적이며 비선형 방식으로 통합된다. 가수의 목소리는 명료함과 성량의 폭으로 인해 인상적일 수 있지만, 청취자가 인지하는 음성 품질은 각 노래 자료 또는 듀엣 파트너와의 가수 목소리의 적합성과 같은 엔터테인먼트 상품의 다른 측면에 영향을 받는다.

작곡에서 보컬에 이르기까지 인상적인 음악적 기술을 가진 재능 있는 음악가 폴 사이먼(Paul Simon)과 아트 가펑클(Art Garfunkel)의 예를 들어 보자. 이러한 기술은 각각의 솔로 프로젝트에 대한 비평과 성공으로 이어졌다. 그러나 독특하고 마법적인 것을 창조한 것은 그들의 재능의 조합이었다. "가성에서 사이먼의 속삭임과 가펑클의 세라핌(seraphim) 조화가 무언가… 영묘하고 영적인 것을 만들어 냈다"(Scaruffi, 1999). 이 두 가수가 공동으로 자신의 파트를 발성하는 방식은 품질에 시너지 효과를 가져왔고, 계량경제학자들은 이를 엔터테인먼트 품질을 높이는 긍정적인 상호작용이라고

에 관한 6장에서 그의 목록에 포함시킨 몇 가지 장면을 다시 살펴볼 것이다.

한다. 예를 들어 2개의 음악적 목소리가 잘 섞이지 않는 경우 또는 유니버설 픽처스의 전(前) 사장인 프랭크 프라이스(Frank Price)가 "만약 당신이 로맨스를 만들고 있고 주요 여성과 남성 사이에 케미가 없다면, 당신은 죽은 것과 같다"(Fleming, 2015 인용)라고 한 것처럼 부정적인 상호작용도 존재한다.

종종 엔터테인먼트는 사람에 의해 만들어지기 때문에 창의적인 상품의 품질은 프로젝트에 참여한 여러 크리에이티브 간의 소셜 매치(social match) 또는 최악의 경우 그러한 매치의 부족에 의해 영향을 받는다. 소셜 매치는 크리에이티브의 동기를 높이고 결과적으로 공연 품질을 향상시킬 수 있을 뿐 아니라 최종 상품에서 명확하게 보거나 들을 수 있는 개별 공연자 간의 상호작용 효과를 생성할 수 있다[예를 들어 〈비포(Before)〉 3부작*에서 배우 에단 호크와 줄리 델피의 탁월한 개인적 선호—옮긴이].

• 1995년, 2004년, 2013년에 리처드 링클레이터(Richard Linklater) 감독이 연출한 〈비포 선라이즈(Before Sunrise)〉, 〈비포 선셋(Before Sunset)〉, 〈비포 미드나이트(Before Midnight)〉에 주인공으로 등장하는 배우 에단 호크(Ethan Hawke)와 줄리 델피(Julie Delpy)는 18년에 걸쳐 제작 배급된 영화의 시나리오 대본을 함께 쓰면서 자신들의 삶을 담아 냈다.

독특한 크리에이티브의 성격 프로필을 감안할 때 이러한 사교적 적합성의 부재가 저품질 공연의 형태로 엔터테인먼트 역사에 흔적을 남겼다는 것은 놀라운 일이 아니다[예를 들어 〈아이 러브 트러블〉에서 줄리아 로버츠와 닉 놀테의 스크린 밖에서의(off-screen) 케미스트리 부족[21](Brennan, 1994)—옮긴이].

소셜 매치의 부족은 또한 미래의 고품질 작품 제작을 방해했다. 예를

---

21) 〈아이 러브 트러블(I Love Trouble)〉은 찰스 샤이어(Charles Shyer) 감독이 1994년 연출한 미국 로맨틱 코미디 영화로 주인공 줄리아 로버츠(Julia Roberts)와 닉 놀테(Nick Nolte)는 영화제작 중에 전혀 함께하지 않았다. 로버츠는 놀테를 "역겨운 사람"이라 했고, 놀테는 로버츠를 "좋은 사람이 아니다"라고 했다[사이먼 브류(Simon Brew), 데니스 퍼블리싱(Dennis publishing), 2013.9.27 인용].

들어 사이먼과 가펑클의 전문적인 창의적 기술이 아름답게 조화를 이루는 반면, 그들의 사교적 기술은 잘 맞지 않았다["그는 내 신경을 곤두세웠다. 농담이 말라 버렸다." 가펑클이 사이먼을 언급하면서(Farndale, 2015 인용)]. 창의적이지 않은 이러한 대인 관계의 긴장은 두 뮤지션 사이에 정기적이고 지속적인 싸움을 일으켰으며, 그 사이에 짧은 기간의 생산성으로 결과물과 경제적 가치 창출이 분명히 제한되었다. 비틀즈, 핑크 플로이드(Pink Floyd), 아바(ABBA)의 팬들은 소셜 매치의 중요성을 간절히 이해하게 될 것이다.

### 3) 엔터테인먼트의 '무한한 다양성' 속성

창의력으로 인한 엔터테인먼트 상품의 최종 속성은 각 상품에 대해 끝없는 디자인과 모양의 옵션이 존재한다는 것이다. 크리에이티브는 새로운 엔터테인먼트 상품에 대한 결정을 내릴 때 '가능성의 우주'(Caves, 2006: 6) 중에서 선택할 수 있다. 쓸 수 있는 소설의 수는 영화와 TV 시리즈의 수, 프로그램화할 수 있는 게임의 수, 작곡할 수 있는 노래의 수와 마찬가지로 본질적으로 무한하다. 경제적 측면에서 엔터테인먼트 옵션은 최대 수준까지 수평적으로 차별화된다(즉, 가격과 다른 차원에서 질적으로 다르다)(Caves, 2006).

예를 들어 많은 요소 중 하나에만 초점을 맞추면 창작자는 소설 속 등장인물의 수, 동작, 주장을 일생동안 생각할 수 있는 것보다 더 많게 변경할 수 있다. "같은 시나리오는 감독, 배우, 사운드트랙, 편집 등의 가능한 모든 조합을 기반으로 수많은 최종 상품을 생성할 수 있다"(Troilo, 2015: 7). 창의적인 상품의 잠재적인 속성의 수는 무한하며, 더 분석적으로 표현하자면 이러한 속성은 '디자인 대안' 또는 솔루션의 저차원 공간으로 축소될 수 없다. 대신 엔터테인먼트를 위한 솔루션 공간은 항상 다차원적이며 이 공간의 각 차원(예: 영화의 내러티브 또는 해당 캐릭터)은 본질적으로 무한할 뿐만 아니라 매우 모호하고 역동적이다. 그 결과 지속적으로 진화하는 사실상 끝 없는 대안의 여지가 있다. 무한한 상품 차원의 가능한 조합으로 인해 훨 씬 더 복잡해진다.

솔루션 공간의 이러한 복잡성과 무한하게 다양한 상품 옵션은 또한 창 의적 프로세스의 스스로 발견하게 하는(휴리스틱) 특성과 밀접하게 관련되 어 있다(Amabile, 1983). 무한한 다양성은 알고리즘 솔루션을 제한하여 엔터 테인먼트 제작에 대한 휴리스틱 접근 방식을 요구한다(나중에 논의하겠지만 알고 리즘이 훌륭한 이야기를 만드는 데 도움이 되지 않는다는 말과는 다르다).

## 4) 창의적 특성의 경영상 의미

엔터테인먼트 상품의 창의적인 특성은 경영자에게 많은 의미를 주는데 다음 섹션에서 다루게 된다.

### ※ 상품 결정: 혁신

창의성에 특히 영향을 받는 영역 중 하나는 혁신 경영이다. 성공적인 상품 개발을 위한 크리에이티브(각각 고유한 관점을 가지고 있다)의 중요한 역할을 다루기 위해 엔터테인먼트 제작자는 전략, 조직, 문화 및 혁신 프로세스 자체의 설계를 포함한 혁신 콘텍스트가 예술적 고려 사항 및 경제적 목표 를 동시에 해결해야 한다. 크리에이티브의 빛나는 존재와 명성은 그들과 밀접하게 일하는 경영자들에게 위험을 초래할 수 있다. 그들은 예술 그 자체와 사랑에 빠지거나 실제 예술적 재능으로 예술(가)과의 긴밀한 관계 에 잘못 빠질 수 있다. 우리는 이 위험을 '예술적 오류'라고 명명한다(혁신에 관한 II권 4장에서 설명할 캐논 그룹의 경우 참조). '각양각색' 속성은 엔터테인먼트 프로 듀서가 혁신 프로세스를 설계하는 방법, 특히 새로운 엔터테인먼트 상품을 만드는 데 관련된 크리에이티브 앙상블 제작 방법에 영향을 미친다. 그리고 디자인 대안의 '무한한 다양성'은 엔터테인먼트 상품에 대한 많은 전통적인 속성 기반 시장조사 기술을 무효화하므로 창의성 결정을 위한 충분한 여지를 남겨 두는 다양한 연구 접근 방식이 필요하다.

❊ 상품 결정: 품질

수많은 옵션 중에서 '올바른' 성과 조합을 찾아 고품질의 최종 상품을 만들려고 할 때 제작자가 엔터테인먼트의 '무한한 다양성' 속성을 어떻게 해결할 수 있을까? 스토리라인과 관련하여 한 가지 방법은 일반적인 내러티브/스토리텔링 패턴과 이러한 패턴이 엔터테인먼트 결과적 작업의 품질에 어떻게 영향을 미치는지에 대한 이해를 발전시키는 것이다. 이러한 지식은 적어도 명백히 부적절한 설계 대안 세트를 줄임으로써 제작자가 세부적인 의사결정을 더 잘 내릴 수 있도록 도와준다.

❊ 상품 결정: 브랜딩

크리에이티브는 새로운 엔터테인먼트 상품을 개발하는 데 핵심적인 역할을 하지만 출시 시 상품에 대한 소비자 수요를 구축함에 있어서도 핵심적인 역할을 한다. 유명 크리에이티브는 브랜드 역할을 하며 소비자의 판단에 영향을 준다. 영화배우, 음악가, 게임 디자이너 또는 소설가는 새로운 엔터테인먼트 상품에 대한 소비자의 관심과 궁극적인 선호도를 높이는 중요한 원동력이 될 수 있다. 우리는 이 책에서 다양한 맥락 아래 브랜드로서의 크리에이티브의 역할에 대해 논의한다. 예를 들어 크리에이티브가 어떻게 엔터테인먼트 회사의 전략적 자원인지 보여 주고, 그리고 소비자를 위한 '인적 성분 브랜드' 및 '준사회적(parasocial) 관계 파트너'로서 그들의 도구적 역할에 대해 논의한다.

※ 커뮤니케이션 결정

소비자의 마음에서 크리에이티브가 하는 역할은 엔터테인먼트 상품에 대한 회사의 커뮤니케이션 믹스에도 지침을 제공한다. 크리에이티브는 종종 소셜 미디어에서 강력한 존재감을 가지고 있다. 따라서 그들 자신의 커뮤니케이션은 스타 파워('인플루언서'로서의 스타)의 일반적인 영향을 넘어서 엔터테인먼트 상품에 대한 소비자의 기대에 영향을 미칠 수 있다.

마지막으로, 엔터테인먼트의 창의적 특성, 특히 곱셈적 제작 기능은 관리자에게 몇 가지 일반적인 통찰력을 제공한다. 그들은 특정 상품 요소나 성능을 다른 사람들의 비용으로 선별할 수 없다.


## 6. 엔터테인먼트 상품은 정보재이다

### 1) 엔터테인먼트의 '초판 비용' 속성

두 번째 생산자, 즉 제작자 측 특성은 사람들이 엔터테인먼트 상품을 소비하는 핵심적인 이점이 유형의 전달 방법(예: 디스크, 종이, 카트리지)에서 비롯된 것이 아니기 때문에 발생한다. 대신 엔터테인먼트의 진정한 가치는 상품의 무형 정보 콘텐츠에서 비롯된다. 따라서 학자들은 엔터테인먼트 미디어 상품을 '정보재'라고 부른다. 이는 대부분 그 상품이 보유한 정보 때문에 고객에 의해 가치가 부여되는 경제적 상품이다(Wang and Zhang, 2009). 우리는 '정보'라는 용어를 특정 종류의 콘텐츠만을 가리키는 것이 아니라 오히려 기술적 의미를 내포하는 데 사용한다. 정보는 "디지털화할 수 있는 모든 것"이다(Varian, 1998: 3). 모든 소설, 게임, 영화, TV 쇼 또는 노래는 수많은 0과 1의 조합으로 상상할 수 있으므로 디지털 형식으로 저장

된다. 아마존의 킨들 서점, 넷플릭스의 영화 라이브러리, 스포티파이의 음악 재생 목록, 소니의 플레이스테이션(PlayStation) 스토어는 이러한 엔터테인먼트 정보 특성에 생명을 불어넣는 예이다.

정보재의 경제학은 다른 시장 상품과 어떻게 다를까? 주안점은 정보의 비용 구조가 다르며 2가지 방식으로 수행된다는 것이다. 첫째, 가장 중요한 것은 정보 특성이 고정 및 한계 비용 할당에 영향을 미친다는 것이다. 정보를 생산하는 고정비용은 매우 높을 수 있지만 정보재가 완성되면 추가 사본을 복제하고 배포하는 한계 비용이 낮다(예: Varian, 1998). 특정 정보재에 따라 차이가 있을 수 있지만 고정비용 대 한계 비용의 상대적 높이에는 일반적인 패턴이 있다. 비용의 지배적인 부분은 정보재의 경우 고정되어 있으며 특히 엔터테인먼트에 적용된다. 이는 상품의 고정비용이 절대적으로 높을 수 있지만(예: 특수 툴링 또는 생산 시설이 필요한 제품) "생산 및 유통의 단가가 종종 지배적"인 산업재와 정보재를 구별되도록 한다(Jones and Mendelson, 2011: 164).

정보재(엔터테인먼트) 원가 구조의 두 번째 측면은 대부분의 비용이 본질적으로 매몰 원가라는 것이다. 고정비용은 상품이 시장에 진입하기 전에 모두 발생한다. 이러한 초기 고정비용은 자산이 경매 또는 재배치될 때 일부 가치를 회수할 수 있는 기계 또는 기타 유형자산에 대한 투자와 달리 생산 프로세스의 결과에 관계없이 나중에 복구할 수 없다. 배리언(Varian, 1998: 3)은 영화 산업의 예를 통해 엔터테인먼트의 매몰원가 특성을 다음과 같이 설명했다. "영화가 폭탄을 터뜨리면 제작 비용이 아무리 많이 들었어도 그 영화 시장이 많지 않다." 또는 전설적인 할리우드 프로듀서인 로버트 에반스(Robert Evans)의 말을 인용하여 "[영화에 대한] 종결 가치는 없다. 팔지 않으면 폐업할 수 있는 자동차와 달리 영화는 낙하산과 같다. 펴지지 않으면 죽는 것이다"(Grobel, 1993 인용).

압도적인 비율의 고정비용과 비용의 초기 매몰적 성격을 결합하면 엔터테인먼트 상품의 비용 구조가 매우 비대칭이라는 것이 분명해진다. 이를 엔터테인먼트의 높은 초판 비용 특성이라고 한다(예: Varian, 1995). 2004년 소니에서 제작한 〈스파이더맨 2〉와 같은 주요 할리우드 영화의 예를 들어 보자. 영 등(Young et al., 2008)은 스튜디오는 사전 촬영 작업에 약 3000만 달러(대본에 1000만 달러, 마블의 스파이더 맨 브랜드 라이선스에 2000만 달러), 촬영 자체에 1억 달러(배우, 감독, 및 프로듀서에 5500만 달러, 물류, 장비 및 기타 스태프에 4500만 달러), 영화에 대한 포스트 필름/사전 개봉 작업에 약 7000만 달러(특수 효과에 6500만 달러, 음악에 500만 달러)를 썼다고 보고했다. 우리는 스튜디오가 6000만 달러 이상의 글로벌 광고 예산을 추가했으며, 대부분은 영화 개봉 전에 지출되었으리라 기대했다.

총 2억 6000만 달러의 비용 중에서 광고에 앞서 지출한 최소 2억 달러가 영화의 초판 비용이다. 단 하나의 사본만 제작한다면 그것들은 누적될 것이다. 이를 업계 측이 우리와 공유한 영화의 두 번째, 세 번째 등의 복사본 비용과 비교해 보라. (아날로그) 필름 인쇄 비용은 약 1500달러이고, 디지털 사본은 약 20~25달러 정도이고, 블루레이 약 3달러, 소비자가 다운로드할 수 있는 디지털 파일은 제작자의 한계 비용이 0에 빠르게 도달한다. 이는 초판 비용과 비교 시 경제적 결정을 내리기 위해 무시할 수 있는 금액이다(Peltoniemi, 2015). 이 책에서 소개하는 다른 엔터테인먼트 상품에도 유사한 계산이 적용된다.

정보재의 비용 구조는 실제로 디지털 파일(예: MP3 파일과 같은 음악)로 판매되는지 또는 아날로그 형식(실물 CD에 있는 동일한 음악)으로 판매되는지 여부에 따라 거의 영향을 받지 않는다고 말하면서 마무리하고자 한다. 요점은 디지털화는 단순한 가능성이라는 것이다. 경제 논리는 제공되는 콘텐츠의 정보 특성과 관련이 있기 때문에 최종 상품 형식에 관계없이 동일하다.

그리고 이 콘텐츠는 정보를 아날로그 형식으로 변환해도 변경되지 않는다. 하지만 위의 스파이더맨(의 수치에서 알 수 있듯 디지털 『스파이디(Spidey)』)의 한계 배포 비용은 사실상 0이기 때문에 순수한 디지털 엔터테인먼트 상품에 대해 논리가 다소 급진적일 수 있다.

### 2) 정보재 특성의 경영상 의미

엔터테인먼트 상품의 정보재 특성과 그에 따른 비용 구조는 엔터테인먼트 마케팅 및 관리에 많은 영향을 미친다. 우리 책의 여러 곳에서 다루고 있다.

※ 비즈니스 모델 결정

생산 비용의 비대칭 할당에는 재정적 위험을 수반하는 상당한 선행 투자가 필요하다. 따라서 경영자는 엔터테인먼트 회사의 비즈니스 모델을 통해 이러한 위험을 효과적으로 해결할 수 있는 방법을 찾는 것이 중요하다. 엔터테인먼트 산업이 개발한 핵심 비즈니스 모델에 대해 별도의 장에서 논의하고 평가하기로 한다.

※ 가격 결정

정보 기반 비용 구조가 갖는 가장 강력한 관리적 영향은 엔터테인먼트 가격 결정에 있다. 많은 경우 한계 비용이 무시할 수 있는 상황에서 이윤 극대화는 신고전주의 경제 이론과 일치하는 수익 극대화와 동일하게 된다(Shapiro and Varian, 1999). 상품의 '적절한' 가격을 결정하는 데 있어 한계 비용의 무관함은 버전 관리 및 묶음 상품과 같은 가격 차별 전략을 포함하여 엔터테인먼트에 대한 가격 결정을 내리는 경영자에게 많은 여유를 제공한다. 엔터테인먼트 대체안 간의 고정비용의 큰 차이를 인정하기 때문에 엔터테인먼트 사이언스 학자들은 가격이 상품마다 달라야 하는지 궁금해 하면서도, 대부분의 신작 영화가 동일한 가격(유사한 신곡, 유사한 신작, 첫 개봉 게임)에 제공되는 것에 대해 의문을 제기한다.

## ※ 유통 결정

정보재의 특징은 다양한 (디지털) 채널을 통해 상품을 유통할 수 있다는 것이다. 유통 관리자의 주요 과제는 엔터테인먼트 유통에 관한 III권 3장에서 논의한 것처럼 이러한 채널의 타이밍을 조정하는 것이다. 엔터테인먼트 상품의 정보재 특성은 엔터테인먼트 마케팅에서 불법 복제가 수행하는 중요한 역할의 토대이기도 하다. 그 특성상 정보는 "복사 및 공유가 쉽다"(Varian, 1998: 16; 엔터테인먼트 유통에 관한 III권 3장의 '무단 복제 도전' 섹션).

## ※ 상품 결정

정보의 초기 비용 구조는 개발 프로세스 초기에 새로운 엔터테인먼트 상품에 대한 수요를 효과적으로 예측하는 것의 중요성을 강조한다. 이러한 조기 예측은 매몰된 자원의 낭비를 방지하는 데 필수적이다.

## ※ 블록버스터 개념

대부분의 엔터테인먼트 상품에서 한계 비용이 거의 무관한 점은 중요한 전략적 의미를 지니고 있다. 이를 통해 관리자는 글로벌 규모에서 성공적인 엔터테인먼트 상품을 활용할 수 있다. 새로운 게임, 영화 또는 노래가 특정 청중에게 호평을 받는다면 제작 비용이나 배포 비용에 의해 제한 받지 않고서 추가로 활용할 수 있다. 그러나 이 전략이 모든 콘텐츠에 똑같이 적용되는 것은 아니지만 글로벌 잠재 고객에게 매력적인 특정 콘텐츠와 글로벌 인지도를 보장하는 마케팅 전략이 필요하다. 엔터테인먼트 통합 마케팅에 대한 III권 5장에서는 이러한 엔터테인먼트의 확장성을 정보로 활용하기 위한 하나의 특정 접근 방식으로 블록버스터 개념을 논의할 것이다.

## 7. 엔터테인먼트 상품은 수명주기가 짧다

> 엔터테인먼트 상품의 중요한 특징은… 매우 짧은 수명주기를 가지고 있다는 것이다… 대부분의 수요가 몇 주 내에 발생한다.
>
> — 루안과 수드르(Luan and Sudhir, 2010: 445)

### 1) 엔터테인먼트의 '소멸성' 특성

짧은 수명주기는 엔터테인먼트 상품의 세 번째 생산자(제작자) 측면 특성이다. 상품 수명주기는 상품이 소개된 순간부터 상품이 없어질 때까지 시간 경과에 따른 상품의 판매 패턴을 설명하는 기본적인 관리 개념이다(예: Rink and Swan, 1979). 원래는 전체 상품 범주의 궤적을 설명하기 위해 개발되었지만 상품 수명주기의 일반적인 개념은 범주 내의 개별 상품에도 유용하게 적용되었다. 이 개념은 마케팅 및 관리에 대한 광범위한 연구를 촉발했다. 도입, 성숙, 쇠퇴와 같은 수명주기 단계의 차이는 눈에 띄는 설명적 통찰이다(Anderson and Zeithaml, 1984). 수명주기 개념은 소비자가 새로운 엔터테인먼트 상품을 채택하는 방법을 이해하는 데 필수적인 확산 모델의 개념적 토대이다.

여기서는 수명주기 단계가 아니라 그 길이에 대해 논의하고 싶다. 엔터테인먼트 상품의 수명주기가 다른 많은 상품보다 체계적으로 짧기 때문이다. 더 짧다고 해서 상품의 단순한 가용성으로 측정되는 상품 수명주기의 절대 길이를 의미하는 것은 아니다(엔터테인먼트 상품은 종종 수십 년 동안 사용 가능하며 일부는 수 세기 동안 사용 가능하다). 대신, 우리는 상품이 상당한 수익을 창출하는 기간에 관해 이야기하려 한다.

우리가 엔터테인먼트 수명주기가 '짧다'고 말할 때 어느 정도의 시간을 염두에 둘까? 시간이 지남에 따라 영화의 누적 수익이 어떻게 배분되는지

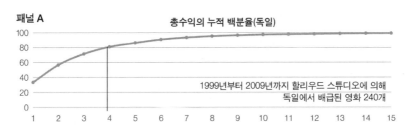

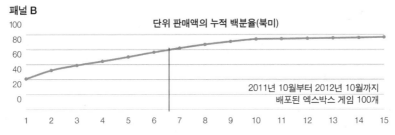

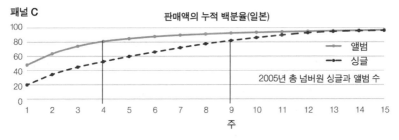

〈그림 3.11〉 영화, 게임, 음악의 경험적 수명주기

자료: 자체 데이터(패널 A, B)와 Asai(2009)가 보고한 데이터(패널 C) 참조.

살펴보라. 1999년부터 2009년까지 독일의 할리우드 스튜디오에서 개봉한 영화 240편에서 얻은 모든 수익 중 약 80%의 박스오피스가 단 4주 만에 이뤄졌다(⟨그림 3.11⟩의 패널 A). 영화의 홈 엔터테인먼트 판매에도 유사한 패턴이 존재한다. 월스(Walls, 2010)는 2006년과 2009년 사이에 미국에서 개봉된 1000여 편의 영화에 대한 데이터 세트를 기반으로 하여 히트 영화의 약 5%만이 10주 후 여전히 DVD 차트에 남아 있다고 보고했다.

마찬가지로 클레멘츠와 오하시(Clements and Ohashi, 2005: 523)는 비디오 게임의 경우 "특정 게임 타이틀에 대한 수익의 50% 이상이 일반적으로 게임 출시 후 첫해에 발생했다"라고 말한다. 2011년 10월부터 2012년 10월 사이에 출시된 모든 엑스박스(Xbox) 게임 100개에 대한 북미 판매 분포를 분석한 결과 훨씬 더 급진적인 수명주기를 알 수 있다(⟨그림 3.11⟩의 패널 B). 게임 출시 후 7주도 되지 않은 시간 프레임에서 전체 판매량의 80%가 이뤄졌다. 음악의 경우 2005년 일본에서 정점에 도달한 노래와 앨범의 판매 패턴은 히트 싱글이 단 9주 만에 총수익의 80%를 벌어들인다. 음악 앨범의 경우 기간이 훨씬 더 짧다. 단 4주 만에 80%의 수익을 올린다(Asai, 2009; ⟨그림 3.11⟩의 패널 C).

그 패턴은 책에도 존재한다(독일 베스트셀러 목록에 대한 평균 주기는 예를 들어 6주 미만이며) 그리고 TV 시리즈에서도 마찬가지이다. 바로소 등(Barroso et al., 2016)은 1946년과 2003년 사이에 미국에서 방영된 2245개의 가상 TV 시리즈를 모두 분석하여 단일 시즌에 중앙값으로 평균 1.5년을 계산했다. 이러한 모든 엔터테인먼트 상품의 경우 수익의 가장 큰 부분은 일반적으로 몇 주 또는 몇 달 내에 달성된다.

엔터테인먼트 상품의 수명주기가 짧아지는 이유는 많은 체계적인 힘 때문인데 그중 일부를 엔터테인먼트의 소비자 측면 특성과 관련하여 논의했다. 엔터테인먼트의 문화적 역할은 확실히 주요 동인이 된다. 엔터테인먼트 소비는 상징적 소비이며, 상징주의는 소비자가 무엇을 선택할 것인지에 국한되지 않고 언제 선택할 것인지와도 관련된다. 어떤 사람이 개봉 주말에 모두가 이야기하는 새 영화를 보지 못했는지 여부는 그 사람이 어떤 사람인지에 대해 알려 준다. 또한 엔터테인먼트가 사회적 태도를 전달함에 따라 상품의 가치는 이러한 태도가 대상 그룹의 관심사에 얼마나 잘 공감하는지와 밀접하게 연결되어 있다. 이러한 공감은 역동적이고 빠르게 변화하는 것으로 악명 높은 반면, 마블 시네마틱 유니버스의 다음 추가본은 오늘날 모든 사람들이 찾고 있는 것이고, 버즈(입소문)가 사라지면 우리 중 누구도 신경 쓰지 않는다.

그 결과 〈스타워즈: 깨어난 포스〉에 대한 구글 검색량은 출시 3개월 만에 최고치 11%였다. 아울러 구글 검색량을 보면 3개월 만에 콜드플레이(Coldplay)의 앨범 〈어 헤드 풀 오브 드림스(A Head Full of Dreams)〉는 12%, 〈콜 오브 듀티: 인피니트 워어페어(Call of Duty: Infinite Warfare)〉 게임은 17%를 검색했고, 단 10%가 3개월 후 「해리포터와 저주받은 아이(Harry Potter and the Cursed Child)」의 책 버전을 검색했다. 그것들은 모두 대히트였다! 뉴스 산업의 핵심 공리 중 하나(새로운 것만을 찾는 것—옮긴이)를 엔터테인먼트 맥락으로 옮기자면 지난달 개봉된 영화, 히트곡, 베스트셀러 소설처럼 죽어 버리는 것은 이 세상에 거의 없다.

또한 엔터테인먼트 수명주기의 길이는 엔터테인먼트의 포만감 특성에 의해 제한된다. 포만감은 같은 형태로든 다른 버전(예를 들어 새 채널을 통해)이든 관계없이 엔터테인먼트 상품을 다시 경험하려는 소비자의 욕구를 감소시킨다. 이는 대상 그룹에 도달한 후 상품에 대한 추가 수요를 제한한다. 마지막으로 경쟁도 하나의 요소이다. 나중에 논의하겠지만 엔터테인먼트 시장은 높은 빈도의 혁신으로 유명하다. 이러한 지속적인 신상품 흐름은 소비자가 몇 달 또는 몇 년 전에 시장에 출시된 상품을 발견하지 못

하게 한다.[22]

## 2) 엔터테인먼트의 짧은 수명주기의 경영상 의미

엔터테인먼트 상품의 다른 특성과 마찬가지로 경영적 의사결정은 엔터테인먼트 상품의 짧은 수명주기를 고려해야 한다. II권과 III권에서 다룰 많은 함축적 의미를 강조하겠다.

※ 상품 결정

엔터테인먼트 상품이 짧은 시간 내 의미 있는 수익을 창출해야 하는 프레임은 지속적인 현금 흐름을 보장하기 위해 경영진이 지속적인 혁신에 참여해야 할 필요성을 나타낸다. 우리는 그러한 혁신 활동을 어떻게 관리해야 하는지에 대해 한 장을 할애하고자 한다. 또한 엔터테인먼트 상품이 출시 후 첫 며칠 및 몇 주 동안 소비자와 최대한의 공감을 얻을 수 있도록 보장해야 하는 필요성은 상품 디자인에 영향을 미친다. 일부 상품 요소는 다른 요소보다 소비자의 인식과 관심을 자극하는 데 더 적합하다. 예를 들어, 우리는 스타들과 잘 알려진 캐릭터[예: 슈퍼맨(Superman)]를 포함하는 '브랜드' 상품 기능에 대해 한 장을 할애했다.

※ 커뮤니케이션 결정

소비자의 즉각적 반응은 또한 기업의 커뮤니케이션 활동에 달려 있다.

---

22) 일부는 자동화된 추천 시스템 및 기타 디지털 혁신의 개발이 '롱테일(long tail)'로의 전환을 야기할 것이며, 이는 이러한 소멸 가능성 자산의 감소와 함께 진행되어 엔터테인먼트의 수명주기를 연장시킬 것이라고 주장한다. 이 잠재적 효과에 대해서는 III권 5장에서 논의한다.

한 가지 인기 있는 접근 방식은 출시 전 커뮤니케이션에 중점을 둔다. 이러한 접근 방식은 출시 전에 신상품에 대한 화제를 불러일으킬 때 특히 효과적일 수 있다. 또한 성공이 성공을 부르는 타인 의견 추종(케스케이드)을 유발하여 상품 수명주기를 연장하는 데 도움이 될 수 있다.

※ 유통 결정

수명주기가 짧아지기 때문에 경영자는 신상품 출시 시기에 특히 주의를 기울여야 한다. 잘못된 길을 밟으면 나중에 이 문제에 대처할 기회가 없는 경우가 많다. 엔터테인먼트 타이밍이 절대적인 용어(예: 새 영화가 여름에 개봉되어야 하는가?)와 주어진 개봉 주말 또는 시즌 동안 경쟁 상품이나 이벤트와 관련해 중요하다는 점을 논의할 것이다.

※ 블록버스터 개념

마지막으로 엔터테인먼트 산업은 짧은 수명주기 문제에 대한 통합 마케팅 대응으로 블록버스터 개념을 개발했다. 이 전략은 강력한 잠재력을 보여 주었지만 문제를 더욱 악화시킨다. 핵심 아이디어는 강력한 개방을 촉진하는 방식으로 리소스를 할당하는 것이기 때문에 블록버스터 출시 전략은 엔터테인먼트 수명주기를 더욱 단축하는 데 기여한다!


## 8. 엔터테인먼트 상품은 (잠재적) 외부 효과를 야기한다

### 1) 엔터테인먼트의 '양면' 속성

엔터테인먼트 상품의 제작자 측 특성 중 마지막 것은 경제학자들이 '외부성'이라고 부르는 것을 강조한다. 이것은 무엇을 의미하는가? 대부분의 (다른) 상품은 특정 시장의 일부인 단일 고객 그룹을 대상으로 한다. 테슬라의 모델 S와 같은 프리미엄 자동차는 현대적이고 심지어 생태학적으로 깨끗한 차량을 선호하는 부유한 사람들을 대상으로 한다. 여기서 판매자(테슬라)와 고객(부자)이 시장을 구성한다. 때때로 상품에는 여러 대상 고객 그룹이 있다[휴렛팩커드(HP)가 소비자와 중소기업 소유자에게 판매하는 프린터를 생각해 보라]. 그러나 각각은 판매자(휴렛팩커드)가 별도로 처리한다. 두 경우 모두 외부성은 존재하지 않는다.

그러나 다른 상품들은 개별 시장에서 개별 고객 그룹에 제공되는 다양한 혜택을 포함한다. 하나 이상의 독자 그룹(예: 단일본 구매자 및 구독자)을 끌어들이기 위해 가치 있는 저널리즘 콘텐츠가 필요한 신문의 경우를 생각해 보자. 그러나 신문의 수익은 광고란을 운영하기 위해 신문에 돈을 지불하는 사람들에게서도 발생한다. 이 광고주 청중을 위한 가치 제안은 신문이 올바른 종류의 많은 독자들의 눈에 대한 접근, 즉 원하는 대상 청중에게 노출을 제공한다는 것이다. 즉, 독자들에 대한 신문의 성공은 광고주에 대한 신문의 가치에 영향을 미친다. 그것이 외부성이다.

이제 엔터테인먼트 상품은 한눈에 알아볼 수 있는 신문과 더 많은 공통점이 있다. 즐거움을 소비자에게 제공하는 것 외에도 그들은 또한 기업이 엔터테인먼트 상품을 통해 브랜드와 상품을 홍보할 수 있는 여지를 제공한다(단순히 이야기해서 후자를 '광고주'라 부르자). 예를 들어 영화 및 쇼의 상품 배치 및 게임 내 광고가 있다. 신문의 경우처럼 엔터테인먼트 소비자와 '광고주'의 두 고객 그룹은 따로 행동하지 않고 서로의 행동에 영향을 미친다. 엔터테인먼트 제작자는 '광고주'의 행동을 위한 '플랫폼' 역할을 하는 상품을 운영한다. "한 그룹의 구성원이 누리는 혜택은 플랫폼이 다른 그룹의 고객을 얼마나 잘 끌어들이는지에 따라 달라진다"(Armstrong, 2006: 668). 엔터테인먼트 상품이 각 그룹의 요구 사항을 해결하는 정도는 두 그룹에 동시에 영향을 미친다.

외부성은 부정적일 수도 있고 긍정적일 수도 있으며, 두 유형 모두 엔터테인먼트에서 발견된다. 부정적인 외부 효과의 경우 상품이 한 그룹의 요구에 더 잘 맞을수록 다른 그룹에게는 덜 매력적이다. 신문에 광고가 너무 많으면 독자들은 종종 짜증을 낸다. 마찬가지로 소비자가 광고주의 행동이 프로그램 시청의 즐거움을 떨어뜨리는 성가신 것으로 생각해 TV를 끄거나 같은 이유로 게임이나 음악 감상을 중단하는 것은 부정적인 외부성이다(Anderson and Gabszewicz, 2006). 성가신 요인에 대한 명확한 증거는 TV 광고 시간 동안 재핑(TV 프로그램 중간 광고를 보지 않기 위해 채널을 옮기는 것—옮긴이)에서 다른 프로그램에 이르기까지, 소비자가 광고를 건너뛸 수 있는 디지털 비디오 레코더 사용, 인터넷 검색 시 광고 차단기 사용에 이르기까지 엔터테인먼트를 경험할 때 상업적인 커뮤니케이션을 소비자가 피하게 하는 전략에서 나타난다.[23]

대조적으로 긍정적인 외부성은 두 그룹 간의 시너지 관계를 설명한다. 한 그룹의 상품 성공은 다른 그룹의 매력을 증가시킨다. 게임 콘솔 제작자가 많은 게임 제작자에게 라이선스를 판매하면 새로운 게임의 유입으로 콘솔의 소비자 가치가 높아져 긍정적인 외부 효과를 나타낸다. 그 반대로 콘솔을 소유한 소비자가 많을수록 콘솔(플랫폼)용 새로운 게임을 개발

---

23) 이 책의 범위를 벗어나기는 하지만 그러한 회피 전략이 광고주를 위한 소비자의 상품 사용 가치에 어떤 영향을 미치는지 흥미로운 질문이다. 브로넨버그 등(Bronnenberg et al., 2010)은 티보 디지털 비디오 레코더(TiVo DVR)의 소유권이 819개 텍사스 가정의 쇼핑 행동을 어떻게 변화시켰는지 연구하여 대규모 대조군 샘플이 있는 DVR을 채택하기 전 13개월과 이후 26개월 동안 여러 상품 범주의 구매를 비교했다. 지출 행동의 차이를 분석해도 큰 효과는 나타나지 않았다. 즉, TiVo DVR을 구입하고 관련 광고를 건너뛰는 것이 적어도 브로넨버그 등의 설정에서는 구매 행동에 영향을 미치지 않았다.

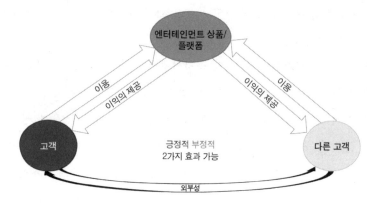

<그림 3.12> 엔터테인먼트 상품의 양면성

하는 제작자에게 더 매력적이다. 〈그림 3.12〉에서 엔터테인먼트 콘텐츠(콘솔과 같은 하드웨어가 아닌)를 염두에 두고 엔터테인먼트 상품의 양면 속성을 이 책의 초점에 맞춰 설명하고자 한다. 그림에서 '다른 고객'은 종종 엔터테인먼트 상품을 엔터테인먼트 소비자에게 메시지를 전달하는 통신수단으로 사용하여 자체 상품을 판매한다. 우리는 이미 광고와 배치를 위한 플랫폼으로 영화, TV 프로그램 및 게임을 언급했다. 음악은 뮤직비디오(유튜브 또는 유사한 채널에 표시된다), 스트리밍 업체 및 라디오를 통해 제공될 때 다른 상품의 통신수단으로 사용될 수 있다. 아마존은 '킨들 위드 스페셜 오퍼(Kindle with Special Offers)' 전자책 리더기에 광고 공간을 판매하지만 일반적으로 지금까지 책에서 광고주의 상품에 대한 커뮤니케이션은 덜 두드러진다. 그러나 일부는 이것이 바뀔 수 있다고 주장했다(Adner and Vincent, 2010).

콘텐츠 소비자나 다른 고객이 엔터테인먼트 상품의 성공에 기여한 것을 설명할 때 수익 대신 그림에서 해당 용어를 '사용'으로 대체한다. 그 이유는 이 책에서 논의하는 여러 비즈니스 모델은 소비자가 상품을 사용해야 하지만 반드시 고객이 자신의 돈으로 지불해야 하는 것은 아니기 때문이다. 신문 웹사이트뿐만 아니라 소비자가 무료로 플레이할 수 있는 게임과 같은 많은 상황에서, 한쪽이 다른 쪽을 '보조'하면 다른 쪽이 실제로 상품 사용에 대해 지불할 필요가 없다. 적어도 '직접적으로는' 아니다. 이것은 엔터테인먼트 시장의 양면 속성의 중요한 측면이다.

이 책은 주로 콘텐츠를 다루기 때문에 우리는 엔터테인먼트 상품의 특성으로서 부정적인 외부성에 초점을 맞추고 있다. 위에서 예를 들었다. 긍정적인 외부 효과는 게임 콘솔 제작자(예: 소니의 플레이스테이션)와 같은 플랫폼 상품 제공업체와 더 관련이 있지만 엔터테인먼트 상품 자체 제작자(예: 게임 개발자)에게는 다소 덜 관련성이 있다. 그럼에도 불구하고 제작자들이 잘 알고 있어야 하는 엔터테인먼트 시장 특성의 맥락에서 긍정적인 외부 효과에 대해 논의한다.

이 장에서 논의하는 다른 특성 중 일부에 대한 경우와 마찬가지로 엔터테인먼트 외에 다른 산업에서도 외부 효과가 존재한다(예제 목록은 Rochet and Tirole, 2006 참조). 그러나 엔터테인먼트 상품은 무르익는다. 엔터테인먼트의 정보재 특성은 다양한 방법으로 상품 자체에 커뮤니케이션 메시지를 포함시킬 수 있다. 영화나 게임에 광고를 추가하는 것은 자동차나 세탁기와 같은 실물 상품에 광고를 통합하는 것보다 훨씬 쉽다.[24]

---

24) 위의 휴렛팩커드 프린터 예에서 서로 다른 고객 그룹 간에 (긍정적인) 외부 효과가 존재한다고 주장할 수도 있다. 소비자는 비즈니스 고객이 채택했다면 프린터가 더 강력하다고 생각할 수 있다. 그러나 일반적으로 두 고객 그룹 간의 연결 고리는 약하고 광고의 경우처럼 별도의 혜택과 관련이 없다. 그렇기 때문에 이러한 집합에 대해 '양면 시장'이라는 용어를 사용하는 것을 주저한다.

## 2) 엔터테인먼트 상품의 외부성에 대한 경영상 의미

앞서 언급한 엔터테인먼트 상품의 특성과 마찬가지로 양면 상품은 엔터테인먼트 상품을 관리하고 마케팅하는 데 영향을 미친다. 이는 상품의 기본 비즈니스 모델과 이 비즈니스 모델이 마케팅 도구를 통해 소비자에게 전달되는 방식 모두에 영향을 미친다. 주요 시사점은 엔터테인먼트 제작자가 하나 이상의 시장에서 상품의 잠재적인 상업적 가치를 고려해야 한다는 것이다. 엔터테인먼트 상품을 소비하여 쾌락적 혜택을 얻는 사람과 엔터테인먼트 상품을 사용하여 쾌락적 소비자에게 도달하려는 사람이다. 동시에 관리자는 이러한 양면 구조와 함께 진행되는 외부 효과를 주의 깊게 인식해야 한다. 광고주의 요구 사항을 해결함으로써 발생할 수 있는 소비자의 즐거움 수준에 미치는 부정적인 영향을 피하거나 최소한 설명하는 것이 특히 중요하다. 다음 장에서는 엔터테인먼트 상품에 들어가는 커뮤니케이션 메시지의 통합이 소비자의 성공을 저해할 수 있는 조건에 대해 설명하고자 한다.

일부 엔터테인먼트 상품은 광고만으로 지원되지만 경우에 따라 경영자는 동일한 상품의 '유료' 버전(즉, 광고가 없는 상품)을 제공하기도 한다. 예를 들어 많은 비디오 게임이 두 버전('무료' 및 유료)으로 제공되므로 고객이 둘 중에서 직접 선택할 수 있다. 여기에서 유료 버전의 '적절한' 디자인과 함께 '최적의' 광고 양을 결정하는 것은 관리자에게 어려운 과제가 될 수 있다.

마지막으로 일반적인 함축적 의미는 2개 이상의 고객 그룹이 존재하는 경우 ① 다른 고객 그룹의 이익과 ② 서로 다른 그룹이 서로 영향을 미치는 정도를 설명하는 방식으로 전체 범위의 예술적 경제적 결정을 내려야 한다는 것이다. 이러한 도전은 엔터테인먼트 상품의 경제적 성공을 위해 서로 다른 고객 그룹이 반드시 똑같이 중요하지는 않다는 사실로 인해 더욱 높아졌다. 따라서 잠재적 우려는 엔터테인먼트 상품이 한 그룹의 욕구를 너무 많이 충족시켜 상품이 다른 그룹에 매력적이지 않을 수 있다는 것이다.

## 9. 맺음말

엔터테인먼트 상품의 중요한 특성(4개는 소비자 측이고 나머지 4개는 생산자 측)을 이해하는 것은 2부인 II권, III권에서 논의할 경영 문제를 충분히 인식하는 데 필수적이다. 다른 유형의 상품, 특히 유형적이고 기능적·실용적이며 수명이 긴 상품에 적합한 결정은 수정 없이는 엔터테인먼트 경영자에게 효과적으로 적용되지 않는다. 엔터테인먼트 상품의 고유한 측면을 설명하지 못하면 '운'이 없는 경우 실패로 이어진다.

과거에는 이러한 엔터테인먼트의 특수성을 인식하지 못해 엔터테인먼트 산업에 진출한 여러 기업이 성공하지 못했다(다음 장에서 일부 예를 들 것이다). 그들의 무지 또는 무능력은 또한 '어떻게 될지 아무도 모른다'라는 신화를 불러일으켰다. 엔터테인먼트 상품에 확립된 비즈니스 규칙을 적용한 사람들의 실패는 '규칙이 없는' 환경의 환상을 만들었다. 규칙 자체의 일반적인 부적합보다는 실패를 일으킨 엔터테인먼트의 고유한 특성에 규칙을 적용하지 않았기 때문이다. 하지만 즐거움을 주는 이러한 특별한 특성을 고려해도 다른 시장에서 제공하는 상품과는 별도로 엔터테인먼트 상품을 생산하고 마케팅하는 것은 맥락 없는 공간에서는 이뤄지지 않는다. 엔터테인먼트 시장은 또한 성공을 위해 이해해야 하는 고유한 특성을 가지고 있다. 다음 장에서 이러한 시장을 살펴보겠다.

## 참고문헌

Abebe, N. (2017). 25 Songs that tell us where music is going. *The New York Times Magazine*, March 9, https://goo.gl/LYWgBY.

Adner, R., & Vincent, W. (2010). Get ready for ads in books. *The Wall Street Journal*, August 19, https://goo.gl/otEf9J.

Alba, J. W., & Williams, E. F. (2013). Pleasure principles: A review of research on hedonic consumption. *Journal of Consumer Psychology, 23*, 2-18.

Amabile, T. M. (1983). The social psychology of creativity: A componential conceptualization. *Journal of Personality and Social Psychology, 45*, 357-377.

Anderson, C. A. (2003). Violent video games: Myths, facts, and unanswered questions. *Psychological Science Agenda*, October, https://goo.gl/iwfXiH.

Anderson, C. R., & Zeithaml, C. P. (1984). Stage of product life cycle, business strategy, and business performance. *The Academy of Management Journal, 27*, 5-24.

Anderson, S. P., & Gabszewicz, J. J. (2006). The media and advertising: A tale of two-sided markets. *Handbook of the Economics of Art and Culture, 1*, 567-614.

Anderson, C. A., Akiko, S., Nobuko, I., Swing, E. L., Bushman, B. J., Sakamoto, A., Rothstein, H. R., & Saleem, M. (2010). Violent video game effects on aggression, empathy, and prosocial behavior in eastern and western countries: A meta-analytic review. *Psychological Bulletin, 136*, 151-173.

Armstrong, M. (2006). Competition in two-sided markets. *The RAND Journal of Economics, 37*, 668-691.

Asai, S. (2009). Sales patterns of hit music in Japan. *Journal of Media Economics, 22*, 81-101.

Askin, N., & Mauskapf, M. (2017). What makes popular culture popular? Product features and optimal differentiation in music. American Sociological Review, 82, 910-944.

Audley, A. (2015). What does your ringtone say about you? The Telegraph, January 15, https://goo.gl/YWSgYF

Barroso, A., Giarratana, M. S., Reis, S., & Sorenson, O. (2016). Crowding, satiation, and saturation: The days of television series' lives. *Strategic Management Journal, 37*, 565-585.

Belk, R. W., Ger, G., & Askegaard, S. (2000). The missing streetcar named desire. In S. Ratneshwar, D. Glen Mick, & C. Huffman (Eds.), *The why of consumption: Contemporary perspectives on consumer motives, goals, and desires* (pp.98-199). London: Routledge.

Bellesiles, M. A. (1996). The origins of gun culture in the United States, 1760-1865. *Journal of*

*American History, 83*, 425-455.

Bohnenkamp, B., Wiertz, C., & Hennig-Thurau, T. (2012). Consuming 'Media Trash:' When "Bad" becomes "Good". In Z. Gürhan-Canli, C. Otnes, & R. (Juliet) Zhu (Eds.), Advances in consumer research (Vol.40, pp.1035-1036). Duluth, MN: Association for Consumer Research.

Bourdieu, P. (2002). The forms of capital. In N. Woolsey Biggart (Ed.), *Readings in economic sociology* (pp.280-291). Blackwell: Malden.

Brennan, J. (1994). Trouble on 'Trouble' set? Take your pick: (a) co-stars Julia Roberts and Nick Nolte got on each other's nerves; (b) the filmmakers got on their nerves; (c) snoopy questions are getting on everyone's nerves. *Los Angeles Times*, July 3, https://goo.gl/mY6NSe.

Brickman, P., & Campbell, D. T. (1971). Hedonic relativism and planning the good society. In M. H. Appley (Ed.), *Adaptation-level theory: A symposium* (pp.287-302). New York: Academic Press.

Bronnenberg, B. J., Dub, J., & Mela, C. F. (2010). Do digital video recorders influence sales? *Journal of Marketing Research, 47*, 998-1010.

Bryant, W. D. A., & Throsby, D. (2006). Creativity and the behavior of artists. In V. A. Ginsburgh & D. Throsby (Eds.), *Handbook of the economics of art and culture* (pp.507-529).

Bushman, B. J. (2016). Violent media and hostile appraisals: A meta-analytic review. *Aggressive Behavior, 42*, 605-613.

Caves, R. E. (2006). Chapter 17 Organization of arts and entertainment industries. In *Handbook of economics of art and culture* (Vol.V).

Chen, J. (2007). Flow in games (and everything else). *Communications of the ACM, 50*, 31-34.

Clements, M. T., & Ohashi, H. (2005). Indirect network effects and the product cycle: Video games in the U.S., 1994-2002. *Journal of Industrial Economics, 53*, 515-542.

Coombs, C. H., & Avrunin, G. S. (1977). Single-peaked functions and the theory of preference. *Psychological Review, 84*, 216-230.

Cowell, A., & Kirkpatrick, D. D. (2017). Saudi Arabia to allow movie theaters after 35-year ban. *The New York Times*, December 11, https://goo.gl/hv36xp.

Culbert, D. (2003). Jud Süss. In N. J. Cull, D. Culbert, & D. Welch (Eds.), *Propaganda and mass persuasion* (p.205). Santa Barbara: ABC-Clio.

Debenedetti, S., & Larcenieux, F. (2011). 'The Taste of Others': Divergences in tastes between professional experts and ordinary consumers of movies in France. *Recherche et Applications en Marketing, 26*, 71-88.

DeCamp, W. (2017). Who plays violent video games? An exploratory analysis of predictors of playing violent games. *Personality and Individual Differences, 117*, 260-266.

DeFillippi, R., Grabher, G., & Jones, C. (2007). Introduction to paradoxes of creativity: Managerial and organizational challenges in the cultural economy. *Journal of Organizational Behavior, 28*, 511-521.

Deshpande, R., & Webster Jr., F. E. (1989). Organizational culture and marketing: Defining the research agenda. *Journal of Marketing, 53*, 3-15.

De Vany, A. (2006). The movies. In V. A. Ginsburgh & D. Throsby (Eds.), *Handbook of the economics of art and culture* (pp.615-665). Amsterdam: Elsevier.

De Vany, A., & David Walls, W. (1999). Uncertainty in the movie industry: Does star power reduce the terror of the box office? *Journal of Cultural Economics, 23*, 285-318.

Doerr, A. (2014). *All the light we cannot see*. New York: Scribner.

Eikhof, D. R., & Haunschild, A. (2007). For art's sake! Artistic and economic logics in creative production. *Journal of Organizational Behavior, 28*, 523-538.

Ekelund Jr., R. B., Mixon Jr., F. G., & Ressler, R. (1995). Advertising and information: An empirical study of search, experience and credence goods. *Journal of Economic Studies, 22*, 33-43.

Elberse, A. (2013). *Blockbusters: Hit-making, risk-taking, and the big business of entertainment*. New York: Henry Holt and Company.

*Empire* (1999). Harrison Ford's Blade Runner gripe, October 7, https://goo.gl/BKkbU7.

Farndale, N. (2015). Art Garfunkel on Paul Simon: 'I created a monster'. *The Telegraph*, May 24, https://goo.gl/Rg4XgR.

Ferguson, C. J. (2013). Violent video games and the supreme court. *American Psychologist, 68*, 57-74.

Feshbach, S., & Singer, R. D. (1971). *Television and aggression*. San Francisco: Jossey-Bass Inc.

Fishbein, M., & Ajzen, I. (1975). *Belief, attitude, intention, and behavior: An introduction to theory and research*. Reading, MA: Addison-Wesley. [An online version of the book can be found at Ajzen's website at https://goo.gl/Re6HGP].

Fleming Jr., M. (2015). Blast from the past on 'Back To The Future': How Frank Price rescued Robert Zemeckis' classic from obscurity. *Deadline*, October 21, https://goo.gl/8MvUpd.

Follows, S. (2016). How movies make money: $100 m + Hollywood blockbusters, July 10, https://goo.gl/uYwnJe.

Forde, K. (2013). Top 10 albums only recorded because of contractual obligations. *TopTenz*, April 16, https://goo.gl/qWLGXB.

Getzels, J. W., & Csíkszentmihályi, M. (1969). Aesthetic opinion: An empirical study. *Public Opinion Quarterly, 33*, 34-45.

Grobel, L. (1993). The dark side of fame: Robert Evans Pt. II. *Movieline*, September 1, https://goo.gl/ RD1J34.

Hahn, A. (2004). *Possessed: The rise and fall of Prince*. New York: Billboard Books.

Hennig-Thurau, T., Walsh, G., & Wruck, O. (2001). An investigation into the factors determining the success of service innovations: The case of motion pictures. *Academy of Marketing Science Review, 1*, 1-23.

Hilgard, J., Engelhardt, C. R., & Rouder, J. N. (2017). Overstated evidence for short-term effects of violent games on affect and behavior: A reanalysis of Anderson et al. (2010). *Psychological Bulletin, 143*, 757-774.

Hirschman, E. C., & Holbrook, M. B. (1982). Hedonic consumption: Emerging concepts, methods and propositions. *Journal of Marketing, 46*, 92-101.

Hofstede, G. (1991). *Cultures and organizations: Software of the mind*. London: McGraw-Hill.

Holbrook, M. B. (1993). Nostalgia and consumption preferences: Some emerging patterns of consumer tastes. *Journal of Consumer Research, 20*, 245-256.

Holbrook, M. B. (1999). Popular appeal versus expert judgments of motion pictures. *Journal of Consumer Research, 26*, 144-155.

Holbrook, M. B. (2005). The role of ordinary evaluations in the market for popular culture: Do consumers have 'Good Taste'? *Marketing Letters, 16*, 75-86.

Holbrook, M. B., & Hirschman, E. C. (1982). The experiential aspects of consumption: Consumer fantasies, feelings, and fun. *Journal of Consumer Research, 9*, 132-140.

Holbrook, M. B., & Schindler, R. M. (1989). Some exploratory findings on the development of musical tastes. *Journal of Consumer Research, 16*, 119-124.

Holbrook, M. B., Lacher, K. T., & LaTour, M. S. (2006). Audience judgments as potential missing link between expert judgments and audience appeal: An illustration based on musical recordings of 'My Funny Valentine'. *Journal of the Academy of Marketing Science, 34*, 8-18.

Holt, D. B. (1998). Does cultural capital structure american consumption? *Journal of Consumer Research, 25*, 1-25.

Iannone, N. E., Kelly. J. R., & Williams, K. D. (2018). 'Who's That?' The negative consequences of being out of the loop on pop culture. *Psychology of Popular Media Culture, 7*, 113-129.

Ibbi, A. A. (2013). Hollywood, The American image and the global film industry. *CINEJ Cinema Journal, 3*, 93-106.

Jansari, A., & Parkin, A. J. (1989). Things that go bump in your life: Explaining the reminiscence bump in autobiographical memory. *Psychology and Aging, 11*, 85-91.

Janssen, S. M. J., Chessa, A. G., & Murre, J. M. J. (2007). Temporal distribution of favourite books, movies, and records: Differential encoding and re-sampling. *Memory, 15,* 755-767.

Jedidi, K., Krider, R., & Weinberg, C. (1998). Clustering at the movies. *Marketing Letters, 9,* 393-405.

Jones, R., & Mendelson, H. (2011). Information goods vs. industrial goods: Cost structure and competition. *Management Science, 57,* 164-176.

Kahn, B., Ratner, R., & Kahnemann, D. (1997). Patterns of hedonic consumption over time. *Marketing Letters, 8,* 85-96.

Koski, D. (2014). 10 movies sabotaged by their own creators. *Listverse,* September 25, https://goo.gl/J6wpur.

Kowert, R., & Quandt, T. (Eds.). (2016). *The video game debate: Unravelling the physical, social, and psychological effects of digital games.* New York: Routledge.

Kozinets, R. V. (2001). Utopian enterprise: Articulating the meanings of Star Trek's culture of consumption. *Journal of Consumer Research, 28,* 67-88.

Kreps, D. (2015). Aerosmith warns Donald Trump over 'Dream On' use, October 11, https://goo.gl/N7ZTEo.

Langfitt, F. (2015). How China's censors influence Hollywood. *NPR,* May 18, https://goo.gl/fNtSM9.

Lee, C. (2013). A history of flexing his muscles. *Los Angeles Times,* June 13, https://goo.gl/7ktRF1.

Leenders, M. A. A. M., & Eliashberg, J. (2011). The antecedents and consequences of restrictive age-based ratings in the global motion picture industry. *International Journal of Research in Marketing, 28,* 367-377.

Luan, Y. J., & Sudhir, K. (2010). Forecasting marketing-mix responsiveness for new products. *Journal of Marketing Research, 47,* 444-457.

Marchand, A., & Hennig-Thurau, T. (2013). Value creation in the video game industry: Industry economics, consumer benefits, and research opportunities. *Journal of Interactive Marketing, 27,* 141-157.

Markusen, A., Wassall, G. H., DeNatale, D., & Cohen, R. (2008). Defining the creative economy: Industry and occupational approaches. *Economic Development Quarterly, 22,* 24-45.

Mazis, M. B., Ahtola, O. T., & Eugene Klippel, R. (1975). A comparison of four multi-attribute models in the prediction of consumer attitudes. *Journal of Consumer Research, 2,* 38-52.

McCarthy, R. J., Coley, S. L., Wagner, M. F., Zengel, B., & Basham, A. (2016). Does playing video games with violent content temporarily increase aggressive inclinations? A pre-registered experimental study. *Journal of Experimental Social Psychology, 67,* 13-19.

Merchant, B. (2013). Studio execs hated the Blade Runner voiceover they forced Harrison Ford to do.

*Vice Motherboard*, March 14, https://goo.gl/ijBPNq.

Nelson, P. J. (1970). Information and consumer behavior. *Journal of Political Economy, 78*, 311-329.

Pähler vor der Holte, N., & Hennig-Thurau, T. (2016). Das Phänomen Neue Drama-Serien. Working paper, Department of Marketing and Media Research, Münster University.

Peltoniemi, M. (2015). Cultural industries: Product-market characteristics, management challenges and industry dynamics. *International Journal of Management Reviews, 17*, 41-68.

Petersen, R. A., & Kern, R. M. (1996). Changing highbrow taste: From snob to omnivore. *American Sociological Review, 61*, 900-907.

Prins, M. (1999). Movie review Shakespeare in Love. *Christian Spotlight on Entertainment*, https://goo.gl/gNmHVq.

Qin, A. (2017). At the movies in China, some propaganda with your popcorn. *The New York Times*, July 7, https://goo.gl/yUTsR9.

Ratner, R. K., Kahn, B. E., & Kahnemann, D. (1999). Choosing less-preferred experiences for the sake of variety. *Journal of Consumer Research, 26*, 1-15.

Redden, J. P. (2008). Reducing satiation: The role of categorization level. *Journal of Consumer Research, 34*, 624-634.

Rink, D. R., & Swan, J. E. (1979). Product life cycle research: A literature review. *Journal of Business Research, 7*, 219-242.

Rochet, J., & Tirole, J. (2006). Two-sided markets: A progress report. *The RAND Journal of Economics, 37*, 645-667.

Rössel, J., & Bromberger, K. (2009). Strukturiert kulturelles Kapital auch den Konsum von Populärkultur?. *Zeitschrift für Soziologie, 38*, 494-512.

Runco, M. A., & Charles, R. E. (1993). Judgments of originality and appropriateness as predictors of creativity. *Personality and Individual Differences, 15*, 537-546.

Scaruffi, P. (1999). Paul Simon. https://goo.gl/Y48X98.

Schäfer, T., & Sedlmeier, P. (2009). From the functions of music to music preference. *Psychology of Music, 37*, 279-300.

Schwartz, S. H., & Bilsky, W. (1990). Toward a theory of the universal content and structure of values: Extensions and cross-cultural replications. *Journal of Personality and Social Psychology, 58*, 878-891.

Scrawler, J. (2016). 15 movies that were ruined by just one bad scene, July 28, https://goo.gl/NeFuxj.

Shapiro, C., & Varian, H. R. (1999). *Information rules: A strategic guide to the network economy*. Cambridge, MA: Harvard Business School Press.

Song, R., Moon, S., Chen, H., & Houston, M. B. (2018). When marketing strategy meets culture: The role of culture in product evaluations. *Journal of the Academy of Marketing Science, 46*, 384-402.

Sparviero, S. (2015). Hollywood creative accounting: The success rate of major motion pictures. *Media Industries Journal, 2*, 19-36.

Spielberg (2012). 'Why I'm betting £85 million on one cartoon reporter and his dog': Steven Spielberg brings Tintin to the big screen. *Mail Online*, October 5, https://goo.gl/Edp3Su.

Strahilevitz, M., & Myers, J. G. (1998). Donations to charity as purchase incentives: How well they work may depend on what you are trying to sell. *Journal of Consumer Research, 24*, 434-446.

*Supreme Court* (2011). Brown, Governor of California, et al. v. Entertainment Merchants Association et al., No.08-1448, https://goo.gl/BrNQbU.

Szycik, G. R., Mohammadi, B., Hake, M., Kneer, J., Samii, A., Münte, T. F., & te Wildt, B. T. (2016). Excessive users of violent video games do not show emotional desensitization: An fMRI study. *Brain Imaging and Behavior, 10*, 1-8.

Szycik, G. R., Mohammadi, B., Münte, T. F., & te Wildt, B. T. (2017). Lack of evidence that neural empathic responses are blunted in excessive users of violent video games: An fMRI study. *Frontiers in Psychology, 8*, article 174.

Thompson, P., Jones, M., & Warhurst, C. (2007). From conception to consumption: Creativity and the missing managerial link. *Journal of Organizational Behavior, 28*, 625-640.

Troilo (2015). *Marketing in creative industries: Value, experience, creativity*. London: Palgrave.

Unsworth, G., Devilly, G. J., & Ward, T. (2007). The effect of playing violent video games on adolescents: Should parents be quaking in their boots? *Psychology, Crime & Law, 13*, 383-394.

Varian, H. R. (1995). Pricing information goods. Working Paper, University of Michigan.

Varian, H. R. (1998). Markets for information goods. Working Paper, University of California, Berkeley.

Voss, K. E., Spangenberg, E. R., & Grohmann, B. (2003). Measuring the hedonic and utilitarian dimensions of consumer attitude. *Journal of Marketing Research, 40*, 310-320.

Walker, S. (2015). Hollywood's Child 44 pulled in Russia after falling foul of culture ministry. *The Guardian*, April 15, https://goo.gl/1LDG8W.

Walls, W. D. (2010). Superstars and heavy tails in recorded entertainment: Empirical analysis of the market for DVDs. *Journal of Cultural Economics, 34*, 261-279.

Wanderer, J. T. (1970). In defence of popular taste: Film ratings among professionals and lay audiences. *American Journal of Sociology, 76*, 262-272.

Wang, C. (Alex), & Zhang, X. (Michael) (2009). Sampling of information goods. *Decision Support Systems, 48*, 14-22.

Weingarten, G. (2007). Pearls before breakfast: Can one of the nation's great musicians cut through the fog of a D.C. rush hour? Let's find out. *The Washington Post*, April 8, https://goo.gl/zLrEE8.

White, A. (2000). Joy in the struggle: A look at John Milius. *Film Threat*, July 18, https://goo.gl/pFBhoR.

Yaish, M., & Katz-Gerro, T. (2010). Disentangling 'Cultural Capital': The consequences of cultural and economic resources for taste and participation. *European Sociology Review, 28*, 169-185.

Young, S. M., Gong, J. J., & Van der Stede, W. A. (2008). The business of making movies. *Strategic Finance*, 26-32.

Zenatti, A. (1994). Goût musical, émotion esthétique. In A. Zenatti (Ed.), *Psychologie de la Musique* (pp.177-204). Paris: PUF.

# 4장

# 엔터테인먼트 시장이 독특한 이유

## 주요 특성

엔터테인먼트에서 전통적인 마케팅 믹스(Marketing Mix)가 필요한 것이 지난 장에서 논의했던 상품에서 오는 차이 때문만은 아니다. 상품 자체의 특성들 또한 엔터테인먼트가 제공되는 시장의 전반적 구조, 핵심 자원들, 그리고 역학 관계라는 관점에서 시장의 발전을 형성해 왔다.

이러한 시장 차원의 세부 사항들을 아는 것은 엔터테인먼트 회사가 장기적인 성공을 이루기 위해 충족해야 하는 조건들로 필수적이다. 특히, 우리는 엔터테인먼트 시장의 3가지 특성들을 지목하고자 한다. 높은 수준의 혁신, 상당한 진입 장벽의 존재 유무, 그리고 네트워크 효과이다. 마지막 2가지 특성은 엔터테인먼트 시장에서 일반적으로 높은 집중력의 근원이 될 수 있으며, 적어도 일부 시장을 대표할 수 있다. 앞으로 이러한 핵심적 특성들에 대해 깊이 알아보기 전에, 엔터테인먼트 시장에 대한 전반적인 통찰과 함께 상이한 경제적 법칙이 적용되는 2가지의 하부 시장의 공존에 대해 주목해 보도록 하자.

# 1. 엔터테인먼트의 큰 그림: 높은 혁신성과 부분적 집중이 특징인 2개의 하부 시장이 있다

모든 엔터테인먼트 시장은 2가지로 분리되어 있으면서도, 교환관계에 있는 상품들이 겹치고 얽힌 하부 시장으로 갖춰져 있다(Waldfogel, 2017 참고). 첫 번째 하부 시장은 비교적 작은 크기 회사들의 저예산 예술적 상품들이 주가 된다. 여기에서 폭넓게 사용되는 용어는 독립영화, 게임, 또한 음악과 같이 '독립적'이라는 용어이다.

여기서 독립적이라는 것은 프로듀서의 지위와 자금 제공의 원천('이 산업'의 밖에서 생산된 것)을 칭할 수 있다. 그러나 이것은 그 상품 자체의 성격에 대해서도 말할 수 있는 것이다. 이 상품은 상업적인 것, '주요' 필요조건들, 그리고 산업의 '규칙들'을 간과함으로써 독립적이라고 여겨질 수 있는 것이기 때문이다. 대체 가능한 용어는 '예술'이나 '아방가르드'로, 이 상품들은 하부 시장에서 비교적 낮은 상업성에 대해 더욱더 강조한다. 두 번째 하부 시장은 글로벌 엔터테인먼트 산업의 핵심적 주축인 필름과 게임 스튜디오, 주요 음반사들, 혹은 '대형' 출판사들과 같이 상업적 성격이 높고 큰 예산을 가진 비교적 대규모 회사들의 상품들을 아우른다.

이 2가지 상품의 유형(독립적과 상업적)은 각각 다른 고객 그룹을 겨냥한다. 스튜디오들의 상업적 상품들이 '주요' 소비자들을 겨냥할 때, 독립적 상품들은 예술적 면모에 크게 집중하는 틈새시장이나 '엘리트' 관중들을 목표로 한다(계층에 따라 상응하는 취향 차이에 대해서는 3장을 참고). 〈그림 4.1〉(각 원은 하나의 상품을 대표한다)에서 그려냈듯이, 엔터테인먼트 시장은 주로 큰 규모의 독립적인 상품들을 내포하고 있는 반면 오직 한정적인 수량의 스튜디오 상품을 갖고 있다. 그러나 원의 사이즈가 상품의 예산 규모를 상징하고 있다는 점을 보면 산업 예산이 매우 불균형적으로 분포되고 있다는 것을 알 수

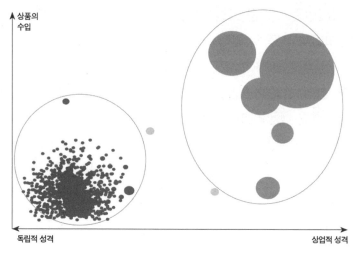

〈그림 4.1〉 엔터테인먼트 시장의 특징적 구조

있다. 즉, 산업적 상품의 수량 자체는 매우 적지만 제작자들이 영화, 게임, 책, 그리고 음악을 제작하는 데 사용하는 예산은 매우 많다는 것을 알 수 있다.

이러한 시장구조를 만드는 힘은 무엇일까? 많은 수의 독립 상품은 이 상품 유형에 대한 높은 빈도의 혁신을 가리킨다. 엔터테인먼트의 '무한한 다양성' 덕분에 실현 가능해졌지만, 이것은 연속적으로 새로운 것에 대한 수요가 생성되게끔 하는 소비자들의 만족도와 엔터테인먼트 상품의 짧은 수명주기에 기반하고 있다. 디지털화는 독립적 상품의 창작을 가능하게끔 했고, 이는 독립적이라는 이름 아래 상품들의 추가적 성장을 초래하여 (세부 사항은 Waldfogel, 2017을 참고) 앤더슨(Anderson, 2006)이 지명한 엔터테인먼트 상품의 '롱테일(long tail)'을 생성했다.[1]

---

1) '롱테일 현상'이 틈새시장 마케팅의 기반이라는 것에 대한 논거는 통합적 엔터테인먼트

상업적 스튜디오 상품에서도 짧은 수명주기와 포만감이 적용되기 때문에 혁신의 필요성은 이들에게도 존재한다. 그러면 그림에서 나타난 바와 같이 이 하부 시장에서는 왜 높은 레벨의 집중도가 나타는 것일까? 첫째, 스튜디오 상품들에는 매우 희귀한 전략적 자원들이 요구되는데, 여기에는 광범위한 경제적 자원에 대한 접근성도 포함된다. 이러한 자원들은 대부분 각 시장 영역마다 대기업들에 집중되어 있는데, 이 상태는 엔터테인먼트 산업 구조의 현상을 지속함과 동시에 엔터테인먼트 산업의 지배 그룹을 제외한 높은 진입 장벽을 생성한다. 이 그림은 2가지 상품 사이에 매우 비대칭적인 수입량을 나타내고 있다는 점도 주목해야 한다. 글로벌 시장의 성공은 결국 대규모의 전략적 자원과 매우 밀접한 연관성을 갖고 있다. 이러한 집중력에 대한 두 번째 이유는 엔터테인먼트 시장에서의 가치 생산은 일명 '네트워크 영향력'에 영향을 받는데, 이는 시장 집중력을 추가적으로 강화하는 데 기여하기 때문이다. 이러한 네트워크 영향력은 이미 성공했던 자들에게 유리하게 작용하고 그렇지 못한 자들(이 산업에 새로 들어온 자들을 포함한다)에게는 불리하게 작용하여 때때로 '승자 독식'의 패턴을 지속한다.

통계자료를 보면 이러한 영향력들이 모든 엔터테인먼트 상품의 시장을 만들었다는 것을 알 수 있다. 6대(디즈니와 폭스의 합병 이후 5대라고 할 수도 있다) 영화사들은 북아메리카 극장 산업 수입량의 대략 80%의 시장 점유율을 조합한다. 3대 음반사들의 총체적 글로벌 시장 점유율은 대략 65%(북아메리카에서는 80% 이상)이다. 상위 10위 내의 게임 회사들이 글로벌 전자 게임 수입량의 거의 65%를 차지하고, '빅 5' 출판사들이 판매서(혹은 엔터테인먼트 저서)의 거의 절반가량의 수입량을 만들어 낸다.[2]

---

마케팅에 관한 III권 5장을 참조.

넷플릭스와 스포티파이와 같은 회사들이 세계적인 규모에서 일부 가치 사슬의 영역을 지배하고 있는 데에서 알 수 있듯이(자세한 사항은 산업 개요 관련 부분 참고), 네트워크 또한 엔터테인먼트 상품의 가치 사슬 내 다른 계층에서 집중력을 촉진시킨다.

엔터테인먼트 스튜디오에 있어서 중요한 질문은 두 하부 시장이 중첩되는지 여부와 그 정도이다. 그들의 상업적 작품과 독립 제작물 사이의 대체제의 비율은 얼마나 높은가? 만약 두 하부 시장 사이 내 대체재의 비율이 아예 존재하지 않는다면, 시장 경쟁은 극히 일부의 스튜디오 상품에 국한될 것이고, 추후 다이내믹 네트워크 효과에 의해 결국 경쟁은 더 감소할 것으로 예측할 수 있다. 그러나 이러한 교차시장 대체재가 존재한다는 증거가 어느 정도 있다. 영화 관람객들은 때때로 〈블레어 위치(The Blair Witch Project)〉와 같은 저예산 공포영화를 비싼 스튜디오 프로덕션보다 선호하며, 힙합 듀오 매클모어(Macklemore)와 라이언 루이스(Ryan Lewis)의 노래 「스리프트 숍(Thrift Shop)」과 같이 일부 독립적으로 프로듀싱된 노래가 히트를 치기도 했다.[3] 이것은 예술적 성과를 중요시하는 소비자 계층과 그러한 취향이 부족한 주요 관중들 사이에 분명한 경계선은 없고 오직 모호한 경계만 존재한다는 우리의 소비자 취향과 관련된 논거와 방향이 일치한다. 결과적으로, 엔터테인먼트 스튜디오는 필수적 자원을 관리하고 다른 메이저들과 스튜디오의 경쟁에 대한 대처 방안뿐 아니라 독립 프로듀서들과의 경쟁에서도 이겨야 한다.

다음은 주로 엔터테인먼트 환경을 형성하는 2가지 요소인 전략적 자원

---

2) 디지털화는 아마존의 강력한 도움으로 인해 시장의 집중력에 일부 반작용을 가하기도 했다. 엔터테인먼트 비즈니스 모델에 대한 5장에서 출판 산업에 대한 논거를 참고.
3) 유통 자원을 논의할 때 매클모어와 루이스의 히트곡과 독립용 상품과 상업용 상품의 중복에 대한 몇 가지 추가적인 관점을 제공한다.

과 네트워크 효과를 보다 자세히 살펴보도록 하자. 하지만 시작하기 전에 엔터테인먼트 시장에서 '많은' 혁신이 일어나고 있다고 말하는 것의 의미를 간단히 살펴보자. 여기서 많이는 정말 '많이'이다.

## 2. 엔터테인먼트 시장은 혁신 빈도가 높다

엔터테인먼트 상품의 특성은 매니저들이 수년간 지속적으로 긍정적인 현금 흐름을 갖는 것을 목표로 한다면, 계속된 혁신을 찾도록 요구한다. 그 결과, 게임, 영화, 음악, 소설 등 매우 많은 수의 새로운 엔터테인먼트 상품들이 매년 시장에 출시되고 있다.

그렇다면 '매우 많다'는 것은 구체적으로 무엇을 의미할까? 먼저 영상 콘텐츠부터 살펴보자. 2016년 북미 영화관에서 개봉된 신작 장편영화는 718편이었음에 반해(주당 거의 14편), 6대 영화관에서 개봉된 영화는 134편(또는 4분의 1편)에 불과했다. IMDb에 의하면 ('성인' 필름을 포함하지 않는) 702편은 그 해에 전 세계적으로 제작된 1만 편 이상의 영화들 중 일부에 불과했다고 한다. 게다가 2016년에는 3761편의 새로운 TV 상영 영화가 제작되었을 뿐만 아니라 7027편의 TV 시리즈에서 새로운 에피소드가 17만 2045편이나 제작되었다. 2017년 한 달 동안, 거의 1300만 시간의 새로운 비디오 콘텐츠가 유튜브에 업로드되었다. 이러한 '상품'이 확실히 서로 완벽한 대체품이 아님에도 불구하고, 우리는 이 수치를 통해 혁신 빈도가 이런 종류의 엔터테인먼트에 있어서 얼마나 높은지를 알 수 있다고 믿는다.

수치는 다른 형태의 엔터테인먼트에서도 못지않게 인상적이다. 독일음반산업협회(Bundesverband Musikindustrie)에 따르면, 2016년에 독일 내에서만 봐도 2만 장 이상의 새로운 음악 앨범이 출시되었고, 그 해에는 거의 10만

곡의 노래가 싱글 형식으로 새로 발매되었다고 한다(거의 매주 2000곡에 근접한
다). 국제출판협회에 따르면 2014년 미국에서 8만 권 이상의 신간 서적과
24만 권의 재판 서적이 출간된 것으로 집계되었다. 게임의 경우에는 소비
자들은 연간 800개에 가까운 새로운 콘솔 게임들 사이에서 선택할 수 있
고, 또한 PocketGamer.biz의 보도에 따르면 2016년에만 애플의 아이튠즈
(iTunes) 스토어에 추가된 2만 개 이상의 새로운 게임 앱 중에서 선택할 수
있다(추가적인 수치는 Waldfogel, 2017 참조).

비교를 위해 미국에서는 매년 160여 대의 스마트폰 신제품, 40여 대의
신형 자동차 모델, 10~15종류의 신형 위스키와 코냑이 출시되고 있다. 절
대적이고 상대적이기도 한 이 수치들은 '매우 많은' 수의 새로운 엔터테인
먼트 상품이 만들어진다고 말할 때, 그저 빈말이 아님을 확실히 알 수 있
다. 혁신 빈도에 관한 한 엔터테인먼트와 견줄 만한 다른 산업을 찾기는
어렵다고 할 수 있다. 그렇다면 이제 상용 엔터테인먼트 상품의 하위 시
장에 존재하는 집중력 수준의 이면에 있는 요인을 살펴보도록 하자.

## 3. 집중 경향: 엔터테인먼트 시장은 진입 장벽이 높다

기업의 자원 기반 이론(예: Penrose, 1959)은 경영학자들 사이에서 어떤 기
업은 성공하고 어떤 기업은 실패하는 이유를 설명하는 데 꽤 인기가 있다.
엔터테인먼트의 맥락하에서, 자원 기반 이론은 소수의 스튜디오와 레이
블이 지배하고 있는 상업용 작품의 하위 시장에 신규 플레이어들이 진입
하는 것이 왜 그렇게 어려운지에 대한 타당한 주장을 제공하고 있다.

자원 기반 이론의 핵심은 기업이 뚜렷한 '전략적 자원' 구성을 소유하고
이러한 자원을 이용하는 전략을 구현한다면 업계에서 지속적인 경쟁 우

위를 달성할 수 있다는 논리이다.

이러한 전략을 바탕으로 한 전략적 자원은 거대한 진입 장벽[또는 자원 기반 이론의 언어로, '자원 위치 장벽(resource position barriers)']을 만들 수 있다(Wernerfelt, 1984). 이러한 전략적 자원은 무엇이며, 무엇이 그들을 강력하게 할까? 자원 기반 이론에 따르면, 그것들은 희귀하고 가치 있고 모방할 수 없는 자산 및 능력이며(경쟁업체에 의해 쉽게 복사되거나 다른 자원에 의해 대체될 수 없다), 지속 가능하다는 것을 알 수 있다(Barney, 1991). 이러한 자원은 전략 자원의 '전략적' 특성을 책임지는 장기적인 경쟁 우위를 창출한다.

따라서 자원 기반 이론은 상업 시장에서 엔터테인먼트의 성공이 2가지에 달려 있다는 것을 말해 준다. 그러한 전략적 자원의 보유와, 강력한 전략을 통한 성공적인 시장 행동으로의 전환이 그것이다. 이러한 전략에 대해서는 엔터테인먼트 상품의 마케팅 도구와 활용을 다루는 2부인 II권, III권에서 살펴볼 것이다. 이 장의 나머지 부분에서는 엔터테인먼트 시장, 특히 '스튜디오 상품'의 하위 시장에서 성공하기 위한 필수적인 전략적 자원의 종류에 대해 자세히 알아볼 것이다.

우리는 차별성을 만드는 데 도움이 될 수 있는 4가지 유형의 전략 자원을 식별했다. ⓐ 금융 생산 및 마케팅 자원, ⓑ 유통 자원, ⓒ 창작자와 그들의 과거 작품에 대한 접근 또는 통제, ⓓ 기술 자원이다. 위는 상당히 거대한 진입 장벽을 형성하면서 현존 업계와 시장에 진입하기를 원하는 사람들로 갈라선다.

## 1) 생산 및 마케팅 자원

그 예산은 몇 년 동안 작은 나라를 먹여 살릴 수 있습니다!

— Whedonesque.com의 사용자가 〈어벤저스〉 영화의 제작 예산이 2억 6000만 달러라는 정보에
  반응한 댓글

스튜디오 엔터테인먼트 상품이 제작 및 출시되기 위해서는 막대한 비용이 필요하며, 그중 대부분(엔터테인먼트 초본 비용 재화)은 선지출된다. 마지막으로 미국영화협회(MPAA)가 2007년 할리우드 스튜디오 영화의 평균 제작비를 보고했을 때, 그것은 7000만 달러를 넘어섰고, 북미 극장에서 개봉을 지원하기 위해 소비된 광고와 배급 비용은 평균 3600만 달러였다. 다시 말해, 스튜디오 영화를 개봉하는 데는 1억 달러 이상의 초기 투자 비용이 필요했다.

10년이 지난 지금, 스튜디오 영화를 개봉하기 위한 실제 자본 소요량은 훨씬 더 높다. 매클린톡(McClintock, 2014)은 할리우드의 주요 경영진과의 대화에서 할리우드에서 '텐트 폴(tent pole)'이라고 불리는 영화를 위한 글로벌 마케팅 캠페인에 2억 달러(북미 관객에게는 1억 달러, 또한 업계에서 '외국' 영토라 부르는 지역을 위해 1억 달러)를 투자해야 한다고 결론지었다. 제임스 본드의 프랜차이즈를 예로 들어 보자. 보도에 따르면 소니는 에이전트 시리즈의 2015년 출품작 〈007 스펙터(Spectre)〉(Fleming, 2016)의 제작 및 전 세계 극장 배급에 거의 4억 달러를 투자했다고 한다. 이것은 1999년 제임스 본드 영화 〈007 언리미티드(The World Is Not Enough)〉의 총 인플레 조정 비용보다 약 40% 더 많고, 1989년 〈007 살인 면허(License to Kill)〉의 총비용보다 무려 120%나 더 많다. 이러한 엄청난 양은 현재 다양한 형태의 엔터테인먼트에 걸쳐 스튜디오 제작을 지배하고 있는 블록버스터 마케팅 개념과 밀접하게 연관되

어 있다. 이에 관련해 엔터테인먼트 통합 마케팅에 관한 III권 5장에서는 엔터테인먼트 부문의 재정 자원 개발과 더불어 이 개념의 경제적 논리에 대한 논거를 기술했다.

이제는 마케팅 자원이 스튜디오 상품에 매우 중요할 뿐만 아니라, 더 많은 시청자를 대상으로 하는 다양한 엔터테인먼트 제작에도 요구된다는 것을 강조하고 있다. 이에 대한 주된 이유는 엔터테인먼트 상품의 광고 비용이 제작 예산이 적은 상품에는 확장성이 없기 때문에 잠재적인 관객들의 이목을 끌기 위해서는, 모든 개봉 영화들이 광고에 많은 돈을 써야 하는 데에 있다. 이에 감독이자 제작자인 스티븐 소더버그(Steven Soderbergh)는 "주류, 와이드 릴리스 영화의 진입 지점: 3000만 달러. 거기서부터 시작하세요. 이제 해외에 3000만 달러를 더 추가하면 됩니다"라고 말했다 (The Deadline Team, 2013 인용). 저예산 코미디 영화 〈보스(The Boss)〉는 2900만 달러의 제작비를 예상했음에도 불구하고 7000만 달러의 광고 비용이 발생했다(D'Alessandro, 2016).

다른 형태의 엔터테인먼트의 경우에도 필요한 투자의 절대량은 다르지만, 금융 자원에 대한 접근성은 마찬가지로 중요하다. 대규모 멀티플레이어 온라인 게임인 〈스타워즈〉의 〈구공화국(The Old Republic)〉(2011)경우처럼 주요 게임을 개발하는 데는 평균 6000만 달러가 소요되며 최대 2억 달러에 이를 수 있다(Superannuation, 2014). 심지어 이것은 상당한 광고비를 포함하지 않은 비용이다. 게임 회사 EA의 임원인 리처드 힐레먼(Richard Hilleman)은 EA가 게임 개발에 쓰는 비용보다 마케팅과 광고에 쓰는 비용이 두세 배 더 많다고 밝혔다(Takahashi, 2009). 이것은 모든 게임에 해당되지는 않을지 모르지만, 이러한 종류의 엔터테인먼트 콘텐츠들이 실질적으로 광고 자원이 필요하다는 것을 강조하고 있다.

음악의 경우, 알렉산더(Alexander, 1994)는 제작비의 역할을 강조하면서 진입 장벽을 체계적으로 분석했다. 그의 연구에 따르면 단일 레코드의 제작비는 16만 달러에서 80만 달러 이상(2017년 기준 금액 가치)에 이르는 것으로 나타났다. 또한, 알렉산더는 영화나 게임의 경우에서 보듯이 음악의 경우, 라디오 방송국은 작은 회사들의 진입을 거부하는 '판촉 네트워크'의 존재 때문에 판촉이 훨씬 더 어려운 진입 장벽으로 여겨질 수도 있다고 강조한다(라디오는 아직까지도 소비자들이 새로운 노래나 앨범을 알아 가는 데 가장 대표적인 방법 중 하나이다). 그가 공부하던 시절부터 인터넷은 음악 마케팅 자원의 중요한 역할을 줄이지 않고 오히려 증가시켰다. 디지털 기술은 음악 녹음의 장벽을 줄였지만, 홍보의 경우에서는 아니었다. 캐피틀 레코드(Capitol Records)의 전 경영자인 제이슨 플롬(Jason Flom)은 다큐멘터리 〈아티팩트(Artifact)〉에서 "요즘에는 음악이 너무 많고 이에 따른 노이즈가 심하기 때문에 음악을 듣기가 그 어느 때보다 어려워졌다"라고 말했다.

그렇다면 엔터테인먼트를 위한 금융 자원에 대한 접근성은 어떨까? 이런 측면에서 디지털 기술은 금융 자원의 전략적인 역할을 줄이는 데 도움이 될까? 디지털화가 제공하는 한 가지 접근 방식은 크라우드 펀딩이며, 영화나 게임을 비롯한 꽤 많은 엔터테인먼트 제품의 자금 조달이 실제로 성공적이기도 했다. 우리는 엔터테인먼트의 위험성을 줄이기 위한 방법으로 크라우드 펀딩에 대해 전담하여 기술했다(엔터테인먼트 비즈니스 모델에 관한 5장 참조).

그러나 크라우드 펀딩 프로젝트는 거의 항상 독립 상품 범주에 속하며, 자금이 조달된 생산 예산은 대개 빠듯하고 광고에 사용할 수 있는 자원은 (생산 대비) 거의 없다. 갈루즈카와 브루조조우스카(Galuszka and Brzozowska, 2016)는 크라우드 펀딩을 통해 자금을 형성한 음악가들을 대상으로 한 30편의 심층 인터뷰를 통해, 크라우드 펀딩 접근법이 "전통적으로 행해지는 레코드 표시에 의한 홍보 활동을 다루는 어려움" 때문에 진입 장벽을 극복하지 못할 것이라고 결론지었다. 이러한 의미에서 재원은 엔터테인먼트에서 전략적 요충지로 남을 것을 예상할 수 있다.

## 2) 유통 자원

중요한건 유통이야, 어리석기는…

— 킹(King, 2002: 59)

대규모 수량의 독립 엔터테인먼트 상품과 독립 및 상업용 스튜디오 상품의 하위 시장 간 중복으로 인해 엔터테인먼트 산업은 '지속적인 공급과 잉(persistent oversupply)'이라는 특징을 가지고 있다(Peltoniemi, 2015: 42). 이 공급 과잉은 모니터링 역할을 하는 게이트키퍼(gatekeeper)가 소비자의 상품 접근성에 영향을 미치는 선택을 하는 '여과 시스템(filtering system)'에 중요한 역할을 할당하여 많은 엔터테인먼트 상품의 일부만이 실제로 소비자에게 배포되도록 한다.

어떤 경우에, 이러한 선택들은 말 그대로 소비자들이 특정 상품에 접근하는 것을 막는다(예를 들어 극장에서 상영되지 않는 영화는 관객이 시청할 수 없다). 다른 경우 이 시스템은 아이튠즈 데이터베이스에 노래가 너무 깊이 숨겨져 소비자가 엄청난 검색 노력을 투자할 때만 찾을 수 있는 경우와 같이 성공 비용(노력, 가격 등)을 증가시킨다. 이러한 여과 시스템이 없다면 엔터테인먼트 소비자는 압도적으로 많은 선택으로 인한 과부하에 직면하게 될 것이며, 이는 의욕 상실과 시장 실패를 초래할 것이다[선택 과부하의 결과에 대한 자세한 내용은 예를 참조(Iyengar and Lepper, 2000)].

주요 스튜디오, 레이블 및 출판사가 보유한 유통 자원은 소비자에게 배포될 필터를 지나 제작자가 상품을 확실히 분배하도록 보장한다. 예를 들어, 넷플릭스는 극장 개봉을 위한 그러한 자원을 가지고 있지 않기 때문에, 그들의 작품을 기꺼이 보여 줄 영화관을 찾는 데 문제에 직면했다. 극장들에 대한 이러한 지속적인 접근의 부족은 그들의 상품이 오스카 상과 같은 중요한 영화계 상을 받을 자격이 없게 했을 뿐만 아니라 콘텐츠와 창작자들을 끌어들이는 것(극장 개봉 자체가 가치를 제공하는 것)과 같은 문제를 야기한다.

여기서 유통 자원은 정확히 어떤 의미일까? 간단히 말해, 우리는 제작자가 자신의 창작물에 대한 소비자의 접근을 보장하기 위한 조건으로서의 제작자의 '추정 역량'과 '힘'을 제시한다. 이 2가지 자원을 정의하고 설명하기 위해 주요 영화 스튜디오만이 충분히 많은 수의 극장과 소유주 등으로부터 '광범위한 개봉', 즉 수천 개의 스크린에서 신작을 동시에 개봉하는 것을 지원하도록 할 수 있는 극장용 영화 배급의 사례를 들어 보고자 한다.

첫 번째 자원인 추정 역량은 극장 소유주들이 많은 고객들을 그들의 상품으로 끌어모을 수 있는 역량을 가지고 있다고 믿는 스튜디오들에게만 영화 배급을 지원한다는 의미이다. 라디오 방송국들과 소매업자들이 주요 레이블과 출판사만 많은 사람들이 자기들의 상품을 듣거나 쇼핑할 수 있도록 한다고 믿듯이, 대형 스튜디오(스튜디오의 경험, 상품 및 재정적인 자원 때문에)만 이 능력을 가지고 있다고 극장 소유주들은 믿는다. 영화감독 엡스타인(Epstein, 2010: 1899)이 영화에 대해 말한 바와 같이, "멀티플렉스 소유주들은 개봉 주말에 6개의 주요 영화사들이 집에서 극장으로 영화 팬들을 몰아올 수 있다는 것을 알고 있으며", 이는 "팝콘을 먹는 관객들로 2000개의 극장(북아메리카 내에서만)을 채우는 데 필요한 것"이다. 그는 이것이 스튜디오 시스템 밖의 제작자들에게는 "거의 불가능에 가까운 사업"으로 여겨지고 있는 원인이라고 지적한다.

두 번째 배급 자원인 '힘'은 다양한 상품에 대한 배급의 우위를 얻기 위해 그들의 다중 상품 포트폴리오를 활용하는 제작자들의 능력을 가리킨다. 주요 제작사들만이 향후 블록버스터 프로젝트의 힘을 이용하여 배급사가 그렇게 높게 평가하지 않을 수 있는 다른 상품의 배급까지 보장할 수 있다. 영화제작자의 전설로 불리는 아넌 밀천(Amon Milchan)은 "주요 스튜디오들은 극장 주인에게 '이 영화를 멀티플렉스 영화관에서 3개의 스크린에 올리지 않는다면, 다음 달에 〈스타워즈〉를 볼 수 없을 것이다'라고 말할 수 있는 스튜디오들이다. 그래서 들어가는데 힘을 좀 써야 한다"(Shanken, 2008 인용)라고 말했다.

유통 메커니즘의 차이에도 불구하고, 유통 자원은 모든 형태의 엔터테인먼트와 마찬가지로 중요하다. 음악의 경우, 알렉산더(Alexander, 1994)는 그의 사례연구의 결과로 유통을 주요 레이블과 그들의 '유통 거리(distri-bution arms)'에 의해 통제되는 중요한 진입 장벽으로 정의했다. 그는 '프린지 회사와 신규 진입자는 주요 경쟁사들의 분배를 제외하고는 유통에 대한 대안이 거의 없다'라고 결론짓고 있다. 전국 단위 유통에 대한 통합 비용은 1억 달러로 추산되고 있으며, 디지털 플랫폼이 음악의 유통을 재편하고 있지만, 한 곡의 실질적 대규모 판매량은 여전히 큰 레이블의 영역이다. 매클모어와 라이언 루이스의 자작곡인 「스리프트 숍」은 2013년에 빌보드 차트에서 1위를 차지했는데, 이는 주요 레이블에서 발매되지 않은 곡 중 20년 만에 처음으로 1위에 오른 곡이었다. 그리고 심지어 그 노래는 유통과 관련해 독립적이지 않았는데, 그것은 아티스트들이 대류 단위의 라디오 방송(Chace, 2013)을 얻기 위해 워너 뮤직을 고용했기 때문이다. 이는 독립 프로듀서 벤지 그린스버그(Benjy Grinsberg)가 "한 곡으로 500만 개의 싱글 앨범을 팔 수 있나요? 글쎄요. 라디오는 여러분을 그다음 단계로 데려갈 수 있고, 메이저들은 그 누구보다도 싱글을 라디오에 더 잘 밀어 넣습니다"(Buerger, 2014 인용)라고 말한 바와 같을 수 있다.

　게임과 소설의 유통에서도 주로 물리적 영역에서 제한된 저장 공간을 취급하는 소매업체의 형태로 병목현상이 발생한다. 출판사는 서로 경쟁할 뿐만 아니라 비엔터테인먼트 상품 범주와도 경쟁한다. 게임 제작자들에게는 게임 콘솔이나 모바일 앱 시장과 같은 유통 플랫폼에 접근하는 것이 점점 더 중요해지고 있다. 콘솔과 앱스토어 시장이 모두 극도로 과열되어 있기 때문에 게임 제작자들은 플랫폼의 고객들에게 접근하기 위해 로열티를 지불해야 하며, 이 비용은 게임과 콘솔 시스템당 8만 달러에 이른다고 보고된 바 있다.[4]

　금융 장벽 외에도, 인식 장벽은 검색 기능이 제한됨으로써 플랫폼들에게 상당히 방대한 장벽으로 작용할 수 있다. 플랫폼은 종종 '간접 네트워크 효과'로 인해 콘솔과 같은 플랫폼 상품을 더 많이 팔 수 있도록 도와주는 고도의 상업적인 스튜디오 요금에 특별한 관심을 가지고 있다. 모든 주요 게임 플랫폼이 소니, 마이크로소프트, 그리고 닌텐도(Nintendo)와 같은 대형 게임 플랫폼들의 소유라는 것은 확실히 독립적인 게임 제작자들에게 도움이 되지 않는다.

　디지털 기술의 발달로 플랫폼은 다른 형태의 엔터테인먼트에서도 점점 더 중요해지고 있다. 음악을 위한 스포티파이, 책을 위한 아마존의 킨들, 영화를 위한 넷플렉스를 생각해 보자. 이러한 트렌드는 확립된 배급 자원의 가치에 영향을 미치지만(예를 들어 실물 비디오 대여 체인들과의 관계는 이제 묵인된다), 엔터테인먼트 성공을 위한 유통 자원의 중요한 역할을 바꾸지는 않는다.

---

4)　핸드헬드 기기(2013년 기준 약 100달러)와 모바일 앱스토어(각 게임/앱 당 연간 25달러에서 100달러 사이의 비용, 같은 연도 기준)의 로열티는 상당히 낮다(Marchand and Hennig-Thurau, 2013).

주요 레이블들이 스포티파이 등으로부터 최고의 거래를 얻는 것은 결코 우연이 아니다(예: Lindvall, 2011). 새로운 배급업자들 또한 스튜디오의 유통 능력을 재확보할 수 있는 유명 콘텐츠를 갖고 싶어 한다. 당시 아마존의 경영 간부였던 로이 프라이스(Roy Price)는 "우리는 점점 더 가장 큰 쇼들의 영향력에 집중하고 있습니다. 바늘을 움직이려면 큰 쇼가 필요하다는 것은 아주 명백합니다"(Littleton and Holloway, 2017 인용)라고 표현했다. 만약 스튜디오가 자사 상품을 비싼 요금으로 플랫폼에 판매하거나 판매하지 않음(그러나 자가 유통에 관여한다)으로 인해 소비자에 대한 총판의 매력을 감소시킴으로써 유통 능력을 남용하고자 한다면 이는 별개의 문제이며, 나중에 다시 살펴볼 것이다.

## 3) 자원으로서의 크리에이티브 및 이들의 작품에 대한 접근과 통제

재능은 드물다.

— 캣멀(Catmull, 2008: 66)

누군가의 창조적인 기술에 의한, 엔터테인먼트에서 정의되는 재능은 이번 장의 도입 인용문에서 픽사의 창립자이자 사장인 에드윈 캣멀(Edwin Catmull)에 의해 표현된 것처럼 매우 드문 자원이다. 이것 때문에 소비자들에게 깊은 울림을 주는 엔터테인먼트 상품을 만들 수 있는 능력을 가진 크리에이티브들은 그들의 과거 작품들과 함께 전략적인 자원이 된다. 결과적으로 엔터테인먼트 제작자들은 그러한 크리에이티브들에게 접근할 수 있거나 그들의 지적 창조물을 소유/통제할 때 경쟁 우위를 가진다. 이 인재 자원의 전략적 중요성은 공급 측면과 수요 측면의 주장들 모두에 기초한다. 공급 측면의 관점에서 볼 때, 할리우드의 기관으로서 상대적 안정성과 수십 년 동안 주요 스튜디오의 오랜 저항은 '인재와의 관계(relation-ships with talent)'의 결과라고 주장되어 왔다(Friend, 2016). 소비자가 즐길 수 있도록 업계에서 생산하는 상품 뒤에는 크리에이티브가 있기 때문에, 이러한 크리에이티브들에게 더 잘 접근할 수 있는 것은 주요 경쟁 우위이다.

전통적으로 이러한 접근은 독점 계약에 의해 엔터테인먼트 내에서 보장되었다. 이런 유형의 '스타 시스템'은 오늘날에도 여전히 음악이나 출판에 존재하고 있는데, 이곳에서 크리에이티브들은 종종 다년간 계약을 맺는다. 그러나 영화에서는 1960년대 이후 창작자와 제작자 사이의 장기 계약관계가 드물어졌으며, 대신 프로젝트 단위로 거래가 이뤄지기 시작했다. 이러한 조건하에서, 창작자에 대한 접근은 '유연함'이라는 요인에 달려 있는데, 이는 대부분 창작자의 예술적 비전을 실현할 수 있는 조건을 제공하려는 제작자의 의지에 달려 있다고 할 수 있다. 이런 바람직한 조건들은 확실히 재정적 여유를 포함하지만, 예술적 자유와 존중도 그만큼 중요하다.

흥미롭게도 그러한 조건들을 제공하는 것은 넷플릭스나 아마존과 같이 새로운 디지털 진입자들의 주요 관문이 되어 왔다. 감독 데이비드 핀처와 영화배우인 케빈 스페이시(Kevin Spacey)가 드라마 〈하우스 오브 카드〉 시리즈를 제작할 회사를 찾고 있을 때, 넷플릭스는 "우리는 당신을 믿습니다"라고 말한 유일한 회사였기 때문에 결국 그들에게 가게 되었다(Spacey, 2013)는 말처럼 다른 모든 스튜디오들은 먼저 파일럿(본 방송 전 시청자 반응을 보기 위해 1~2편 정도를 먼저 편성하는 것) 에피소드의 촬영을 요구한 반면, 넷플릭스의 신뢰는 "무간섭(no interference)"[넷플릭스 최고 콘텐츠 책임자 테드 사란도스(Nocera, 2016 인용)]으로 시즌 2 동안 완전한 제작을 약속함으로써 표현되었다. 스페이시(Spacey, 2013)의 증언에 따르면, 아티스트 팀에게 파일럿 요청을 면제해 주는 것은 매우 중요했다면서, 그는 "우리는 다음과 같이 복잡한 다층적 스토리를 만들어 내고, 이를 위해서는 시간이 지남에 따라 자신을 드러내는 복잡한 캐릭터들을 나타나기 위해 어느 정도의 여유가 필요한 관계들이 있다. 그리고 작가의 관점에서 파일럿을 해야 하는 의무란 45분 이내로 모든 캐릭터를 정립하고, 다음 에피소드를 위한 위기감 있는 결말을 만들어 내는 것인데, 이는 결론적으로 단 한 편을 가지고 우리가 할 일이 잘될 것을 증명해야 한다는 것이다"[5]라고 말했다.

넷플릭스는 "이런 창작자에 대한 '핸드오프(hand-off)' 정책"을 펴 왔으며 (Norcera, 2016) 이는 여러 유명 크리에이티브를 유치한 시장 포지셔닝의 핵심 요소이다. 아마존 또한 유사한 정책을 수립하며 흔치 않은 창작의 자유를 제공하고 있다(Frank, 2014). 전통적인 업계 리더들과 창작자들의 관계는 종종 팽팽한 것으로 묘사되는데, 이는 엔터테인먼트 분야에서 프랜차이즈 경영이 상승하면서 점점 더 강화되고 있는 것으로 보인다(Debruge, 2017 참조).[6]

창조적인 재능은 수요 측면의 이유에서도 엔터테인먼트 회사들에게 중요하다. 소비자들은 일반적으로 엔터테인먼트를 사랑하지만, 그들은 특정 스타들과 더불어 스크린, 헤드폰, 킨들 위에서 그들이 현실로 이끌어 낸 캐릭터와 가공의 세계를 특히 사랑한다. 따라서 재능 있는 창작자들과 그들의 작품들은 소비자들이 관계를 맺고 충성심을 보여 줄 수 있는 엔터

---

5)  넷플릭스의 결정은 근거 없는 도박이 아니라 회사의 분석적 통찰력에 따른 것이라는 점에 유의할 필요가 있다. 케빈 스페이시가 기억하듯이, 넷플릭스는 그들의 데이터를 분석했고, 그 데이터는 구독자들이 그 시리즈를 시청할 것이라고 말했다.

6)  다큐멘터리 〈아티팩츠(Artifacts)〉는 업계 관행에 대한 유의미한 기록을 제공한다. 이 다큐에서는 EMI 레이블이 30 세컨즈 투 마스(Thirty Seconds to Mars)라는 밴드를 상대로 낸 3000만 달러 소송 기록을 다루는데, 이 소송은 수백만 장의 음반을 팔았음에도 불구하고 밴드는 직접적으로 음반으로 아무런 이익을 내지 못했기 때문에 이 밴드가 음반사를 탈퇴하기로 결정한 후에 벌어진 일이다.

테인먼트 제작자들에게 '브랜드 자산'으로서 역할을 할 수 있다. 팬들은 레이디 가가가 노래하고 춤추는 것을 좋아하고, 윌 스미스(Will Smith)가 연기하는 것을 보는 것을 좋아하고, 댄 브라운(Dan Brown)의 다음 소설을 기다린다. 이러한 창작자들의 다음 작품이나 캐릭터의 액션에 대한 소유권은 필수적인 경쟁적 이점이 될 수 있다. 〈E.T.〉의 이야기를 지속하기 위해 스티븐 스필버그를 팀에 두는 것과 그의 허락을 받아 놓는 것은 큰 도움이 될 것이다. 이것이 바로 유니버설 픽처스의 회장인 도나 랭글리가 다음과 같이 주장하는 바의 근거이다. "성공적인 근원, 즉 브랜드보다 더 좋은 것은 없습니다. 요즘 모든 사람들은 그런 근원을 찾고 있습니다"(Beier, 2016 인용). 우리는 이러한 브랜드 자원의 중요한 역할과 자원을 최대한 활용하려면 어떻게 관리해야 하는지에 대해 하나의 장을 전부 할애할 예정이다.

## 4) 기술 자원

엔터테인먼트 회사의 경쟁력에 기여할 수 있는 마지막 자원은 독점적인 전문 기술 지식이다. 엔터테인먼트는 소비자에게 심미적이고 감각적인 경험을 제공함으로써 성공하기 때문에, 엔터테인먼트 상품을 만드는 데 사용되는 기술은 고객의 반응에 큰 영향을 미칠 수 있다. 엔터테인먼트 상품의 짧은 수명주기 때문에 이러한 기술은 보통 제작자들이 하나의 상품만을 발전시키기 위해 사용하는 것이 아니다. 할리우드 스튜디오에서 3D 디지털로 영화를 제작할 수 있는 능력을 한 편의 영화뿐만 아니라 여러 편의 영화에 적용하는 것과 같이 전체 엔터테인먼트 상품의 성능을 향상시키는 데 사용된다. 기술은 상품을 제공할 시 다른 동일한 형태의 엔터테인먼트(즉, 2D 영화)의 제안에 비해 경쟁적인 이점을 제공하면서도 다른 레저 활동에 비해 좀 더 일반적인 방식으로 활용 가능한 목표를 갖고 있다.

그럼에도 불구하고 엔터테인먼트 분야에서 가장 큰 상업적 승자들의 성공은 혁신적 기술 단계와 밀접하게 연관되어 있다. 〈쥬라기 공원(Jurassic Park)〉을 촬영할 때, 스티븐 스필버그 감독은 수십 년 동안 업계 표준이었던 애니매트로닉스(animatronics)와 진보된 스톱 모션(stop-motion) 기술의 혼합을 통해 시대를 정의하는 생물체들을 살아나게 할 계획을 세웠다. 그러나 이것이 상업적 분수령이 된 시점은 특수 효과 팀이 이 '구(old)'기술을 컴퓨터 생성 이미지, 즉 CGI로 대체했을 때였다. 그 결과, 〈쥬라기 공원〉은 수백만 명의 소비자들이 놓치고 싶지 않았던 '진짜', 살아 있는 듯한 브라키오사우루스를 처음으로 마주할 수 있게 했다(Huls, 2013).

〈아바타(Avatar)〉의 경우 제임스 카메론 감독은 기술이 무르익지 않았다고 느껴 그의 영화적 비전의 구현을 10년 가까이 미뤘다. 1996년 80페이지 분량의 트리트먼트를 마친 후, 카메론은 2007년까지 엔지니어들과 긴밀하게 협력하여 모션 캡처 기술의 품질을 향상시켜 관객들이 인간과 같은 '나비(Na'vi)' 캐릭터를 진지하게 받아들이고 공감대를 형성할 수 있도록 했다. 또한, 그는 이 간극을 사용하여 3D 디지털에 '퓨전' 카메라 시스템을 설계했는데, 이는 기존의 흐릿한 3D 효과를 뛰어넘는 사실적인 입체 영상을 만들어 냈다. 〈아바타〉가 2009년 12월에 개봉되었을 때, 관객들은 이 영화를 통해 또 다른 환상적인 세계로 유례없는 여행을 할 수 있는 기회를 제공받았기에 영화관 앞에 무리를 지어 줄을 섰다.

기술 자원과 연계될 수 있는 다른 획기적인 성공 사례로는 〈그래비티(Gravity)〉['라이트박스(Lightbox)' 기술 관련], 〈매트릭스(The Matrix)〉['불릿 타임(bullet time)' 효과 관련], 〈반지의 제왕(The Lord of the Rings)〉 3부작(새로운 전투 장면의 소프트웨어 관련)과 같은 영화들은 물론, 게임에서는 〈미스트(Myst)〉 (초기 3D 디자인 관련), 〈엘

에이 누아르(L.A. Noire)〉['얼굴 캡처(facial capture)' 기능 관련], 〈위 스포츠(Wii Sports)〉
[위 콘솔(Wii Console)의 혁신적인 모션 캡처 기능 관련] 등이 있다. 우리는 혁신적인 증강
현실 요소들 없이 〈포켓몬고(Pokémon Go)〉가 소비자들에게 큰 인기를 얻는
것을 상상하기 어렵다.

위 사례들과 같은 경험을 제공하기 위해서는 광범위한 기술 지식이 필
요한데, 이들 지식은 주요 스튜디오들만이 축적할 수 있고, 주머니가 두둑
한 파트너의 도움 없이는 값비싼 기술을 습득할 수 없는 소규모 경쟁업체
들과 차별화된다. 이러한 기술 혁신으로 인해 제작자들은 새로운 영화나
게임을 통해 기술 경계를 더 이상 강화하지 않을 계획일지라도 영화, 시리
즈, 혹은 게임에 동일하게 적용되는(음악과 서적에는 비교적 덜 해당한다) 오늘날의
기준을 실질적인 기술 자원 없이는 더 이상 충족시킬 수 없다는 것이다.

기술 자원은 주요 스튜디오가 같은 유형의 다른 상품(사람들은 다른 영화들보
다 아바타를 선호한다)과 차별화할 수 있도록 도와주지만, 다른 형태의 엔터테인
먼트보다 보편적인 경쟁을 벌일 수 있는 수단이기도 하다. 소니 픽처스의
회장 톰 로스먼(Tom Rothman)은 회사가 앙 리(Ang Lee)의 영화 〈빌리 린(Billy
Lynn)〉의 '롱 하프타임 워크(Long Halftime Walk)'를 4K 해상도와 초당 120프레
임으로 만든 이유를 물었을 때 "넷플릭스가 이런 일을 할 수 없다는 것을
알고 있다"라고 대답한 바 있다(Itzkoff, 2016a, 2016b: 11). 그는 소비자의 사용
가능한 시간들을 위해 경쟁하는 전통적 엔터테인먼트 내 새롭고 더 전형
적인 경쟁자들인 페이스북과 인스타그램에 시간을 쓰는 대신 자신의 영
화를 볼 수 있는 이유를 소비자들에게 제공하는 것에 대해서 생각했을지
도 모른다.

지금까지 우리는 생산기술만 언급했지만, 정보 기술 분야의 자원 또한
경쟁 우위에 기여할 수 있다. 넷플릭스와 아마존 같은 회사들은 그들의
제품을 자동화된 추천 시스템에 연결해서 소비자의 개별 선호를 적용하

는 독점 인공지능을 개발했다. 이러한 툴의 성능은 알고리즘의 스마트성과 분명히 관련이 있지만, 소비자를 위한 가치를 창출하는 방식으로 알고리즘을 적용하기 위한 적절한 데이터베이스에도 영향을 미친다. 즉, 고객 정보 접근과 이것의 구성은 중요한 기술 자원이다. 저자인 우리가 제작자들로부터 '빅데이터'를 어떻게 활용할 수 있느냐는 질문을 프로듀서들에게 받았을 때, 우리는 정보에 접촉하는 것이 관건이라고 답한다.

마지막으로, 정보 기술은 강력한 고가의 하드웨어를 필요로 한다. 2013년에 넷플릭스는 이미 1만~2만 대 서버를 사용하여 다수의 청중에게 콘텐츠를 스트리밍함으로써 클라우드 컴퓨터의 최대 사용자 중 하나가 되었다(Brodkin, 2016). 그 프로그램의 최종 복사본에는 3페타바이트(petabytes) 이상의 저장 공간이 필요하며, 이는 페이스북 서버에 있는 약 200억 장의 사진과 맞먹는 양이다. 또한 플레이스테이션과 같은 새로운 장치가 출시되면 수천 대의 추가 서버가 영화 파일을 새로운 장치에 적합하게 다시 포맷하고 새로운 사용자를 처리하도록 조정된다(Vance, 2013). 이러한 모든 활동은 잠재적 경쟁자들이 흉내 내기 어려운 고급 기술이다.


## 4. 한층 더 높은 집중력: 네트워크 효과를 촉발한다

엔터테인먼트 시장에서 성공하려면 전략적인 자원이 필요하다. 그러나 그것은 '네트워크 효과'로 알려진 역학 관계를 촉발시킬 수 있는데, 이는 이미 성공한 자들의 성공을 훨씬 더 수월하게끔 하고, 비교적 작은 제작자들이 주요 기업과 경쟁하는 어려움을 증폭시킨다. 네트워크 효과는 본질적으로 집중력을 강화시키고 때때로 승자 독식적 구조의 여지를 남긴다. 엔터테인먼트 내 네트워크 효과에는 2가지의 다른 유형이 존재한다. 플랫폼에 존재하는 긍정적 외부 효과에서 파생되는 직접 네트워크 효과와 간접 네트워크 효과가 있다.

## 1) 직접 네트워크 효과

직접 네트워크 효과는 단일 소비자가 생각하는 상품의 가치가 동일한 상품의 사용자 수, 즉 '네트워크'의 크기와 함께 증가한다는 의미이다. 소비자들이 제품의 사용자 수에서 효용성을 도출하는 이유는 네트워크가 클수록 잠재적 옵션과 교환 가능한 파트너의 수가 증가하기 때문이다.

이러한 잠재적 파트너는 소비자에게 더 높은 언어, 파일, 그리고 지식에 대한 교환 가능성을 제공한다. 결과적으로 직접적인 네트워크 효과가 있는 시장 내 네트워크에 연결되는 사람의 수는 이미 네트워크에 연결된 사람의 수에 크게 의존한다.

이러한 직접적인 네트워크 효과는 전화나 페이스북과 같은 소셜 네트워크, 그리고 드롭박스(Dropbox)와 같은 클라우드 소프트웨어와 같은 전통적인 통신 산업에서 잘 알려져 있다. 하지만 마이크로소프트 워드(Microsoft Word)와 같은 소프트웨어 프로그램도 고려해 보자. 워드가 최고의 텍스트 처리 소프트웨어인가? 그럴지도 모르지만 동료나 친구들과 함께 공동 작업 문서로 일한 적이 있는 모든 사람들은 단지 다른 사람들이 프로그램을 사용하고 있기 때문에 그 프로그램에 대한 대안이 거의 없다는 것을 알고 있다. 이러한 호환성과 사용의 편재성의 결합이 직접적인 네트워크 효과의 목적이라고 할 수 있다.

엔터테인먼트에서도 이와 유사한 직접적인 네트워크 효과가 존재한다. 〈월드 오브 워크래프트〉와 같은 대규모 다중 사용자 온라인 게임(MMOG)이나, 페이스북 내에서만 약 2900만 명의 플레이어가 질문에 답하기 위해 경쟁하는 스마트폰 퀴즈 〈라 퀴즈델/퀴즈클래시(à la Quizduell/QuizClash)〉, 〈피파(FIFA)〉나 〈콜 오브 듀티〉와 같은 콘솔 게임의 온라인 멀티플레이어 (online multiplayer) 모드 등을 통해 비디오 게임의 네트워크 효과가 가장 잘 드러난다. 위 경우들에서 사용자는 게임의 대규모 네트워크에서 이익을 얻게 되는데, 이는 네트워크 크기에 의해 소비 경험 품질에 대한 영향을 받기 때문이다.

이러한 네트워크 기능의 가치에 대한 학술적 증거는 콘솔 비디오 게임 의 맥락에서 '온라인 멀티플레이어' 기능의 재정적 영향을 탐색하는 마치 (March, 2016)에 의해 제공되었는데, 그는 2005년에서 2014년 사이에 미국에 서 출시된 약 2000개의 비디오 콘솔 게임을 분석했다. 강력한 표준편차가 있는 OLS 회귀분석을 사용한 결과 온라인 멀티플레이어 기능이 게임 판 매에 직접적인 영향을 미치지 않음을 발견했다. 하지만 콘솔 시대 내 긍 정적인 상호작용 효과가 존재함을 알 수 있었다. 예를 들어, 콘솔의 네트 워크가 클수록 소비자가 인터넷을 통해 다른 사람과 함께 게임을 하는 것 이 용이하다는 것이다.[7] 그리고 리우 등(Lieu et al., 2015)은 회귀분석을 통해 2003년부터 2007년 사이의 MMOG의 경우 게임 플레이어의 수가 게임을 좋아하는 정도에 영향을 미친다는 것을 보여 주었다. 즉, 100만 명의 사용 자를 추가하는 것은 품질 등급의 0.17 상승을 의미한다(1~10 품질 척도).

다른 종류의 엔터테인먼트 상품 경우에도 직접적인 네트워크 효과는 존재하지만, 그것들은 다소 다른 종류이다. 영화, 음악, 소설의 경우, 네트 워크의 가치는 다른 사람들과 공동 소비와 관련된 수준의 즐거움이 아니 다. 네트워크가 엔터테인먼트 상품의 '기호 가치'에 바탕을 두는 것을 증

---

7)  게임의 멀티플레이어 기능과 그 사회적 이점에 대한 심층적이고 다면적인 조사는 크반 트와 크로거(Quandt and Kröger, 2014)의 기사를 참조.

가시켜 상품의 문화적 관련성이나 명성을 높이는 것이다. 영화를 본 사람이 많을수록 더 많은 이들이 영화에 대한 대화에 참여할 수 있으며, 이러한 대화는 소비자들에게 정신적·사회적 이득을 제공함으로써 그 영화에 대한 지식이 소비자의 사회적 자본으로 추가된다(Bourdieu, 2002). 우리는 독일 소비자들을 대상으로 한 설문 조사에서 소비자들 간의 커뮤니케이션이 사람들이 〈브레이킹 배드〉와 같은 새로운 드라마 시리즈를 시청하는 강력한 원동력이라는 것을 발견했다. 이러한 시리즈를 아는 것에서 파생된 사회적 자본은 그러한 시리즈들을 〈그레이즈 아나토미(Grey's Anatomy)〉와 같은 비교적 전통적인 형식과는 차별성을 둔다(Pähler vor der Holte and Hennig-Thurau, 2016)는 것을 의미한다.

마찬가지로 사람들은 큰 네트워크의 사람들이 읽었다고 알려진 소설을 읽는 경향이 있다. 이는 그들이 네트워크 크기에 기초하여 소설의 질에 대해 추론하기 때문일 뿐만 아니라, 그들이 토론에 참여할 수 있도록 허락함으로써 그 소설을 읽는 것 자체가 소비자들에게 가치를 제공하기 때문이다('행동 기반 쏠림(action-based cascades)' 현상에 대한 논거는 III권 2장을 참고]. 우리는 동일한 메커니즘이 음악에 적용된다고 생각한다. 어떤 종류의 엔터테인먼트에서도 일단 유의미한 네트워크 규모에 도달하면 그것의 문화적 특성은 소비자들이 네트워크에 가입하고자 하는 매력을 증가시킨다. 실제로 소비자들은 여기에 가입하지 않으면 '사회적 왕따(social outcast)'라고 느낄 수 있다. 이러한 네트워크 효과는 예상 프로세스에 대해서도 존재한다고 주장할 수 있다. 즉, 소비자들이 미래의 특정 상품이 인기를 끌 것으로 예상하면 그것을 바탕으로 네트워크가 형성되고 선순환이 시작될 것이며, 소비자의 기대는 자기 예언이 정확하다는 것을 입증하는 데 만족하는 경향이 있을 것이다. 마지막으로, 자동화된 추천 시스템은 다양한 형태의 엔터테인먼트에 직접적인 네트워크 효과를 제공할 수 있다. 즉, 시스템이 권장 사항을 생성하기 위해 더 많은 데이터를 사용할 수 있을수록 품질도 이에 따라 향상되는 것이다.

## 2) 간접적인 네트워크 효과와 그것이 어떻게 엔터테인먼트 상품의 성공에 영향을 미치는가?

〈레고 스타워즈(LEGO Star Wars)〉와 같은 비디오 게임과 플레이스테이션 4(PS4)에서 혼자 게임을 하는 소비자를 생각해 보자. 루크(Luke)라는 소비자는 친구들과 게임을 하거나 인터넷을 통해 멀티플레이어 모드로 게임하지 않고, 심지어 다른 사람들과 게임에 대해 이야기하지도 않는다. 이런 상황에서 게임에 대한 직접적인 네트워크 효과가 없다는 것은 명백하다.

그러나 여기에는 간접적인 종류의 플랫폼 수준에서 발생하는 다른 네트워크 효과가 있다. 이 경우 소비자 루크에게 제공되는 네트워크 혜택은 플랫폼의 사용자 수(우리의 예에서는 PS4)에서 직접 비롯되지 않지만, 플랫폼 사용자 수가 루크에게 어필하는 다른 보완 상품의 존재에 미치는 영향에서 비롯되기 때문에 '간접적(indirect)'이라고 불린다.[8] PS4 콘솔이 더 많이 팔리기 때문에 게임 제작자들이 그들의 게임 타이틀을 플랫폼에서 사용할 수 있게 하는 것이 더 매력적으로 다가온다. 결국 이것은 PS4에서 더 매력적인 게임을 사용할 수 있게 되고, 이는 루크와 같은 소비자들에게 더

---

8)  게임 콘솔과 같은 플랫폼 레벨에서도 직접적인 네트워크 효과가 존재할까? 이것은 플랫폼 사용자 간의 독점적 통신 모드(예: 애플 장치의 페이스타임 채팅)가 있을 때 해당될 수 있지만, 일반적으로 직접적인 네트워크 효과의 경우, 플랫폼 수준보다는 '애플리케이션'(예: 게임)에서 더 두드러진다. 그러나 소니 등 콘솔 사업자들은 채팅 기능 등을 통해 직접 네트워크 효과도 만들어 내며 플랫폼의 가치를 높이기 위해 강력한 노력을 기울여 왔다.

많은 선택과 더 나은 게임을 제공하게 된다는 것을 의미한다. 이러한 간접적인 네트워크 효과는 게임과 콘솔이 버터나 빵처럼 보완적인 상품이기 때문에 발생한다.

이러한 간접적인 네트워크 효과는 게임 제작자와 같은 엔터테인먼트 상품에 있어서 제작자들에게 무엇을 의미할까? 중요한 점은 엔터테인먼트 플랫폼 시장에서 블록버스터 게임과 같은 '슈퍼스타' 타이틀은 플랫폼 제작자들에게 특히 중요하다는 점이다. 그들은 플랫폼 자체의 가치를 다른 타이틀보다 더 높여 준다. 왜냐하면 그들은 게임 자체의 가치뿐만 아니라 게임 제작자와 그들의 타이틀에 대한 간접적인 네트워크 효과도 발휘하기 때문이다(Binken and Stremersch, 2009).9) 그 결과 플랫폼 수준에 대한 간접적인 네트워크 효과는 이러한 '슈퍼스타' 타이틀을 생산할 수 있는 주요 스튜디오의 시장 점유율을 더욱 강화시켜 준다.

또한, 플랫폼의 채택자 수(플랫폼의 '설치 기반(installed base)'이라고 한다)는 간접적인 네트워크 효과의 결과로 플랫폼에 사용할 수 있는 엔터테인먼트 콘텐츠 수요에 영향을 미친다. 따라서 상품의 성능은 적어도 부분적으로 이 '설치 기반'에 의해 결정되며 제작자가 이 부분을 고려해야 한다. 루크를

---

9) 많은 연구에서 종종 게임 콘솔의 맥락 아래 하드웨어/플랫폼의 성공을 위한 콘텐츠의 역할을 조사했다(이런 관점에 관심이 있는 독자들의 경우, 클레멘츠와 오하시(Clements and Ohashi, 2005), 빙켄과 스트레머슈(Binken and Stremersch, 2009)를 참조). 이들은 콘텐츠 네트워크의 크기(타이틀 수) 또는 품질(주로 '슈퍼스타' 상품)을 논의한다. 또한, 플랫폼 수준에 대한 간접적인 네트워크 효과는 엔터테인먼트 상품의 양면적 특성(즉, 이 장의 뒷부분에서 논의된 바와 같이 서로 영향을 미치는 2개 이상의 소비자 그룹의 존재 유무)의 존재와 어느 정도 연관되어 있다는 점에 주목하자. 플랫폼의 경우, 소프트웨어 소비자는 하나의 고객 그룹이며, 다른 그룹은 플랫폼 제공자에게 로열티를 지불하는 소프트웨어의 제작자로 구성된다. 이런 것을 기꺼이 하고자 하는 마음은 고객의 소프트웨어 요구, 즉 고객 그룹 간의 긍정적 외부 관계에 따라 다르다(Marchand and Hennig-Thurau, 2013).

포함한 소비자들을 위한 PS4의 성공은 아마도 레고 회사와 그것의 파트너들이 콘솔에 〈레고 스타워즈〉를 출시하는 중요한 고려 사항이었을 것이다. 학술 연구는 플랫폼의 '설치 기반'의 크기가 이러한 역할을 한다는 것을 확인하지만, 다소 복잡한 관계를 가리키기도 한다.

힐리와 모에(Healey and Moe, 2016)는 2006~2011년 사이 3개 플랫폼에서 출시한 98개 콘솔 게임의 주간 매출을 분석한 결과 2가지 상반된 효과가 나타나고 있음을 알아냈다. 즉, 플랫폼 설치 기반의 크기만으로 게임 매출이 늘어나는 반면[규모 효과(size effect)], 학자들은 힐리의 시간이 지남에 따라 네트워크 구성원당 매출이 감소함을 암시하는 하드웨어 네트워크의 질적 '노화 효과(aging effect)'를 밝혀 냈다.[10]

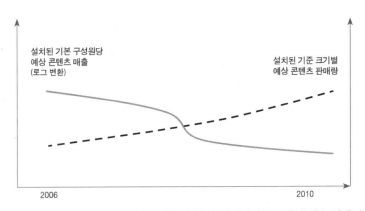

〈그림 4.2〉 엔터테인먼트 콘텐츠 판매에 관한 플랫폼 설치 기반의 '규모 효과' 및 '노화 효과'

주: 실선은 '노화 효과'를, 점선은 플랫폼이 엔터테인먼트 콘텐츠 판매에 미치는 '규모 효과'를 보여 주며, 두 과정 모두 양식화되었다.
자료: Healey and Moe(2016) 참조.

---

10) 이 같은 '노화 효과'는 콘솔 게임 분석 결과를 바탕으로 2016년 3월과 3월이 하드웨어 판매량 조절을 하면서 게임 판매량에서 콘솔 연령별로 부정적인 경향을 발견한 이유도 설명한다.

〈그림 4.2〉는 이러한 상반된 효과를 나타낸다. 또한, 그들은 게임의 수요를 촉진하는 데 있어서 '좋은' 설치 기반을 만드는 2가지 요인, 즉 기반이 높은 수준의 '혁신성(innovativeness)'(구성원들 중 과반수가 플랫폼 수명주기 초기에 그것을 채택한 경우)과 높은 수준의 '신속성(recency)'(설치된 기반의 과반수가 그 플랫폼을 최근에 채택했을 경우)을 파악한다.[11]

여태까지 우리의 논거는 게임에 중점적으로 집중해 왔지만 플랫폼은 다른 형태의 엔터테인먼트를 위해서도 존재하며, 여기에는 간접적인 네트워크 효과 또한 존재한다. 스트리밍 권리를 위해 영화제작자는 넷플릭스와 아마존과 같은 플랫폼 중에서 선택을 하며[또는 디즈니가 결정한 대로 자신만의 플랫폼을 만들 수도 있다(Castillo, 2017)], 또는 유료 TV 권리를 위해서 콘텐츠 제작자는 HBO, 쇼타임, 스카이 중 하나와 NBC 또는 CBS와 같은 네트워크 사이에서 TV 방영 권한을 채택할 수 있다. 음악 프로듀서는 스포티파이나 애플 뮤직과 같은 스트리밍 서비스에서 그들의 노래를 사용하게 할 수 있으며, 서적 출판사는 그들의 상품을 원하는 전자책 플랫폼(예: 아마존의 킨들 또는 애플의 아이북) 중에서 결정해야 한다. 모든 경우에 간접적인 네트워크 효과가 존재하며 플랫폼 '설치 기반'의 수량(및 품질)은 콘텐츠 제작자가 고려해야 한다.

그럼 왜 우리는 게임에 집중하는가? 왜냐하면 (콘솔) 게임의 경우 독점적인 플랫폼이 주요 유통 채널인 반면, 영화·음악 및 책 전용 플랫폼은 전통적으로 덜 집중적인 역할을 하기 때문이다. 이러한 형태의 엔터테인먼트를 위해 특정 플랫폼으로 제공되지 않는 인쇄된 책, 영화관, DVD와 블루레이, CD와 MP3 파일 등 모든 배급업자에게 배포되는 지배적인 플랫폼

---

11) 할리와 모에의 최신 기반 요인은 상품과 비슷하며, 그들의 연구에서는 특정 게임이 출시되는 달에 발생하는 콘솔 판매를 '설치 기반'의 '생계'라 정의한다.

표준이 존재한다. 그러나 음악 및 영화 스트리밍, 디지털 출판물, 그리고 보다 독점적인 플랫폼으로의 추세로 인해, 이는 개발자들에게 새로운 배포 모델을 가능하게 하거나 필요로 하는 실질적인 표준이라고 보기는 어렵다.[12]

이렇게 엔터테인먼트에서의 네트워크 효과에 대한 논의를 마친다. 〈표 4.1〉에서는 이러한 효과의 다양한 종류(직접 및 간접)를 요약하고 각 유형의 엔터테인먼트 상품에 대한 예시를 제공한다.

〈표 4.1〉 엔터테인먼트 시장의 직접 및 간접 네트워크 효과

| 콘텐츠 종류 | 직접 네트워크 효과:<br>콘텐츠 수준 | 간접 네트워크 효과:<br>플랫폼 수준 |
| --- | --- | --- |
| 프로그램<br>콘텐츠 | 멀티플레이어 모드(온라인 및 오프라인), 게임에 대한 커뮤니케이션으로 가치 추가 | PS4 보유자 수는 PS4 제작자가 개발한 게임의 수와 질에 영향을 미친다. 또 이것은 PS4 (그리고 설치 기반 효과를 통한 게임) 수요에 영향을 준다 |
| 영상 콘텐츠 | 필름 및 영상 시리즈에 대한 커뮤니케이션에 의해 가치 추가 | 넷플릭스 가입자 수는 제작사가 넷플릭스에게 제공하는 영화 및 시리즈 수에 영향을 미치며, 이는 넷플릭스에 대한 수요(그리고 이후 영화와 시리즈)에 영향을 미친다 |
| 인쇄 콘텐츠 | 책에 대한 커뮤니케이션에 의해 가치 추가 | 킨들 사용자 수는 출판사가 특정한 형식으로 아마존에 제공하는 전자책 수에 영향을 미치며, 이것은 킨들(그리고 그것을 통해 접근할 수 있는 전자책) 수요에 영향을 미친다. |
| 녹음 콘텐츠 | 녹음 콘텐츠에 대한 커뮤니케이션에 의해 가치 추가 | 스포티파이 구독자의 수는 스포티파이를 통해 프로듀서가 게시하고자 하는 곡 수에 영향을 미치며, 이것은 스포티파이(및 게시된 음악)에 대한 수요에 영향을 미친다. |

주: PS4는 플레이스테이션 4를 의미한다.

---

12)  업계 발전 개요와 엔터테인먼트 제품의 유통 구성에 대한 논의 참조.

## 5. 엔터테인먼트 시장 특성에 따라 경영 전략이 달라진다

상품 특성에 대한 분석이 엔터테인먼트 상품 매니지먼트에 대한 여러 가지 시사점을 드러낸 것처럼, 엔터테인먼트 시장의 특성(혁신적 성격, 전략적 자원의 필요성, 네트워크 효과의 존재)을 이해하는 것은 엔터테인먼트 경영자에게 중요한 통찰력을 제공한다.

먼저 2가지 일반적인 전략적 시사점을 짚어 보자. 여기서 지배적인 메시지는 엔터테인먼트 콘텐츠를 제작하려는 사람이라면 누구나 기존의 하위 시장과 그 역학 관계를 인식하고 신중하게 고려할 필요가 있다는 것이다. 입지가 단단한 대기업의 산업 매출 및 이윤에서 가장 큰 비중을 차지하는 상업용 상품에는 강력한 진입 장벽이 존재하며, 이에 대한 경쟁은 엄청나다. 특히 대기업 외 모든 이들에게 있어서는 더욱 치열하다. 상업용 상품과 독립적 상품의 근본적인 차이점을 감안할 때 제작자들은 상업용 시장에 상품을 출시하기 전에 스튜디오 요금이 지배하는 그들의 자원을 비판적으로 판단할 필요가 있다. 또한, 그들은 상업 시장과의 제한된 공통점밖에 없는 독립 시장의 현실을 받아들여야 한다.

전략적 포지셔닝 측면에서 보았을 때, 만약 독립 제작자들이 상업적인 '슈퍼스타' 상품을 생산하고자 하고 블록버스터급 마케팅 개념을 채택해 주요 스튜디오(즉, 스튜디오의 본 영역)와 경쟁하려고 노력한다면 거의 승산이 없다. 우리의 분석에 따르면 소규모 플레이어는 이러한 프로젝트를 만족스럽게 성사하기 위해 필요한 다양한 자원이 부족하다. 최근 필름 산업에서 STX 엔터테인먼트와 뤽 베송(Luc Besson)의 유로파코프(EuropaCorp)가 추구하는 것과 같은 상업용 제품의 제작자로 자리매김하기 위해서는 이러한 진입 장벽을 어떻게 극복할 것인가에 대한 철저한 전략이 필요하다. 그렇지 않으면 이러한 노력은 1980년대의 전설적인 캐논(Cannon) 그룹이나

2000년대의 국제 미디어와 같은 비극으로 끝나고 말 것이다.

또한, 우리가 기술한 각 시장들의 특성은 관리자에게 특정한 전략에 대해 암시하는 바가 있다. 엔터테인먼트 시장에 전형적으로 나타나는 높은 수준의 혁신은 한 번 이상의 성공이라는 경이로움을 위해 사업 참여를 희망하는 모든 사람들에게 2가지 중요한 메시지를 전달한다. 첫째, 혁신은 체계적으로 관리되는 활동이어야만 한다. 대부분의 다른 산업들의 환경적인 맥락에서 보면 이는 분명해 보이지만, 엔터테인먼트 산업의 '어떻게 될지 아무도 몰라요'라는 통설에서 비롯된 '독특함'에 대한 가정은 종종 엔터테인먼트 매니저들이 체계적으로 관리하는 것을 막았다. 모든 사람들이 하는 일이 '독특'한데 왜 굳이 혁신 구조나 프로세스 및 문화에 투자해야 하느냐 하는 의문이 드는 것이다. 엔터테인먼트 사이언스의 관점을 취하면 다른 시각, 즉 혁신 활동의 전략적 관리가 엔터테인먼트 마케팅 믹스의 핵심 요소라는 차별적인 관점을 갖게 된다. 우리는 엔터테인먼트 상품 혁신에 관한 II권 4장에서 이 견해를 상세히 설명할 것이다.

둘째, 산업 전반의 높은 혁신은 경쟁이 중요하다는 것을 의미하며, 이는 진입 장벽이 비교적 약한 독립적 하위 시장에서 특히 중요하다. 전략적 관점에서 경쟁은 상품의 선택에 영향을 미치지만, 엔터테인먼트 상품의 짧은 수명주기를 고려할 때 이 문제는 유통 결정에 더욱 큰 관련이 있다.

우리가 개괄적으로 설명하는 전략적인 자원은 엔터테인먼트 회사의 시장 잠재력을 결정하는 데 사용되어야 한다. 이러한 다차원적 자원에 따라 장단점을 파악하고 다른 기업과 비교함으로써 상용 상품의 공급자는 업계에서 경쟁력을 갖추기 위해(또는 그러한 방식으로 유지되기 위해) 수행해야 할 작업을 체계적으로 식별할 수 있다.

마지막으로, 엔터테인먼트의 많은 영역에서 작용하는 네트워크 효과를 이해하면 엔터테인먼트 상품의 비즈니스 모델, 특히 가격 결정을 위한 비즈니스 모델을 만들어 낼 수 있다. 네트워크 효과는 게임 세계에서 인기를 얻고 있는 소위 '프리미엄' 제공에 대한 논리적 근거를 제공한다. 이러한 결정은 절대 사소한 것이 아니며, 레고처럼 강력한 기업조차도 네트워크 효과의 중요성을 적절히 평가하고 해결하지 못했다. 우리는 엔터테인먼트 가격 책정 결정에 관한 III권 4장에서 이러한 복잡성에 대해 논의하고자 한다. 또한, 특정 종류의 엔터테인먼트 콘텐츠에 적합한 플랫폼은 어떤 것일까? 플랫폼은 어떤 콘텐츠를 위해 노력하고 있으며 무엇보다 플랫폼이 어떻게 발전할 것인가? 이러한 질문에 대한 명답을 찾는 것은 엔터테인먼트 경영자들이 간접 네트워크 효과의 힘을 효과적인 방법으로 여길 수 있게 할 것이다.

## 6. 맺음말

엔터테인먼트 시장에 대한 조사 결과, 2개의 서로 다른 하부 시장이 존재한다는 것을 알 수 있었다. 즉, 상업형/주류형(mainstream) 또는 예술형/독립형 상품은 다른 소비자 세그먼트에 소구하는 분리되면서도 겹치는 제공물이다. 그런 다음 엔터테인먼트 시장의 3가지 주요 특성을 파악했다. 첫 번째는 엄청난 혁신 속도이다. 우리는 주어진 해(年)에 이보다 더 많은 신제품이 출시되는 다른 시장을 찾기 어렵다는 것을 알게 되었다. 이 활동은 지속적인 혁신을 엔터테인먼트 기업의 지속적인 성공의 요건이 되는 엔터테인먼트 고유의 특성에서 비롯된다고 할 수 있다. 즉, 이러한 혁신적인 경영을 위한 체계적인 접근 방식이 요구되지만 엔터테인먼트 기업들 사이에서 이것은 규칙보다는 예외 사항으로 간주되고 있다.

시장의 다른 2가지 주요 특성은 높은 집중력이라는 동일한 효과에 기여한다. 재무, 유통, 창의 및 기술 등 전략적 자원은 필수적이라는 것이다. 다양한 하위 시장, 특히 주류 상품을 위한 하위 시장에 성공적으로 접근하는 기업의 능력은 이러한 자원의 영향을 받는다. 그리고 엔터테인먼트 시장에서는 네트워크 효과가 매우 중요하다. 직접적 네트워크 효과는 상품 사용자(게임의 플레이어와 같은)의 네트워크 규모가 '네트워크 구성원'으로서 참여해 받는 가치에 직접적인 영향을 미칠 때 존재한다. '플랫폼 수준'에는 간접적인 영향이 존재한다. 즉, 플랫폼 사용자 수가 고품질 콘텐츠를 추가로 유치하여 사용자에게 가치를 제공할 때 발생한다. 이러한 전략적 자원과 네트워크 효과는 신규 기업과 그들의 상품에 대한 진입 장벽을 세우고 결과적으로 집중되는 효과를 끌어내 엔터테인먼트 시장이 '승자 독식'으로 향하도록 한다.

# 참고문헌

Alexander, P. J. (1994). Entry barriers, release behavior, and multi-product firms in the music recording industry. *Review of Industrial Organization, 9*, 85-98.

Anderson, C. (2006). *The long tail: Why the future of business is selling less of more*. New York: Hyperion Books.

Barney, J. (1991). Firm resources and sustained competitive advantage. *Journal of Management, 17*, 99-120.

Beier, L.-O. (2016). Instinkt. Geschmack. Eier. *Der Spiegel*, February 27, https://goo.gl/r5dKPH.

Binken, J. L. G., & Stremersch, S. (2009). The effect of superstar software on hardware sales in system markets. *Journal of Marketing, 73*, 88-104.

Bourdieu, P. (2002). The forms of capital. In N. Woolsey Biggart (Ed.), *Readings in economic sociology* (pp. 280-291). Blackwell: Malden.

Brodkin, J. (2016). Netflix finishes its massive migration to the Amazon cloud, February 11, https://goo.gl/rwos6H.

Buerger, M. (2014). How Macklemore tapped major label muscle to market an indie album. *The Wall Street Journal*, January 28, https://goo.gl/4eHmSQ.

Catmull, Ed. (2008). How Pixar fosters collective creativity. *Harvard Business Review, 86*, 64-72.

Castillo, M. (2017). Disney will pull its movies from Netflix and start its own streaming services. *CNBC*, August 8, https://goo.gl/Egu4mZ.

Chace, Z. (2013). The real story of how Macklemore got 'Thrift Shop' to no.1. *NPR*, February 8, https://goo.gl/9B6vx9.

Clements, M. T., & Ohashi, H. (2005). Indirect network effects and the product cycle: Video games in the U.S., 1994-2002. *Journal of Industrial Economics, 53*, 515-542.

D'Alessandro, A. (2016). Why 'Boss' is a warning sign for Melissa McCarthy's b.o. machine, even if it taps 'Batman V Superman' on the chin. *Deadline*, April 9, https://goo.gl/U9TF6v.

Debruge, P. (2017). Why movies need directors like Phil Lord and Chris Miller more than ever. *Variety*, June 21, https://goo.gl/udAqYg.

Epstein, E. J. (2010). *The Hollywood economist—The hidden financial reality behind the movies*. Brooklyn: MelvilleHouse.

Fleming Jr., M. (2016). Big Bad Wolves helmers Aharon Keshales & Navot Papushado exit Bruce Willis Death Wish remake. *Deadline*, May 4, https://goo.gl/xUV3uz.

Frank, B. H. (2014). Amazon hopes to attract original video content creators by offering creative freedom. *GeekWire*, August 4, https://goo.gl/wKynDY.

Friend, T. (2016). The mogul of the middle. *The New Yorker*, January 11, https://goo.gl/8hYXxT.

Galuszka, P., & Brzozowska, B. (2016). Crowdfunding and the democratization of the music market. *Media, Culture and Society*, 39, 833-849.

Healey, J., & Moe, W. W. (2016). The effects of installed base innovativeness and recency on content sales in a platform-mediated market. *International Journal of Research in Marketing, 33*, 246-260.

Huls, A. (2013). The Jurassic Park period: How CGI dinosaurs transformed film forever. *The Atlantic*, April 4, https://goo.gl/2TnfcA.

Itzkoff, D. (2016a). How 'Rogue One' brought back familiar faces. *The New York Times*, December 27, https://goo.gl/JyUXBH.

Itzkoff, D. (2016b). The real message in Ang Lee's latest? 'It's Just Good to Look At'. *The New York Times*, October 5, https://goo.gl/k56XAM.

Iyengar, S. S., & Lepper, M. R. (2000). When choice is demotivating: Can one desire too much of a good thing? *Journal of Personality and Social Psychology, 79*, 995-1006.

King, G. (2002). *New Hollywood cinema*. New York: Columbia University Press. Kohler, C., Groen, A., & Rigney, R. (2013). The most jaw-dropping game graphics of the last 20 years. *Wired*, May 6, https://goo.gl/opNXpT.

Lindvall, H. (2011). Spotify should give indies a fair deal on royalties. *The Guardian*, February 1, https://goo.gl/vSkNHh.

Littleton, C., & Holloway, D. (2017). Jeff Bezos mandates programming shift at Amazon Studios. *Variety*, September 8, https://goo.gl/GFtV37.

Liu, Y., Mai, E. S., & Yang, J. (2015). Network externalities in online video games: An empirical analysis utilizing online product ratings. *Marketing Letters, 26*, 679-690.

Marchand, A. (2016). The power of an installed base to combat lifecycle decline: The case of video games. *International Journal of Research in Marketing, 33*, 140-154.

Marchand, A., & Hennig-Thurau, T. (2013). Value creation in the video game industry: Industry economics, consumer benefits, and research opportunities. *Journal of Interactive Marketing, 27*, 141-157.

McClintock, P. (2014). $200 million and rising: Hollywood struggles with soaring marketing costs. *The Hollywood Reporter*, July 31, https://goo.gl/eoEXYb.

Nocera, J. (2016). Can Netflix survive in the new world it created? *The New York Times Magazine*, June 15, https://goo.gl/e1d2Zu.

Pähler vor der Holte, N., & Hennig-Thurau, T. (2016). Das Phänomen Neue Drama-Serien. Working Paper, Department of Marketing and Media Research, Münster University.

Peltoniemi, M. (2015). Cultural industries: Product-market characteristics, management challenges and industry dynamics. *International Journal of Management Reviews, 17,* 41-68.

Penrose, E. G. (1959). *The theory of the growth of the firm.* New York: John Wiley & Sons.

Quandt, T., & Kröger, S. (Eds.). (2014). *Multiplayer: Social aspects of digital gaming.* Milton Park: Routledge.

Shanken, M. R. (2008). An interview with Arnon Milchan. *cigar aficionado,* September/October, https://goo.gl/7xuGwM.

Spacey, K. (2013). The James MacTaggart memorial lecture in full. *The Telegraph,* August 22, https://goo.gl/Wkwwz1.

Superannuation (2014). How much does it cost to make a big video game? *Kotaku,* January 15, https://goo.gl/MqQVT8.

Takahashi, D. (2009). EA's chief creative officer describes game industry's re-engineering, August 26, https://goo.gl/BzKXf9.

*The Deadline Team* (2013). Steven Soderbergh's state of cinema talk. *Deadline,* April 30, https://goo.gl/3md7zK.

Vance, A. (2013). Netflix, Reed Hastings survive missteps to join Silicon Valley's elite. *Business Week,* May 10, https://goo.gl/ss45xZ.

Waldfogel, J. (2017). How digitization has created a golden age of music, movies, books, and television. *Journal of Economic Perspectives, 31,* 195-214.

Wernerfelt, B. (1984). A resource-based view of the firm. *Strategic Management Journal, 5,* 171-180.

# 5장

# 가치 창출, 수익 창출
## 엔터테인먼트 상품의 필수 비즈니스 모델

  이전 장들에서는, 엔터테인먼트의 상품과 시장의 주요 특징들을 강조
했다. 이러한 특성을 해결하기 위해 마케팅 의사결정이 어떻게 설계되어
야 하는지를 연구하기 전에, 엔터테인먼트 시장의 가치 창출에 대해 좀 더
조명하고자 한다. 제작자뿐만 아니라 엔터테인먼트 콘텐츠의 제작자와
소비자를 연결하는 데 필수적인 다른 시장 플레이어들에게도 경제적 가
치가 어떻게 생성되는지 살펴보기로 한다.

  우리는 엔터테인먼트의 가치 창출과 관련해 기업이 자신의 역할을 이
해할 수 있도록 돕는 핵심 역할과 단계를 시스템화한 '엔터테인먼트 가치
창출 체계'를 개발했다. 우리의 체계는 핵심 경쟁자들(즉각적으로 떠올리기 힘들
수도 있는 경쟁자들을 포함한다)을 식별하고, 전략적 통합과 전환 단계를 통해 기업
의 엔터테인먼트 가치에 대한 점유율을 높일 수 있는 잠재적 방법을 가려
낸다. 그리고 나서 우리는 이 체계를 엔터테인먼트의 경제적 발전을 개괄
하고 해당 산업의 핵심 주체들을 명명하기 위한 용도로 활용할 것이다.

마지막으로 우리는 양면적인 엔터테인먼트 분야에서 어떻게 수익이 창출될 수 있으며, 어떻게 리스크가 체계적으로 관리될 수 있는가에 관한 엔터테인먼트 분야의 기본적인 비즈니스 모델도 살펴보기로 한다. 이 모든 정보는 2부인 II권, III권에서 다루는 엔터테인먼트 마케팅 툴의 상세한 분석과 그 활용을 위한 단서가 된다.

## 1. 엔터테인먼트를 위한 가치 창출 체계

콘텐츠가 여전히 왕이다.

— 21세기 폭스 CEO 루퍼트 머독(Rupert Murdoch)(Chmielewski and Hayes, 2017 인용)

앞서 2장에서 우리는 엔터테인먼트 상품을 '소비자들에게 즐거움을 제공하는 것을 주된 목적으로 사전 제작된 시장의 제공물'이라고 정의했다. 우리는 그러한 제공물들이 물질적 엔터테인먼트 상품이라 불리는 유형적인 형태(예: DVD, CD)로 유통될 수도 있고, 혹은 인터넷, 케이블, 위성, 지상파 TV, 라디오와 같이 기술적 경로를 통해 소비자들에게 무형인 채로 전달될 수도 있다고 설명한 바 있다. 우리는 후자를 비물질적 엔터테인먼트 상품이라 칭하기로 한다.

모든 경제적 가치는 소비자의 물질적 또는 비물질적 엔터테인먼트 상품 사용에서 비롯된다. 즉, 소비자들이 엔터테인먼트 상품에 관심이 없다면, 어떠한 가치도 창출되지 않고 벌어들여지는 돈도 발생하지 않는다(이것은 복충적인 엔터테인먼트 시장의 다른 '고객'에게도 해당된다는 점에 유의해야 한다. 광고주들과 스폰서들 역시 엔터테인먼트 상품의 소비자들에게 본질적으로 관심이 있다). 그러나 엔터테인먼트 상품을 제작하는 이들과 그 상품을 소비하는 이들 사이에는 가치가 창출되고 상품이 경제적으로 성공하기 위해서는 반드시 극복되어야 할 크나큰 격차가 존재한다. 가치 창출 체계에서, 우리는 엔터테인먼트 콘텐츠가 소비자에게 어떻게 전달되는지를 탐색한다. 어떤 단계가 필요하며 어떤 당사자가 관련되어야 하는가?

이러한 질문들에 대한 해답은 엔터테인먼트 가치 창출 체계를 지시하는 〈그림 5.1〉에 제시되어 있다. 〈그림 5.1〉은 엔터테인먼트 콘텐츠 제작자에서 소비자로 가는 길목에 유통 중개업자(distribution intermediaries)와 기술 중개업자(technical intermediaries)라는 2가지 종류의 매개자가 포함되어 있음을 보여 준다. 각각의 역할에 대해 자세히 살펴보자.

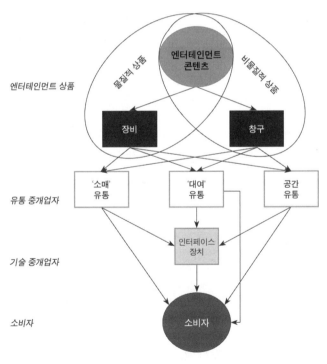

〈그림 5.1〉 엔터테인먼트 가치 창출 체계

유통 중개업자들은 물질적·비물질적인 엔터테인먼트 상품들에 소비자가 접근할 수 있도록 함으로써 소비자와 엔터테인먼트 제작자 사이의 격차를 해소한다. 그들은 엔터테인먼트 콘텐츠의 교환이 이뤄지는 합법적인 공간(그리고 때로는 그다지 합법적이지 않은 공간)을 제공한다. 우리는 소비자가 선택할 수 있는 유통 중개업의 유형을 3가지로 구분한다. 각각의 유형은 각기 다른 조건 및 권리와 연관되어 있다. 첫 번째 유형은 '소매' 유통이다. 여기에서 CD나 디지털 MP3 형식의 음악과 같은 엔터테인먼트 상품은 대부분의 전자책의 경우처럼 내용물에 대한 무제한 소유권 또는 무제한 사용 권리를 부여받은 소비자에게 전달된다.[1] 비록 우리가 이러한 유형을 '소매'라 칭하기는 하지만, 소비자가 콘텐츠에 대해 지불하는 수수료가 반드시 0이 아니어야 할 필요는 없다. 예를 들어, 아마존은 웹사이트를 통해 가격이 0달러인 수백 권의 전자책을 '판매'하고, 소니는 플레이스테이션 스토어에 있는 여러 애플리케이션들을 0달러에 판매 중이다. 즉, 이 유통 방식을 규정하는 것은 양도되는 돈의 액수가 아니라 사용 권한의 무제한성이다.

대중적인 엔터테인먼트 소매 유통업체로는 반스앤노블(Barnes and Noble), 게임스탑(GameStop), 월마트(Walmart), 유럽 전역의 세코노미[Ceconomy: 옛 메트로 그룹(Metro Group)] 등 전통적인 소매점을 비롯해 아마존과 소니, 애플의 아이튠즈 등의 가상 매장이 있다. 우리는 현실적인 (격식적인 관점 대신) 관점을 견

---

1)  예를 들어, 아마존은 킨들 스토어에 대한 이용 약관(Amazon, 2016)에 다음과 같이 명시하고 있다. "콘텐츠 제공자는 귀하에게 다음의 콘텐츠를 무제한의 회수로 보고, 사용하고, 표시할 수 있는 비독점적 권리를 부여한다 … 콘텐츠는 콘텐츠 공급자에 의해 귀하에게 판매되는 것이 아니라 라이선스가 부여되는 것이다." 다른 모든 유통 방식과 마찬가지로 소비자는 콘텐츠 자체에 대한 권리(영화나 음악 등)를 얻지 못하며, 상품의 특정한 형태에 대한 사용 권한만 얻게 된다는 점에 유의해야 한다.

지하고 있기에, 불법 콘텐츠 제공자들 역시 그들 자신이 적절한 권리 소유자가 아니라는 사실에도 불구하고 이 유통 방식에 해당하는 것으로 간주한다. 중국 내 해적판 DVD가 유통되는 물리적 시장인 산자이(Shanzai)나 파이러트베이(The Pirate Bay)와 같은 파일 공유 네트워크는 적어도 소비자들에게 평생 간직할 수 있는 제품을 제공한다(법률 당국은 이에 대해 다소 다르게 생각할 수 있다).

두 번째 유통 중개업의 형태인 '대여' 방식은 콘텐츠의 시간 제한적 이전 및/또는 그 사용 권한을 소비자에게 부여한다. 소매 유통과 마찬가지로, 양면적인 엔터테인먼트의 특성상 소비자 지불에 의존하지 않는 비즈니스 모델(예: 광고 기반 음악 스트리밍 서비스인 스포티파이)이 가능하기 때문에 대여 유통에 있어 수수료 지불은 의무적이지 않다. 이러한 대여 배급사로는 도서관(공공 도서관 등 물리적인 공간 또는 아마존의 킨들 이용자 대여 도서관 서비스(Kindle Owner's Lending Library)와 같은 가상 공간)과 대여점(비디오 대여점 등)이 있다.

또 다른 대여 배급 유형으로는 넷플릭스(이용자들에게 특정 영화와 시리즈를 스트리밍할 수 있는 임시 권한을 부여한다. 콘텐츠는 회사의 서버에 남아 있고 회사에 의해 제거되면 소비자들이 접근할 수 없게 된다)와 스포티파이(음악과 오디오북 콘텐츠와 동일)와 같은 '구독' 서비스가 있다. 구글의 유튜브와 유튜브 레드도 유튜브에 구독 요소가 없을 뿐 기본적으로 마찬가지이다. 팝콘 타임(Popcorn Time: 영상 콘텐츠를 스트리밍하는 인기 애플리케이션)과 같은 불법 대여 유통업체도 이 방식의 중개업종에 속한다. 마지막으로, 우리는 TV와 라디오 방송국을 이 범주에 배치한다. 유료 방송국과 '무료' 방송국 모두 소비자들에게 엔터테인먼트 콘텐츠에 대한 시간 제한적인 접근을 제공한다. 넷플릭스나 스포티파이와 같은 새로운 디지털 서비스가 제공하는 것과 매우 유사하며, 주요 차이점은 TV와 라디오 방송국이 콘텐츠를 '떠미는' 반면 스트리밍 콘텐츠는 소비자에 의해 '끌어당겨진다'는 것이다. '무료' TV/라디오, 유튜브 및 유사 서비스의 경우 고객이 광고를 용인함으로써 '비용을 지급'하는 방식을 취한다.

우리 체계의 세 번째 (그리고 최종적인) 유통 중개업은 공간 유통이다. 영화관, 전통 극장, 공연장, 디스코텍과 같은 장소들은 소비자들에게 사회적 경험의 일부로 콘텐츠에 대한 접근을 제공한다. 이러한 경험은 종종 물리적 환경에서 일어나지만, 가상 세계[예: 세컨드 라이프(Second Life), 혹은 페이스북, 핀터레스트(Pinterest)]와 같은 인기 있는 소셜 미디어 플랫폼 등의 디지털 공간에서도 일어날 수 있다. 이러한 플랫폼들, 특히 디지털 플랫폼들 또한 그들의 사용자들에게 엔터테인먼트 콘텐츠를 '대여'한다고 주장할 수도 있다. 하지만, 우리는 이러한 공간들이 대여 유통업체와는 다른 중요한 차이가 있다고 생각한다. 공간 유통의 경우 사용자들은 특정 콘텐츠의 소비를 넘어 공간의 경험적 성격에 이끌리는 것이다. 우리 체계에서 해당 공간들에게 소매상과도, 대여점과도 차별화되는 일종의 유통 중개업자로서의 지위를 부여하는 것은 그들이 제공하는 독특한 구조 때문이다.[2]

우리가 영화관을 영상 콘텐츠의 '배급업자(distributor)'로 분류하는 것은 언어 딜레마(어쩌면 심지어 울화통)를 야기한다는 것을 인정한다. 우리는 영화계에서 제작자가 영화관에 영화를 판매하는 행위에 대해 '배급(distribution)'이라는 용어를 사용하며, 따라서 영화관에 대해서는 배급업자가 아니라 '상영업자(exhibitor)'라는 용어로 부른다는 것을 잘 알고 있다. 그러나 산업의 가치 창출 과정에 대한 시장 단계의 분석에서 영화관은 DVD와 CD를

---

2) 어떤 이들은 구글의 동영상 스트리밍 플랫폼인 유튜브도 하나의 장소로 여겨져야 한다고 주장할 수 있다. 일부 사람들은 유튜브를 소셜 네트워크로 간주하고, 유튜브는 사용자들에게 사회적 표현을 위한 공간을 제공한다. 그러나, 우리는 페이스북이나 핀터레스트와 같은 사이트들과는 대조적으로, 사람들이 플랫폼 자체와 그 경험적 가치를 위해서보다는 특정한 콘텐츠를 위해서 유튜브를 방문한다는 인상을 받고 있다. 따라서 유튜브는 주로 대여 유통업자로 간주된다.

소매점에서 유통하거나, 스트리밍 서비스 업체가 음악을 유통하는 것과 동일한 수준으로 행동한다. 이들은 모두 소비자들에게 콘텐츠를 배포하는 마지막 접점이다. 정의 자체로는 결코 '옳고 그름'을 가릴 수 없다. 하지만, 우리는 우리의 체계와 이 책 전반에 걸친 그 적용에 있어 경영 이론 및 이 안에서 연구된 다른 형태의 엔터테인먼트와도 일관성이 유지되도록 심혈을 기울이기 위해 해당 용어를 선택하게 되었다.3) 게다가, 우리가 선택한 시장 단계의 어휘는 우리가 제작자의 마케팅 믹스(엔터테인먼트 유통 결정에 관한 III권 3장 참조)에서 상품을 관객에게 유통하는 행위를 포함시키도록 허용한다. 우리의 생각은 이렇다. 만약 제작자가 소비자들이 영화관에서 영화를 볼 수 있게끔 계획하고 있다면, 그는 '영화 배급'에 연루되어 있는 것이다.

엔터테인먼트 콘텐츠의 소비는 유통 중개업 외에도 기술 중개업 역할을 하는 특정 인터페이스 장치의 사용과 연계되는 경우가 많다. 인터페이스 장치는 소비자가 물질적·비물질적인 상품을 즐길 수 있도록 하는 하드웨어이다. 영화의 경우 TV, 컴퓨터 및 노트북, 스마트폰 및 태블릿, DVD 플레이어, 위성 및 케이블 수신기, 3D 안경 또는 아마존 파이어(Amazon Fire) TV 플레이어 또는 스틱이 포함된다. 음악의 경우 그러한 장치들뿐만 아니라 라디오, 헤드폰, 블루투스 작동 스피커도 포함된다. 디지털 포맷일 경우의 소설은 전자책 리더기, 태블릿 또는 스마트폰을 필요로 한다. 비디오 게임은 전화, 태블릿, PC 또는 콘솔에 저장되고 제어기를 통해 재생되며 때때로 카메라와 VR 안경의 사용을 필요로 한다.

---

3)  우리의 용어 선택이 제작자들이 배급업자와의 관계를 관리해야 하는 임무를 간과하는 것을 의미하지는 않는다. 그러나 우리는 그것을 유통보다는 기업 대 기업 세일즈의 일종으로 간주하고 있는데, 이는 주로 소비자를 대상으로 하는 경영 활동에 초점을 맞춘 이 책에서 연구하지 않는 과제이다.

〈그림 5.1〉에서 유통 중개업이 소비자와 직접 연결된다는 데는 일부 예외도 존재한다. 인쇄된 책을 구입하거나 대여하는 것은 자족적인 활동이며 기술 인터페이스 장치가 필요하지 않다. 장소가 가상이 아니라 물리적일 때 대부분의 공간 유통도 마찬가지이다. 영화를 감상하기 위해서는 극장에 가고, 댄스음악을 듣기 위해서는 클럽에 가는 것이 보통 소비자로부터 요구되는 노력의 전부이다(이따금 3D 안경이 필요하다는 사실을 제외하면). 그러나 우리는 이 디지털 시대에 엔터테인먼트 소비를 위한 하드웨어의 역할이 분명히 증대되고 있다는 점을 인정해야 한다.

이 체계는 오늘날 기업과 대기업이 가치를 창출하기 위해 엔터테인먼트에서 수행하는 역할을 체계적으로 식별하는 데 사용 가능하다(그리고 또한 당위적으로 사용되어야 한다). 더불어 전통적으로 스스로를 엔터테인먼트 산업의 일부라고 생각하지 않을 수도 있는 기업을 위한 적절한 역할을 식별하는 데에도 도움이 된다(예: 케이블 제공업체와 같은 기업들). 그럼으로써, 이 체계는 기업이 엔터테인먼트의 가치 창출에 있어서 스스로의 역할을 체계적으로 향상시킬 기회를 확인한다. 통합과 전환의 서로 다른 경로에 대해서는 이후에 논의할 것이다.

우리의 체계는 또한 상품이 어떠한 (기술적) 창구로 유통되는지는 크게 중요하지 않다는 것을 확인시켜 준다. 우리 체계에 따르면 오히려 배급 유형의 역할이 훨씬 중요하다. 예를 들어, TV 방송국은 지상파로 콘텐츠를 방송하고, 유료 TV 채널은 소비자에게 도달하기 위해 케이블을 사용하고, 스트리밍 서비스는 그들의 콘텐츠를 인터넷을 통해 전송하지만, 우리의 체계는 그들 모두가 소비자에게 매우 유사한 가치를 제공하고 있음을 확인하게 한다. 그들은 모두 영상 콘텐츠의 대여 유통의 일종이다. 기술 창구와 무관하게 시장에 제공된 상품들 간 경쟁에 대한 증거는 북미에서 스트리밍 서비스의 성장이 TV 시청 감소와 함께 진행된다는 통계자료를 통해 제시된다. 유료 TV 채널 사용자 수는 2010년 이후 지속적으로 증가하는 속도로 10% 감소했다. 전 연령대에 걸쳐 '정기적' TV 시청률은 11% 감소세를 보였으며 동 기간 12~24세 연령층에서는 40% 감소세를 나타냈다(*The Economist*, 2016, 2017). 우리는 배급 결정에 집중된 III권 3장에서 배급 유형 사이에 나타나는 이러한 경쟁(cannibalization)에 대해 살펴볼 것이다.

아래에서도 부연 설명하겠지만, 엔터테인먼트에 있어서 가치 창출의 역학 관계는 최근 들어 더욱 거세지고 있으며, 당분간 그 역동성이 수그러들지 않을 것으로 예상된다. 우리의 체계는 서로 다른 계층적 가치 창출 수준(제작, 배급, 하드웨어)과 각 수준(물질 대 비물질적 상품, 소매, 대여 및 공간 유통)별 서로 다른 유형들 사이의 밀접한 연관성을 강조한다. 그것이 III권에서 설명하는 마케팅 툴에 대한 논의에도 영향을 미치는 체계의 핵심 메시지일 수도 있다. 즉, 엔터테인먼트의 가치 창출에 관한 한, 어떤 것 하나도 고립적으로 일어나지 않는다는 것이다. 제작자들에게 이것은 가치 창출에는 콘텐츠가 결정적 요소라는 반가운 소식과 함께, 전통적으로 콘텐츠 제작에 관여하지 않았던 많은 플레이어들이 콘텐츠 통제에서 이득을 볼 수도 있다는 썩 반갑지만은 않은 소식이 뒤따름을 의미한다.


## 2. 누가 어떻게 엔터테인먼트 가치를 창출하는가: 플레이어, 상품, 그리고 트렌드에 관한 스냅숏

앞서 2장에서 밝혔듯이, 영상, 프로그램, 인쇄, 녹음 엔터테인먼트 콘텐츠는 각각 상당한 경제적 가치를 창출한다. 다음 섹션에서는 주요 플레이어들 및 최근의 산업 전개 양상과 함께 오늘날 각 유형의 엔터테인먼트에 가장 중요한 상품 및 유통 방식에 대해 좀 더 조명할 것이다. 그러나 이 책의 총체적인 접근 관점과 함께, 먼저 다양한 형태의 엔터테인먼트에 걸쳐 있는 주요한 콘텐츠 생산 대기업과 그들의 기업 활동에 관한 간략한 설명 (스냅숏)부터 제공하고자 한다.

### 1) 메이저 영화 스튜디오, 음반 레이블 및 출판사: 엔터테인먼트 대기업[4]

전략적 자원은 상업적 '스튜디오' 상품들을 위해 시장에 존재하는 자들과 독립적 상품들을 위해 시장에 존재하는 자들을 구분하는 차이이다. 그런데 이러한 희소한 자원을 소유하고 업계 전체가 벌어들이는 연간 7500억 달러에 달하는 매출 중 가장 큰 몫을 차지하는 몇 안 되는 거물급 플레이어는 대체 누구인가? '스튜디오'란 누구를 일컫는가? 단일 유형의 상품 제작을 전문으로 하는 몇몇 주요 엔터테인먼트 기업 외에도, 엔터테인먼트 콘텐츠 제작 분야에서는 월트 디즈니 컴퍼니[21세기 폭스(21st Century) 포함], 컴캐스트(Comcast), 내셔널 어뮤즈먼트(National Amusements), 소니, AT&T/워너(AT&T/Warner) 등 여러 형태의 엔터테인먼트군을 아우르는 소수의 대기업이 산업을 장악하고 있다. 이들이 모두 엔터테인먼트 콘텐츠 제작에 대규모 투자를 감행한다는 공통점에도 불구하고, 각 대기업은 자산과 자회사에 관한 한 각기 독특한 구조를 가지고 있다. 이러한 차이로 인해 이들 기업은 엔터테인먼트 가치 창출 체계에서 각기 다른 수위에서 다른 역할을 수

---

4)  이 책의 다른 섹션에서와 마찬가지로, 우리는 여기에 제시된 정보가 가능한 한 포괄적이고 시의적절하며 오류가 없도록 최선을 다했다. 이런 노력에도 불구하고, 그 사이에 상황이 바뀌었거나 우리가 정보를 간과하거나 오독했을 가능성이 있음을 양해해 주기 바란다. 2017년 겨울에 이 책을 집필할 당시, AT&T-워너, 디즈니-폭스 인수 절차가 진행 중이었다. 따라서 이 섹션에 수록된 기업의 부문과 자산에 대한 설명은 잠정적일 수밖에 없다. 이러한 역학 관계에 부디 유의하기 바란다. 우리는 독자들이 이 책의 웹사이트(http://entertainment-science.com)에서 최신 정보를 얻을 수 있도록 노력할 것이다.

행하고 있다.[5]

※ 월트 디즈니 컴퍼니(21세기 폭스 포함)

1923년 월트와 로이 디즈니 형제가 설립했다. 현재 매년 550억 달러 이상의 매출과 150억 달러의 영업이익을 내고 있다. 이는 디즈니와 합병하기 전 250억 달러 이상의 누적 수익과 70억 달러의 영업수익을 올린 21세기 폭스의 사업 실적은 제외한 수치이다.[6]

디즈니의 역사적 경제적 근간은 영상 콘텐츠 제작 분야이다. 최근에는 이 분야에서 90억 달러의 매출과 30억 달러의 이익을 달성하고 있다. 디즈니에는 픽사, 루카스 필름, 마블 등 지구상에서 가장 거대한 영화제작 팀과 브랜드가 포함되어 있다. 이 회사의 가장 큰 성공작으로는 〈스타워즈〉 프랜차이즈, 〈어벤저스〉와 〈아이언맨(Iron Man)〉 시리즈[마블 시네마틱 유니버스의 일부로서], 그리고 애니메이션 〈겨울왕국(Frozen)〉 등이 있다. 이 영화들은 전 세계적으로 극장 매출로만 각각 10억 달러 이상을 축적했다. 2016년 영화 산업 전체 영업이익의 절반 이상을 디즈니 혼자 벌어들인 것으로 보고되었다(Lieberman, 2017).

---

5) 다른 날짜가 언급되지 않은 한, 이 섹션에 기재된 재무 정보는 2016년 정보를 가리킨다.

6) 21세기 폭스라는 회사 자체가 대주주이자 당시 CEO였던 루퍼트 머독에 의해 야기된 미디어와 엔터테인먼트 대기업 뉴스 코퍼레이션(News Corporation)의 2013년 영화·방송 부분 분할의 결과물이었다. '구(old)' 뉴스 코퍼레이션의 언론·출판 등 나머지 자원은 '신(new)' 뉴스 코프(News Corp)를 결성했는데, 디즈니가 폭스를 인수한 후에는 뉴스 서비스(《월스트리트 저널(Wall Street Journal)》 등)와 무역 서적 출판사 하퍼콜린스(HarperCollins) 등 더욱 다양한 출판 활동을 결합한다. 하퍼콜린스는 마이클 크라이튼(Michael Crichton), 클라이브 바커(Clive Barker), 닐 스티브슨(Neal Stephenson) 등 수많은 스타 작가들의 책을 출판했다. 하퍼콜린스는 80억 달러의 매출을 올리고 있다. 이 회사의 엔터테인먼트 영역인 무역 출판 자산은 그중 거의 20억 달러의 매출을 차지하며 2억 달러의 이익을 창출한다.

이에 더불어 디즈니는 1930년대에 설립된 할리우드의 유서 깊은 스튜디오 21세기 폭스와 합병하여 현재 소유권 인수를 추진 중이다. 폭스는 〈아바타〉(집필 당시 2017년 가치로 30억 달러 이상의 박스오피스 사상 최대 흥행작), 최초의 〈스타워즈〉 영화 6편(루카스 필름과 공동 제작한), 그리고 애니메이션 〈아이스 에이지(Ice Age)〉 시리즈(시리즈 전체의 박스오피스 수익이 약 40억 달러에 달한다)와 같은 대성공작들을 내놓은 바 있다. 폭스의 TV용 콘텐츠 성공작으로는 〈심슨 가족〉, 〈엑스 파일(X-Files)〉, 〈엠파이어(Empire)〉와 같은 시리즈가 포함된다. 2017년 한 해 폭스의 영상 콘텐츠는 80억 달러의 매출과 10억 달러의 이익을 달성했다. 디즈니와 폭스의 연합체는 장편영화 시장에서 확실한 선두를 점유한다. 디즈니와 폭스의 시장 점유율을 합산하면 최근 몇 년 간 25%에서 거의 40%에 달하는 수치를 보인다.

디즈니는 도서 출판[디즈니 퍼블리싱 월드와이드(Disney Publishing Worldwide), 디즈니 내 소비자 상품 부문 일부]과 음악 제작[디즈니 뮤직 그룹(Disney Music Group), 스튜디오 부문 일부] 분야에서도 활발한 사업을 영위하고 있다. 게임[디즈니 인터렉티브(Disney Interactive)가 〈디즈니 인피니티(Disney Infinity)〉 등의 게임을 제작]도 제작하고 있지만, 콘솔 게임 출시를 중단하고 현재는 모바일 게임에만 집중하고 있다. 그러나 이 모든 사업 활동은 디즈니의 영상 엔터테인먼트 부문에 비하면 규모가 훨씬 작다. 디즈니는 또한 세계에서 가장 큰 테마파크들[디즈니 월드(Disney World)와 같은]을 소유하고 있으며 소비재(장난감·의류 등을 자체 소매점 디즈니 스토어를 통해서도 판매)에도 광범위한 입지를 구축하고 있다.

디즈니의 성공적인 영화 실적 덕에 더 큰 탄력을 받은 테마파크와 소매업 모두 디즈니의 강력한 유통 창구로 기능하고 있으며, 이러한 유통 창구 중에는 디즈니 내 강력한 TV 네트워크들도 포함된다(디즈니는 ABC와 스포츠 채널 ESPN을 소유하고 있다). TV 부문의 성과는 디즈니(합병 전) 전체 매출의 40% 이상, 전체 수익의 절반 이상을 차지하고 있다. 폭스 인수를 통해 FX, 내셔널 지오그래픽(National Geographic), 스포츠 미디어(Sports Media)와 같은 전문 네트워크까지 운영하게 되었으며, 유럽 유료 TV 방송(및 스트리밍) 업체 스카이(Sky)의 지분 40%도 보유하게 되었다. 폭스는 스포츠, 엔터테인먼트, 뉴스 콘텐츠 등을 제공해 온 컴캐스트 케이블 등 케이블 사업자의 네트워크 콘텐츠 프로그래밍에 특히 적극적이었고, 이 사업 영역은 폭스의 합병 전 매출의 절반 이상과 수익의 80%에나 기여했다.

디즈니는 인터넷을 통한 콘텐츠 스트리밍과 관련하여 고공 행진 계획을 발표했다. 2017년 말까지 SVOD(Subscription Video On Demand: 월정액 주문형 비디오) 서비스 업체 훌루(Hulu) 지분의 30%를 직접 소유하고 있었으며, 폭스를 통해 30%의 지분을 추가로 소유하게 됨으로써 대주주가 되었다. 디즈니는 또한 영국에서 멀티 콘텐츠 구독 서비스인 '디즈니라이프(DisneyLife)'를 운영 중이다(집필 시점 현재, '영화, TV, 책, 음악' 콘텐츠 서비스 중이다). 디즈니는 이러한 서비스를 글로벌 SVOD 운영으로 전환하여 디즈니 영화 및 TV 프로그램의 독점적 스트리밍 기지로 삼을 것으로 기대된다(Castillo, 2017)[실제로 디즈니는 2019년 11월 디즈니 플러스(Disney Plus)를 미국 등에 론칭했고, 2020년 3월에는 영국의 디즈니 라이프를 디즈니 플러스로 통합했다.—옮긴이].

이 모든 것이 디즈니의 가장 주목할 만한 면모 중 하나인 '회사의 다양한 부문의 고도로 조직화된 통합'으로 수렴되고 있는데, 방대한 규모와 더불어 바로 이러한 특징이 디즈니를 특별하게 만든다. 이 통합 전략은 디즈니의 창립자였던 월트 디즈니의 비전으로 거슬러 올라간다. 월트 디즈니는 서로가 서로를 지지하고 발전시키는 사업 영역 네트워크에 대한 비전을 가지고 있었다. 현재 영화가 모든 가치 창출의 중심에 있다는 점에서, 창립 이래 약 70년이 지났지만 그 어느 때보다도 이 비전은 여전히 디즈니에게 있어 유효하다.[7]

※ 컴캐스트

컴캐스트는 엔터테인먼트 산업의 다양한 영역과 수위에 걸쳐 자산을 보유하고 있는 미디어 재벌이며 주로 TV와 영화 사업으로 유명하다. 컴캐스트는 1960년대 미시시피(Mississippi)에서 소비자에게 엔터테인먼트와 정보를 전달하는 케이블 업체로 태동되었다. 컴캐스트는 현재 엔터테인먼트 콘텐츠 제작에 사용되는 컴캐스트의 주요 자산을 결합한 NBC유니버설(NBCUniversal)을 소유하고 있다. 그중에서도 할리우드에 위치한 유니버설 스튜디오(Universal Studios)가 중추적인 역할을 하고 있다. 유니버설은 1912년에 설립된 세계적인 극장용 영화제작 스튜디오이다. 이 밖에도 컴캐스트는 드림웍스 애니메이션(2016년부터), 포커스 피처스(Focus Features), 워킹 타이틀(Working Title) 등의 영화 레이블을 보유하고 있다. 영화로는 〈쥬라기 공원/월드〉 프랜차이즈, 〈분노의 질주(Fast and the Furious)〉 시리즈, 그리고 애니메이션 〈미니언즈(Minions)〉 시리즈가 큰 성공을 거두고 있는데, 이 영화들은 모두 각각의 전 세계 극장 상영 기간 동안 10억 달러 이상을 벌어들였다.

그 외의 엔터테인먼트 콘텐츠는 NBC유니버설의 TV 자산에 의해 제작되는데, 메인 TV 네트워크인 NBC와 드라마, 스포츠, 기상 정보 프로그램을 제공하는 텔레문도(Telemundo), 시피(Syfy), 웨더 채널(Weather Channel)을 포함한 몇 개의 다른 방송사를 보유하고 있다. 영상 엔터테인먼트 외에 컴캐스트의 엔터테인먼트 콘텐츠 제작에 대한 지분은 한정되어 있다. NBC 퍼블리싱 레이블(NBC Publishinng Lable) 산하에, 컴캐스트는 다수의 멀티미디

---

7) 서로 다른 엔터테인먼트 영역에 걸친 시너지 통합과 연결에 대한 월트 디즈니의 초기 비전은 1957년에 작성된 한 지도에 잘 포착되어 있다. 이 지도는 https://goo.gl/Acq856 등 인터넷의 여러 곳에서 찾아볼 수 있다.

어 콘텐츠가 추가된 컴캐스트 소유 콘텐츠의 전자책 버전을 출시했다[예를 들어 소설 『뿌리(Roots)』의 전자책 버전은 역사적인 비디오와 오디오 뉴스 영상을 포함하고 있다]. 2012년에는 유니버설 게임 네트워크(Universal Games Network)로 게임 시장에 진입하려고 시도하기도 했으나 오래가지 못했다(자체 TV 브랜드들을 위한 '캐주얼' 게임 개발을 위해서였다). 컴캐스트는 음악 관련 사업 부문은 (더 이상) 가지고 있지 않다. 유니버설 뮤직(Universal Music)이라는 이름으로 운영되고는 있는 음악 레이블이 존재하기는 하지만, 2004년 제너럴 일렉트릭(General Electric)이 유니버설 스튜디오를 인수함에 따라 완전히 독립적으로 운영되고 있다(음악 산업에 관한 부분 참조).

컴캐스트의 전체 매출과 이익의 거의 3분의 2(각각 800억 달러와 170억 달러)가 케이블 사업에서 나온다. 이에 비해 컴캐스트의 엔터테인먼트 콘텐츠 제작 및 유통 부문인 NBC유니버설은 연간 310억 달러의 매출과 60억 달러에 가까운 이익을 창출한다. 컴캐스트는 2011년 제너럴 일렉트릭과 비방디로부터 사들인 NBC유니버설을 통해 자사의 엔터테인먼트 콘텐츠를 여러 테마파크를 통해 활용하고 있는데, 이 테마파크의 대부분은 유니버설 브랜드와 관련이 있다. 컴캐스트는 영화 및 드라마 시리즈 스트리밍 서비스 훌루의 지분 30%를 보유하고 있으며, 북미 영화 티켓 판매의 선두 주자인 판당고(Fandango)의 주요 주주이다. 컴캐스트는 판당고를 통해 영화 및 TV 프로그램 리뷰 집계 사이트인 로튼 토마토(Rotten Tomatoes)도 (타임 워너와 함께) 소유하고 있다. 로튼 토마토는 III권 2장에 나오듯이 영상 콘텐츠를 위한 '언드(평가형)' 미디어로서의 주요 플랫폼이기도 하다.

## ※ 내셔널 어뮤즈먼트

내셔널 어뮤즈먼트(이하 NA)라는 기업명은 딱히 대표 기업명은 아니며, 엔터테인먼트 업계에서 그리 잘 알려져 있지 않다. 그러나 콘텐츠 창작

자원의 레퍼토리가 많이 소장되어 있으며, 엔터테인먼트 유통에도 적극적이다. 콘텐츠와 관련해 NA는 할리우드에 본사를 둔 영화 스튜디오 파라마운트 픽처스(Paramount Pictures)를 통해 메이저 영화를 제작하는 바이어컴(Viacom) (의결권) 지분의 80%를 소유하고 있다. 100년 이상의 유구한 파라마운트 역사상 가장 큰 성공작으로는 〈타이타닉〉(전 세계 규모로는 역대 두 번째 흥행 성공작), 〈트랜스포머(Transformers)〉 프랜차이즈(2017년 기준으로는 전 세계에서 50억 달러에 육박하는 박스오피스 매출을 창출한 영화), 전설적인 〈인디애나 존스(Indiana Jones)〉 시리즈(지금은 디즈니 소유가 된 루카스 필름을 통해) 등이 있다.

추가적인 영상 콘텐츠는 바이어컴 소유의 MTV, 니켈로디언(Nickelodeon) 등 TV 방송국이 제작하고 있으며, NA가 80%의 지분을 소유한 CBS 코퍼레이션 역시 이러한 역할을 담당하고 있다. CBS는 (타임 워너와 함께 소유한 CW 네트워크뿐만 아니라) 같은 이름을 가진 TV 네트워크를 운영하고 있다. 유료 TV 네트워크 쇼타임(Showtime: 〈홈랜드(Homeland)〉, 〈덱스터(Dexter)〉, 〈위즈(Weeds)〉 등 드라마 시리즈를 제작해 온 방송사)과 라디오 방송국들도 소유하고 있다. NA는 또한 CBS 필름(가장 성공한 작품으로는 코미디 〈라스트 베가스(Last Vegas)〉)을 통해서도 영화를 제작하고, 다수의 주요 출판사의 소유주로서, 그중 가장 큰 회사는 사이먼 앤 슈스터[Simon and Schuster: 어니스트 헤밍웨이(Ernest Hemingway), 존 어빙(John Irving), 스티븐 킹 등 수많은 스타 작가들에 대한 판권을 보유한 고전문학 출판사]이다. 바이어컴과 CBS는 둘 다 음악 제작과 관련해서도 소소하게 사업을 영위하고 있다. 바이어컴은 코미디 센트럴 레코드(Comedy Central Records)와 닉 레코드(Nick Records)와 같은 틈새 레이블을 갖고 있으며, CBS 레코드(경쟁사인 소니에 속해 있는, 1970년대의 영광을 자랑하는, 동명 레이블과 혼동해서는 안 된다)는 주로 자체 TV 시리즈를 위한 사운드트랙 출시를 담당한다.

NA가 주력하는 엔터테인먼트 가치 사슬의 또 다른 부분은 배급이다. TV 방송국 외에도, 미국 내에 1500여 개의 영화관을 운영하고 있다[미국, 영국, 남미, 러시아 등지에서 쇼케이스 시네마(Showcase Cinemas), 멀티플렉스 시네마(Multiplex Cinemas), 시네마 드 룩스(Cinema de Lux), 키노스타(KinoStar) 등의 체인 브랜드 운영—옮긴이]. 그 외에도 NA는 영화 티켓 판매업자이자 판당고의 경쟁사인 무비티켓닷컴(MovieTickets.com)의 일부를 소유하고 있다[2017년 10월 판당고가 무비티켓닷컴을 인수합병했다—옮긴이]. 영화와 게임 리뷰 웹사이트 메타크리틱(Metacritic)은 CBS의 인터랙티브 그룹의 일환이다. NA가 대주주로 있는 사업체들의 전체 매출은 공개된 바 없지만, CBS의 약 130억 달러(영업이익 26억 달러)의 매출과 바이어컴의 비슷한 수치(매출 125억 달러, 이익 25억 달러)로 구성된 300억 달러 수준으로 추정한다. 두 회사 모두 수익의 확실한 대부분은 TV에서 나온다. 영화 배급은 거의 30억 달러(2016년에 드물게 5억 달러의 손실을 입었다)에 가까운 기여를 하고, 출판 매출은 약 10억 달러(이익은 1억 달러)에 달한다.

### ※ 소니

도쿄에 본사를 둔 소니는 영화, 게임, 음악 등 다양한 형태의 엔터테인먼트를 생산하는 선두 기업이다. 그러나 이 회사의 근간은 기술이다. 소니는 홈 엔터테인먼트 혁신[워크맨, 베타맥스(Betamax) 비디오 시스템 등]과 컴퓨터 등에서 돋보이는 역사를 써 왔다. 콘텐츠 제작과 관련해 소니는 하드웨어(예: 플레이스테이션 라인)와 소니 인터랙티브 엔터테인먼트(Sony Interactive Entertainment)를 통해 판매되는 게임 소프트웨어[예: 〈더 라스트 오브 어스(The Last of Us)〉, 〈언차티드(Uncharted)〉 시리즈와 같은 성공작들]를 모두 생산하는 콘솔 게임 시장의 선두 주자이다.

역사적인 음반 레이블인 컬럼비아(Columbia)/CBS 레코드를 계승하고 1987년부터 소니의 일부가 된 소니 뮤직 엔터테인먼트(Sony Music Entertainment)는 마이클 잭슨(Michael Jackson), 비욘세(Beyonce), 바브라 스트라이샌드(Barbra Streisand) 등 세계적인 스타들의 명반을 포함한 음악 콘텐츠의 선도적인 제작사 중 하나이다. 소니도 1987년 코카콜라로부터 인수한 소니 픽처스 엔터테인먼트(Sony Pictures Entertainment)라는 타이틀로 영화와 TV 콘텐츠를 생산하는 전면적인 스튜디오를 운영하고 있다. 영화제작자로서 소니의 최고 흥행작은 〈스파이더맨〉 코믹스 각색 시리즈(2017년 기준 박스오피스 실적은 56억 달러)와 댄 브라운의 추리소설 각색 영화들(〈다빈치 코드(the Da Vinci Code)〉, 2017년 기준 박스오피스 실적은 약 17억 달러)이다. 소니가 활발하게 사업을 영위하지 않는 (미디어) 엔터테인먼트의 유일한 분야는 도서 출판이다.

소니는 제작을 넘어 유통 중개업과 기술 중개업에도 적극적이다. 소비자가 엔터테인먼트 콘텐츠를 체험하기 위해 사용하는 대부분의 하드웨어 [예: 플레이스테이션, TV, CD/DVD, 엑스페리아(Xperia) 휴대폰]를 생산하지만 2014년까지 판매했던 PC는 더 이상 취급하지 않는다. 소니는 플레이스테이션 콘솔을 콘텐츠 유통의 주요 허브로 정착시켰다. 즉, 소비자들은 단말기와 인터넷 기반의 플레이스테이션 스토어를 통해 다양한 형태의 콘텐츠를 구입하거나 대여할 수 있다. 다른 엔터테인먼트 대기업들과 대조적으로, 소니는 유료 TV 소니 무비 채널(Sony Movie Channel)을 통해 TV 부문에서는 그저 틈새시장만 차지하고 있다. 이 회사의 700억 달러에 가까운 매출의 약 절반이 엔터테인먼트 부문에서 나온다. 게임 부문의 실적(하드웨어 및 소프트웨어)이 약 140억 달러로 가장 높으며, 그다음으로는 영화 및 TV 콘텐츠(약 80억 달러), 음악(약 60억 달러) 순이다. 최근에는 소니의 게임과 음악 사업 실적이 나머지 사업(2016년에 거의 10억 달러의 손실을 본 소니의 영화와 TV 부문 포함)보다 확실히 더 수익성이 높다. 게임과 음악 엔터테인먼트의 합산 영업이익은 19억 달러로서 소니 '전체' 이익의 4분의 3에 달하는 수치이다.

## ❋ AT&T/워너[8)]

미디어 재벌 워너 브라더스는 가장 다채로운 역사를 가지고 있다. 통신/

미디어 강자 AT&T에 인수되기 전, 워너는 2004년에는 음반 제작사[워니 뮤직 그룹, 여전히 워너의 옛 로고를 사용 중], 2009년에는 케이블 업체[타임 워너 케이블(Time Warner Cable)이라는 이름을 계속 사용 중], 그리고 2013년에는 발행 주식의 대부분을 매각했다(타임 분할의 일부로서). 오늘날 워너 브라더스는 주로 영상 콘텐츠를 제작하여 배급하고 있다. 주요 아이템은 극장용 영화인데, 이 영화들은 워너 브라더스 픽처스(Warner Brothers Pictures)나 기타 자회사들을 통해 제작된다. 특히 뉴라인 시네마(New Line Cinema), 캐슬 록 엔터테인먼트(Castle Rock Entertainment), DC 필름스[DC Films: 『배트맨(Batman)』 등 DC의 코믹스를 원작으로 영화를 제작한다]가 눈에 띈다. 워너 브라더스는 [워너 브라더스 텔레비전(Warner Brothers Television)을 통해] TV 시리즈와 쇼도 활발히 제작하고 있다. 그러나 가장 두드러진 것은 유료 TV 자산인 홈 박스오피스(HBO: Home Box Office), 그리고 [워너 인터렉티브(Warner Interactive)를 통한] 게임이다. DC에 대한 통제의 결과로, 워너는 또한 코믹스도 출판한다.

워너의 카탈로그에는 이 모든 분야의 대표 기업명이 수록되어 있다. 영화 분야의 가장 큰 흥행작으로는 『해리 포터(Harry Potter)』를 원작으로 한 영화(2017년 기준으로 거의 10억 달러의 박스오피스 실적), 다양한 〈배트맨〉과 〈슈퍼맨〉 영화(90억 달러에 가까운), 그리고 존 로널드 톨킨(John Ronald Tolkien)의 문학작품을 각색한 영화(〈반지의 제왕〉과 〈호빗(Hobbit)〉 시리즈, 60억 달러에 달하는 박스오피스 실적) 등이 있다. 워너의 TV 콘텐츠 중 일부는 〈왕좌의 게임(Game of Thrones)〉, 〈소프라노스(The Sopranos)〉와 같은 HBO 작품들, 혹은 워너 브라더스 TV의 〈빅뱅 이론〉처럼, 거대 규모의 충성도 높은 전 세계 시청자들에게 사랑을 받았다. 인기 비디오 게임으로는 〈레고〉 시리즈(〈레고 스타워즈〉 등)와 〈배트맨〉과 〈모탈 컴뱃(Mortal Kombat)〉 게임 시리즈 등이 있다.

---

8) AT&T와 워너의 합병에 관한 유의 사항을 이 장 각주 4에서 확인하기 바란다.

워너 브라더스는 CNN과 TBS TV 네트워크(CW 지분도 50% 보유)와 대표적인 유료 TV 채널 HBO(전 세계 1억 310만 명 가입자 보유)를 통해 영상 콘텐츠 유통에도 적극 나서고 있다. HBO Go를 통해 영화와 드라마 콘텐츠 스트리밍 서비스도 운영 중이다. 영화 스튜디오 부문은 약 130억 달러의 매출을 창출하며(20억 달러에 가까운 영업이익), 워너의 TV 사업에서도 비슷한 수준의 매출이 발생한다(5배 더 높은 영업이익을 달성하기는 하지만). 그러나 이 모든 수치는 현재 모기업인 AT&T의 채널 운영 사업에서 벌어들이는 수치에 비하자면 가소로운 숫자이다. AT&T는 통신 사업 외에도 다이렉TV(DirecTV)를 통해 미국 내 2500만 가입자(컴캐스트의 케이블 가입자보다도 더 많다)를 위한 위성 광대역 TV 콘텐츠와 5000만 이상 가입자에게 모바일 인터넷 접속을 제공한다. AT&T는 또한 다이렉TV와 유-벌스(U-Verse) 스트리밍 서비스를 통해 엔터테인먼트 콘텐츠를 광범위하게 배포한다. 이러한 사업 활동으로 AT&T는 연간 1640억 달러의 매출과 240억 달러의 이익을 창출해 산업 제휴와 관계없이 그 자체만으로 지구상에서 가장 큰 기업 중 하나로 위치한다.

〈그림 5.2〉는 이들 5개의 주요 엔터테인먼트 콘텐츠 제작자의 사업 활동과 각각의 제공물을 요약한 것이다. 〈그림 5.2〉는 제공되는 엔터테인먼트의 형태(예: 영화, 게임 등)와 기업의 전체 사업 영역 중 콘텐츠 제작 여건과 관련하여 경쟁사들의 포트폴리오 간에 존재하는 주요 차이를 드러낸다. 이러한 차이는 2016년 기준 각 기업의 시가총액에도 영향을 미친다. 최소 약 400억 달러(NA와 소니)에서 최대 3000억 달러(AT&T/워너)까지 다양한 시가총액 규모 가운데, 일부 회사들은 중간 규모(디즈니/폭스 2300억 달러, 컴캐스트 1700억 달러)를 점유하고 있다. NA와 컴캐스트는 창업자와 그 가족들에 의해 지배된다. 대조적으로 워너, 월트 디즈니, 소니는 그러한 이중 공유 구조를 가지고 있지 않다. 이어지는 섹션에서는 가치 창출을 위한 다양한 형태의 엔터테인먼트와 관련해 더 구체적인 내용을 살펴보기로 한다.

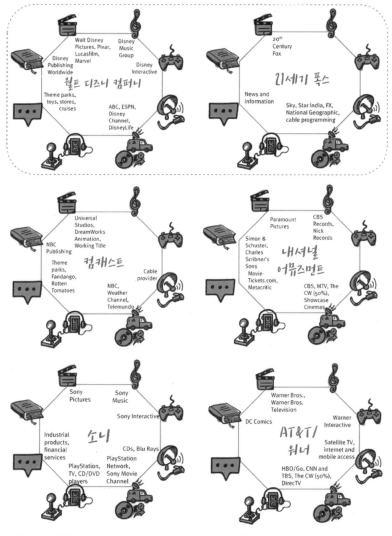

**〈그림 5.2〉 2017년 5대 메이저 엔터테인먼트 대기업의 상품 포트폴리오**

주: 그림에 열거된 자산은 단지 그 기업의 전체 사업 활동 중 선택된 일부일 뿐이다. 2017년 당시 AT&T와 워너는 디즈니와 21세기 폭스처럼 여전히 2개의 별도 회사였다. Studio Tense 그래픽 지원.

## 2) 영상 콘텐츠 시장: 영화와 TV 프로덕션

[영화란] 다양한 요소들이 모여 일찍이 존재하지 않았던 것을 만들어 내는 것이다. 영화는 스토리
텔링이다. 영화는 사람들이 그 영화를 보지 않으면 가질 수 없는 세계, 경험을 고안하는 것이다.
— 영화감독 데이비드 린치(2007)

영상 콘텐츠는 단연코 엔터테인먼트의 가장 큰 형태인데, 특히 약 4000
억 달러의 TV 매출에다가, 영화, 드라마 시리즈, 그리고 쇼 프로그램의 소
비를 위한 하드웨어는 그 중요성을 한층 증대시킬 것이다. 콘텐츠 제작과
관련해서는 현재 5대 메이저 대기업의 스튜디오 부문이 연간 누적 시장
점유율의 약 80%를 차지할 정도로 영화제작을 장악하고 있으며, 인기 TV
쇼와 시리즈 제작에 있어서도 가장 큰 비중을 차지하고 있다. 한 대형 스
튜디오는 영화제작과 마케팅에 연간 20억~30억 달러를 지출하고 있으며,
모든 종류의 영상 엔터테인먼트를 제작하는 데 총 30억~80억 달러를 지
출하고 있다.

5대 메이저 스튜디오들은 영화관뿐만 아니라 디스크, 지상파 TV 방송
국, 유료 TV, 디지털 다운로드, 스트리밍을 통해 그들의 콘텐츠를 배급한
다. 극장 배급은 최근 몇 년 간 북미 지역에서는 기본적으로 정체되어 왔
지만, 인플레이션을 고려한다 치더라도 다른 국가들에서는 엄청나게 성
장했다(2001년 이후 133% 증가).[9] 극장은 영화의 일련의 유통 창구 중 전통적인
1차 플랫폼이며, DVD와 블루레이(판매 및 대여), VOD, 유료 TV, 그리고 지상
파 TV가 그 뒤를 잇는다. VOD는 다양한 형태로 제공된다. 건별 결제 방

---

9)  MPAA가 보고한 자료에 따르면 북미 이외의 지역 극장 매출 증가율은 2007년 이후로는
    37%, 2012년 이후로는 9%로 최근 다소 둔화되는 양상을 보인다.

식 VOD(아이튠즈 및 기타 온라인 스토어를 통한 TVOD)는 개별 영화 또는 쇼 프로그램의 구입 또는 렌탈을 의미하며, 월정액형 VOD(SVOD)는 구독 기반 스트리밍을 의미하며 넷플릭스, 아마존 프라임 비디오, 훌루가 대중화했다.

최근 소비자들은 다양한 유통 창구별로 영화에 얼마나 소비하고 있을까? 2016년 미국 소비자들은 극장 영화 티켓 구매에 약 107억 달러를 지출했으며, TV 채널 구독료와 케이블 사용료를 제외한 물질적·비물질적 형태의 홈 엔터테인먼트에 183억 달러(또는 극장 티켓 구매의 70% 이상)를 지출했다(DEG, 2017). 2016년에 물질적·비물질적 형태의 홈 엔터테인먼트에 소비된 금액의 대부분은 여전히 DVD와 블루레이에 사용되었고, 이들은 TVOD 거래의 2배가량 비싸다. 그러나 SVOD는 소비자 지출에 있어 DVD나 블루레이와 거의 비슷한 수준으로 크게 성장하고 있다. 젊은 층 사이에서 SVOD의 불균형적인 인기[2017년 독일에서는 14세 이상 소비자의 8%가 넷플릭스를 일주일에 한 번 이상 시청하지만 14~29세 연령층 중에서는 21%가 그렇다(Kupferschmitt, 2017)][10]는 유통 창구의 미래 성장 잠재력을 보여 주는 지표라고도 할 수 있다.

그렇다면 이러한 지표가 제작자와 스튜디오에게는 무엇을 의미하는가? 〈그림 5.3〉은 최근 스튜디오 제작 표본을 바탕으로 각 유통 창구가 영화를 제작하는 사람들에게 얼마만큼의 수익을 가져다주는지 대략적인 추정치를 나타낸다. 이 수치의 백분율은 평균이고, 영화 전체에서 각 창구의 중요성에는 상당한 차이가 있다. 극장은 평균적으로 영화제작자들에게 가장 많은 매출을 안겨 주기는 하지만, 창구 백분율에 한 가지 표준편차만

---

10) 쿠퍼슈미트(Kupferschmitt)의 결과는 약 2000명의 독일어를 사용하는 소비자들을 대상으로 한 전국적인 대표 서베이에 근거한 것이다. 그의 연구 결과는 아마존 프라임 비디오(Amazon Prime Video)의 경우와 상당히 유사하다. 전체 인구의 경우 오직 12%만이 일주일에 한 번 이상 아마존 프라임 비디오를 사용하지만, 14~29세의 소비자는 적어도 18%가 매주 사용하는 것으로 드러났다.

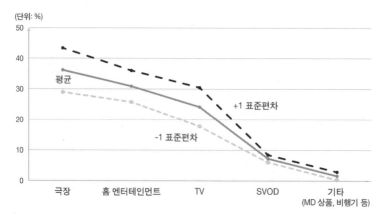

(단위: %)

〈그림 5.3〉 영화제작자 수익에 대한 다양한 배급 창구의 기여

주: 이 데이터 표본은 다양한 장르와 예산 규모를 다루는 최근 스튜디오 영화의 임의 표본이다. 그림 속 숫자는 몇 가지 가정에 따른 계산 결과이므로, 그것들은 그림대로만 취급되어야 한다.

추가하면 순위가 역전될 수도 있다. 표본에 포함된 일부 영화의 경우, 건별 결제 방식 홈 엔터테인먼트(물리적 및 디지털 방식 양자의 판매 및 대여)가 가장 많이 생성되었고, 다른 영화의 경우 극장만큼이나 TV가 중요했다.

2가지 부연 설명을 하고자 한다. 첫째, 〈그림 5.3〉에서 확인되듯이, MD 상품은 '평균적인' 영화에서는 제한적인 기여만을 하지만, 영화에 따라 그 기여는 꽤나 극단적으로 다를 수 있다. 예를 들어 〈스타워즈〉와 같은 몇몇 인기 있는 영화의 경우, MD 상품 판매 매출이 주요 수익원이 되었다. 둘째, 이 수치들에 의거하여 각 창구가 영화제작자에게 미치는 절대적인 중요성에 대해 즉각적인 판단을 내리는 것은 곤란하다. 창구들은 배급과 관련된 III권 3장에서 논의할 바와 같이 적대적이면서도 동시에 상호 보완적으로 서로 영향을 미친다.

극장 배급은 확실히 대부분 영화의 주요 창구 중 하나이다. 북미에서는 전체 영화관의 약 3분의 1을 AMC(중국 본사의 완다 그룹이 지배), 리갈(Regal), 시네

마크(Cinemark) 등 3개 업체가 장악하고 있다. 주요 스튜디오들은 1948년 '미국 대법원 대 파라마운트 픽처스' 반독점 판결로 인해 극장을 사들이는 데 신중했지만 지금은 예외도 있다. 완다는 NA의 소규모 극장 운영 외에 도, AMC 극장 편성뿐만 아니라 2016년 인수 이후 중견 스튜디오 레전드 엔터테인먼트(Legend Entertainment)가 제작하는 영화의 편성도 결정한다. 스트리밍 서비스 넷플릭스(2017년 말 기준 약 1억 3000만 명의 글로벌 가입자를 보유한 시장 선두 주자)와 아마존 프라임 비디오[펠드먼(Feldman, 2017)에 따르면 약 8500만 명의 유효 사용자 보유]의 약진으로 스튜디오의 매출 잠재력이 상당히 높아졌지만, 스튜디오는 영화 한 편당 5000만 달러 이상 다년치의 수수료를 지불해야 한다. 스트리밍 서비스는 이제 그들 자신의 오리지널 영상 콘텐츠 제작에 상당한 자본을 투자한다. 넷플릭스는 2017년 오리지널 콘텐츠에 15억 달러를 썼으며 2018년 시리즈에는 스튜디오 제작 규모인 20억~30억 달러로 상향하고, 80여 편의 오리지널 영화 제작 계획을 수립했다(Koblin, 2017). 한편, 아마존은 연간 약 10억 달러를 지출할 것으로 추산된다(Coen, 2017).

따라서 소비자들의 관심을 끌기 위해 경쟁하는 것 외에도, 이러한 스트리밍 회사들은 귀한 인재를 영입하기 위해서도 스튜디오(및 소규모 제작사)와 경쟁 관계에 있다. 이들은 영상 엔터테인먼트 데이터 분석 활용의 선두 주자일 뿐 아니라, 수천만 명의 가입자와 아마존의 IMDb와 같은 제휴사를 통해 제작자들에게 새로운 영화나 시리즈를 마케팅하기 위한 특별한 조건도 제공한다(Bart, 2017). 따라서 미래의 어떤 스튜디오 대표도 워너의 제프 뷰크스(Jeff Bewkes)가 몇 년 전에 했던 것처럼 넷플릭스와 '앨버니아 군대'를 비교하지는 않을 듯하다(Powers, 2010). 오히려, 스트리밍 서비스와의 경쟁은 디즈니가 2017년 말 라이벌 스튜디오 폭스를 인수한 주된 이유로 널리 여겨진다. 폭스와의 합병은 자체적인 SVOD 서비스를 통한 자사 프로덕션에 대한 독점적인 접근을 경쟁 무기로 사용함과 더불어, 넷플릭스, 아마존 그리고 구글, 애플, 페이스북과 같은 다른 거대 디지털 기업들과 경쟁하려는 디즈니의 계획을 강화하기 위한 시도였을 것이다.[11]

물질적 엔터테인먼트에서 비물질적 엔터테인먼트 상품으로의 점진적인 전환은 또한 케이블 사업자(컴캐스트 등), 위성 TV 사업자(AT&T 등), 무선 고속 인터넷 통신 사업자(버라이즌(Verizon) 등) 등 고해상도 영상 콘텐츠를 배포하는 데 필요한 광대역 인프라를 제공하는 이들에게 훨씬 더 중요한 역할을 부여하게 되었다. 콘텐츠의 디지털화에 따른 경쟁의 확산으로 채널 제공업체들은 자사의 채널을 우수한 콘텐츠로 포장함으로써 차별화를 시도하고 있는데, 이는 컴캐스트가 NBC유니버설을 인수하고 AT&T가 타임워너를 인수한 원동력이다(Forbes 2016). 그러나, 비용이 많이 드는 메이저 엔터테인먼트에서 사용하는 블록버스터 개념은 가능한 한 가장 광범위한 배급 규모를 요구하기 때문에 그러한 합병에서 시너지를 어떻게 도출할 수 있는가는 손쉬운 문제가 아니다.

마지막으로, TV, 게임 콘솔, 그리고 기타 하드웨어 간 매개체들이 더욱 진화되고 디지털로 연결되면서, 삼성, 마이크로소프트, 그리고 애플과 같은 하드웨어 제조사들도 경쟁사와 차별화될 수 있는 영화와 시리즈에 더 많은 관심을 보이고 있다. 요약하자면, 요즘 그야말로 '모든' 사람들이 영상 콘텐츠를 위해 경쟁하거나, 싸움에 뛰어들 준비를 하고 있는 것 같다. 훌륭한 콘텐츠로 많은 돈을 벌 수는 있지만, 콘텐츠가 가장 큰 가치를 획득하게 되는 것은 유통 인프라 구조, 인터페이스 하드웨어와 결합했을 때이다.

---

11) 뒤에 오는 '6) 엔터테인먼트의 역학' 섹션의 '프레너미' 개념에 대한 논의도 참조하기 바란다.

## 3) 인쇄 콘텐츠 시장: 엔터테인먼트 도서

책을 읽는 독자는 죽기 전에 천 명의 인생을 살고, 한 번도 책을 읽지 않은 사람은 오직 한 명의 인생을 산다.

— 작가 조지 R. R. 마틴(George R. R. Martin)의 2015년 트위터

인쇄 콘텐츠의 시장 규모는 그 정의에 따라 다르다. 책, 잡지, 신문을 포괄하는 가장 넓은 의미에서, 우리는 시장이 광고 수익을 포함해 연간 3000억 달러 이상의 매출을 창출한다고 추산한다. 책은 그 숫자의 약 3분의 1을 차지하며, 우리가 초점을 맞추는 책의 종류, 즉 엔터테인먼트와 레크리에이션에 관한 책들은 전 세계 도서 수입의 3분의 2 또는 연간 약 750억 달러를 책임진다(예: McKinsey, 2015).

엔터테인먼트 도서 콘텐츠의 주요 제작자는 '빅 5'라고 불린다. 펭귄 랜덤하우스[독일 본사의 베르텔스만(Bertelsmann) 그룹 일부][12])의 시장 규모가 가장 크고, 하퍼콜린스('뉴' 뉴스 코퍼레이션), 사이먼 앤 슈스터(NA 소유), 프랑스계 하셰트[Hachette: 미디어 대기업 라가르데르(Lagardere)의 중앙 부문][13]), 독일계 맥밀런/홀츠브링

---

12) 베르텔스만은 펭귄 랜덤하우스 외에도 유럽 TV 사업('대여 배급사'로서 독일의 대표적인 무료 TV 방송국 RTL을 소유, 역사적인 기업 UFA를 통해 콘텐츠 제작자로도 활동), 음악 산업(롤링스톤즈, 자넷 잭슨 등 스타의 권리를 관리하는 BMG의 소유주), 잡지 출판사 그루너와 야르(Gruner+Jahr)뿐만 아니라 교육 및 전문 서비스에도 지분을 갖고 있다. 몬(Mohn) 가문이 소유한 이 재벌 기업은 연간 170억 달러의 매출과 약 30억 달러의 영업이익을 창출한다.

13) 라가르데르 그룹은 프랑스와 유럽의 다른 지역의 공항과 기차역에도 소매점을 운영하고 있다. 또한 잡지를 발행하고 프랑스의 주요 라디오와 TV 채널뿐만 아니라 스포츠 이벤트도 소유하고 있다. 그룹의 연간 총매출은 80억 달러에 육박하고, 영업이익은 5억 달러이다.

크[Macmillan/Holtzbrinck: 빅 5 기업 중 출판에만 매진하는 유일한 기업]가 그 뒤를 잇는다. 수년 동안 '빅 5'는 엔터테인먼트 도서 판매의 절반 이상을 책임졌지만, 최근 그들의 점유율은 2015년 전체 판매량의 약 3분의 1로 크게 떨어지고 있다(Anderson, 2016). 이러한 발전의 수혜자는 많은 소규모 출판사들뿐만 아니라 자작 출판 작가들이며, 현재 이들의 작품들이 합쳐져 시장 전체의 거의 절반을 차지하고 있다.

우리가 앞서 제시했던 일반적인 집중론 주장과 배치되는 이러한 추세가 존재하는 연유는 무엇인가? 이와 관련한 해답은 디지털 비물질적 상품의 증가와도 깊이 연관되어 있으며, 현재 출판 분야로의 금융 진입 장벽이 다른 형태의 엔터테인먼트에 비해 다소 낮다는 사실과도 관련이 있다. 즉, 영화에 비해 인쇄 콘텐츠용 독립 저자 상품의 하위 시장은 스튜디오가 내놓는 상품들과 비교해 뒤질 것이 없는 대안이었던 것이다. 그러나 또 다른 중요한 요인은 아마존이었다. 약 20년 전 온라인 서점으로 시작한 이 회사는 급성장하는 출판부를 설립해 미국 전체 도서 부문의 3% 정도를 점유하고 있는 것으로 추정된다. 그들은 대부분 거의 알려지지 않은 작가들의 작품을 취급하지만, 헬렌 브라이언(Helen Bryan)과 같은 스타 작가들의 작품 역시 판매한다.

또한 아마존의 유통 영향력도 중요하다. 이 회사의 소매 및 대여 서비스는 현재 북미 및 대부분의 다른 서구 국가의 도서 유통을 지배하고 있다[현재 미국에서는 거의 매 초마다 새로운 책이 아마존을 통해 소비자에게 공급되고 있다(Mosendz, 2014)]. 또한, 아마존은 도서 가격 등에 대한 협상력을 얻기 위해 다양한 방법으로 독립적인 콘텐츠를 지원해 왔다. 특히, 아마존의 전자책의 선전은 소비자와 출판업자 모두에게 인쇄된 책들에 대한 비물질적 대안을 만드는 데 기여했다. 전자책의 훨씬 낮은 한계 비용은 아마존에게 독립 저자와 출판사에 인센티브를 줄 수 있는 여지를 제공한다. 전자책은 현재 미국 소비자들이 도서 구매에 소비하는 금액의 4분의 1을 벌어들이고 있는데, 이 추세는 아마존이 주도하고 있으며 아마존의 시장 점유율과 권력이 이를 가능하게 했다.

이러한 전자책의 대두는 또 다른 방식으로 도서 시장을 변화시켰다. 한때 기술적 중개자 없이 이용되었던 유일한 형태의 엔터테인먼트 미디어가 이제는 전자책 열람에 필요한 호환 장치에 의해 '중개되고' 있기 때문이다. 다시 말해, 아마존은 디지털 서적 판매에 대한 관심의 일환으로 킨들을 통해 전자책 뷰어 시장을 성장시켰고, 그렇게 함으로써 출판 산업의 전자책 뷰어 분야에서 확실한 선두 주자로 자리매김했다.

요컨대, 엔터테인먼트 도서 시장은 아마존의 영향력에 지배되어 다소 비전형적인 방식으로 발전해 왔다. 아마존은 이제 하드웨어 기술 분야에서도 중요한 역할을 하고 있다. 도서 시장에서 아마존의 역할은 비물질적·물질적 콘텐츠 모두와 결부되어 있다(후자는 여전히 '빅 5' 출판사가 지배하고 있기는 하다). 따라서, 도서 시장에서 아마존의 미래는 소비자가 물리적인 출판본 대신 전자책과 뷰어 장치를 얼마나 강력하게 채택하느냐에 따라 부분적으로 결정될 것이다.14)

---

14) 전자책 수요에 대한 포화 징후와 이에 대한 정보에 근거한 추산에 대해서는 애터(Atter, 2015)를 참조하기 바란다.

## 4) 녹음 콘텐츠 시장: 음악

음악이 유일한 이유야. 네가 음악을 사랑하면서 아무것도 억누르지 않는다면 온 세상을 공짜로 가

지게 될 거야…

— 〈겟다운(The Get Down)〉[바즈 루어만(Baz Luhrmann)이 연출한 2016~2017년 넷플릭스 오리지널 음악 드라마—

옮긴이]의 전설적인 힙합 DJ 캐릭터인 그랜드마스터 플래시(Grandmaster Flash)의 대사(소니 픽처스

텔레비전 제공)


다른 형태의 엔터테인먼트와 유사하게 음악 산업 역시 지난 20년 동안 고초를 겪었다. 라디오 부문은 전 세계적으로 약 500억 달러의 수익을 발생시키며 그럭저럭 안정적으로 유지되지만[그 수익의 대부분은 광고에서 나온다(PwC, 2014, 2015)], 녹음 음악의 판매 수익은 1999년 정점을 찍은 이후 거의 60%가 줄어들어 약 350억 달러(2017년 가치)에서 150억 달러 미만 수준으로 낮아졌다(*ifpi*, 2017).[15] 북미와 같은 일부 주요 시장에서는 녹음 음악의 수익이 3분의 2로 줄어들었다. 콘서트와 페스티벌은 경제적 중요성을 인정받았으나(그리고 지금은 녹음 음악과 거의 동등한 수익을 창출한다), 음악을 제작하고 유통하는 이들은 엄청난 손실로 인해 상당한 타격을 입었으며 녹음 음악으로 발생하는 가치 창출의 방식도 변화하게 되었다. 최근에는 엄청난 산업 지형의 변화로 인해 전 세계와 북미 모두에서 시장 수축은 멈추고 유의미한 성장이 보고되었다[북미 지역의 2016년 음악 산업은 11% 성장했다(Karp, 2017)].

오늘날, 녹음 음악 콘텐츠의 제작은 '빅 3' 회사들에 의해 주도되고 있

---

15) 소비자 대상 음반 및 음원 판매와 그에 비해 적은 규모의 영화 등 매체에서의 음악 사용료(5억 달러 미만) 외에 *ifpi* 보고서에는 방송국에서 발생하는 매출로 약 20억 달러가 기재되어 있다. 우리는 이중 계산을 피하기 위해 후자를 음악 판매에서 제외하는 바이다.

다. 세 회사 모두 주요 엔터테인먼트 대기업의 이름을 쓰고 있는 반면, 그 중 단 한 회사(소니 뮤직)만이 실제로 대기업에 속해 있다. 나머지 두 회사인 유니버설 뮤직(현재 비방디 그룹16)의 일부로서 전체 녹음 음악 수익의 30%에 달하는 시장 리더) 및 워너 뮤직[억만장자 레오나르드 '렌' 블라바트닉(Leonard 'Len' Blavatnik) 소유이며 그의 다각화 된 지주 그룹 액세스 인더스트리(Access Industries)의 일부]은 모기업으로부터 매각되었음에도 여전히 모기업의 이름을 쓰고 있는데, 이는 음악 산업 역사상 가장 심각했던 위기를 섬뜩하게 상기시키는 역할도 한다.

음악 시장의 격변은 음악의 디지털화와 밀접한 관련이 있다. 디지털화는 소비자들로 하여금 주요 프로듀서가 소매점을 통해 판매하던 음반을 생략하고, 대신 아티스트와 레이블의 저작권을 무시한 채 파일 공유 플랫폼을 통해 디지털 버전의 음악을 공유할 수 있는 기회를 제공했다. 비록 무방비 상태로 당한 공격이었지만, 업계는 점차 디지털 유통 자체를 활용하여 수익을 창출하는 방법을 개발해 냈다. 불과 10년 만인 2016년에, 전 세계 디지털 음악 매출의 비율은 11%에서 59%로 48%포인트 증가했고, 가파른 추세로 상승은 지속되고 있다.

〈그림 5.4〉는 북미 소비자들 사이의 물질적 유형과 비물질적 유형 간 수요의 거대한 변화를 나타낸다. 이는 또한 음악 산업의 유통 중개자에 있어서도 엄청난 변화가 발생했음을 보여 준다. 2016년에 소비자들은 매출이 급하락하고 있는 디지털 음원 및 음반(각각 약 18억 달러, 17억 달러)에 비해

---

16) 파리에 본사를 둔 비방디는 유니버설 뮤직 외에도 TV 및 영화 배급 및 제작 분야[유료 방송국 카날플러스(Canal+)와 그 자회사인 스튜디오 카날(Studio Canal)], 게임 분야[액티비전 블리자드(Activision Blizzard)는 매각했으나 현재 게임로프트(Gameloft)의 대부분의 지분을 소유하고 있다], 실황 엔터테인먼트 및 예매 분야[비방디 빌리지(Vivendi Village)를 통해]의 자산도 보유하고 있다. 이 회사의 2016년 총 매출은 110억 달러 이상이었으며 유니버설 뮤직과 카날플러스 부문의 매출이 각각 55억 달러에 달했다. 음악 부문의 이익은 기업 전체 이익인 약 10억 달러의 80%를 차지했다.

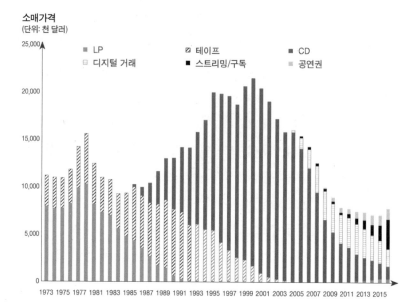

**소매가격**
(단위: 천 달러)

LP · 디지털 거래 · 테이프 · 스트리밍/구독 · CD · 공연권

〈그림 5.4〉 주요 상품 유형에 대한 역대 북미 음악의 인플레이션 조정 수익

주: 모든 수익은 인플레이션 조정된 북미 소매가격 기준이다. 그림의 각 상품 유형은 여러 포맷을 포함하고 있는데 각각의 매출이 모두 더해졌다.
자료: RIAA(2017) 참조.

구독 기반 스트리밍(약 22억 달러)에 더 많은 돈을 지출했다(Sisario, 2017). 제도적으로 볼 때, 음악 레이블은 현재 음악 스트리밍의 선두 제공자와의 거래를 필수적인 것으로 간주하고 있다. 스포티파이는 비교적 초기 시장 진입에 힘입어 전체 1억 4000만 명 이상의 전 세계 이용자 중 절반 가까이를 장악하고 있다(이 중 절반은 유료 가입자인 반면 다른 절반은 광고 기반 상품을 적극적으로 사용하고 있다). 애플 뮤직이 그 뒤를 이어 2017년 말 기준 3000만 명의 가입자를 확보했다. 애플은 아이튠즈 스토어를 통해 음악 산업의 디지털 전환을 촉진했고, 여전히 디지털 음원 판매 시장을 지배하고 있다. 그 외에는 아마존과 구글(2018년부터 플레이 스토어와 자체 스트리밍 서비스를 통해)이 경쟁업체로 존재한다.

비물질적 음악 상품을 향한 발전은 하드웨어 중개자 시장에도 영향을 미쳤다. 청소년들 사이에서 스마트폰이 음악 감상을 위해 가장 많이 사용되는 장치로 자리 잡았고, 그다음이 컴퓨터이다. 여기서, 구글의 안드로이드 OS를 활용하는 삼성, LG와 같은 가전 대기업들과 함께, 소비자들이 디지털 음악을 경험할 수 있도록 돕는 중개자로 아이폰과 그 독점적인 iOS 운영 체제의 제조사로서 또다시 애플이 등장한다. 라디오 수신기는 여전히 사용 중인 반면, CD 플레이어 시장은 물질적 음악 상품에 대한 수요 감소와 함께 줄어들고 있다(*Statista/Audiencenet*, 2015). 스마트폰은 또한 아이팟이나 다른 MP3 플레이어와 같은 디지털 음악 소비에 특별히 고안된 장치들의 한 세대를 대부분 무용지물로 만들었다.

요약하면, 음악 시장의 가치 사슬은 디지털화의 결과로 지각변동을 겪었다. 내용적으로 볼 때, 현재는 주로 음악 분야에 집중하는 3개의 사업자가 시장을 지배하고 있으며 디지털 유통의 리더인 애플과 스포티파이가 힘겨루기 중이다. 애플이 하드웨어 제품(회사 소유의 음악 유통 서비스가 아이폰 등에 가치를 더하는 식)으로 매출의 대부분을 창출하는 데 반해, 스포티파이는 아직 재정적인 손실은 없지만 사업 모델로 업계를 뒤흔들고 있는 유통 전문업체이다. 스포티파이와 애플 모두 자체 독립성을 높이기 위해 음악 제작 사업에 진입하기 위한 초기 단계를 밟고 있음에 주목할 필요가 있다. 영상 콘텐츠 스트리밍 업체인 넷플릭스와 아마존[17]의 행보와 본질적으로

---

17) 예를 들어 스포티파이는 자체 녹음실(Dillet, 2016)에서 원곡을 담은 '스포티파이스 세션스', '스포티파이스 싱글스' 등의 소규모 독점 콘텐츠 제작에 나섰고, 애플은 다수의 뮤지션[예를 들어 프랭크 오션(Frank Ocean)과 전속 계약을 맺고 단독 라이브 이벤트(Sanchez, 2017)]을 제공한다. 그러나 업계는 스트리밍 회사가 음악 콘텐츠를 독점적으로 제공하는 것에 대해 회의적이다. 이는 유통 관련 장에서 제기한 문제인 음악 저작권

동일한 수순이라 할 수 있다. 그리 멀지 않은 미래에 이 회사들이 음악 콘텐츠 제작 활동을 확장하더라도 놀랄 것이 없다.

## 5) 프로그램 콘텐츠 시장: 전자 게임

우리는 세탁에 걸리는 시간보다 더 짧은 시간 안에 비디오 게임 하나로 10억 달러 이상을 벌 수 있는 세상에 살고 있다.

— 매디건(Madigan, 2016: XII)

이 책에 등장하는 엔터테인먼트의 유형 중 전자 게임이 가장 빠르게 성장하고 있다. 게임은 또한 용도마다 다른 하드웨어를 통해 소비되는 광범위한 '프로그래밍된' 제품을 포괄하는 최고 수준의 상품 유형 이질성을 수반한다. 각 게임은 책을 읽거나, 노래를 듣거나, 영화를 보는 데 필요한 활동 수준을 훨씬 넘어서는 적극적인 역할을 사용자에게 부여한다. 뉴주(Newzoo, 2017)의 추정치는 콘솔 게임이 시장의 약 3분의 1을 차지해 상당한 성장률을 보이고 있으며, 연간 320억 달러 이상의 매출을 낸다는 점에 주목한다. 얼마 뒤지지 않는 PC 게임 시장에서는 거의 300억 달러의 매출(그러나 하락 추세를 보이고 있다)이 발생하며, PC 게임에는 온전히 인터넷에서 실행되는 대규모 다중 사용자 온라인 게임(MMOG)도 포함된다. 그러나 전자 게임 매출의 가장 큰 몫은 스마트폰/태블릿에서 실행되는 캐주얼 모바일 게임에서 나온다. 오늘날 이 게임들의 가치는 거의 400억 달러에 달한다. 그러나 수년간의 엄청난 성장(2012~2015년 동안 68%) 이후, 다소 둔화되고 있는 것으로 보인다.

---

침해를 촉발시킨다고 믿기 때문이다.

게임 유형 간의 상당한 차이점은 콘텐츠의 주요 제작자들이 게임 유형마다 다르고, 대부분의 회사들이 한 종류의 게임을 전문으로 한다는 사실에서 비롯된다. 콘솔 게임 생산업체의 주역으로는 소니와 마이크로소프트(2016년에 게임으로 거의 100억 달러의 매출을 올렸으며, 이는 소니 매출의 약 3분의 2에 해당한다)가 있다. 이들은 각각 대표적인 게임 콘솔 시스템인 플레이스테이션과 엑스박스를 소유하고 있다. 다른 주요 콘솔 게임 생산업체로는 액티비전 블리자드, EA(Electronic Arts), 워너, 닌텐도 등이 있다. 3위 업체인 닌텐도의 경우 게임과 하드웨어로 벌어들이는 총 매출은 약 40억 달러에 이른다. EA는 FIFA와 같은 인기 있는 스포츠 타이틀과 〈배틀필드(Battlefield)〉 및 〈니드 포 스피드(Need for Speed)〉 프랜차이즈로 40억 달러 이상의 매출을 창출한다. 액티비전은 2016년에 〈콜 오브 듀티〉 시리즈와 장기간 운영되는 MMOG 〈월드 오브 워크래프트〉는 물론, 모바일 전문가 King.com이 제작한 〈캔디 크러시(Candy Crush)〉와 같은 캐주얼 게임(2016년 액티비전이 약 60억 달러에 사들였다)을 통해 거의 70억 달러를 벌어들였다. 액티비전은 2018년 영상 콘텐츠로 활동 영역을 넓힐 준비를 하고 있다(Jackson, 2017).

이들 기업과는 별도로 아시아계 기업은 PC/MMOG 부문[중국 인터넷 제공업체 텐센트(Tencent)와 넷이즈(NetEase)가 최대 규모]과 캐주얼/모바일 게임 부문에서 상당한 지분을 갖고 있으며, (King.com과 더불어) 일본계 DeNA가 시장을 주도하고 있다. 게임 제작사들 사이에서 아시아 기업들의 이런 큰 존재감은 우연히 이뤄진 결과가 아니라 아시아 태평양 게임 시장의 거대한 규모를 반영하는 것이다. 전 세계 게임 매출의 거의 절반이 아시아 태평양에서 발생하며, 그 규모는 북미 매출의 거의 2배에 달한다.

비록 전자 게임은 본질적으로 디지털화되어 있지만(프로그래밍은 바이너리 코드로 이뤄진다!), 그 유통 방식은 이제 겨우 카트리지와 디스크를 넘어서 디지털화되고 있을 뿐이다. 현재 게임 매출의 약 60%는 인터넷을 통해 유통되는 완전히 디지털화된 비물질적 게임 상품에서 나온다. 게임 매출의 가장 큰 비중은(대여 및 공간 유통이 아닌) '소매' 유통 창구에서 나오고, 콘솔 자체가 인터넷을 통해 다운로드(즉시 재생)할 수 있는 콘솔 게임의 주요 소매 플랫폼으로 진출했다.

물질적 게임 상품의 경우 아마존과 전문 유통업체 게임스탑이 시장을 장악하고 있다. 게임스탑은 PC 게임에서도 선두를 달리는 반면 MMOG의 경우 인터넷이 유일한 창구이다. 캐주얼 모바일 게임의 유통은 애플과 구글이 앱스토어를 통해 거의 완전히 장악하고 있는데, 게임은 앱스토어에서 가장 많이 다운로드되는 애플리케이션 유형이다. 아마존은 별도의 모바일 OS 구축 시도는 실패했지만 자체 앱스토어를 운영하고 있다. 아마존의 앱스토어는 게임 편중 현상이 더욱 심하지만 구글에 비해 애플리케이

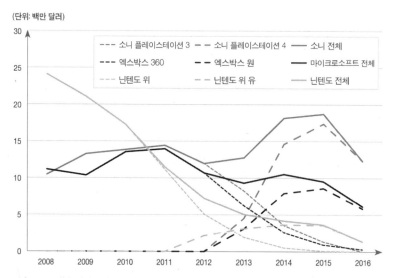

〈그림 5.5〉 역대 게임 콘솔의 세계시장 점유율

주: 숫자는 연간 콘솔 유형의 전 세계 판매 단위이다.
자료: *VGChartz*(2017) 참조.

선 수가 10% 안팎에 불과할 뿐만 아니라 트래픽도 상대적으로 적다.

기술 중개업에서는 게임 유통을 관장하는 이들도 핵심 플레이어이다. 콘솔 게임을 체험하려는 소비자들에게는 소니, 마이크로소프트, 닌텐도의 하드웨어를 우회할 방법이 없다. 〈그림 5.5〉는 소니가 플레이스테이션 4 기기로 8세대 콘솔을 지배하고 있으며, 위 유(Wii U)의 시장 점유율이 10% 미만에 그치는 지금 닌텐도는 이전 세대의 그림자에 불과하다는 것을 보여 준다. 세 회사의 경우 모두, 간접적인 네트워크 효과 때문에 콘텐츠와 하드웨어 결정이 서로에게 영향을 미친다. 캐주얼 게임의 경우 소비자들은 iOS 기반의 기기나 구글 안드로이드 기반의 기기를 필요로 한다. 마지막으로, PC 게임과 MMOG의 소비는 마이크로소프트의 윈도우 OS를 채택하는 PC와 유사한 방식으로 연결되어 있다.

## 6) 엔터테인먼트의 역학: 통합 및 변환 프로세스에 관한 고찰

영화 사업 진출에 대한 코카콜라의 자세는 매우 진지하다.

— 1982년 코카콜라와 컬럼비아 픽처스 간의 교섭 내용을 잘 아는 제보자(Hayes, 1982 인용)

엔터테인먼트 산업의 역사는 회사 변환의 역사이기도 했다. 그러한 변화들 중 일부는 단순히 새로운 기술을 개발하는 회사를 연계시키거나 엔터테인먼트 가치 창출 체계에서 새로운 기능을 맡는 것을 배우는 것을 포함한다('만들어 내기' 전략). 그러나 다른 기업들은 다른 기업들과 합병하거나 인수함으로써 변화했다('인수' 전략). 그중 가장 엄청난 변화로는 다음과 같은 인수 사례들이 존재했다. 1982년에 코카콜라가 컬럼비아 픽처스를 인수했으며(1989년 소니에 매각했다), 1967년에는 트랜스아메리카 코퍼레이션(Transamerica Corporation)이 영화 스튜디오 유나이티드 아티스트(United Artists)를 인수했다(〈천국의 문(Heaven's Gate)〉의 참패로 인한 재정 불안 이후 1981년에 매각했다), 또한 1995년에는 시그램(Seagram)이 유니버설 스튜디오의 대주주가 되었으며, 1986년에는 제너럴 일렉트릭이 NBC TV를 인수했다.

우리는 또한 앞서 산업 개요 섹션에서 '만들어 내기' 전략(넷플릭스의 영화와 시리즈 제작으로의 이동, 아마존이 다양한 유형의 엔터테인먼트 콘텐츠의 제작자가 되는 것, 액티비전 블리자드의 영상 엔터테인먼트 제작사로의 확장) 및 '인수' 전략(컴캐스트의 NBC유니버설 인수, AT&T의 타임 워너와의 합병, 액티비전 블리자드의 King.com 인수)을 포함한 더 최근의 변화 움직임들을 언급했다.

이런 움직임들 중 일부는 효과가 있었고, 일부는 별로 효과가 없었다. 학술적 연구를 통해 왜 이런 일이 일어났는지에 대한 통찰을 제공할 수 있을까? 우리는 전략 관리 연구자들이 개발한 통찰을 바탕으로 한 기업의 변환 행보의 유형화가 이를 위한 건전한 출발점이라고 생각한다. 변환의 행보는 수직 통합, 수평 통합, 집중적 통합, 복합 기업형 변환의 4가지 범주로 분류될 수 있다(Walter and Barney, 1990).

수직 통합은 기업이 가치 창출 체계의 한 계층(콘텐츠 제작 등)에서 가치 창출의 다른 부분(배급 등)으로 사업 활동을 확장하는 변환을 일컫는다. 수직 통합에서는, 변환 전에 구매자와 판매자로 존재했던 관계에서 변환 회사(변환 이전에는 구매자였든 판매자였든 간에)가 상대방의 역할을 인수하는 상황이 발생한다. 이전 페이지에서 언급된 바 있는 일부 합병 시도가 이런 범주에 속한다. 컴캐스트/NBC유니버설 합병은 AT&T/타임 워너 합병과 마찬가지로 인프라 제공자에서 콘텐츠 제작 및 배급사로의 변환을 나타낸다.

넷플릭스와 아마존은 각각 콘텐츠 제작에 진입함으로써 유통 활동을 보완했고 구글, 페이스북, 애플도 동일한 방향으로 움직이고 있다(Otterson, 2017; Patel 2017).[18] 기존 배급 사업에 콘텐츠 제작을 추가하는 것을 '후방(backward)' 통합이라고 한다. '후방'이라고 명명한 이유는 새롭게 추가된 사업 활동(콘텐츠 제작)이 가치 창출 체계의 전통적인 활동(배급) '이전'에 일어나기 때문이다. 아마존의 경우, 유통업자가 콘텐츠 제작과 하드웨어 중개에 진출했는데, 새로운 활동의 일부(하드웨어 중개)는 가치 사슬의 전통적인 활동(유통) '이후'에 발생하기에, 후방 통합과 전방 통합 모두를 결합하게 되었다. 아마존의 후방 통합 중에서도 특히 대규모 AWS 웹서버 호스팅 활동 및 프라임 비디오 사업이 특기할 만하다. 특히 AWS 웹서버 호스팅 활동은 애플이 스트리밍을 엔터테인먼트 콘텐츠의 대중적인 '대여' 배급의 형태로 관리하도록 지원하고 있다. 애플의 혁신은 하드웨어에서 유통(아이튠즈)으로, 이제 다시 콘텐츠 제작으로 이어지는 2단계 후방 통합이라고 일컬어질 수 있다.

경영자들은 수직 통합을 통해 무엇을 달성하고자 하는가? 일반적인 논리는 가치 창출 활동 사이의 '중요한 상호 의존성'을 더 잘 관리하는 것이다(Walter and Barney, 1990). 엔터테인먼트에서의 수직 통합에 대해서 우리는 3가지 구체적인 이유가 존재한다고 본다. 첫째, 경영자는 가치 창출 계층 간의 시너지를 실현해 더 많은 가치를 창출하거나(고객 수요에 더 잘 대응함으로써) 유리한 비용 구조를 창출한다(Negro and Sorenson, 2006). 기업이 하나의 사업 계층 수준에서 수집한 지식을 또 다른 사업 계층으로 적용할 수 있는 경우 고객 가치는 더 충실히 실현될 수 있다. 이는 넷플릭스와 아마존이 변환을 위해 내세운 주요 근거이기도 하다. 예를 들어 유통 활동 과정에서 수집하는 소비자에 대한 독점적인 정보 덕분에 더 나은 콘텐츠를 생산할 수 있다는 것이다.[19] 이것은 이 책의 중심 논점이기도 하다. 빅데이터를 수

---

18) 애플은 음악 발매라고 알려진 단계 외에도 배급사(예: 스트리밍 서비스 제공)로서의 역할 확대와 영화 콘텐츠 제작자로서 연간 약 10억 달러의 예산으로 영상 엔터테인먼트에 더욱 깊이 관여하겠다는 계획을 발표했다(Spangler, 2017).
19) 배타성과 관련해 넷플릭스와 아마존은 (그 많은) 소비자들이 어떻게 그들이 제공하는

집할 수 있고 그것을 영리하게 분석할 수 있는 이들은 경쟁 우위를 점한다. 그리고 이러한 장점을 실현할 수 있는 한 가지 방법이 바로 수직적 가치 창출 통합이다.

타임 워너 같은 제작사는 보통 소비자 수준의 행동 데이터를 가지고 있지 않지만, 합병을 통해 그러한 정보를 획득할 수 있다(AT&T의 다이렉TV의 경우를 떠올려 보라). 또 다른 예는 디즈니가 자사의 콘텐츠를 자체 글로벌 SVOD 창구를 통해 독점적으로 제공함으로써 브랜드 평판(콘텐츠 제작에서 벌어들인 수익)을 활용하려는 야심[다른 SVOD 서비스에 라이선싱하지 않고(Castillo, 2017)]을 들 수 있다. 이를 통해 디즈니의 유통 서비스는 다른 유통업체보다 경쟁 우위를 확보하고 자사의 브랜드 평판을 더 완전하게 수익화할 수 있을 것이다(또한 콘텐츠를 라이선싱할 때보다 고객에 대한 데이터를 더 많이 얻을 수 있다). 이에 비해 원가절감 시너지는 다소 속물적인 측면이 있는데, 기본 개념은 (유통 또는 기술) 중개업자를 제거하는 방식으로 '중재자'를 덜어 내어 이윤을 늘리는 것이다. 비용 절감에 성공하기 위해서는 사업 기능을 수행하는 비용이 중개인의 수수료보다 적어야 하는 동시에, 품질이나 효과에 부족함이 없어야 한다. 이는 결코 만만한 일이 아니며, 종종 중개자의 전문성을 과소평가하기 때문에 실패하는 경우도 잦다.

두 번째, 엔터테인먼트 경영자들은 통합 단계를 밟고 경쟁 압력에 대한 완충 장치를 구축함으로써 가치 사슬의 한 계층에서 경쟁적 위치를 방어하고자 할 수 있다. 콘텐츠 제작으로의 후방 통합을 통해 넷플릭스나 아마존 같은 유통업체는 콘텐츠 제공업체에 대한 의존의 폭을 줄일 수 있다. '미니어 소비자의 첫 번째 진입 지점이 콘텐츠 자체가 아니라 넷플릭스,

---

서비스와 상품을 활용하는가에 대한 정보, 심지어 그들의 콘텐츠 파트너와 함께 일하는 창작자들에 대해서조차 정보 공유를 주저하는 것으로 악명이 높다(Schrodt, 2015).

페이스북, [또는] 유튜브일 수 있는 미래에 대한 방어막'(Sharma, 2016)이라는 표현으로도 불리는 AT&T-타임 워너의 합병 역시 이러한 목적에 기인한다. 또한 영화·음악 유통사인 애플에 대해서도 동일한 경우가 적용된다. 애플은 적어도 한 번은 콘텐츠 제작자 타임 워너 인수에 관심을 보였지만, 이제는 스스로의 변환 단계에 있어 '만들어 내기' 방식의 접근법을 선호하는 듯하다(Garrahan and Fontanella-Khan, 2016).

세 번째는 '가치 사슬의 선망'이라고도 명명된 지극히 인간적인 이유에서 기인한다(Mol et al., 2005). 여기서 수직 통합은 경영자의 회사가 활동 중인 영역보다 가치 창출 체계의 다른 계층에서 이익 비중이 더 높다는 경영자의 관찰 및 선망이 행동 동기를 부여함에 따라 추진된다. 예를 들어, 음악 레이블들은 꽤 오랫동안 방송사들이 자신들이 만든 창작물의 '진정한' 가치를 '공정하게 반영'하지 못한다고 불평해 왔다(ifpi, 2017). 또한 많은 음원 제작자들은 그들의 상품을 구글이 '멋대로 활용'하고 있다고 느낀다. 구글은 그 규모만으로 어떤 '인수' 접근에서도 자유로울 수 있지만, 146명의 네덜란드 음악 경영자들과의 인터뷰를 시행한 몰 등(Mol et al., 2005)에 따르면 수직적 통합 활동의 유형은 네덜란드 음악 산업의 '가치 사슬의 선망' 개념과 일치한다. 대부분의 경우 네덜란드 기업은 저수익 세대 활동(음악 제작)에서 고수익 세대 활동(음악 유통)으로 확장된다.

이러한 관점을 통해 우리는 또한 워너 브라더스가 영화제작에서 (대개 수익성이 매우 높은) TV 운영, The CW 설립, 타임의 일부로 HBO 인수에 이르기까지 그 활동을 열심히 확장한 이유에 대해서도 더 잘 이해할 수 있다. 그럼에도 불구하고, 만약 시너지 효과나 방어적 장점이 실현되지 않는다면, 특히 상충하는 기업 문화가 통합 노력에 걸림돌이 된다면, 선망에만 기인한 변환의 성공 여부는 불투명하다. 예를 들어, 효율성 중심의 유통에 뿌리를 둔 기업은 엔터테인먼트 제작의 창조적 요소를 이해하는 데 어려움을 겪을 수 있다.

실패한 수직 통합 시도에서는 시너지나 방어적 우위의 장점을 발견하기가 어렵다. 예를 들어 1990년 마쓰시타/파나소닉이 유니버설 스튜디오를 인수했을 때(단지 5년간이지만) 일본 기업의 VHS 비디오 포맷은 이미 일본의 유일한 홈 엔터테인먼트 표준인 상황이었다. 따라서, 이들이 제작사를 소유한다고 한들 할리우드 대 일본 문화의 충돌로 야기된 문제들을 보상받을 수 있는 이익은 거의 없었다. 네그로와 소렌슨(Negro and Sorenson, 2006)은 비록 가치 체계의 일부에 불과하지만 엔터테인먼트 회사들을 위한 수직 통합의 효과를 측정한 바 있다. 그들은 1912년부터 1970년까지 4000개 이상의 영화제작사의 생존율을 분석하여, 수직 통합을 통해 제작한 영화를 극장에 직접 판매하는 제작사들(‘판매 중개자를 고용하는 것과는 대조적으로’)의 수명이 더 긴지 여부를 연구했다. 그들의 연구는 기업의 수직 통합이 중요하다는 증거를 제공한다. 평균적으로 수직 통합 기업은 비통합 제작사들에 비해 57% 낮은 ‘퇴출률’을 보였다(즉, 그들은 더 오래 생존한 것이다).

대체로 수직 통합은 ‘프레너미(frenemies)’라고 불리는 흥미로운 현상을 만들어 낸다. 즉, 사업 파트너였던 기업들이 제작과 유통을 분리하고 조정하여 소비자를 위한 가치를 공동으로 창출하기도 하지만(동지), 유통업체가 제작 능력을 두고 제작사와 경쟁하거나 제작사가 소비자 접근권을 두고 유통업체와 경쟁할 때는 경쟁자가 된다(적). 디즈니가 자체 SVOD 유통 서비스 구축의 일환으로 넷플릭스에 더 이상 콘텐츠를 라이선스 공급하지 않기로 결정했을 때와 마찬가지로, 프레너미 관계는 광범위한 영향을 미칠 수 있다. 우리는 자체 브랜드를 더 잘 활용하기 위한 일부 단계였던 것이 과거 고객의 시장 지배력이 엄청나게 성장한 데 대한 대응으로 간주될 수도 있다고 생각한다. 이것은 프레너미 관계가 악명 높게 불안정하다는 것을 보여 준다. 한쪽의 성공은 다른 쪽의 성공을 위협한다. 넷플릭스가 배급사로서 더 많은 성공을 거둘수록 콘텐츠 제작에 있어 디즈니에게 더 압도적인 경쟁자로 기능할 수 있다. 아마존의 웹서비스로의 후방 통합은 또한 AWS를 스트리밍 운영의 호스팅 플랫폼으로 사용하는 아마존의 SVOD 라이벌 넷플릭스와 프레너미 관계를 형성하기도 했다(Brodkin, 2016).

수평 통합은 기업이 기존 활동과 유사한 고객 수요를 해결하면서 가치 창출 체계의 동일한 수준에서 다른 활동에 진입함으로써 사업 활동을 확장하는 것을 의미한다. 수평 통합 역시 '만들어 내기' 또는 '인수'의 형태를 취할 수 있다. 후자는 주요 영화 스튜디오가 다른 영화 스튜디오를 인수할 때처럼 직접적인 경쟁자를 인수하거나 협력하는 것을 의미한다(월트 디즈니의 1993년 하비 와인슈타인(Harvey Weinstein)의 미라맥스(Miramax) 인수 및 2018년 21세기 폭스 인수).[20] 또는 같은 유형 콘텐츠의 두 주요 제작자가 합병하는 경우도 포함된다(액티비전 블리자드와 King.com이 게임 분야에서 그랬던 것처럼). 또한, 수평 통합의 '만들어 내기' 접근법은 특정 유통 창구 또는 기술 인프라에 초점을 맞춘 기업이 다른 유통 창구나 기술로 확장할 때도 발생한다(아이튠즈와 함께 음악 소매점을 운영하고 있는 애플이 애플 뮤직을 통해 대여 서비스를 개시하는 경우가 이에 해당한다).

수평 통합은 경쟁을 저해할 수도 있지만, 심화시킬 수도 있다. 이러한 변환이 합병('인수' 접근법)의 형태로 이뤄진다면, 수평적 단계는 엄격하게 규제되고 공정거래 당국에 의해 종종 저지된다. 왜냐하면 그러한 합병은 시장의 플레이어 수를 감소시켜 소비자들에게 해를 끼칠 수 있기 때문이다. 수평적 통합이 단일 기업의 내부적 변환(즉, '만들어 내기' 접근법)을 통해 이뤄지

---

20) 합병은 또한 수직적 및 수평적 통합의 요소들을 결합할 수 있다. 2017년 말 컴캐스트는 21세기 폭스를 인수하는 데도 관심을 보였다고 한다(Chmielewski and Hayes, 2017). 컴캐스트는 이미 유니버설 스튜디오를 소유하고 있으며, 기술 인프라 제공자 및 제작자 중 한 회사(즉, 수직 통합)도 소유하고 있었기에, 이는 두 영화제작 스튜디오의 합병(즉, 수평적 통합) 사례가 될 뻔했다.

는 경우, 상황은 상당히 다르다. 여기서 기업의 노력은 소비자를 위한 소비 옵션을 추가하면서 기존 기술을 새로운 방식으로 활용하려는 시도의 행태를 띤다. 위에서도 언급된 애플 뮤직의 경우를 생각해 보라. 애플 뮤직은 소비자들에게 음악 스트리밍에 있어 스포티파이에 대한 대안을 제공한다. 다른 예로는 HBO 또는 스카이와 같은 유료 방송 사업자를 들 수 있다. 소비자와 밀접성을 유지하기 위한 노력의 일환으로 이들은 넷플릭스의 대안이 되기 위해 인터넷을 통한 영화 스트리밍 구독권을 제공함으로써 수평적으로 사업을 확장했다[미국의 HBO Now와 독일의 스카이 티켓(Sky Ticket) 이 이러한 경우에 해당한다].

세 번째 유형의 변환인 집중적 통합(concentric integration, 또는 동심형 통합)은 기업이 동일한 계층에 있는 가치 체계의 일부에 발을 들여놓지만 다른 고객 수요를 목표로 할 때 발생한다. 기업이 새로운 상품을 제공하기는 하지만 마케팅을 위해서는 기존의 기술이나 지식을 사용하는 것이다. 엔터테인먼트에서, 그러한 변환은 보통 기업이 엔터테인먼트(예: 프로그램 콘텐츠)의 한 형태에서 다른 형태로 활동을 확장한다는 것을 의미한다. 액티비전 블리자드가 게임 중심 활동을 계속하면서도 영상 엔터테인먼트의 제작을 시작하게 되면, 가치 창출의 같은 계층(제작)에 머무르지만, 새로운 제품군을 제공하게 되는 것이다. 이러한 경우에, 주된 동인은 대개 신규 고객을 유치하고 비즈니스를 확대하는 데 기존의 전문 지식을 이용하고자 하는 경영자들의 관심이다.

또한, 서로 다른 형태의 엔터테인먼트 간에 구조적 연계가 존재한다고 가정할 때, 경영자들은 우리가 소니, 디즈니 등 많은 엔터테인먼트 대기업에서 주목한 것, 즉 한 회사 내에서 서로 다른 형태의 엔터테인먼트를 조합함으로써 시너지 효과를 발생시킬 수 있을 것이다. 액티비전 블리자드 스튜디오의 공동 책임자인 닉 반 다이크(Nick Van Dyk)는 "영화와 TV—이들은 단순히 독립적이고 수익성 있는 사업일 뿐만 아니라, 우리의 핵심 사업 [게임]의 성공을 엄청나게 증폭시키고 확장시킨다"라고 주장했다. 현재 여러 엔터테인먼트 브랜드가 하나의 엔터테인먼트 형태(또는 범주)를 넘어서 확장되고 있는 반면, 그러한 형태들 사이의 시너지를 정의하는 것은 매우 중요하면서도 확실히 만만한 작업이 아니다. 게임 브랜드를 성공적인 영화로 변모시키려 했던 그 많은 실패의 시도들 떠올려 보라(Dyce, 2015).[21]

마지막으로, 기업은 기존 상품, 기술 또는 목표 고객 수요와 전혀 구조적인 연계가 없는 활동에 투자함으로써 복합 기업형 변환(conglomerate transformation 또는 다각화)을 시도할 수도 있다. 엔터테인먼트 업계에서는 이런 방식의 변환 사례가 여러 건 있었는데, 그중 이 섹션 초반에 언급했던 대부분의 주요 인수 사례도 포함된다. 코카콜라는 컬럼비아 픽처스를 장악할 당시 음료 생산업체였고, 트랜스아메리카는 유나이티드 아티스트를 인수할 때 투자 지주회사였다. 시그램은 유니버설 스튜디오를 인수할 때 양조업체였으며, NBC TV 인수 당시 제너럴 일렉트릭의 주요 자산은 에너지, 헬스케어, 운송이었다. 엔터테인먼트 사업 경험을 갖춘 회사는 없었다.

연구에 따르면, 복합 기업형 변환은 종종 성과를 거두지 못하거나 실패하기도 한다(Walter and Barney, 1990). 이는 '인수'의 주요 이유가 상품과 시장 특성과 무관하게 새로운 수익원과 재원을 활용하는 데 있기 때문이다. 종종 시너지가 존재한다는 주장은 제기되었지만(예를 들어, 코카콜라 경영주들은 그들의 청량음료를 영화와 TV 쇼를 통해 홍보할 기회를 강조했다), 실제적인 시너지는 보통 지속 가능하지 않으며, 인수 회사와 인수되는 새로운 엔터테인먼트 조직 사이의 문화적 충돌을 포함하는 변환 비용에 좌우되기도 한다.

---

21) '범주 확장'의 시너지 잠재력에 대해서는 엔터테인먼트 브랜드에 관한 II권 3장에서 다루고 있다.

지금까지는 엔터테인먼트의 가치 창출 프로세스 및 기업이 가치 창출 체계에서 그 위치를 향상시키기 위해 사용할 수 있는 통합 및 변환 전략의 레퍼토리를 살펴봤다. 이제 엔터테인먼트 콘텐츠의 제작자들이 그들의 창작물을 수익화하기 위해 사용할 수 있는 비즈니스 모델을 살펴보자.

## 3. 가치를 수익으로 전환하기: 수익 및 리스크 관리 전략

엔터테인먼트에서 효과적인 비즈니스 모델을 설계하기 위해서는 엔터테인먼트 상품의 특성에서 비롯되는 시장 리스크를 체계적으로 관리하는 방법에 대한 통찰과 함께 엔터테인먼트 상품에 존재하는 여러 수익원에 대한 풍부한 이해가 필수적이다.

우리는 수익원과 그것을 관리하기 위한 전략에 대한 논의로 시작한다. 시장 중심의 사고방식에 따르면 소비자로부터의 수익이 필수적이므로 우선 소비자로부터의 수익부터 탐색한다. 그런 뒤 엔터테인먼트(및 관련 분야)에서 상당히 독특하게 적용되는 2개의 다른 수익원, 즉 (엔터테인먼트의 양면적인 특성에 기인한) 광고주로부터의 수익과 '제3자'로부터의 수익(즉, 대부분 엔터테인먼트의 문화적·미학적 특성 때문에 존재하는 보조금)을 살펴볼 것이다. 그런 후 엔터테인먼트 상품의 리스크 관리 전략에 대해 탐색하는 것으로 이 섹션을 마무리하기로 한다.

### 1) 소비자로부터의 수익 창출

우리의 가치 창출 체계는 제작자와 엔터테인먼트 상품의 소비자를 연결하기 위한 분배의 중요한 역할을 강조한다. 소비자의 상품 사용은 어떤 수익 창출의 기초가 되는 이유일 뿐만 아니라, 소비자는 또한 그 창출의 경험에 대한 권리를 제작자에게 지불하면서 수익의 큰 몫에 기여하는 사람들이다.

대부분의 경우, 엔터테인먼트에서의 유통 활동은 마케팅 학자들이 간접 유통이라고 부르는 내용인 콘텐츠를 생산하는 당사자가 아닌 다른 당사자에 의해 이뤄진다. 예로는, TV, 유료 TV, CD/DVD 또는 인터넷 스트리밍에서 제3자를 통해 소비자가 이용할 수 있도록 만든 영화나 음악 작품이 있다. 아래에서 논의한 바와 같이, 이러한 간접 유통 시스템의 주요 쟁점은 제작자와 배급자 간의 수익 배분인데, 근본적인 대안은 다음 2가지이다. 첫째, 배급자가 콘텐츠 제작자에게 제품에 대해 고정된 가격(그리

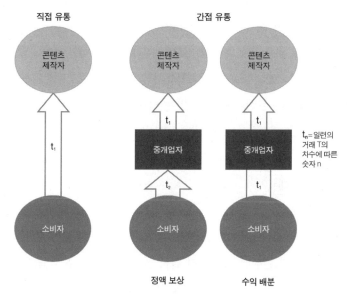

〈그림 5.6〉 엔터테인먼트 상품에 대한 소비자 관련 수익 분배 모델

주: $t_1$ 화살표는 엔터테인먼트 상품에 대한 첫 번째 거래/결제를 나타낸다. 반면 $t_2$ 화살표는 후속 거래/결제를 나타낸다.

고 소비자에게 제공할 권리)을 지불한다. 둘째, 두 당사자들은 추가 수익 배분 방식에 대해 합의하고 그에 따라 고객이 지불하는 가격을 공유한다.

그러나 넷플릭스나 아마존이 자체 제작한 프로그램을 제공하거나, 현재 여러 엔터테인먼트 프로듀서가 자신의 책, 영화, TV 쇼를 공급하는 온라인 상점을 떠올리듯, 제작사가 직접 소비자에게 콘텐츠를 배급하는 사례도 많다(직접 배급). 과거에는 엔터테인먼트 상품에 직접 배급 방식이 거의 사용되지 않았지만, 인터넷을 통해 소비자에게 직접 다가가는 용이성이 증가하면서 이 접근법이 주목을 받았다. 〈그림 5.6〉은 엔터테인먼트 상품에 대한 기본적인 대체 유통 및 수익 배분 접근 방식을 개략적으로 보여준다. 이에 대해서는 아래에서 좀 더 자세히 논의한다.

### (1) 엔터테인먼트 직접 유통

아날로그 시대에는 주로 지상파 TV에서 직접 콘텐츠 유통이 이뤄졌다. 당시 방송국은 방송 프로그램의 일부를 자체 제작했다. 제작-배급사라는 명성을 쌓은 영국공영방송(BBC)의 전설적인 쇼와 시리즈가 대표적인 예이다. BBC가 제작한 콘텐츠의 권위 있는 사례로는 〈닥터 후(Doctor Who)〉 시리즈(1963년으로 거슬러 올라가는), BBC의 플라잉 서커스라고도 할 만한 〈몬티 파이튼(Monty Python)〉 프로그램(1969년부터), 제인 오스틴과 같은 고전 작가를 바탕으로 한 시대극(예: 1995년부터 시작한 미니 시리즈 〈오만과 편견(Pride and Prejudice)〉) 등이 있다.

유료 방송 채널 HBO는 TV를 통한 직접 유통을 새로운 차원으로 추진하면서 자체 제작 콘텐츠를 경쟁적 위치 선점의 핵심 요소로 삼게 되었다. HBO의 오리지널 프로그래밍은 창사 직후인 1970년대 초 스포츠 이벤트에서 시작되었고, 1983년에는 영화로 뻗어 나갔으며, 1990년대에는 유명 시리즈(〈소프라노스〉 등)가 추가되었다. 지상파 TV 방송국들이 주로 타사(대형 네트워크와 할리우드 스튜디오)가 제작한 콘텐츠를 배급했던 반면, HBO는 자체 콘텐츠를 제작한 덕에 경쟁사와 차별화도 이루고 소비자들에게 다른 곳에서는 볼 수 없는 독점적인 영화와 드라마를 제공할 수 있었다. 직접 유통 덕분에 HBO는 'TV가 아니다. HBO다'라는 오랜 슬로건으로 적절히 표현된, 선명한 브랜드 이미지도 구축할 수 있었다.

HBO의 비즈니스 모델이 나중에 여타 유료 TV 채널에 의해 모방되기는 했지만, HBO의 직접 유통 모델은 인터넷을 통해 고객에게 도달하는 다른 엔터테인먼트 회사들에게도 영감을 주는 것으로 여겨질 수 있다. 넷플릭스 및 아마존 프라임 비디오의 경우 프리미엄 오리지널 콘텐츠(예: 넷플릭스의 〈하우스 오브 카드〉, 아마존의 〈높은 성의 사나이(The Man in the High Castle)〉)의 직접 유통은 그들의 수직적 변환에서 증명된 바와 같이 이제 각각의 전략의 초점이다. 유통업자가 인터넷을 통해 수집할 수 있는 엄청난 양의 사용 관련 정보(예를 들어, 소비자는 언제 영화를 보는가? 어떤 장면에서 소비자가 시청을 잠깐 중단하거나 재생 속도를 높이는가? 어떤 장면에서 아예 시청을 중단하는가?)와 엔터테인먼트 사이언스의 데이터 분석과 이론의 활용과 더불어, 직접 유통을 통해서도 기업들은 고객의 요구를 더욱 충실히 반영하는 제품을 생산하고 배움을 얻을 기회를 획득한다.

그러나 소비자들이 인터넷 기반 장치를 애용하게 되면서 영상 미디어의 직접 유통뿐만 아니라, 다른 형태의 엔터테인먼트를 위한 직접 유통까지도 촉진되었다. 게임의 경우, 소니나 마이크로소프트와 같은 기업들이 콘텐츠 제작(즉, 콘솔, 하드웨어)을 넘어 가치 창출 체계의 다른 부분에 이미 적극적으로 진입했음에도 불구하고, 전통적으로 게임 콘텐츠의 유통은 중개자를 통해 이뤄졌다. 그러나 인터넷 덕으로 그들의 하드웨어가 유통 플랫폼으로 사용될 수 있게 되자, 그들은 자신의 콘솔(예: 플레이스테이션 스토어)을 통해 자체 제작한 게임의 직접 유통 및 다른 소매점을 통한 간접 유통을 결합하는 다중 유통 모드 방식을 취해 왔다. 게다가 소니와 마이크로소프트는 다른 제작사들이 생산한 콘텐츠의 배급사 역할도 겸하고 있다.

책의 경우, 아마존은 인터넷을 활용함으로써 자체 제작한 콘텐츠를 소매 사이트를 통해 판매하고, 킨들 전자책 리더기와 같은 맞춤형 기기를 통해 대여하는 직접 유통과 매우 유사한 유통 방식을 취한다. 그리고 음악의 경우, 일부 아티스트나 유통사가 인터넷을 통해 직접 콘텐츠를 제공하기는 했지만, 이런 노력은 주로 미디어와 소비자의 폭넓은 관심을 확보하기 위한 마케팅 수단으로서만 여겨지는 경우가 많다[엔터테인먼트 가격에 관한 III 권 4장에서 영국 밴드 라디오헤드(Radiohead)와 그들의 앨범 〈인 레인보우(In Rainbows)〉의 사례 참조].

그래서 음악의 경우는 간접 유통이 지배적인 유통 모델로 굳어져 왔으며, 책이나 심지어 게임, 영상 엔터테인먼트에서도 간접 유통은 꽤 눈에 띈다. 그러나 간접 유통의 경우에는 수익 배분 방식에서 특히나 면밀한 검토가 요구된다.

## (2) 엔터테인먼트 간접 유통

### ① 정액 보상 모델

엔터테인먼트 콘텐츠 제작자가 중개자를 통해 자사 제품을 유통할 때 근본적인 문제는 어떻게 거래를 재정적으로 관리하느냐 하는 것이다. 소매업에서 일반적으로 정착한 모델은 '정액 보상(fixed compensation)'이다. 즉, 제작자는 중개자에게 상품을 협상 가격에 판매하고, 중개업자는 그 상품을 소비자에게 판매하거나 대여하여 소비자들로부터 받은 수입과 제작자에게 지불한 가격 사이의 마진을 통해 이익을 얻는다.

이 모델은 엔터테인먼트 업계 곳곳에서 적용되어 왔다. 소매점을 통해 판매되는 CD의 예를 들어 보자. 여기서 소매업자는 시장 지배력에 따라 제작자에게 미리 고정된 수수료를 지불하거나, 혹은 소비자에게 제품을 판매한 후에 정액 수수료를 지불한다. 수수료는 국가별로, 타이틀별로, 소매업체별로 차이가 있다. 이 도매가격('딜러용 발행가격'이라고도 한다) 기준으로 미국의 주류 음악 CD 앨범은 10~12달러이고, 독일은 10유로, 영국은 7~8파운드에 가깝다. 소매업체는 적용 가능한 판매세를 추가하여 소비자가 지불해야 하는 가격을 결정하기 위해 여기에 30~40%의 마진을 추가한다. 앨범, DVD, 블루레이, 도서, 게임 디스크 등 다른 모든 소매 판매의 경우, 소매 마진은 대체로 제품별 중개자의 지배력과 소비자의 지불 의지에 따라 상품별로 달라지지만 기본 모델은 동일하다.

디지털 상품들(예: MP3 음악 트랙, 영화 다운로드, 또는 아마존이나 다른 소매점을 통해 판매되는 전자책 파일)에도 유사한 모델이 존재한다. 온라인 소매업체는 제작자에게 일정한 금액을 지불한다. 제품의 비물질적 특성과 재고가 쌓이지 않는다는 점으로 인해 소비자가 (디지털) 상품을 구입하기 전에는 어떠한 종류의 양도도 일어나지 않으므로, 소매업자가 제작자에게 미리 돈을 지불할 일이 없다.[22] 디지털 상품의 대여에 대해서는 스포티파이, 넷플릭스 등의 스트리밍 제공업체와 라디오나 TV 방송국 사이에 정액 보상 모델의 두 변이 모델이 존재한다. 첫 번째는 기본적으로 판매 모델과 동일하다. 제작자는 모든 대여·스트리밍 거래에 대해 미리 합의된 금액을 받는다. 예를 들어, 2011년과 2012년 소니와 스포티파이 간의 계약에서는 스포티파이가 '무료' 가입자들의 스트리밍당 0.00225달러에서 0.0025달러 사이의 요금을 소니에게 지불하도록 명시되었다(Singleton, 2015). 라디오 방송국에서도 같은 논리가 적용되는데, 이 논리에 따라 음악 저작권 소유자들에게도

---

22) 대형 소매업자(아마존 등)가 독립 제작사보다 더 큰 힘을 가지고 있는 경우, 이 접근법은 거래가 '위탁 기반'으로 이뤄지는 물리적 미디어 제품에도 적용된다(즉, 소매업자는 자신이 판매한 사본에 대해서만 지불하고 다른 것을 반품한다).

방송 횟수에 따라 사용료를 지불한다.

두 번째 대여 변이 모델은 '단매(flat fee)'이다. 여기서 유통업체는 미리 정해진 시간 범위 내에서 무제한의 소비자에게 상품을 대여할 수 있는 권리를 부여받는 대가로 일회성 지불을 한다. 예를 들어, 넷플릭스는 거의 예외 없이 영화제작자에게 단매 가격을 지불하고, 그 대가로 구독자에게 무제한으로 콘텐츠를 스트리밍할 수 있는 권리를 얻는다(예: Tostado, 2013). TV 모델 역시 매우 유사한 방식으로 구성된다. 자체 (공동) 제작하지 않은 콘텐츠에 대해 TV 방송국이나 유료 TV 회사는 대개 콘텐츠의 실제 시청자의 수에 관계없이 콘텐츠 소유자에게 방송 판권료를 선불로 지불한다(Hennig-Thurau et al., 2013).[23] 경우에 따라(예: 스포티파이) 이러한 정액 방식들은 아래에 설명할 예정인 수익 배분 방식과 결합되기도 한다(혼합 방식).

정액 보상 모델이 엔터테인먼트 콘텐츠 제작자에게 미치는 영향은 무엇인가? 다른 방식에 비해 정액 보상 모델의 주요한 장점은 제작자가 실제 소비자 수요와 무관하게 수익을 얻는다는 것이다. 일단 상품을 중개자에게 양도한 후에 사업 리스크 부담은 오로지 중개자의 몫이다. 따라서 소비자가 상품을 널리 소비하지 않을 경우 제작자는 손실로부터 보호될 수 있다. 그러한 모델에서, 마케팅 노력의 큰 초점은 상품과 중개자 관계에 있다(많은 제작자들이 최종 소비자 수요를 형성하기 위한 시도로 마케팅 커뮤니케이션을 시도하는데, 이러한 마케팅 커뮤니케이션이 많은 양의 상품을 주문하려는 소매업자들의 성향에도 영향을 미칠 것으로 예상한다).[24] 소매업자는 소비자와 판매를 체결하는 데 있어 많은 책임

---

23) 영화제작 초기에 방영권을 구입하는 경우, TV 방송국들이 지불하는 요금은 그 시청자 수에 연동된다. 하지만, 이 가변적인 가격 요소는 그 상업적 가치의 척도의 일환으로서 다른 창구에서 해당 영화를 소비할 향유자 수(대개 극장 관객)를 지시한다. 이 프로세스에 대한 자세한 설명을 위해서는 푹스(Fuchs, 2010: 67~95)를 참조하기 바란다.

24) 이와 관련해 II권 2장의 '버즈'에 대한 섹션을 참조하기 바란다. 광고와 마케팅의 블록버

을 진다. 제작자가 중개업자보다 제품의 진정한 품질을 더 잘 알기 때문에, 제작자가 양과 조건을 협상할 때 정보적 우위를 점하게 될 것이라는 주장도 가능하다.

그러나, 엔터테인먼트 제작자 입장에서 볼 때 정액 보상 모델에는 이러한 장점이 있는가 하면, 반면 여러 가지 불이익도 수반된다. 계약 당사자들이 별도의 사업체인 까닭에 (각자가 서로를 필요로 한다는 것을 제외하고) 이해관계가 완전히 일치되지 않기 때문에 제품의 생산과 유통 사이의 시너지가 자연스럽게 실현되지는 않을 것이다. 각 당사자들은 소비자에게 가능한 최고의 엔터테인먼트의 가치를 제공하기 위해 협업하기보다는, 스스로의 이윤을 최대화하려는 경향이 강하다. 이러한 이기심은 대체로 가격 책정, 상품 유통, 소비자 주도 커뮤니케이션, 그리고 어떤 제품이 개발되는가에 영향을 미친다. 예를 들어, 다른 가격 전략을 추구하는 중개자의 능력은 고정된 거래 수수료에 의해 제약을 받는다. 이 수수료가 최저 소매가격에 해당하기 때문이다. 따라서, 통합적 관점에 따르자면 양 당사자의 이윤을 최대화하는 가격이 그 수수료보다 낮다고 하더라도, 당사자들이 전략적으로 협조하지 않는 한 중개자가 손실을 초래하지 않고 그러한 가격을 정할 방법이 없다.

두 번째 단점은, 정액 보상이 선금으로 지급되어야 할 경우 중개업자의 재원을 압박하고 운신의 폭을 제한하는 것이다. 중개업자들은 위험을 회피하고, 값비싼 미판매 재고를 피하기 위해 품목을 적게 받으려 한다. 또한 (소비자가 나타나지 않을 것을 우려하여) 비주류 타이틀의 판매에 도움이 될 수 있는 실험과 혁신적 접근 방식을 거부하고 안전하게만 사업하려는 경향이 있을 것이다. 비디오 대여 사업은 그러한 경직성과 중개업자들의 사업적

---

스타 개념의 맥락에서 유통업자 효과에 대해서도 논의되어 있다.

함정에 대한 시사점을 제공하는 사례이다(Cacon and Lariviere, 2005). 1998년까지 미국의 비디오 대여점들은 메이저 스튜디오의 영화 한 편당 약 65달러에 비디오테이프를 구입해야 했고, 소비자들에게 3달러에 비디오테이프를 대여하되 대여료는 자신들 몫으로 수취했다. 따라서, 한 편의 비디오가 적어도 22번 대여되어야만 이익을 얻을 수 있었다. 결과적으로, 대여업체들은 고객이 장기적으로 대여할 것으로 예측되는 양에 비해 더 많은 비디오를 비축할 동기가 전혀 없었고, 많은 초기 고객 요구는 충족될 길이 없었다(엔터테인먼트 상품의 짧은 수명주기를 고려해 보라). 블록버스터가 1998년 정액 보상에서 수익 공유로 거래 방식을 변경하자, 새로운 타이틀[25]의 가용성이 증대되었고 회사의 매출도 75%까지 증대되었다. 회사의 시장 점유율은 25%에서 31%로 확대되었고, 전환 이듬해의 현금 흐름은 61%나 증가했다(*Knowledge@Wharton*, 2000).

공동의 관심사가 없을 경우에는 중개자와 제작자 간의 고객 관련 정보를 공유하기 위한 관심도 제한된다. 그 결과, 소비자 데이터(이 상품을 구매한 소비자는 몇 명인가? 누구인가? 언제? 왜?)는 종종 중개자에게 독점적으로 남는다. 따라서, 비록 제작자들이 상품의 진정한 품질에 대해 더 많이 안다고는 하지만, 소비자 선호도에 대해 더 많이 아는 것은 결국 중개자이다. 즉, 엔터테인먼트 사이언스 접근법을 채택하는 제작자들의 신제품 기획 노력에 엄청나게 유용할 수 있는 정보(그러나 '어떻게 될지 아무도 몰라요'라는 관점으로 보자면 그다지 유용하지 않은)에 대해 더 많이 알게 된다. 그렇다. 정보 비대칭은 엔터테인먼트에서는 가히 표준이라 할 수 있다. 책, 음악, 영화, 그리고 게임의 제작

---

25) 다나와 스파이어(Dana and Spier, 2001)는 2000년 5월 시카고 지역에서 새로운 비디오 타이틀의 가용성을 분석해 블록버스터의 경우 86%의 가용성을 찾았으며, 다른 전국적인 체인 및 기타 체인점의 경우 60%의 가용성을 기록했다. 독립 상점의 경우는 48%이다.

자들은 대개 그들의 상품을 구매하는 소비자에 대해 거의 알지 못한다.

데이터 가용성을 사업 전략의 핵심 요소로 삼은 넷플릭스는 자신들에게 콘텐츠를 제공하는 이들에게 기본적인 시청률 통계조차 공유하지 않고 있다. 윌 스미스가 자신의 9000만 달러짜리 영화 〈브라이트(Bright)〉를 넷플릭스에서 몇 명이 시청했는지 묻는다면 어떻게 대답하겠냐는 질문에 넷플릭스의 한 경영자의 대답은 확고했다. "대답할 수 없습니다"(Lev-Ram, 2016 인용). 콘텐츠의 가치 평가에 관한 한 그러한 정보의 비대칭성이 강력한 분석 능력을 가진 중개자에게 제작자 대비 잠재적인 전략적 우위를 제공한다는 것은 극히 명백하다. 다큐멘터리 영화제작자인 케빈 토스타도(Kevin Tostado)는 "넷플릭스가 연말에 재계약을 원할 경우, 그들이 가진 것과 동일한 시청률 데이터가 없을 때 새로운 수수료를 협상하기는 어려울 것"이라고 말한다(Tostado, 2013). 우리는 이미 넷플릭스 등이 그래 왔던 것처럼 중개업자가 그 운영을 제작으로 확장할 때 이러한 비대칭성이 특히 중요해진다는 것을 언급한 바 있다.

그러나 정액 보상 모델에는 보다 근본적인 단점이 존재하며, 특히 정액 보상 모델에 종종 수반되는 데이터의 접근성 부족이 문제이다. 이는 시간이 지남에 따라 증대되는 문화적 결과인데, 일부에서 주장하는 바와 같이 엔터테인먼트 대기업에 특히 만연하다. 제작자들이 최종 소비자와 점점 더 단절되는 것이다. 정보에 대한 접근성이 부족하면 실질적인 지식과 이해가 부족해질 뿐만 아니라, 경영자들이 최종 고객과 그 고객의 성향에 대한 관심을 잃게 된다는 은근한 위험도 도사리고 있다. '눈에서 멀어지면 마음에서 멀어진다'라는 격언이 암시하듯 말이다.

② 수익 분배 모델

정액 보상 방식에 대한 대안적 접근 방식은 수익 분배(revenue sharing) 방식인데, 방금 언급된 문제는 피할 수 있지만, 이 역시 일부 고유의 문제를 가지고 있다. 수익 분배란 소비자가 중개업자에게서 상품을 구매할 때 그 수익을 중개업자와 제작자가 분배하는 것을 말한다. 즉, 중개업자가 소비자에게 제품을 판매하거나 대여하고, 판매 가격에서 합의된 비율을 취하며, 그 잔액을 제작자에게 전달하는 것이다. 일반적으로 선불은 발생하지 않는다(예: Wang et al., 2004).

수익 분배는 다양한 형태의 엔터테인먼트에 사용되어 왔다. 그것이 가장 일찍 시행된 장소 중 하나는 극장 (공간) 배급이었는데, 극장 소유주들이 자신들에게 콘텐츠를 제공하는 이들(영화제작자/스튜디오)과 입장권 수익을 공유하는 것이었다. 그러나 이러한 맥락에서조차 수익 분배가 당연하게 여겨져서는 안 된다. 필손 등(Filson et al., 2005)에 따르면, 극장과 제작자들은 극장 배급 초기에 정액 보상 모델을 사용했는데, 당시 영화는 적은 제작비로 제작되는 비교적 균일한 상품이었다. 영화 산업은 1920년대에 상품이 이질화되고 제작비가 증가하면서 수익 분배 방식으로 전환했다. 제작비의 차이로 말미암아 제작자들은 다른 가격을 부과할 수밖에 없었을 것이다. 동시에 극장 소유주들은 분석적 지식이 부족함에도 불구하고 영화 한 편을 사는 데 얼마를 지불해야 하는지를 결정하기 위해 각 영화에 대한 소비자 수요를 예측해야 했을 것이다. 이런 조건하에서 극장은 고예산 영화에 대한 편견이 심했을 것이고, 소규모 극장주들은 대형 영화들에 대한 거액의 선불금에 과도한 부담을 느꼈을 것이다. 따라서 제작자들은 수익 분배 방식을 시행하는 데 관심을 가지게 되었는데, 이것이 곧 영화의 극장 배급에서 일반적인 관행으로 굳어진 것이다.

영화 사업은 비디오 대여점의 전성기에 비디오 대여까지 수익 분배를 확대했는데, 오늘날에는 아이튠즈, 아마존과 같은 온라인 상점을 통한 영화 디지털 판매의 기준이 되기도 한다. 비디오 대여의 경우 출범 직후인

1980년대 중반부터 수익 분배에 대한 실험이 시작되었다. 그러나 이 모델이 업계 표준이 된 것은 1990년대 후반에 수익 분배 방식을 미세하게 조정했던 렌트랙이 당시 떠오르는 대여업체 블록버스터와 제휴 관계에 들어서면서이다.[26] 오늘날 수익 분배는 책, 게임, 음악 등의 디지털 거래에도 사용된다. 음악에서도 스포티파이 등 구독 서비스를 통한 대여 유통에 이용된다. 소니와 같은 음악 제작자는 스포티파이의 구독 및 광고 수익의 일정 비율을 차지하며, 이는 스포티파이의 전체 스트리밍에서 소니의 점유율을 반영한 결과이기도 한다(Singleton, 2015), 뒤에 이어지는 '혼합 모델'에 관한 섹션도 참조하기 바란다].

수익 분배의 핵심 질문은 언제나 소비자로부터 거둬들인 수입이 계약당사자 간에 어떻게 배분되어야 하는가이다. 이론적으로 배분은 판매에 대한 각 계약 당사자의 가치 창출에 대한 상대적 기여를 반영해야 하며, 무엇보다도 각 사의 투자와 리스크를 인식해야 한다. 실제로 이러한 기여도를 결정하는 것은 상당히 어렵기 때문에 수익 분배 계약은 종종 계약 당사자의 시장 지배력을 반영한다. 즉, 더 많은 힘을 가진 회사일수록 수익 분배율이 더 높아진다.

극장 배급에서 제작자의 수익 분배율은 북미 지역의 경우 초창기 20%에서 1960년대 33%, 1990년대 45%, 현재는 50~60%로, 제작비가 증가할수록 치솟았다(Filson et al., 2005; Guerrasio, 2017). 이런 변화는 시간 경과에 따른

---

26) 비디오 대여 수익 공유 모델은 원래 론 버거(Ron Berger)가 (일부 오해의 소지가 있는 '거래당 결제'라는 명칭으로) 개발했는데, 그는 1986년 초 자신의 비디오 대여 체인인 내셔널 비디오에 이 모델을 적용했다. 떠오르는 체인 블록버스터와의 경쟁에 직면한 버거는 1988년 내셔널 비디오의 700개 이상의 아울렛을 (웨스트 코스트 비디오에) 팔았지만 렌트랙이라는 레이블로 모든 비디오 대여점에 제공했던 수익 공유 운영은 그대로 유지했다.

제작비의 상승이나 극장으로부터 제작자로의 시장 지배력의 이동에 기인할 수 있다. 그러나 분배율은 제작자마다, 심지어 영화마다 달라지기도 한다. 필손 등(Filson et al., 2005)에 따르면 디즈니가 (더 큰 제작자들이 더 높은 점유율을 얻으면서) 제작자들에게 지불한 평균 분배율이 한 극장의 42%에서 57%에 달했으며, 디즈니는 〈스타워즈〉에 대해 당시 고유했던 65%의 점유율을 요구했다고 보도했다. 〈스타워즈: 라스트 제다이〉(Guerrasio, 2017)의 제작자 점유율은 북미 이외의 시장에서 현저히 낮을 수 있고, 많은 국가에서 50% 미만이며, 중국에서는 25%까지 낮을 수 있다(Fritz and Schwartzel, 2017).

특히, '일반'(즉, 중소형) 영화의 경우 극장 수입 배분은 종종 '슬라이딩 방식(sliding scale)'이라는 이름의 역동적인 요소를 수반하기도 한다. '슬라이딩 방식'에서는 영화가 개봉된 후 몇 주가 지났는가에 따라 제작자에게 분배

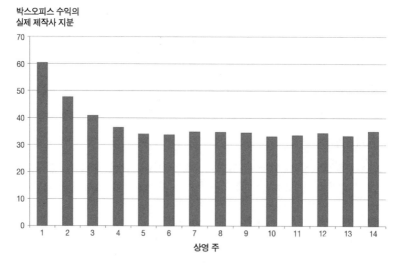

〈그림 5.7〉 '일반적인' 북미 영화관의 매출 점유율

주: 2001~2003년의 관찰 기간 동안 해당 극장은 14개의 상영관과 2000여 개의 좌석을 갖추고 있었다.
자료: Filson et al.(2007) 참조.

되는 비율이 감소한다. 필손 등(Filson et al., 2007)은 이런 슬라이딩 방식 이면의 논리는 극장 측에 더 오랫동안 영화를 계속 상영하는 인센티브를 제공하는 것이라고 주장한다. 〈그림 5.7〉은 필손 등(2007)에 근거하여 2001~2003년 동안 북미의 대표적인 영화관의 수익 분배율의 실제 변화 양상을 나타낸다.

물리적 비디오 대여에서 소비자가 지불한 대여금은 제작자와 중개자 사이에 45 대 45로 분배되었다[나머지 10%는 렌트랙이 '운영 서비스'를 위해 수수료로 수취했다(Cachon and Lariviere, 2005)]. 인터넷을 통해 유통되는 비물질적 미디어 상품의 경우에는 (유통업체가 오직 최소한의 재고 축적 비용만 감수하면 되는) 디지털 시대의 노력과 리스크의 비대칭 분배를 반영해 이른바 '70 대 30' 규칙이 보편화되었다.[27] 해당 규칙에 따르면, 제작자가 디지털 판매를 통해 소비자로부터 거둬들인 수입의 70%를 취하며, 중개자가 나머지 30%를 보유한다. 이 규칙은 애플과 구글 앱스토어를 통해 판매되는 대부분의 게임, 아마존을 통해 판매되는 독자 생산 전자책 등에 적용되며, 약간의 조율을 거쳐 음악 판매의 기준이 되고 있다. 아이튠즈 등을 통해 판매되는 음악의 경우, 소매업체는 표준 지분인 30%를 보유하지만, 70%의 제작사 지분은 레이블과 작곡가 간에 분배된다. 음악 스트리밍 중개자와 음악 레이블 간의 계약 또한 70 대 30 규칙을 중심으로 만들어졌다. 2015년 애플이 스트리밍 시장에 차기 주자로 진입했을 때 약 33%(Ingham, 2016)보다 낮은 27~28.5%(Ingham, 2016)를 보유하는 조건으로 시장 선두 주자인 스포티파이보다 다소 유리한 계약을 제시한 바 있다.

수익 분배 모델의 주요 단점은 비용과 관련된다. 학술 연구들은 운영과

---

27) 이와 관련하여, 낮아진 재고 축적 비용에 의해 촉발된 '롱테일' 현상에 대한 논의를 통합 마케팅에 관한 III권 5장에서 참조하기 바란다.

모니터링이라는 두 종류의 비용의 중요성을 강조해 왔다. 운영비에는 데이터 포맷 및 전송을 포함한 판매 데이터의 처리와 관련된 비용이 포함된다. 수익 분배 상황에 대한 신뢰도를 높이기 위해 필요한 모니터링 비용은 중개인의 판매 데이터를 검증하기 위해 발생한다. 그러한 비용은 파트너십과 수익 흐름의 복잡성에 따라 엄청날 수도 있고, 심지어 금기시될 수도 있다. 필손 등(Filson et al., 2005)에 따르면, 매점 수입은 모니터링이 경제적으로 불가능하기 때문에 업계의 수익 배분 협정에서 제외된다고 추정한다. 고도로 전문화된 업체들은 수익 흐름 추적을 제공하기도 하지만(물리적 비디오 대여의 경우 렌트랙과 같은), 수익 배분 방식을 제작자와 배급자 모두에게 매력적인 접근법으로 만들기 위해서는 그런 회사들이 요구하는 수수료를 충분히 극복하고도 남을 만큼 이윤이 커야 할 것이다.[28]

### ③ 혼합 모델

정액 보상과 수익 분배는 제작자와 유통업자 간에 수익을 나누는 상호

---

28) 위에서도 지적했듯이, 수익 분배 모델은 엔터테인먼트 상품의 제작자와 그 제작에 관련된 다른 창작자 사이의 수익 배분을 위해서도 사용된다. 이러한 '내부적' 수익 분배는 유료 음악 실연자와 작곡가들에게도 표준이다. 영화사들도 협상력이 거의 없는 창작자들(정액 선금 대체)과 '스타 배우나 창작자'(정액 출연료 보완)의 경우에 수익 분배 모델을 적용한다. '내부적' 수익 분배는 상품의 시장과 고객 등 상품과 관련된 결정보다는 조직 내 프로세스(즉, 엔터테인먼트의 제작)에 대한 의사결정을 주로 다루기에 이 책의 핵심 범위를 벗어난다. 이와 같은 창작자와 제작사 간의 내부 수익 분배와 계약 전반에 관심이 있다면, 여러 장을 해당 이슈에 할애한 케이브즈(Caves, 2000: 19부터 참조)와 치솔름의 연구들(Chisholm, 1997, 2004 등)을 추천한다. 또한 다양한 형태의 음악 유통에서 아티스트와 레이블 사이에 수익이 배분되는 방식에 대한 상세한 정보는 *Information is beautiful* (2015)에 열거되어 있다. 마지막으로, 통찰력 있는 다큐멘터리 〈아티팩트〉는 음반 회사들이 순회, MD 상품, 광고 활동 등 예술가의 모든 수익 흐름에 참여하는 음악 산업의 '360도 거래'를 어느 정도 조명하고 있다.

배타적인 방법이 아니다. 수익 흐름은 때때로 양쪽 접근 방식의 요소를 결합하는 방식으로 할당된다.[29] 그러한 혼합 모델의 가장 두드러진 버전은 '기본 수수료(basic-fee)' 모델과 '일거양득(best-of-both-worlds)' 모델이다. '기본 수수료' 모델에서는 제작자와 중개자가 소비자로부터 거둬들인 수입을 공유하지만, 중개업자는 제작자에게 고정 수수료를 추가로 지불한다. 제작사의 공로로 인정해야 할 변동 제작비를 수수료로 충당한다는 취지이다. 비디오 대여의 수익 모델이 고정 보상에서 수익 분배로 바뀌었을 때, 새로운 모델은 대여업체의 아이템당 고정 선불 지급을 포함했기 때문에 실제로 혼재된 모델이었다. 이 수수료는 약 8달러로, 기존 65달러의 일부분이며, 비디오 한 편당 제작자의 복제 및 배송 비용에 상당히 근접하는 수치였다.

2가지 접근법을 결합하는 대안으로는 '일거양득' 모델이 있는데, 이 모델에서 역시 중개자는 제작자에게 영화당 고정 수수료를 지불하기로 동의한다. 차이점은 이 모델에서 수수료는 제작자 비용의 일부를 충당하기 위한 것이 아니라 '최저선(floor)' 지불, 즉 보호막 역할을 한다는 것이다. 이 모델에서는 제작자와 중개업자가 수익 분배 약정서도 함께 체결하며, 제작자는 두 약정 중 더 높은 경우에 해당하는 금액을 받는다. 고정 수수료는 판매가 저조할 경우(가격 결정권이 중개업자의 손에 있고 제작자가 제작 원가를 부담해야 한다는 점을 인정) 제작자를 보호하는 최저선의 수수료[통상 콘텐츠 산업에서는 이를 미니

---

29) 이것은 또한 정액 보상과 수익 분배가 실제로 제작자와 유통업자 사이의 동일한 상위 수준의 조정 모델의 2가지 변종이라는 분석적 증거를 제공하는 까숑과 라리비에르(Cachon and Lariviere, 2005)와도 일치한다. 그들의 연구는 2가지 방식이 단지 '도매가격' 매개변수와 '수익 분배' 매개변수(중개자의 수익 지분을 명시한다)에서만 다르다는 것을 보여 준다. '순수한' 정액 보상의 경우, 수익 분배 매개변수가 0으로 설정되는 반면, '순수한' 수익 분배의 경우에는 도매가격 매개변수가 0으로 설정된다.

멈 개런티(MG: Minimum Guarantee)라고 부른다―옮긴이)를 제공한다. 수익 분배는 제작자에게 지급되어야 할 금액이 이 최저 수수료를 초과하는 수준에 도달하면 시작된다.

따라서 이 계약은 상품 판매가 보증된 경우에만 중개업자가 높은 가격을 지불할 것을 보장해 준다. 실질적인 예로는 음악 레이블들이 스포티파이와 성사시킨 계약이 있다. 스포티파이는 광고 기반 모델로 가입한 소비자가 듣는 스트리밍당 고정 요금을 지불하거나, 혹은 그것이 더 높은 금액일 경우에는 광고 수익의 사전 합의된 몫을 지불해야 한다(Singleton, 2015). 소니 등 음악 레이블들이 고정 수수료 항목 추가를 고집하는지 그 이유를 쉽게 알 수 있는 대목인데, 스포티파이가 발생시킬 광고량은 예측하기도 어렵고 모니터링도 까다롭기 때문이다.

## 2) 광고주로부터의 수익 창출

나는 당신이 혼란스러울 수 있고 광고주 중심으로 사고할 수도 있다고 생각한다. 그러나 광고주들이 원하는 것은 당연히 [고객]이기 때문에 당신은 그에 대해 단순하게 생각하고 [고객]에게 집중해야 한다. [고객]에 집중한다면 광고주는 자연히 따라올 것이다.

― 아마존 CEO이자 ≪워싱턴포스트≫ 소유주인 제프 베조스(Jeff Bezos)의 미디어 사업의 광고 수익 역할에 대해 설명(Rossof, 2017 인용)[30]

엔터테인먼트 상품의 이중성은 제작자가 소비자뿐만 아니라 광고주로부터도 수익을 얻을 수 있다는 것을 암시한다. 이 섹션에서는 엔터테인먼

---

30) 베조스는 '고객' 대신 뉴스 산업의 소비자를 뜻하는 용어인 '독자'라는 단어를 사용했다. 그는 우리가 인용한 문장 앞에 등장하는 문장에서는 '고객'이라는 용어를 사용했다.

트에서 광고 수익이 창출될 수 있는 방법에 대해 논의하고, 광고 수익이 엔터테인먼트 제작자의 비즈니스 모델의 일부가 될 때 고려해야 할 문제를 탐구한다. 엔터테인먼트 광고비의 대부분은 명백히 유통 단계에서 창출된다. 영화나 드라마의 앞이나 중간이나 뒤에 광고가 나오거나, TV 방송국에서 광고가 방영될 때 말이다. 또, 라디오 방송국에서는 음악도 비슷한 역할을 한다. 그러나 이 섹션의 초점은 다시 한번 엔터테인먼트의 '제작자'와 이들이 어떻게 광고로부터 혜택을 받는가에 놓인다.

제작자는 브랜드 플레이스먼트(PPL)와 '제품 내(in-product)' 광고라는 2가지 다른, 그러나 관련된 수단을 통해 광고주로부터 수익을 창출할 수 있다. 후자의 경우는 확실하다. 광고가 미디어(TV, 신문, 페이스북과 같은 모든 종류의)를 통해 상품에 대한 메시지를 '명시적인 스폰서'에 의해 전달한다(Kotler et al., 2005: 719). PPL은 반대로 암묵적인 것으로, 역시 메시지를 전달하고 미디어에 등장하기는 하지만, 스폰서가 명시적이지 않으며 전반적인 후원 행위도 소비자에게 뚜렷하게 드러나지 않을 수 있다. 대신 PPL 상품이 '자연스러워' 보일 수 있는 방식으로 미디어에 등장한다.

자동차 브랜드가 선명하게 보이는 주요 영화 장면에서 차를 운전하는 배우나, 공연 중 눈에 띄는 브랜드 로고가 박힌 의상을 입은 뮤지션이 그러한 예이다. 아마도 등장인물들의 휴대폰, 태블릿, 컴퓨터에 반드시 애플 로고가 등장하는 점에도 주목해야 할 것이다[심지어 제임스 본드를 포함해, 주인공들이 보통 소니 기기를 사용하는 소니 제작 영화와 시리즈를 제외하고 말이다. 제임스 본드는 이에 대해 불만스러워했다고 한다(Revilla, 2015)]. 영화가 TV에서 상영할 때에도 PPL은 해당 엔터테인먼트 상품의 '분리할 수 없는 부분'(Marchand et al., 2015: 1667)으로서 제공되므로, 전통적인 형태의 광고의 경우처럼 소비자가 건너뛸 수 없다.[31]

---

31) 이것은 PPL이 전통적인 광고보다 더 효과적이라는 것을 의미하는가? 꼭 그렇지는 않다.

'제품 내' 광고를 효과적이게 만드는 요소들, 특히 비디오 게임에 적용되는 요소들에 대해 알려진 바를 요약하기 전에 PPL의 (위험한) 유혹에 대한 논의부터 시작하기로 한다.

## (1) PPL의 축복(및 위험)

공룡보다 벤츠 로고를 더 많이 봤다.
— 영화 〈쥬라기 월드(Jurassic World)〉에 대한 어느 네티즌의 댓글

### ① PPL의 경제학

엔터테인먼트 제작자는 다양한 방법으로 창작물에 PPL(Product Placement)을 포함시킴으로써 이익을 얻을 수 있다. 가장 직관적인 방법은 PPL 수수료이다. 그러한 지불은 존재하며 상당히 실질적일 수 있다. 예를 들어, 삼성은 소니에게 자사 휴대폰을 제임스 본드 영화 〈007 스펙터〉에 선보이는 대가로 500만 달러의 정액 수수료를 제공했고, 제휴 광고(tie-in advertising)로도 약 5000만 달러를 쓰겠다고 약속한 것으로 보도되었다.[32] 그리고 하

---

2가지 의사소통 수단 모두 장단점이 있다. 광고와 대조적으로, PPL은 마케팅 담당자들에게 PPL 설계를 위한 제한된 유연성을 제공하며 일반적으로 그들의 브랜드가 콘텐츠의 일부로 제시되는 최종 방법에 대한 통제력을 거의 제공하지 않는다. 광고는 설득력 있는 분명한 메시지를 가능하게 하는 반면, PPL은 적어도 광고와 같은 수준까지는 이를 허용하지 않는다. PPL은 브랜드의 이미지에 영향을 주는 것이 목표일 때 가장 효과적이다. 제임스 본드가 오메가 제품을 사용할 때, 그의 프리미엄급 대담한 에이전트로서의 이미지가 그가 착용하는 시계에 전이되기 마련이며, 이를 통해 오메가 제품의 프리미엄급 대담한 시계 브랜드로서의 이미지를 강화한다.
32) 〈007 스펙터〉 관객들은 눈치채게 될 터인데, 소니는 결국 이 제안을 받아들이지 않기로 하고 제임스 본드가 자사의 엑스페리아 기기를 쓰게끔 했다.

이네켄이 〈007 스카이폴〉에 대해 체결한 4500만 달러 계약의 경우에도 엇비슷한 규모의 금액이 제작자에게 직접 지불되는 것이리라 추정된다.

그러나 그런 직접 지급이 우위의 주요 원천은 아니며 PPL 보수 방식으로서도 덜 빈번한 편이다(Epstein, 2010). 제작자와 스폰서 간의 물물교환 거래가 훨씬 더 중요하다. 요즘 물물교환의 가장 두드러진 형태는 광고 '제휴'이다. 즉, 엔터테인먼트 상품을 자체 광고에 포함시킴으로써, 스폰서는 영화나 게임의 인지도를 실질적으로 활용할 수 있다. 대표적인 예가 맥주 회사 하이네켄이 제임스 본드 영화에 하이네켄 맥주를 배치하는 일환으로 제작한 광고이다. 광고에서 하이네켄은 이 시리즈의 잘 알려진 음악 도입부와 〈007 카지노 로열〉의 경우 주연 여배우인 에바 그린(Eva Green)을 포함한 후원 영화의 주요 요소들과 브랜드를 결합시켰다. 후속 〈007〉 영화들을 위한 하이네켄 광고에는 제임스 본드[다니엘 크레이그(Daniel Craig)가 분한] 본인조차 등장했다.[33]

제임스 본드 영화제작진은 '제휴' 광고를 통해 PPL 광고주들의 광고를 끌어들이며 마케팅 예산을 획기적으로 늘렸다. 1989년 〈007 살인 면허〉 이후 제작사의 영화 광고 예산은 크게 성장했다(〈007 살인 면허〉 측이 보고한 5000만 달러 광고 지출은 2015년 가치로는 거의 1억 달러에 달하며, 2015년 개봉한 〈007 스펙터〉는 글로벌 광고와 배급 비용을 합쳐 1억 4000만 달러를 지출한 것으로 추산되었다). 그러나 25년 동안 더욱 현격히 변한 것은 후원자들의 '제휴' 프로모션이다. 그 당시에는 이러한 접근법이 본질적으로 존재하지 않았던 반면, 현재는 제작자 측에서 소비한 광고 금액보다 분명히 더 높게 평가되고 있다. 하이네켄은 〈007 스

---

33) 집필 당시 〈007 카지노 로열〉의 광고는 https://goo.gl/unPRPV에서 볼 수 있었다. 다니엘 크레이그도 〈007 퀀텀 오브 솔러스(Quantum of Solace)〉(https://goo.gl/9ZbRcQ)와 〈007 스카이폴〉(https://goo.gl/YDeuQS)을 위한 하이네켄 광고에 출연한다.

펙터〉의 광고 캠페인에만 약 1억 달러를 쓴 것으로 알려졌다(*Instavest*, 2015).

오해를 피하기 위해 부연하자면, '제휴' 광고는 제임스 본드 영화에 국한된 것이 아니라, 많은 주류 상업영화들에 체계적으로 활용된다. 예를 들어 유니버설의 〈배틀십(Battleship)〉은 코카콜라 제로, 시스코, 서브웨이 등 소비자 브랜드 및 크래프트, 네슬레, 셰브런 등 기업과의 '프로모션 제휴'를 통해 약 4000만 달러의 미국 광고 예산을 2배 이상 늘렸으며, 상기 회사들은 TV, 인쇄, 온라인 광고에 총 5000만 달러 이상을 지출했다(Finke 2012). 마지막으로, 물물교환은 스폰서들이 돈이 많이 드는 제작 요소(예: 자동차)와 서비스(예: 보험)를 제공할 때 일어날 수도 있다. 이 섹션 도입부의 인용문을 기억하는가? 〈쥬라기 월드〉에 로고를 넣기 위해, 메르세데스는 값비싼 차량들을 제공했고, 이 덕에 제작자들은 상당한 돈을 절약할 수 있었다. 그리고 〈매트릭스 II: 리로디드(The Matrix Reloaded)〉에서 캐딜락 브랜드를 눈에 띄게 등장시키는 대가로 제너럴 모터스는 엄청난 추격 시퀀스 촬영을 위해 약 300대의 자동차를 제작자들에게 제공했다[그리고 그 차량들을 모두 폐기되었다(Cowen and Patience, 2008)].

전반적으로 2014년 기준 전 세계 PPL 지출은 100억 달러에 달하며, 여전히 강한 성장세를 보이고 있다(*PQ media*, 2015). 그 금액의 대부분은 TV 프로덕션 PPL을 위해 쓰이며 영화는 약 3분의 1을 차지한다. PPL은 게임과 뮤직비디오와 같은 다른 엔터테인먼트 형태에도 존재한다. 주요 콘솔 게임 출시의 경우, 특히 북미와 아시아에서 '제휴' 광고가 실행된다. 〈언차티드〉의 주인공인 네이선 드레이크(Nathan Drake)가 등장해 TV 시청자들에게 서브웨이 식당이 "승자가 먹는 곳"이라고 말하는 광고가 대표적이다.[34]

---

34) 해당 서브웨이 광고는 https://goo.gl/RenYxr에서 볼 수 있다.

## ② 그럼에도 불구하고, 2가지 유의점

PPL이 모든 엔터테인먼트 상품에 똑같이 적합하지는 않다. 일부 상품의 설정과 내용물은 다른 상품들보다 PPL의 여지가 더 많을 수 있다. 예를 들어, 액션 어드벤처 시리즈 〈미션 임파서블(Mission: Impossible)〉의 네 번째 영화는 BMW로부터 엄청난 TV 광고를 지원받은 반면, 비슷한 시기에 개봉된 경쟁작 〈셜록 홈즈: 그림자 게임(Sherlock Holmes: A Game of Shadows)〉은 19세기인 작품 시대 설정상 그러한 지원을 받을 수 없었다. "사람들이 여전히 마차를 타야 했기" 때문이다(Finke, 2012). 이는 예비 엔터테인먼트 상품의 재정적 잠재력에 심각한 영향을 미칠 수 있으며, 경영자들은 혁신 관리의 일환으로 이를 고려해야 한다. 〈미션 임파서블 4: 고스트 프로토콜(Mission: Impossible: Ghost Protocol)〉보다 적은 비용으로 제작되었음에도 불구하고, 〈셜록 홈즈: 그림자 게임〉 제작자들은 미국 내 광고에 55%에 해당하는 2200만 달러를 더 썼다.35)

게다가, 엔터테인먼트 경영자들은 PPL 수입에 관해서라면 탐욕에 굴복하고 싶은 유혹을 피하는 것이 좋다. 학자들은 소비자들이 실제로 과도한 PPL로 인해 흥미를 잃을 수 있다는 증거를 제공한다. 호머(Homer, 2009)는 영화 〈맥과 나(Mac and Me)〉의 4개 장면을 15분으로 편집해 맥도날드 브랜드('낮은 빈도' vs. '높은 빈도', 즉 1회 vs. 3회)의 배치 횟수와 배치 강도(시각적 vs. 언어, 즉 '약한' vs. '강한')를 모두 조작하는 실험을 실시했다. 이 장면들을 대학생 108명에게 보여 준 결과, 학생들은 영화가 강하고 빈번한 배치를 담고 있을 때

---

35) 〈미션 임파서블: 고스트 프로토콜〉은 개봉 주말에 3000만 달러 이하의 매출을 올렸는데, 이는 많은 사람들에게 실망스러운 수치였다. 이는 해당 영화의 제작자들이 수익 방정식의 비용 측면을 줄이기보다는(즉, 광고를 '제휴' 광고로 대체하는 것) 영화에 대한 관객들의 기대를 더욱 높이는 목적으로(즉, 수익 방정식의 수익 측면을 강화할 수 있도록) 프로모션 제휴를 이용했어야 했던 것이 아닌가 하는 의문을 제기한다.

영화에 대해 더 부정적인 태도를 보였다. 이 경우, 영화에 대한 태도는 다른 모든 조건보다 약 25%나 더 나빴는데, 이 결과에 대해 연구자는 높은 수준의 주의 산만 및 간섭(즉, PPL이 영화의 흥미를 반감시켰다)과 실증적으로 연관 지었다. 그들은 학생 155명을 대상으로 TV 시리즈 〈몽크(Monk)〉에서 발췌한 내용으로 유사한 실험을 반복해 (약하긴 하지만) 비슷한 패턴을 찾아냈다.

우리는 또한, PPL 방식이 엔터테인먼트 콘텐츠에 대한 소비자의 인식과 평가에 미치는 영향에 대해서도 직접 조사했다(Marchand et al., 2015). 기존 영화나 시리즈에서 발췌한 영상을 사용하지 않고, 영화제에서 성공적으로 상영되었으나 그 외에는 거의 알려지지 않은 단편영화인 〈일어났다(Aufgewacht)〉를 씬-바이-씬으로 재촬영함으로써 7분짜리 단편영화를 직접 제작했다.36) 그 덕분에 호머(Homer, 2009)와 유사하게 강도와 빈도의 조합을 조절함으로써 PPL의 '부각 정도'를 달리한 버전을 자유롭게 만들 수 있었다. 2가지 연구(각각 203명, 312명 응답자) 결과에 따르면, 일단 PPL의 특정 임계 값 레벨이 초과되면, 소비자의 엔터테인먼트 선호도에 타격이 가해진다(1차 연구와 2차 연구에서 각각 20%와 14%). 그러나 이러한 결과의 심리적 메커니즘에 대한 증거로서는, 소비자들이 브랜드를 스스로의 개인적 자유를 위협하는 요소로 해석하기 때문에 PPL이 소비자 사이에 '반작용(reactance)'을 유발할 수 있다는 것이 매개적 회귀분석을 통해 확인된다. 이는 심리적 반응 이론과 일맥상통하는 결과이다(Brehm, 1966). 일단 PPL이 지나치게 부각되면 이런 반작용으로 인해 소비자의 품질 인식이 악화되며, 이 반작용은 PPL의 부각과 품질 인식 사이의 관계를 완전히 중재하는 역할을 한다.

지나친 PPL의 잠재적 파괴 효과에 대한 추가적인 통찰은 영상 엔터테인먼트도 연구한 마이어 등(Meyer et al, 2016)에서도 발견된다. 그들은 2000

---

36) 원본 영화의 전체 버전은 https://goo.gl/YgXp3h에서 볼 수 있다.

년에서 2007년 사이에 개봉된 장편영화 134편에 대한 2차 데이터를 사용하며, 이 영화들에 등장하는 2000개 이상의 장소들에 대한 세부 정보를 제공하는 (더 이상 이용할 수 없는) 데이터베이스인 'Brand Hype Movie Mapper'에 등재했다. 잠재적 내생성을 설명하는 GMM 회귀분석의 결과 영화에서 배치 횟수의 역할은 실험 연구에서 도출된 것과 일치한다. 구체적으로, 마이어 등은 (IMDb와 다른 사이트에서) PPL을 '과도하게' 사용할 때 소비자들의 품질 인식이 부정적인 영향을 받는다는 것을 발견한다. 그러나 흔히 그렇듯이, 맥락이 중요하다. 부정적인 PPL 효과는 독립영화에 비해 '주류' 영화에서 더 강하며, 또한 주류 영화들에 비해 독립영화의 경우가 (즉, 11개의 배치로부터) 더 적은 PPL 횟수로도 영화에 대한 부정적인 인식이 생긴다.

따라서 엔터테인먼트 사이언스에 따르면 너무 많은 (그리고 너무 강렬한) PPL은 엔터테인먼트 자산과 PPL 수익에 악영향을 초래할 수 있으므로 엔터테인먼트 콘텐츠 제작자들은 미묘한 균형을 유지해야만 한다. 우리는 또한 경영자와 학자들이 PPL의 양을 넘어, PPL의 품질과 엔터테인먼트 상품과의 궁합을 살펴야 한다고 제안하는 바이다. 브랜드 제휴 연구의 유사점을 제외하면, 지금까지 이 논리에 대한 증거를 제공하는 학술 연구는 없었다. 그러나 〈트랜스포머〉 프랜차이즈가 미국 설정임에도 불구하고 유제품 음료인 멍니우(Mengniu)와 중국 산업 및 상업 은행과 같은 중국 브랜드를 대량으로 활용하고 있는 것에 대한 관객들의 반응은 약간의 시사점을 제공한다. 소셜 미디어 사이트 시나 웨이보(Sina Weibo)의 한 이용자는 "할리우드 블록버스터에 중국적 요소를 추가하는 것은 지극히 정상적이기는 하지만, 중국 브랜드가 너무 많으면 관객들을 불편하게 한다"라고 평가한다(Rahman, 2017).

이런 PPL 방식이 최근 주목할 만한 〈트랜스포머〉 영화들의 매출 감소와 관련이 있는지는 현시점에서 추측으로만 남아 있다. 미국에서는 시리즈의 다섯 번째 영화의 매출이 전작의 약 50%(시리즈 최고 매출에 비해서는 3분의 1 이하)에 그쳤고, 중국에서는 전작보다 30% 적었다. 어떤 상황에서도 엔터테인먼트 회사는 단기 PPL의 유혹으로부터 브랜드 자산을 보호해야 한다.[37]

## (2) 제품 내 광고 설계 방법

엔터테인먼트 상품의 정보재적 특성은 PPL 외에도 광고를 포함하는 방식으로 상품의 수정을 가능하게 한다. 이것은 배급업자들이 영화에(TV 방송국이 광고를 위해 방송을 멈출 때), 책(아마존이 킨들에 광고를 표시할 때), 음악(라디오와 광고 기반 스트리밍 서비스에), 그리고 게임(휴대폰에 오버레이를 할 때)에 적용하는 방식이다. 게임의 경우, 제작자 자신도 광고를 제품에 통합하는 방식에 대해 결정을 내릴 수 있고, 그렇게 함으로써 잠재적으로 이익을 얻을 수 있다. 이 접근 방식의 일반적인 명칭은 '게임 내 광고'이다.[38]

광고는 PPL과 마찬가지로 부정적인 외부 효과를 유발할 수 있기 때문에 게임 제작자들은 그러한 게임 내 광고를 디자인할 때 그들의 필수적인 목표 집단이 소비자라는 것을 명심해야 한다. 소비자가 직접 사용료를 전

---

37) 〈트랜스포머〉 시리즈의 중국 PPL에 대해서는 오우차르스키(Owczarski, 2017)에서 자세히 참조할 것을 권한다.

38) 제작자가 수직 통합되어 콘텐츠 제작과 유통을 동시에 관리할 수 있는 능력을 갖춘 영화나 TV 쇼와 같은 다른 제품들과 경영상 어려움이 다소 유사할 수 있다는 점에 주목하자. 예를 들어, 〈워킹 데드〉와 같은 시리즈의 (공동) 제작자인 케이블 방송국 AMC가 프로그램 중간에 시리즈 설정과 분위기를 활용한 현대 자동차의 광고를 내보낸다면, 이것이 광고를 제품에 '삽입'하려는 시도에 해당한다(https://goo.gl/JoqRrA 참조). 보다 일반적으로, TV 방송국들은 고객 만족도와 광고 수입의 균형을 맞추기 위해 자사 콘텐츠를 방송할 때 중간 광고 양과 횟수를 결정해야 한다. 이러한 어려운 업무에 관심이 있는 사람들을 위해 저우(Zhou, 2004)는 특정 콘텐츠에 대한 최적의 광고 횟수, 길이 및 타이밍의 본석 경제학적 모델(방송사의 브랜드 또는 심지어 미디어 채널 사용에 대한 장기적인 영향은 설명하지 않는다)을 제공한다.

혀 내지 않고, 모든 수익은 광고주로부터 나오는 경우에도 그렇다. 따라서, 게임 내 광고는 반드시 게임을 즐기는 소비자의 즐거움을 최소로 방해하는 방식으로 만들어져야 한다. 페르벅모스 등(Verberckmoes et al., 2016) 은 실험적인 접근법을 사용해 이 문제를 경험적으로 연구했다. 그들은 판타지 게임 유저 619명에게 중세 시대 설정인 MMOG 타이틀 〈리니지 2 (Lineage 2)〉의 스크린샷을 평가하도록 요청했다. 모든 스크린샷에는 가공의 에너지 드링크 광고가 포함되어 있었다. 저자들은 ① 광고가 게임 환경에 얼마나 적합한지(예: 나무/역사 광고판 vs. 금속/현대식 광고판), 그리고 ② 광고가 게임에 통합되는 정도(즉, 광고를 클릭하면 플레이어의 아바타 '에너지 수준'이 회복됨 vs. 아무 일도 일어나지 않음)와 관련하여, 체계적으로 광고판에 다양성을 부여했다.

이후 페르벅모스 등은 일련의 OLS 회귀분석을 실행하면서 실생활에서 게임을 하려는 유저의 의도를 종속변수로, 광고의 특성을 독립변수로 설정했다. 연구진은 게임에 잘 맞는 게임 내 광고(적합도가 낮은 광고와는 반대)는 광고의 방해되는 성질을 줄이고 게임의 몰입감을 높임으로써 응답자의 플레이 의향을 증대시킨다는 것을 발견했다. 광고의 상호 작용성은 광고에 대한 더 나은 평가로 이어지지만, 플레이 의향에 영향을 미치지는 않았다. 하지만 이는 실험에 사용된 스크린샷의 정적인 디자인의 영향일 수도 있기 때문에 유의해서 해석하기를 권장한다. 그럼에도 불구하고, 우리가 위에서 PPL에 대해 설파했듯이, 게임 제작자들은 광고와 게임 자체의 적합성 측면에서 게임 내 광고가 어떻게 디자인되는지에 주목할 필요가 있다.

### 3) 제3자로부터의 '수익' 창출: 보조금 및 기타 공적 혜택의 경우[39]

그 문화적 특성 때문에, 엔터테인먼트 상품들은 종종 다양한 지역의 다양한 기관들이 운영하는 공공 보조금의 지원 대상이 되는데, 이 역시 상당한 수익을 제공할 수 있다. 보조금은 주로 영상 엔터테인먼트(영화, TV 시리즈)에 지원되지만 문학작품, 음악 제작, 전자 게임에도 지원된다. 예술적 가치가 있는 작업을 지원하기 위한 목적 외에도 보조금은 종종 경제적 이유로 지급된다. 한 지역에서 문화 생산의 경쟁력을 높이기 위해 (그러한 생산의 '사회적 가치'에 근거하여), 또는 문화 생산이 중요한 경제 발전의 축으로 간주되는 지역 또는 국가의 경제성장을 지원하기 위해 제공되는 것이다.

전 세계적으로, 보조금을 통해 지급되는 총액은 어마어마한데, 영화에 가장 큰 몫이 할당된다. 상황별로 보면 1998년부터 2010년 사이 독일 영화관에서 개봉되었으며 독일 회사들이 제작한 영화 710편 중 93%가 일종의 보조금을 받은 것으로 나타났다. 영화당 평균 보조금은 150만 유로(당시 180만 달러 상당)였고, 〈베른의 기적(Miracle of Bern)〉(2003)과 같은 일부 영화들은 850만 유로(약 1000만 달러)를 받았다. 평균적으로, 해당 영화들에 티켓당 4.5 유로(약 5.4달러)의 보조금이 지급된 셈이다. 독일 공공 기관이 이들 영화에 지급한 보조금 총액은 10억 유로를 넘어섰으며, 이 액수는 그 나라의 막대한 국제 공동 제작 지출은 제외한 수치이다.[40] 유럽에서는 2005년부터

---

39) 경제학자들은 보조금과 세액공제를 명확히 구분하면서, (세액공제의 경우처럼) 소득을 유지할 수 있게 하는 것은 (세금을 통해 돈을 지불하는) 경쟁사가 당신에게 돈을 주는 것과 다르다고 강조한다. 그럼에도 불구하고 이 책은 경제 전체가 아니라 (두 인센티브가 유사한 영향을 미치는) 개별 기업의 수준에 초점을 맞추고 있기 때문에 이 섹션에서 그 2가지를 함께 논의할 것이다.

40) 2012년에만 연방 및 주 영화 보조금은 총 3억 1000만 유로 이상이었다(Posener, 2014).

20개 이상의 인센티브 모델이 영상 엔터테인먼트에 도입되어 연간 10억 유로(2017년 가치로 11억 5000만 달러) 이상의 직접 보조금과 4억 유로(약 4억 6000만 달러) 이상의 세액공제 제도가 운영되고 있다. 유사한 모델이 캐나다와 일부 아시아 국가에도 존재한다(Blickpunkt:Film, 2016, Meloni et al., 2015). 2016년 3월 기준으로 미국의 50개 주에서 34개 주가 영화 보조금 제도를 시행하고 있으며, 모두 합쳐 20억 달러 이상을 지출하고 있다(Thom, 2016).

제작자들은 보통 비용을 줄이거나 제작, 마케팅 및/또는 유통의 규모를 강화함으로써 제품의 수익성을 높이기 위한 방법으로 보조금을 환영한다. 그러나 주단과 키벨피스(Jourdan and Kivelphice, 2017)는 제작자에 대한 보조금 지급의 잠재적 단점을 지적한다. 그들은 보조금이 엔터테인먼트 제작사의 성공률을 증가시키는 동시에 방해할 수 있어 시장 실적에 양면적인 영향을 미친다고 주장한다. (경제적인 의미에서 대립적인) 보조금의 예산 확충에 기반한 긍정적인 효과는 명백하지만, 정치적 존재의 개입으로 인해 제작 비효율성을 야기하여 기업의 '보상 시스템'을 손상시킬 위험도 있다.

특히, 주단과 키벨피스는 프랑스 영화 산업의 자료에 근거해 이러한 양면적 효과의 힘을 시험했는데, 이 자료들에서는 보조금이 특정 프로젝트의 상업적 전망 대신 해당 제작자의 과거 성과에 근거하고 있다. 그 데이터에는 영화제작사 567개의 1998년부터 2008년까지의 연간 실적이 포함되어 있다. 주단과 키벨피스는 고정 효과 회귀 모델을 추정함으로써 보조금이 기업의 ROI(투자자본수익률: 해당 기간 특정 회사가 벌어들인 총 박스오피스를 집행된 총 제작비로 나누어 측정)에 실제로 영향을 미친다는 사실을 발견했다. 이 분석 결과에 따르면, 보조금이 포함된 경우 ROI의 약 4%p를 설명하고, ROI에 대한 설명을 16% 이상 늘린다. 보조금의 효과는 비선형적이다. 보조금 수준이 낮을 때는 긍정적인 효과가 지배적이지만, 보조금이 임계치를 초과하면 상황이 달라진다. 그 이후 보조금으로 인한 비효율성은 긍정적인 효과를

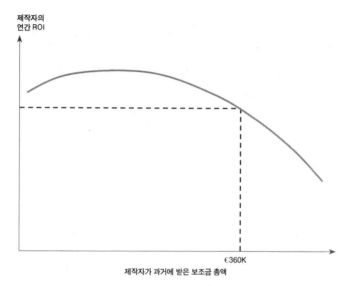

<그림 5.8> 영화 보조금과 제작자 성과 연계

자료: Jourdan and Kivelphice(2017) 참조.

압도하기 시작하여 시장 성과를 저해한다(⟨그림 5.8⟩ 참조). 해당 연구 결과는 또한 이러한 효과가 제작사마다 다르다는 것을 보여 준다. 효과는 더 넓은 작품 포트폴리오를 가지거나(예를 들어 다양한 장르물을 제작한다거나) 스타 배우들과 긴밀하게 협력하는 제작자들의 경우 더 강하게 나타났다.[41] 반대로, 높은 작품 품질은 보조금의 효과를 감소시키는 경향이 있다.

다른 연구들에서는 보조금을 받는 작품들의 품질과 시장 성과를 보조금이 실제로 개선하는지 여부를 탐색했다. 이는 일반적인 견지에서 보조

---

41) 엔터테인먼트 상품의 탐색 품질에 대해 II권 2장에 다뤄진 엔터테인먼트 마케팅에서 장르 개념과 둘 이상의 장르 사용에 대한 논의, 그리고 엔터테인먼트 브랜드에 관한 II권 3장에서 제시된 스타들이 제공할 수 있는 기여에 대한 논의를 참고하기 바란다.

금의 당위성에 관한 기본적인 질문이다. 이에 대한 답변이 엔터테인먼트의 개별 제작자와는 직접적인 연관성이 크지 않지만, 학자들의 답변은 보조금 시스템 전체에 영향을 미칠 수 있으므로 간단히 살펴보기로 하자. 방법과 국가 전반에 걸쳐 조사 결과는 보조금의 경제적 효과에 대한 회의감을 시사한다. 예를 들어, 매켄지와 월스(McKenzie and Walls, 2013)는 1997년과 2007년 사이에 발표된 호주 영화 95편의 OLS 회귀분석을 실시했다. 그 결과 영화가 호주 정부로부터 보조금을 받는다는 사실이나 보조금 액수가 영화의 흥행 성적과 체계적으로 연관되지 않는다는 사실을 발견한다. 반면, 결과에 따르면 보조금을 지급받은 영화 종류와 무관하게 예산(보조금 포함) 규모와 흥행 성과와의 연관성은 확인됨으로써 보조금의 잠재적이고 간접적인 성공 진작 효과를 시사한다.

이탈리아 영화 보조금은 주로 영화 프로젝트의 '품질'에 기초해 정부가 부여하는데, 최근에는 더 상업적인 성공 기준으로 전환되었다. 바젤라와 베케티(Bagella and Becchetti, 1999)는 1985년부터 1996년 사이에 이탈리아에서 생산된 1000여 편의 영화를 연구한다. GMM 회귀분석(보조금의 잠재적 내생성 편향을 해결하기 위해서가 아니라 데이터 관련 비정규성 문제를 극복하기 위해)을 사용해, 그들은 보조금을 지원받지 않은 영화 대비 보조금을 지원받은 영화의 티켓 판매율이 훨씬 더 낮다는 것을 발견했다. 하지만, 그들은 또한 인기 있는 스타 배우들과 감독들이 보조금을 받지 않는 영화들에서 훨씬 더 두드러진다고도 지적한다. 학자들이 이런 점들과 기타 요인들을 설명할 때, 보조금은 영화 관객 수에는 전혀 영향을 미치지 않는다.[42] 얀센(Jansen, 2005)은 또

---

42) 계량경제학 작업에서 대체 성공 동인 제어의 중요성은 2002년과 2011년 사이에 개봉한 이탈리아 영화 754편을 대상으로 고정 효과 패널 회귀분석을 실행한 멜로니 등(Meloni et al., 2015)의 연구에서 확인할 수 있다. 그들은 보조금이 성과에 부정적인 영향을 미친다는 것을 발견했다. 하지만 연구진들이 (장르를 제외하고) 영화의 어떤 특성도 통제

한 1993년과 1998년 사이에 개봉된 독일 영화 120편에 대해 위원회가 보조금을 지급하기로 선택한 영화들이 보조금을 받지 않은 영화들과 독일 박스오피스에서 차이 나는 성과를 보이지 않는다는 사실을 발견한다. 하지만 그의 결과는 특정 영화의 특정 특질과는 무관하게 보조금의 잠재적인 간접적인 효과를 지적한다. 영화 예산(보조금 포함)이 티켓 판매량과 긍정적인 연관성을 보이기 때문이다.[43]

이러한 결과를 반영할 때, 보조금을 제공하기 위한 목표와 마찬가지로 보조금이 매우 이질적인 것이라는 점을 명심하자. 이러한 연구에 사용된 데이터는 부분적이며 표본 선택에 잠재적으로 편견이 개입될 가능성에 대해서는 언급되어 있지 않았다. 그러나 한 가지 공통적인 사실은 보조금을 배분하는 방법에 대한 선정 위원회의 판단의 기준이 예술적이기보다는 상업적인 경우에조차 기관과 국가에 걸쳐 효과적으로 작용하지 않는 것처럼 보인다는 것이다. 엔터테인먼트 제작자들 외에도 선정 위원회 역시 결정을 내릴 때 엔터테인먼트 사이언스 지식과 방법을 적용해 혜택을 받을 수 있는 이들이다. 또는 이들이 자신들의 비효율성을 인정하고 단순히 예산을 선착순으로 배정할 수도 있다. 예를 들어 독일연방영화기금(DFFF)이 시행한 접근 방식이 이에 해당한다.

마지막으로, 보조금은 결국 보조금을 제공하는 사람들, 즉 공공에게 이익이 되는가? 톰(Thom, 2016)은 미국 주들의 다양한 보조금이 영화 산업 임금, 영화 산업 고용, 그리고 국가 가치 창출과 같은 경제 변수에 미치는 영

---

하지 않았기 때문에 인과적 영향에 대한 증거라기보다는 필시 보조금이 지급된 영화들의 낮은 예산과 상업적인 잠재력을 반영하는 결과에 가까울 것이다.

43) 엔터테인먼트 상품의 예산 규모와 성공 간의 복잡한 연계를 자세히 알아보려면 엔터테인먼트 상품의 브랜드가 없는 지표(unbranded signals)에 대한 II권 2장을 참조하기 바란다.

향을 연구했다. 1998년과 2013년 사이에 제공된 보조금을 조사하면서, 그는 다양한 유형의 보조금과 여러 가지 경제 수준 관리 변수(독립변수)로 인한 경제적 변수(종속변수)의 변화를 설명하기 위해 일련의 단면 고정 효과 회귀 분석을 실행했다. 결과적으로 보조금의 효과는 미미한 수준이었으며, 보조금의 유형별로 차이가 있었다. 현금 환불을 제공하는 세금 공제 혜택은 단기적으로 5%의 임금 인상을 창출한 반면, 다른 사업들로 이전될 수 있는 세금 공제 혜택은 연간 0.6%p의 고용 이득을 가져왔다. 기타 인센티브(예: 소매 및 숙박 세금 면제)는 측정 가능한 효과가 없었으며, 보조금 중 어느 것도 국가 총생산에 영향을 미치지 않았다. 따라서 톰은 그러한 "장려금은 나쁜 투자"라고 결론지었다(Gersema, 2016). 하지만 여러분 앞에 놓인 경험적 결과들을 통해, 여러분 중 누구라도 그러한 효과가 노력의 가치가 있는지 아닌지를 스스로 결정할 수 있을 것이다.

엔터테인먼트 제작자들이 활용할 수 있는 다양한 수입원을 살펴봤으니, 이제 철저한 대응을 요구하는, 모든 비즈니스 모델의 두 번째 핵심 요소인 엔터테인먼트 상품이 안고 있는 리스크를 분석해 볼 차례이다.

## 4) 엔터테인먼트 상품의 리스크 관리

대기업들이 가장 원하는 것은 리스크 회피이다.

— 영화 기업 중역이자 저널리스트인 피터 바트(Peter Bart)의 엔터테인먼트 대기업의 우선순위에 대한 의견(Frontier, 2001 인용)

### (1) 엔터테인먼트의 리스크에 대하여

우리는 지금까지 엔터테인먼트 상품이 많은 특수한 특성을 내재하고 있다는 것을 살펴봤다. 이러한 특성들 중 일부로 인해 새로운 엔터테인먼트 상품이 얼마나 흥행에 성공할지 예측하는 것은 매우 어려운 작업이 되고는 한다. 그러한 특성의 예로는 소비자가 엔터테인먼트 품질을 향유 전에 미리 판단하기 어려움(높은 품질이 빛을 발하기 어려워진다), 심미적 및 상징적 요소(소비자의 '취향'에 중요한 역할이 부여된다) 및 창의성의 개입(최종 산물이 실제로 어떤 형태를 띨지 예측하는 것이 어려워진다) 등이 있다.

이러한 특성에서 기인하는 상품 수준의 리스크를 나타내는 하나의 경험적 지표는 엔터테인먼트 상품에서 발견된 재무 수익의 높은 변동성이다. 이러한 변동성에 대한 통계적 척도는 엔터테인먼트 상품의 재무적 성과에 대한 '표준편차'이다. 표준편차는 거의 모든 표본 집합에 대해 계산할 수 있지만, 엔터테인먼트 상품의 재무 수익에 대해서는 그 양을 평균 개별 상품으로부터의 수익(예: 하나의 영화)과 모든 상품(모든 영화)의 수익 평균 값과의 차이로 정량화한다.[44]

리스크 요소가 전무한 상품 투자는 표준편차가 0일 것이다. 투자의 수익은 모든 유사한 투자의 평균 수익과 동일할 것이며 이 평균에서 결코 벗어나지 않을 것이다. 현실에서 투자자의 위험은 그러한 투자에 대한 표준편차가 클수록 더 높다. 다시 말해서, 수익의 변동성이 더 클수록 리스크는 더 높아진다. 이상적으로는, 투자자는 각 특정 투자에 대한 다양한 수익의 가능성을 미리 결정해야 맞다. 재무 이론에서는 이러한 작업이 수행 가능하다고 제시한다. 물론 새로운 투자를 위한 실제 미래 데이터가 아니

---

44) 표준편차는 ① 각 표본의 포인트에서 평균을 뺀 다음 ② 얻어진 모든 값을 제곱하여 합계를 낸 후 이것의 평균('분산(variance)'이라고 하는 것을 생성하는)을 낸 다음 ③ 이 분산의 제곱근을 취함으로써 계산된다. 경험적으로 말하면, $\sigma = \sqrt{\dfrac{\sum_{i=1}^{n}(x_i - \bar{x})^2}{n}}$ 이 된다.

이때 n은 데이터 포인트(또는 고려할 엔터테인먼트 상품)의 개수이고, $x_i$는 $i$라고 명명된 표본 포인트(엔터테인먼트 상품) 각각의 데이터 값(매출 등)이다. 또한 $\bar{x}$는 모든 표본 포인트(엔터테인먼트 상품)의 평균(매출)이다.

라, 과거의 유사한 투자 수익을 활용하고 그러한 과거 데이터에서 리스크를 추정함으로써 가능한 것이기는 하지만 말이다. 이 접근법은 기본적으로 새로운 상업은행의 주식 가치를 결정하고 리스크를 평가하기 위해, 주요 특성들과 관련해 새로운 은행과 유사한 기존 상업은행의 포트폴리오를 검토하는 방식과 동일하다.

그럼에도 이런 방식을 활용하는 것은 앞으로 나올 새로운 엔터테인먼트 상품을 분석하는 데 있어서는 더 어려운 일이다. 즉, 엔터테인먼트의 '무한한 다양성'의 특성과 아티스트들의 순수한 창의성으로 인해 콘텐츠를 서로 비교하는 것은 더 어려운 일이다. 중급 규모 상업은행 2개를 비교하는 것이 중급 예산 드라마 장르의 영화 2편 또는 중급 예산 롤플레잉 게임 2편을 비교하는 것보다 훨씬 더 쉬울 것이다. 그러나, 아래에서 설명할 바와 같이, 이로 인해 엔터테인먼트 경영자들이 새로운 엔터테인먼트 상품들의 재정적 전망을 결정할 때 재무 이론 기반의 학습과 방식에 기대는 것을 두려워해서는 안 된다.

하지만 우선 엔터테인먼트 상품의 리스크에 대해 전반적으로 살펴보자. 〈그림 5.9〉에는 수천 편의 영화 및 게임에 대한 수익의 표준편차가 나와 있다(주에서 표본 집합에 대한 자세한 내용을 확인할 수 있다). 〈그림 5.9〉는 각 상품 유형에 대해 표준편차가 평균보다 크다는 것을 보여 준다. 또한 평균이 중앙값(즉, 50번째 백분위 수에 위치한 상품의 수익)보다 확실히 높다. 이러한 결과는 동일한 유형의 개별 엔터테인먼트 상품(높은 표준편차)과 극단적인 특이치(평균이 중앙값보다 높은) 간에 수익률이 크게 다르다는 것을 보여 준다.

그럼에도 불구하고 이러한 수치는 영화 및 게임 비즈니스의 불균질성을 수반하는 까닭에 '리스크 스펙트럼'의 가장 극단을 보여 주는 결과이다. 표본 집합을 상업 및 독립 상품의 하위 시장으로 분리하여 별도로 분석하면 표준편차가 상당히 감소하고 평균과 거의 유사해지는 결과를 발

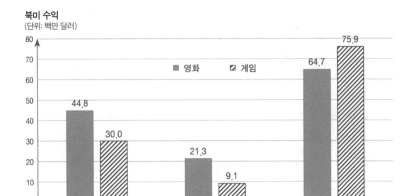

**북미 수익**
(단위: 백만 달러)

영화 ■   게임 ▨

- 평균: 44.8 / 30.0
- 중앙값: 21.3 / 9.1
- 표준편차: 64.7 / 75.9

〈그림 5.9〉 수천 편의 영화와 게임에 대한 표준편차, 평균 및 중앙값

주: 영화 통계는 2000년과 2014년 사이에 극장에서 개봉된 영화 3158편의 북미 박스오피스 수입
을 반영한다(홈 엔터테인먼트 수입은 고려하지 않는다). 게임 통계는 2005년과 2014년 사이에
출시된 콘솔 게임 1898개의 예상 북미 소매 수입을 반영한다. 데이터는 인플레이션에 대해 조
정되지 않으며, 우리는 몇 가지 가정을 했다.
자료: The Numbers 및 *VGChartz*의 데이터를 참조.

건한다. 예를 들어, 주요 스튜디오에서 제작한 영화만 고려할 때 평균과
표준편차는 거의 일치한다. 또한 예산(따라서 더 비슷한) 기준으로 상위 10%에
속하는 영화들만 분석하면 평균 수익은 표준편차(중앙값과 유사하다)의 1.5배
이다. 그러나 이것이 더 큰 그림을 바꾸지는 않는다. 엔터테인먼트 경영
자들은 그들이 책임지고 있는 엔터테인먼트 상품의 리스크를 체계적으로
관리할 방법을 찾아야 한다.

리스크 관리 전략은 개별 상품 수준과 포트폴리오(또는 '슬레이트') 수준의 2
가지 기본 수준에서 이뤄질 수 있다. 후자의 경우, 개별 제품의 리스크는
더 큰 상품의 집합(즉, '리스크의 확산')을 동시에 관리함으로써 감소된다. 이제
슬레이트 수준 접근법부터 시작해 엔터테인먼트에서의 리스크 관리를 위
한 2가지 전략을 살펴보기로 한다.

## (2) 슬레이트 수준의 리스크 관리 방법

엔터테인먼트 업계에서 큰 성공을 거두고 싶다면… 큰 리스크를 감수하고 싶지 않다면, 블록버스터 영화 한두 편을 개봉하고자 하는 활기찬 신생 기업보다는, 예측 가능하고 어쩌면 허술한 영화들을 다량으로 배급하는 회사에 투자하는 것이 낫다.

— *knowledge@Wharton*(2007)

1990년대에 인터미디어 필름(Intermedia Films)은 유명한 영화제작사였다. 독일과 영국의 경영진이 설립하고 운영한 이 회사의 전략은 당시 CEO였던 모리츠 보먼(Moritz Borman)에 따르면 스타 배우와 감독을 고용하거나 성공한 '지적재산' 또는 브랜드를 사용하고 제작 및 광고에 많은 비용을 지출하여 '이벤트 영화'를 제작하는 것이었다(*Blickpunkt:Film*, 2003). 자원이 한정되어 있었기 때문에, 회사는 한 번에 한 편의 영화를 제작하며, 차기작을 제작하는 데 필요한 수익을 발생시켜 줄 '다음의 큰 한 방'을 만들어 내기를 희망했다. 인터미디어는 2000년에 뮌헨증권거래소에 상장되었고, 자본의 유입을 많은 고예산 영화를 제작하는 데 이용했다. 그러나 2009년에는 파산선고를 해야만 했다. 그럼, 무엇이 잘못되었던 것일까?

그들의 접근 방식은 일부 영화의 경우에는 꽤 효과가 있었다. 예를 들어, 〈터미네이터 3(Terminator 3)〉는 제작 및 마케팅에 약 2억 2000만 달러가 소요되었지만, 극장 매출에서만 이러한 비용을 거의 충당했기에 충분한 수익을 창출했다. 그러나 회사는 단 2편의 영화가 비참하게 실패한 탓에 파산에 이르렀다. 올리버 스톤 감독의 〈알렉산더(Alexander)〉는 제작과 마케팅에 약 2억 달러가 들었지만, 매출은 그 절반에 불과했다. 샤론 스톤이 주연을 맡았던 〈원초적 본능 2(Basic Instinct 2)〉는 1억 달러가 넘는 비용에도 불구하고 전 세계 극장에서 약 1300만 달러밖에 벌어들이지 못했다. 인터미디어 필름은 이 두 번의 실패로부터 회복될 수 없었다.

인터미디어의 접근은 '모든 달걀을 한 바구니에 담는' 방식이었는데, 이런 방식으로는 두 번은 고사하고 한 번의 실패만으로도 치명적인 재정적 결과를 초래할 수 있다. 그러나 엔터테인먼트 사이언스를 포함한 어떤 경영 패러다임도 확률로 정의되는 비즈니스 세계에서 개별 프로젝트의 실패를 막을 수는 없을 것이다. 개별 상품에서 상품의 슬레이트(slate, 또는 포트폴리오)로 초점을 전환하는 것이 엔터테인먼트 상품 고유의 리스크에 대응하는 가장 강력한 접근 방식이 되는 것도 이러한 확률 탓이다. 그러한 포트폴리오 관리 접근법의 이면에 있는 기본 아이디어는 한 차례의 실패 정도는 광범위한 상품 포트폴리오의 전반적인 성공에 의해 흡수되는 방식으로 리스크가 다각화된다는 것이다. 확률론적 사고에 의하면 포트폴리오 관리에서 단일 상품에 대한 예측 오차는 덜 중요하며 그러한 오차는 포트폴리오 내 다른 상품의 성능에 의해 보완될 수 있다.[45]

그러나, 이것이 핵심 포인트인데, 이 접근법은 포트폴리오가 충분히 크고 의도적으로 구성된 경우에만 효과가 있다. 그러므로 엔터테인먼트 포트폴리오의 관리를 위한 핵심 질문은 포트폴리오가 어떻게 구성되어야 하는가이다. 실용적 수준에서 이는 어떤 상품을 포함하고 어떤 상품을 포함해서는 안 되는지에 대한 결정을 요구한다.

### ① 다각화와 전문 지식의 균형 유지

다른 금융자산과 마찬가지로 엔터테인먼트 상품은 여러 가지 다양한

---

45) 이러한 '포트폴리오 효과'에는 충분한 경험적 증거가 있다. S&P 500이나 다우존스 같은 포트폴리오의 변동성(표준편차에 대한 재무 용어)은 포트폴리오에 포함된 개별 주식의 변동성보다 훨씬 낮다(Berk and DeMarzo, 2014: 328).

이유로 흥행이 부진해질 수 있다. 이러한 이유 중 일부는 모든 엔터테인 먼트 상품에 영향을 미친다. 예를 들어, 불경기로 인해 소비자들은 필수 가 아닌 어떤 상품에 대한 지출을 크게 줄일 수 있다. 음식을 먹는 것과 하 드커버 책을 구매하는 것 중에서 선택이 필요할 때는, 당연히 생존 본능이 우세하다. 흥행 부진을 둘러싼 다른 이유들은 개별 상품에만 한정된다. 예를 들어, 선명하지도 않은 휴대폰 동영상에 포착된 한 가수가 몇 년 전 술에 취해 부르짖던 인종차별적인 외침이 새 앨범 발매 바로 며칠 전에 갑 자기 유출된다거나, 아니면 자연재해로 영화의 세트장이 파괴되기도 한 다. 혹은 주연배우가 촬영 중에 병에 걸리기도 한다.

흥행 부진의 또 다른 이유들은 여러 상품에 영향을 미치기는 하되, 특 정 유형의 상품에만 적용되기도 한다. 새로운 1인칭 슈팅 게임이 출시되 기 불과 며칠 전에 또 다른 끔찍한 학교 총격 사건이 세계를 강타한 경우 를 생각해 보자. 물론, 뉴스에 대한 사회적 반응은 신제품의 판매(또는 출시 지연)에 영향을 미칠 것이다. 하지만, 이는 해당 장르의 모든 게임에 미치는 영향이다. 이제 1인칭 슈팅 게임으로만 구성된 포트폴리오를 가진 제작자 A를 가정해 보자. 반면 제작자 B의 포트폴리오는 1인칭 슈팅 게임과 SF영 화의 혼합으로 구성되어 있으며, 두 제품 유형 간의 균형을 이루고 있다. 제작자 A의 전체 포트폴리오는 모든 1인칭 슈팅 게임만큼 강력한 영향을 받는다. 이는 리스크가 포트폴리오 내의 모든 타이틀에 걸쳐 상관관계가 있기 때문이다. 이를 두고 '공통적(common)' 또는 '체계적(systematic)'인 리스 크라고 부른다. 대조적으로, 제작자 B의 포트폴리오는 슈팅 게임과 관련 된 사회적 사건이 SF영화에 대한 수요에 거의 영향을 미치지 않기 때문에, 1인칭 슈팅 게임보다 총격 사건의 영향을 덜 받을 것이다. 따라서, SF영화 와 슈팅 게임의 위험은 상관관계가 없다. 우리는 이것을 '독립적' 또는 '개 별적(idiosyncratic)' 리스크라고 부른다.

이러한 논의가 엔터테인먼트 제작자들에게 시사하는 교훈은 2가지이다. 첫째, 포트폴리오들은 포트폴리오의 서로 다른 자산에 의해 부담되는 각 위험들 사이의 관계를 고려할 필요가 있다. 포트폴리오 요소가 모두 공통의 위험을 공유한다면, 포트폴리오의 위험은 포트폴리오에 포함된 단일 상품의 리스크와 다르지 않다. 결국, 포트폴리오 전략은 제작자 리스크를 줄이려는 본래의 목표를 충족시키지 못할 것이다. 따라서 포트폴리오는 리스크가 독립적인 자산으로 구성되어야 한다. 이 경우 포트폴리오 위험은 개별 자산의 위험보다 낮아진다. 왜냐하면 독립적인 리스크는 평균적으로는 상쇄되기 때문이다. 독립적 리스크를 갖춘 자산들이 결합된 포트폴리오 구성을 '재무 다각화(financial diversification)'라고 한다(Berk and DeMarzo, 2014).

둘째, 다각화를 통한 이러한 리스크 감소는 엔터테인먼트 제작자들에게 독이 될 수 있다. 일반적으로, 엔터테인먼트 제작자는 다른 투자자와 마찬가지로 엔터테인먼트라는 특정 분야의 전문 지식뿐만 아니라, 이질적인 엔터테인먼트 산업의 특정 영역 내 전문 지식도 가지고 있다. 다른 영역에 대한 제작자의 전문성은 덜 뚜렷하게 나타난다. 전문 지식은 제품의 성공 가능성에 영향을 미치기 때문에, 제작자의 전문 지식을 최대한 활용하는 상품에 대한 투자는 제작자의 전문 지식 영역 밖의 프로젝트에 대한 투자보다 더 높은 수익을 제공할 것이다. 만일 유일한 다각화 기회가 제작자로 하여금 낮은 전문 지식을 지닌 영역으로 이동할 것을 요구한다면 높은 수익을 창출할 가능성이 줄어들게 될 것이며, 제작자 스스로의 투자에 대한 리스크를 줄인 데 대한 어떤 이점도 상쇄할 잠재성이 있다.[46]

---

46) 공포영화를 전문적으로 제작하지만 로맨틱 코미디의 리스크가 공포영화의 리스크와는 대체로 독립적이라는 이유로 로맨틱 코미디 장르까지 다각화하기로 결정한 한 영화사

많은 경영학자들에 의해 경험적으로 입증된 다각화의 부정적인 결과는 "과도한 다각화는 (산업과 지리적 측면 모두에서) 실제로 기업 실적에 해가 될 수 있다"는 연구 결과와 함께 드러나고 있다(Pierce and Aguinis, 2013: 322).

### ② 리스크 및 (예상) 수익의 균형 조정

엔터테인먼트 상품은 기대 수익률과 각각의 리스크가 모두 다르다. 평균적으로 가장 높은 수익을 내는 것이 항상 안전한 자산은 아니다. 그렇다면, 리스크와 수익의 어떤 조합이 더 우수할까? 이 질문에 대한 답은 업계 임원들에게 중요한 문제일 것이다. 그러나, 엔터테인먼트 회사들이 실제로 구현한 해결책은, 리스크와 수익의 균형을 맞추기 위한 매우 제한적인 시도만이 직감을 넘어 수행되었던 것으로 보인다.

재무 학자들은 몇 가지 유망한 방법을 제시한다. 이를 엔터테인먼트적 맥락에서 해석해 보기로 하자. 〈그림 5.10〉은 각각의 역대 수익과 리스크 수준(즉, 실제 재무 데이터에 근거)을 바탕으로 여러 유형의 영화를 배치한 2차원 그래프이다. 우리는 장르를 유형으로 사용하지만, 수익과 리스크가 서로 다른 유형의 결과로 이어지는 어떤 다른 기준(또는 기준의 조합)이라도 활용 가능하다.[47] 데이터는 영화 수익의 전체 평균과 표준편차를 계산하기 위해

---

의 경우를 예로 들어보자. 이 회사는 로맨틱 코미디를 제작하는 데 더 낮은 전문 지식을 가지고 있다. 최고의 로맨틱 코미디 연출가들과 아무런 관계도 없으며, 또한 상업적인 성공과 실패 사이의 차이를 만드는 최종 편집 수정에 대한 경험도 부족하다. 또한, 장르를 초월하여 다각화하려는 결정은 대단한 조직적 복잡성을 야기하는데, 이는 제작자가 현재 극도로 이질적이고 다양한 기술을 필요로 하는 프로젝트를 감독하고 통제하려 하고 있기 때문이다.

47) 〈그림 5.10〉의 본질은 명백하다. 이것이 영화 '유형'을 정의하기 위한 유일한 기준으로 장르를 사용해야 한다는 것을 의미하지 않는다. 대신, 상품 유형을 어떻게 정의할 것인가의 문제는 모든 제작자가 자신의 산업 전문 지식과 자원에 기초해 결정해야 한다. 속

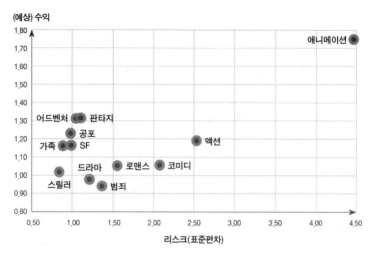

<그림 5.10> 다양한 영화 유형의 평균 경험적 수익 및 위험

주: 수익률은 ⓐ 실제 북미 및 '해외' 극장 매출과 ⓑ 영화의 실제 제작비 및 북미 극장 개봉에 사용
된 및 광고 비용을 기준으로 계산한 ROI 값이다. 그러고나서 이 정보는 업계의 매출 분배 및 지
출 비율과 결합되었다. 데이터는 인플레이션에 대해 조정되지 않으며, 우리는 몇 가지 가정을
만들었다.
자료: 광고비 데이터는 Kantar Media, 박스오피스 및 비용 데이터는 The Numbers.

이 장의 앞부분에서 사용한 것과 같은 것이다. 각 장르에 대해 평균 ROI(수
익 추정치)와 표준편차(리스크 추정치)를 계산해 보았다. 데이터베이스에 있는 모
든 영화를 통틀어 평균 ROI는 1.075이며(영화는 평균적으로 수익을 낸다는 이전의 주장
을 뒷받침한다) ROI의 평균 표준편차는 1.655이었다(성공은 개별 영화마다 차이가 크게
난다는 추가 증거이다).

이 수치는 영화 장르별로 제작자가 예상할 수 있는 수익률에서도 상당
히 차이가 나지만 리스크 수준도 다르다는 것을 보여 준다. 예를 들어, 애

---

편이나 리메이크 같은 특정한 종류의 엔터테인먼트 상품 리스크에 대한 논의(II권 2장
에 제시)는 이 어려운 작업에 대한 추가 지침이 될 수 있을 것이다.

니메이션 영화가 제작자들에게 이례적으로 높은 평균 수익을 제공하는 반면, 이러한 리스크의 변동성은 다른 장르에 비해 1.7배에서 5.3배 사이이다. 이 고위험/고수익의 특성은 애니메이션과 다른 장르 중에서 선택할 때 절충의 필요성을 시사하지만, 일부 장르들은 다른 장르에 비해 그림에서 위쪽, 그리고 왼쪽으로 더 멀리 떨어져 있기 때문에 높은 수익 기대치와 낮은 리스크 측면에서 우수하다.

호러영화 vs. 코미디 영화의 예를 들어 보자. 코미디는 전체 비용의 평균 5.6%의 수익을 창출하지만, 이 수익은 표준편차가 2배 이상이다. 이에 비해 호러영화는 평균 20% 이상의 수익을 내고(즉, 수익성이 더 높다) 그 결과의 변동성은 코미디 영화의 절반 수준밖에 안 된다(즉, 덜 위험하다). 한정된 자원을 어떤 영화에 투자할 것인가에 대한 결정이 재무적인 접근에서 내려진다면 영화제작자는 코미디 영화보다는 호러영화에 투자해야 한다. 제작자는 코미디를 만드는 특별한 전문 지식(혹은 공포물을 제작하는 전문 지식의 부족)과 같이 달리해야 할 아주 좋은 이유가 있을 것이다.[48]

이 정보는 통찰을 제시하기는 하지만 '최적' 포트폴리오를 지향하는 제작자에게는 턱없이 부족하다. 이 어려운 과제를 달성하기 위해, 재무 이론의 '평균-분산 포트폴리오 최적화' 접근 방식을 빌려 보자. 이 접근법의 아이디어는 각 개별 상품 유형(각 영화 유형/장르를 단일 '주식 종목'에 해당하는 것으로 취급)에 대한 정보를 결합하여 해당 개별 상품의 잠재적 조합(포트폴리오)에 대

---

48) 우리가 장르 평균을 계산하는 데 사용한 데이터는 장르에 걸쳐 다소 다른 수준의 능력과 전문성을 가진 '여러 명의' 제작자로부터 나온다는 것을 기억하라. 제이슨 블룸(Jason Blum)의 블룸하우스 프로덕션(Blumhouse Productions)이 공포영화에 대한 전문성에서 다른 제작자들을 앞지르는 것처럼 코미디를 만드는 데 능숙한 사람은 이 장르의 업계 평균 수익과 리스크를 능가할 수도 있다. 제작자나 스튜디오는 스스로의 특수한 상황과 전문 지식을 평가하기 위해 자체 생산작으로부터 축적된 자체 과거 데이터를 사용하여 이 분석을 수행할 수 있을 것이다.

한 예상 수익 및 리스크 수준을 계산하는 것이다.

포트폴리오에 대한 예상 수익을 계산하는 것은 직관적이다. 즉, 포트폴리오 내 상품 각각의 예산 점유율에 따라 가중치가 부여되는 포트폴리오 내 상품 수익의 평균이다. 리스크 추정치로서 포트폴리오의 표준편차는 계산이 아주 조금 더 복잡하다. 즉, 상품의 표준편차 제곱의 합에 대한 제곱근이며, 해당 상품의 예산 점유율 및 공유 분산(공분산)에 의해 가중치가 부여된다(Burk and DeMarzo, 2014).

아래 제시된 공식은 예를 들어 스릴러(=*THR*)와 판타지(=*FAN*)처럼 2가지 유형의 상품으로만 구성된 포트폴리오의 예를 사용하여 이를 보다 엄밀하게 설명한다.

$$SD(P) = \sqrt{x_{THR}^2 * SD(THR)^2 + x_{FAN}^2 * SD(FAN)^2 + 2 * x_{THR} * x_{FAN} * COV(THR, FAN)}$$

여기서 *SD(P)*는 우리가 P라 명명하는 포트폴리오의 표준편차이며, *SD(THR)* 및 *SD(FAN)*는 스릴러 및 판타지의 표준편차이다. $x_{THR}$과 $x_{FAN}$은 포트폴리오에 할당된 상품들에 부여된 각각의 가중치이다(다시 말해, 각각의 상품에 부여된 포트폴리오 자원으로서의 백분율 합계는 1이 된다). *COV*는 두 제품의 공분산이며, 아래처럼 계산된 값이다.

$$COV = COR(THR, FAN) * SD(THR) * SD(FAN)$$

여기서 *COR*는 과거 스릴러와 판타지의 ROI 사이의 통계적 상관관계이다. 이 공식의 요소들은 다양한 종류의 리스크에 대한 우리의 이전 논의와 연결될 수 있다. 두 상품 유형의 표준편차는 각각의 개별적(또는 독립적) 리스크를 반영하는 반면, 이들의 공분산은 포트폴리오 요소의 체계적(또는

<sup>공통적)</sup> 위험을 반영한다.

이제 이러한 접근 방식을 사용하여 다양한 엔터테인먼트 상품의 포트폴리오에 대한 <sub>(예상된)</sub> 수익과 리스크를 모두 계산할 수 있다. 〈그림 5.11〉은 영화 장르와 영화의 표준편차에 대해 계산한 실제 ROI를 사용함으로써 이를 구현한 것이다. 편의상, 우리는 어떤 제작자가 여러 개의 시나리오 중 10편의 영화를 선택하려 하는데, 10편의 장르는 모두 스릴러 아니면 판타지이며, 모든 프로젝트에 대해 거의 동일한 예산이 주어진다고 가정한다. 또한 스릴러와 판타지의 흥행성은 서로 상관관계가 없다고 가정한다.<sup>49)</sup> 이전 데이터에 의하면 판타지가 평균적으로 스릴러보다 수익률이 높지만 그 수익률의 변동성이 스릴러보다 더 높기 때문에 리스크도 더 높은 것으로 드러난다(〈그림 5.10〉 참조). 이제, 어떤 포트폴리오가 다른 포트폴리오보다 '더 나은' 것이라 할 수 있을까?

마코위츠(Markowitz, 1952)가 훗날 노벨 상을 받은 논문에서 분석적으로 증명했듯이, 소위 '효율적인' 포트폴리오와 '비효율적인' 포트폴리오를 구분하는 데 〈그림 5.11〉을 사용할 수 있다. '비효율적인' 포트폴리오는 리스크와 수익의 조합으로서, 2가지 기준 모두에 대해 더 나은 다른 투자가 존재하는 경우이다. 즉, 동일한 리스크 수준에 대해 더 높은 수익률을 제공하는 포트폴리오가 존재하며, 동일한 수익률이지만 리스크 수준은 더 낮은 포트폴리오도 존재하는 경우이다. 이와는 대조적으로, '효율적인' 포트폴리오는 일정 리스크 수준에서 얻을 수 있는 가장 높은 수익을 제시한다. 더 높은 수익을 얻기 위해서는 물론 더 높은 리스크를 수용해야 할 것이다. 혹은, 일정한 리스크 수준별로, 효율적인 포트폴리오는 각각의 경우에

---

49) 이러한 모든 가정에 복잡성을 추가할 수는 있지만, 우리는 이 그림이 최대한 단순하고 비교적 직관적이기를 원했다.

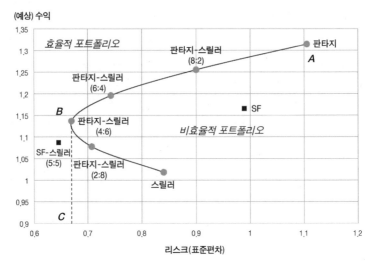

(예상) 수익

효율적 포트폴리오

판타지
A

판타지-스릴러
(8:2)

판타지-스릴러
(6:4)

B

판타지-스릴러
(4:6)

SF

비효율적 포트폴리오

SF-스릴러
(5:5)

판타지-스릴러
(2:8)

스릴러

C

리스크(표준편차)

〈그림 5.11〉 다양한 영화 유형의 포트폴리오에 대한 리스크 vs. 예상 수익

주: 〈그림 5.10〉의 주도 참조하라.

도달 가능한 가장 높은 수익을 제시하며, 리스크를 낮추기 위해서는 더 낮은 수익의 결과를 받아들여야 할 것이다.

우리가 설정한 조건에서는 〈그림 5.11〉과 같이 '10편의 판타지'에서 '4편의 판타지와 6편의 스릴러'에 이르는 곡선(arc) 위에 놓이는 모든 포트폴리오가 효율적이다. 따라서 이 곡선은 '효율성의 경계선(efficiency frontier)'을 구축한다. 이와는 대조적으로, 오직 스릴러만 제작하거나 8편의 스릴러와 2편의 판타지를 제작하는 것은 비효율적인 대안이다. 왜냐하면 비슷한 수준의 리스크를 부여하는 다른 포트폴리오로 더 높은 수익을 기대할 수 있기 때문이다. 보다 쉽게 말하면, A, B 및 C 지점을 연결하는 선보다 오른쪽에 있는 모든 포트폴리오는 비효율적이라 할 수 있다.

우리가 제시한 예는 분명 상당히 제한적이지만, 우리는 이 수치에 다른 포트폴리오를 추가하고 그 매력을 판단함으로써 확장을 시도해 볼 수 있다. 예를 들어, 스릴러와 판타지 대신 SF만 제작하는 것은 비효율적이다. 왜냐하면 스릴러와 판타지의 조합보다 SF가 열등하기 때문이다(〈그림 5.11〉에서 SF 제작만을 의미하는 사각형 점은 비효율의 영역 내에 있다). 그러나 예산의 절반은 SF에, 나머지 절반은 스릴러에 투여하는 것은 매력적인 대안이 될 수 있다. 이 같은 선택['SF-스릴러(5:5)'의 사각형 점]은 주어진 수익 수준과 비교해 상대적으로 리스크가 적기 때문에, 비효율의 영역 밖에 있기 때문이다. 새로운 상품 유형(이를테면 SF)도 함께 제작하는 옵션을 추가하는 것이 가져올 모든 가능성을 체계적으로 고려하자면 3가지 장르(판타지, 스릴러 및 SF)를 모두 결합하는 새로운 효율성의 경계선 생성에 이 옵션도 반영해야만 한다. 이러한 포트폴리오를 유리하게 만드는 방법은 디각화라는 점을 다시 한번 상기하자. 결과적으로, 두 상품 유형이 완벽하게 상관되어 있을 때, 〈그림 5.11〉에 표시된 곡선은 선형적이 되며, 그 곡선을 따르는 모든 투자 조합은 효율적이라 평가 가능하다.

마지막으로, 매력도 측면에서 효율적인 포트폴리오의 순위를 매기는 것이 가능할까? 이것은 순위를 매기는 기준이 명확하게 정의되는 한 정량적으로 수행될 수는 있지만, 여기에 객관적으로 '올바른' 답이란 없다. 요컨대, 리스크 vs. 수익의 평가는 평가의 주체, 즉 각각의 경영자/제작자/투자자의 판단에 달린 트레이드오프이다. 리스크를 회피하려는 제작자는 줄어든 리스크(낮은 수익은 수용하면서)를 선호할 것이고, 반대로 리스크 추구자는 더 높은 수익을 추구하기 위해 더 많은 리스크를 수용할 것이다. 그러므로 할 수 있는 일은 투자자에게 스스로 기꺼이 감수할 리스크의 수준을 결정하도록 요청하는 것이다. 일단 이것이 파악되면, 감수할 수 있는 최고 리스크 수준에 대해 최대치의 수익률을 제시하는 효율적인 포트폴리오에 초점을 맞추는 것이 가능하다.

또한 ROI 측면에서 리스크 감소의 가치를 수익화할 수 있다면, 어떤 효율적인 포트폴리오가 투자자에게 가장 매력적일지 결정하는 것도 가능하게 된다. 리스크 수준과 리스크 회피의 가치는 투자자마다 다르기 때문에, '최적의' 포트폴리오란 모든 투자자에게 동일할 수는 없을 것이다.

### ③ 엔터테인먼트 포트폴리오에 투자하는 외부 투자자를 향한 몇 마디 경고

스튜디오들은 흥행이 확실한 작품이라고 생각하는 영화들은 배제하고 그렇지 않은 영화들에 대해서만 리스크를 공유하려고 한다.

— 빌리지 로드쇼(Village Roadshow)의 회장 겸 CEO 브루스 버먼(Bruce Berman)(Fleming, 2000)

만약 여러분이 투자 기회를 찾고 있는 엔터테인먼트 업계 밖의 투자자라면, 우리는 경고의 말을 전하고자 한다. 헤지펀드는 엔터테인먼트 생태계의 한 부분이 되었지만, 일부에서는 스튜디오 때문에 헤지펀드의 재무적 기여는 체계적으로 불리해진다고 주장한다. 엡스타인(Epstein, 2010)은 업계 중역들과의 인터뷰에 기초하여 스튜디오가 독자적으로 스스로의 슬레이트를 투자할 자금을 조달하기에 충분한 재정적 자원을 보유하고 있다고 주장한다. 그럼에도 스튜디오는 '비대칭 거래'를 할 수 있는 기회를 포착하면 외부인에게 투자 기회를 제공하는데, '비대칭 거래'는 스튜디오가 재무 파트너들의 비용으로 '비정상적인' 추가 수익을 창출할 수 있게 해 주는 거래이다.

호프먼(Hofmann, 2013)은 엔터테인먼트 업계 내 비대칭 거래의 존재를 뒷받침하는 경험적 증거를 제공한다. 구체적으로, 그는 2006년부터 시작된 영화 산업의 **슬레이트 파이낸싱**(slate financing)●의 증가가 더 많은 편수의 영화가 제작되는 결과를 초래하지는

● 영화제작사가 장차 제작할 수편의 영화들을 하나로 묶어 일정액의 제작비를 사전에 조달하는 방법..

않았다는 것을 보여 준다. 대신 스튜디오가 단독으로 자금을 조달한 영화의 편수가 부수적으로 줄어든 동시에 스튜디오가 개별 프로젝트 단위로 공동투자를 유치한 프로젝트 편수 역시 감소했음이 관찰된다(다음 섹션 참조).

엔터테인먼트 거래의 비대칭성은 2가지 원인에서 비롯될 수 있다. 첫째, 스튜디오와 외부 투자자들 간에 정보가 비대칭적이다. 스튜디오는 프로젝트의 흥행 잠재력을 판단하는 데 있어 외부인보다 더 유리한 정보를 가지고 있으며, 이러한 프로젝트 마케팅을 위해 자원을 어떻게 할당할 것인가를 결정한다. 충분한 광고 지출을 할당하지 않는 경우 해당 프로젝트는 그 잠재력을 발휘하기 힘들다.[50] 예를 들어, 외부 투자자들은 통상 스튜디오의 가장 가치 있는 자산에는 참여할 수 없다(Owczarski, 2012). 일례로 워너 브라더스가 2005년에 사모펀드로 5억 달러의 지원을 받는 영화제작사인 레전더리 픽처스(Legendary Pictures)와 파트너십을 체결했을 때, 워너의 〈해리포터〉 시리즈는 이 딜에서 제외되었다. 또 10여 년 뒤 양사의 파트너십이 종료되자 DC 코믹스 영화와 같은 가장 유망한 프로젝트가 배제된 것이 레전더리가 워너가 결별한 주요 요인이라는 소문이 돌았다(Chitwood, 2013).

호프먼(Hofmann, 2013)은 그러한 정보 비대칭성의 결과에 관한 경험적 증거를 제공하려고 시도한다. 그는 2006년과 2007년에 북미 극장에서 개봉된 스튜디오 영화 235편에 대한 데이터를 사용하며 슬레이트 파이낸싱 거래의 일부였던 영화 39편의 흥행 성과와 그렇지 않은 영화의 흥행 성과를 비교한다. 풍부한 ROI 정보(글로벌 박스오피스 데이터, DVD 판매, 제작 및 일부 마케팅 비용)를 활용하고 여러 영화 요소를 통제하여, 호프먼은 OLS 회귀분석을 사

---

50) 유료 엔터테인먼트 커뮤니케이션에 관한 III권 5장에서 엔터테인먼트 성공을 위한 광고의 역할에 대해 자세히 논의한다.

용하여 슬레이트로 투자된 영화의 수익률이 스튜디오 독자적으로 제작되는 유사한 영화의 수익률보다 평균 19% 정도 낮다는 것을 밝혀냈다(또는 프로젝트별 공동 자금 조달 거래의 일환으로 다음 섹션 참조). 흥미롭게도, 호프먼은 슬레이트로 투자된 영화와 다른 영화들 사이에서 쉽게 관찰할 수 있는 영화의 특성상의 차이는 발견하지 못했다. 이는 비대칭 정보의 경영적인 (또한 연구상) 측면의 어려움을 강조하는 것이다. 비록 슬레이트 투자자가 속편과 다른 유망해 보이는 영화들이 프로젝트의 슬레이트에 포함되도록 계약상으로 보장 받을 수는 있지만, 영화 프로젝트의 더 미묘한 측면은 스튜디오만 파악할 수 있기 때문이다.51)

둘째로, 엔터테인먼트에서의 비대칭성은 종종 거래 구조 자체에서 비롯된다. 외부 투자자가 스튜디오의 전체 슬레이트(따라서 개별 프로젝트에 관한 비대칭 정보로 인해 불이익을 받을 수 없다)에 관여하더라도, 그들의 수익률은 대개 스튜디오와 같지 않다. 이와 같이 상이한 재무 결과를 초래하는 가장 큰 이유는 생산과 '판매'를 분리하기 때문이다.52) 엔터테인먼트 스튜디오는 외부 투자자가 상품 제작에는 투자할 수 있도록 허용하지만, 대개 '판매' 기능에 대해서는 그렇게 하지 않는다. 대신, 스튜디오는 판매 노력에 대해 '배급비'를 부과하는데, 이는 대개 제작사로 돌아가는 수익에서 공제되는 금액이다. 배급 자원이 부족하고 가치가 있기 때문에 이 같은 일이 가능

---

51) 그러나 우리는 또한 슬레이트 투자자들, 특히 엔터테인먼트 산업의 예술적 차원에 더 관심이 있는 사람들이 호프먼의 연구에서 취할 수 있는 긍정적인 사실을 발견한다. 그의 샘플에서 슬레이드로 투자된 영화들은 아카데미 상 후보에 오르는 데 평균 이상의 확률을 보였다. 이 영화들이 상업적으로 성공하기 위해서는 예측하기 어려운 오스카 상 수상 실적이 필요하다는 면에서, 이 사실은 이 영화들의 더 높은 리스크 수준과 관련이 있을지도 모른다.
52) 특히 영화에서는 엔터테인먼트 경영자들이 판매를 '배급'이라고 지칭한다는 것을 기억하라.

하다. 이런 수수료는 거래와 투자자에 따라 다르지만, 영화 산업에서는 10% 이하로 떨어지는 경우가 거의 없다(그리고 종종 18~20%까지 상승하기도 한다). 예를 들어, 메릴린치(Merrill Lynch)가 26편의 파라마운트 스튜디오 영화의 제작에 막대한 자금을 투자했을 때. 스튜디오는 메릴린치의 지분에서 10%의 '배급비'를 공제함으로써 메릴린치보다 훨씬 더 많은 수익을 가져갈 수 있었다(Epstein, 2010).

요컨대, 엔터테인먼트 업계 외부에서 온 사람들에 대해서는 비대칭성이 존재한다. 이러한 비대칭성은 그러한 투자가 일반적으로 효용이 없다는 것이 아니라, 산업 내부자들에게 더 높은 보상을 챙겨 주는 것처럼 보인다는 것을 의미한다.

### (3) 개별 상품 수준에서 리스크 관리 방법

엔터테인먼트 사업 모델에 대한 이 장의 마지막 섹션에서는 제작자들이 (제품의 슬레이트를 관리하는 것에 대비해) 개별 프로젝트 수준에서 리스크를 줄이기 위해 무엇을 할 수 있는지에 대해 다룰 것이다. 이 주제를 조명할 때 어떤 엔터테인먼트 상품이 다른 상품보다 더 위험한가는 거론하지 않는다. 이 문제는 엔터테인먼트 상품의 특정 요소들(예: 속편, 높은 스타 파워 등)과 밀접하게 연관되어 있으며, 이는 II권 3장에서 자세히 다룰 것이다.[53]

여기서는 대신 엔터테인먼트 제작 및 자금 조달의 절차적 측면에 초점을 맞추고, 제작자가 신규 상품의 비즈니스/재무 리스크를 줄이는 데 도움이 될 수 있는 접근 방식을 논의한다. 전통적인 접근 방식은 공동투자와 사전 판매이다. 다른 하나는 크라우드 펀딩인데 디지털 혁명에 힘입어 최근 들어 주목받고 있는 방식이다.

---

53) 예를 들어, '속편 리스크'와 '스타 리스크'에 대한 향후 논의를 참조하기 바란다.

## ① 엔터테인먼트 공동투자

엔터테인먼트 전반에서, 공동투자는 특정 프로젝트의 리스크를 줄이기 위한 가장 일반적인 접근법일 것이다. 공동투자란 둘 이상의 당사자가 엔터테인먼트 제작과 관련된 비용을 분담하고 수익을 공동 배분하는 다양한 협약을 설명하는 용어이다.

많은 엔터테인먼트 사이언스 학자들이 이 접근법의 효율성을 경험적으로 조사한 바 있는데, 절대다수의 연구가 공동투자(때로는 '공동 소유'와 '지분 투자 파트너십'이라고도 한다)가 특히 많이 활용되는 엔터테인먼트 형태인 영화를 연구 대상으로 다루고 있다. 엔터테인먼트 공동투자에 대한 획기적인 과학적 연구에서, 괴틀러와 레슬리(Goettler and Leslie, 2005)는 할리우드 영화사들이 일반적으로 공동투자를 추가 자본의 원천으로서 기대하지 않고, 주로 자체 자금 대체 수단으로 했다는 것을 보여 준다. 1987년부터 2000년까지 주요 스튜디오에서 제작되어 북미에서 개봉한 영화 1305편 중 약 3분의 1이 공동투자 방식으로 제작되었으며, 시간이 지남에 따라 그 양은 증가 추세에 있다. 프로빗 회귀분석을 사용하여, 괴틀러와 레슬리의 연구는 어떤 유형의 영화가 공동 투자되는가에 대해 제한적인 차이를 밝혀 낸다. 스튜디오는 영화의 예산이 매우 높을 때 다른 스튜디오와 협력하고는 하지만, 기타 다른 체계적인 차이는 발견되지 않았다.[54]

그러나 외부 투자자들과의 공동투자 활동의 경우, 괴틀러와 레슬리의 분석에 따르면 스튜디오는 특정 영화 장르(서부극, 애니메이션과 공포는 아니다)를 선호하며, 슬레이트 투자의 맥락에서 앞서 논의한 비대칭 정보 효과가 여

---

54) 이러한 스튜디오 간 공동투자를 위한 평균 예산은 다른 스튜디오 영화의 평균 예산의 2배에 달한다! 물론 공동투자를 위해 선택된 영화마다 미묘한 차이가 존재할 수 있지만 (외부 공동투자자들과의 슬레이트 투자의 경우에서 강조했듯이), 자금 조달 파트너가 '사업을 아는' 또 다른 스튜디오일 경우 정보 비대칭성 유지는 훨씬 더 어려워질 것이다.

기에도 존재한다는 것을 보여 준다. 팔리아 등(Palia et al., 2008)은 12개의 '주요 제작사'가 제작한 영화 샘플 275편(이 중 약 절반이 다른 스튜디오나 외부 파트너에 의해 공동 제작되었다)을 대상으로 프로빗 회귀분석을 실행하여 리스크가 낮은 프로젝트(PG 등급 영화 및 속편)에서는 공동투자가 덜 빈번하게 일어난다는 사실을 확인했다.55) 그들의 연구는 스튜디오가 리스크가 있다고 생각하는 프로젝트들에 공동투자를 유치함으로써 전반적인 리스크를 줄이려 한다는 데 대한 추가적인 증거를 제공한다. 호프먼(Hofmann, 2013)은 2003년부터 2007년까지 개봉된 스튜디오 영화 374편을 모두 조사한 결과, 스튜디오가 속편과 PG 등급 영화에 대해서는 자체적으로 자본을 조달하는 경향이 있다는 사실을 밝혀 냈다. 대신, 외부 파트너들은 드라마 장르에 투자하도록 인도된다. 또한 스튜디오는 고품질의 엔터테인먼트를 공유하는 것에 관해서는 덜 인색한 것 같아 보인다. 슬레이트 투자 거래와 마찬가지로, 호프먼은 오스카 상 후보 지명이나 전문가 평론과 관련해서는 체계적인 차이를 발견해 내지 못했기 때문이다.

공동 투자된 영화의 흥행 성과에 대해 우리는 무엇을 알고 있는가? 괴틀러와 레슬리(Goettler and Leslie, 2005)에 의하면, 스튜디오 간 공동 투자된 영화의 수익이 단독 자금 조달 영화 수익에 비해 평균적으로 2배 이상인 반면(놀라운 사실은 아니다. 이 영화들의 높은 예산과 매력을 상기하라), 공동 투자된 영화들의 ROI는 단독 자금 조달 영화의 ROI와 유사하다. 괴틀러와 레슬리의 표본 데이터의 경우, 외부적으로 공동 투자된 영화들은 단독 투자된 영화들과 비슷한 수익과 ROI를 보였다. 그러나 대안적 영향을 걸러 내는 보다 엄격한 통계 접근 방식(예: OLS 회귀분석)을 사용하여, 호프먼은 외부적으로 공동 투자된 영화가 단독 투자한 영화보다 평균적으로 18% 수익률이 낮다는

---

55) 리스크 추정치는 영화 ROI의 표준편차이다.

것을 발견했다. 이것은 호프먼이 슬레이트 투자에 대해 발견한 19%의 차이와 거의 같은 결과이다. 이 차이는 정보의 비대칭성 때문에 개별 영화에 투자하는 외부 투자자들이 지불하는 대가인 것 같다.

마지막으로, 재무적 파트너를 참여시키는 것은 엔터테인먼트 제작자의 재무 리스크를 낮출 수 있지만, 창작의 통제권을 포기하는 것과 같은 문제를 동반할 수 있다는 것을 확인하는 것이 중요하다. 창작의 통제권을 포기하는 것은 외부에서 투자를 유치해야 하는 선택이 훨씬 덜 일반적인 영화 이외의 엔터테인먼트 분야에서 일하는 소규모 작가들과 '기획에 의존하는' 제작자들에게 특히 우려되는 일이다. 음악 '스타트업' 아티스트는 주요 레이블과 같은 잠재적 투자자와 우세한 위치에서 협상하기 힘들다. 이들은 투자를 받는 대가로 미래 수익의 너무 많은 부분, 너무 많은 자율성, 또는 양자 모두를 포기해 버린 것에 대해 종종 후회하고는 한다 (McDonald, 2016). 비디오 게임의 경우, 유비소프트(Ubisoft)의 전 제작자 수케(Suquet, 2012)는 게임에서 흔한 공동투자 모델에서 "힘과 보상의 균형은 창작자의 측면이 아닌 게임 산업의 비즈니스 측면으로 분명히 기울어져 있다"라고 결론짓는다.

이러한 통제력의 부족으로 인해 종종 창작자들이 메이저들과의 공동투자를 피하게 된다. 영화 349편을 대상으로 한 연구에서, 피(Fee, 2002)는 '영화감독 중심' 프로젝트(감독이 각본가와 제작자 역할도 하는 프로젝트)가 더 흔히 독립적으로 자금을 조달한다는 것을 발견했다. 때로는 창작의 통제권을 포기하는 것이 가장 큰 대가를 치를 수 있다.

② (사전) 판매 계약

엔터테인먼트에서 리스크를 줄일 수 있는 두 번째 방법은 상품의 상업적 이용을 위한 특정 권리를 판매하는 것이다. 이러한 권리는 특정 지역

뿐만 아니라 특정 유통 경로의 사용을 위한 것이 될 수 있다. 예를 들어, 할리우드 스튜디오 라이온스게이트(Lionsgate)는 〈헝거 게임〉의 그리스 극장 배급권은 스펜조스 필름(Spentzos FIlms)에, 홈 비디오 판권은 오디오 비주얼 엔터테인먼트(Audio Visual Entertainment)에 판매했다. IMDb에 따르면 다양한 채널과 지역에 걸쳐 총 68개 배급사에게 이 영화의 배급권을 판매한 것으로 확인된다.

이러한 거래는 제작자의 관심사와 프로젝트의 '사전 판매 가능성'에 따라 다양한 시점에 이뤄진다. 후자는 제작자의 명성과 이력, 그리고 프로젝트의 특징에 따라 달라진다. 강력한 브랜드를 형성하는 프로젝트는 분명하고 독특한 판매 제안[통합 마케팅 전략 장에 제시된 '하이 콘셉트(high concept)'에 대한 설명 참조]을 목표로 하거나, '감식력이 높은(receptive)' 소비자층을 대상으로 하거나, '높은 품질'을 가진 주력 후보가 된다(Follows and Nash, 2017). 아메리칸 필름 마켓(AFM: American Film Market)과 베르리날레(Berlinale)의 유럽 필름 마켓(EFM: European Film Market) 같은 영화나 시리즈를 위한 업계 행사들이 대부분의 거래가 이뤄지는 곳이다. 그러나 넷플릭스와 스포티파이와 같은 새로운 유통업자가 부상하면서 "흥미로운 IP와 흥미로운 아티스트들이 매주 시장에 출시"되는 상황에서 이러한 행사들의 역할은 퇴색되고 있다[세일즈 에이전시 엔데버 콘텐츠(Endeavor Content)의 공동 대표 그레이엄 테일러(Graham Taylor)(Goldstein, 2017)].

사전 판매 계약은 엔터테인먼트 상품 제작 전 또는 제작 중에 이뤄지는 거래이며, 공동투자 계약과 유사하다. 공동투자와 마찬가지로, 사전 판매 계약은 제작자의 수익을 제한하는 한편, 제작자가 상품의 시장 흥행력의 변동성에 대해 노출할 필요를 줄여 준다(그러면서 제작자에게 다른 프로젝트를 제작할 수 있는 재정적 여유를 제공한다)(Abrams, 2013). 사전 판매 계약과 공동투자의 주된 차이점은 사전 판매 권리의 구매자들은 보통 공동투자자들보다 상품 제작에 영향력을 덜 행사한다는 것이다. X 필름이 독일의 유료 방송국인 스카이와 방송사 ARD와 공동 투자한 〈바빌론 베를린(Babylon Berlin)〉이라는 TV 시리즈의 경우를 생각해 보자. 두 공동투자사 모두 최종 상품에 영향력을 행사했지만, 구매자 넷플릭스(북미 판권 조기 확보)는 그렇지 못했다. 사전 판매는 실존적으로 중요한 역할을 할 수 있다. 제작비 1억 8000만 달러에 추가 P&A가 소요된 뤽 베송의 영화 〈발레리안(Valerian)〉이 고작 2억 2000만 달러의 극장 수입을 거두며 엄청나게 실패했을 때, 그의 유로파코프는 한때 인터미디어가 입은 타격만큼의 재정적 타격을 입을 수도 있었다. 그러나 베송의 회사는 사전 판매를 통해 예산의 약 90%를 조달했으며, 이 덕분에 영화로 인한 손실은 상당히 줄어들었고 당분간 회사 운영이 계속될 수 있었다(Keslassy, 2017).

슬레이트 수준에서도 사전 판매는 가능하다. 소위 '아웃풋 딜(output deals)'이 이러한 경우인데, 방송사가 스튜디오의 향후 제작될 영화들의 판권을 구매할 때 종종 영화의 TV 판권을 일정 기간 동안 독점으로 거래하는 방식을 일컫는다.56) 이것의 한 변형은 최근에 MGM이 안나푸르나 픽처스(Annapurna Pictures)가 제작한 영화들을 거래했던 방식처럼, 한 회사가 특정 지역의 영화관에 어떤 제작자의 타이틀을 재판매할 수 있는 권리를 얻는 경우이다(Wyche, 2017).

---

56) 이러한 계약은 HBO와 같은 미국 유료 TV 회사들, 혹은 많은 국세 마켓에서도 오랜 전통을 가지고 있다. 비록 아웃풋 딜의 가격은 좀처럼 공개되는 일이 없지만, 엄청난 수준일 수도 있다. 예를 들어, 독일 공중파 TV 방송국인 RTL이 2000년에 새로운 TV와 극장 영화들의 라이선스를 5년 약정으로 구매했을 때, 계약 가격이 2억 달러 이상이라고 알려졌다(Fuchs, 2010). 그리고 독일은 하나의 나라일 뿐이고, 지상파 TV는 그저 하나의 채널일 뿐이다.

### ③ 크라우드 펀딩 엔터테인먼트

엔터테인먼트 제품의 리스크를 공유하기 위한 새로운 접근 방식은 크라우드 펀딩이다. 크라우드 펀딩에서 제작자는 "은행이나 벤처 투자가와 같은 표준 금융기관의 개입 없이 인터넷을 사용하는 비교적 많은 개인으로부터 비교적 적은 기부금을 끌어냄"으로써 자신의 벤처 기업에 자금을 조달하는 것을 목표로 한다. 킥스타터(Kickstarter), 인디고고(Indiegogo)와 같은 플랫폼은 크라우드 펀딩 거래에서 자금을 조달하는 데 관심이 있는 사람과 다른 제품의 자금 조달에 기여하는 데 관심이 있는 사람 양자를 위한 특화된 서비스를 제공한다. 투자자에 대한 인센티브는 종종 상품에 대한 특권적 접근권(예: 다른 사람보다 먼저 상품을 받는 것 또는 서명된 DVD와 같은 사용자 특화 버전), 또는 상품 제작 참여(예: 영화 세트에서 엑스트라가 되는 것)와 같은 비금융적인 경우가 많다. 하지만 금전적 요소도 인센티브로 포함할 수는 있다.

엔터테인먼트는 크라우드 펀딩의 주요 분야이다. 몰릭(Mollick, 2014)은 2009년 킥스타터 플랫폼 설립 이후 첫 3년 동안 게시된 5만 여 건의 모금 프로젝트를 조사한 결과, 프로젝트의 약 3분의 2가 영화, 음악, 또는 출판이라는 사실을 발견했다(게임은 별도로 나열되지 않았다). 크라우드 펀딩을 활용한 엔터테인먼트 상품의 예로는 TV 시리즈(예: 독일의 〈베로니카 마스(Veronica Mars)〉와 〈스트롬버그(Stromberg)〉), 오리지널 영화(예: 스파이크 리(Spike Lee) 감독의 〈다 스위트 블러드 오브 지저스(Da Sweet Blood of Jesus)〉), 롤플레잉 게임(예: 〈쉔무 3(Shenmue III)〉, 〈웨이스트랜드 2(Wasteland 2)〉), 음악 프로젝트(예: R&B의 그룹 TLC의 〈파이널(final)〉 앨범), 그리고 수많은 책과 코믹스가 있다. 총 모금액은 보통 한 프로젝트에 100만 달러 미만이지만, 경우에 따라서는 더 높을 수도 있다. 크라우드 펀딩으로 스파이크 리의 영화는 140만 달러를 모금했고, 〈베로니카 마스〉는 500만 달러 이상을 모금했다.

크라우드 펀딩을 사용한 프로젝트의 목록들이 다양하듯, 크라우드 펀딩 엔터테인먼트의 시장 성공 양상도 다양하다. 예를 들어, 〈베로니카 마스〉는 330만 달러의 흥행 수익과 함께 의미 있는 홈 엔터테인먼트 수익을 올렸으며, 이는 배급사 워너 브라더스의 기대치를 초과했다고 보도되었다. 또한 〈스트롬버그〉는 독일에서 130만 명 이상의 관객을 유인했으며, 극장 수입만으로 크라우드 펀딩 투자자들을 위해 17%의 수익을 창출했다 (Meedia, 2014).

엔터테인먼트 크라우드 펀딩에 대한 과학적 지식은 접근법 자체와 마찬가지로 아직 초기 단계에 있다. 대부분의 연구는 상품의 후속적인 시장 성과보다는 프로젝트의 성공적인 모금 후원에 기여하는 조건에 초점을 맞춘다. 킥스타터 프로젝트에 대한 종합적인 분석에서 몰릭(Mollick, 2014)은 로지스틱스 회귀분석을 사용하여 프로젝트가 원하는 모금에 성공했는지의 결정 요인을 연구했다. 그는 비디오 영상, 업데이트, 철자 오류의 부재와 같은 사이트의 품질 지표와 함께 (프로듀서의 페이스북 친구 수로 측정한) 프로듀서의 네트워크 규모가 주요 예측 변수라는 것을 발견했다.

마렐리와 오르다니니(Marelli and Ordanini, 2016) 역시, 무작위로 선택된 500개의 킥스타터 프로젝트들의 표본으로 로지스틱스 회귀분석을 시행한 결과 네트워크 규모와 품질의 중요한 역할을 확인했다. 그러나 마렐리와 오르다니니는 또한 다른 성공 동인들도 강조한다. 프로젝트가 확실한 크라우드 펀딩 이력을 지닌 제작자들에 의해 시작되는 경우, 초기 투자자들에게 인센티브를 제공하는 경우, 그들이 (먼 미래보다는) 가까운 미래에 출시될 예정인 경우, 상업적이기보다는 확연하게 예술적인 경우에 투자자들을 모을 가능성이 더 높았다.

이러한 연구 결과는 크라우드 펀딩의 '팬 문화'를 강조한다. 크라우드 펀딩 투자자들은 어떤 금전적 이득보다 재미와 야망을 위해 프로젝트에 참여하는 듯하다. 이러한 투자자들은 아마도 익명의 시장이라기보다는 사회 공동체로서 파악하는 것이 보다 정확할 것이다. 이런 점에서 강력한 명성, 또는 브랜드 또한 중요해진다. 만약 프로젝트(또는 그 제작자)가 이러한 사회적·예술적 집중과 일치하는 강력한 이력을 가지고 있다면, 대중의 관심을 끄는 데 유리할 것이고 품질의 신뢰도를 전달하는 기능도 할 수 있다. 결과적으로, 팬층을 확보한 독립 아티스트에게 크라우드 펀딩은 자금 조달과 리스크 감소에 있어 상당한 효용이 있다.

그러나 제한된 시도에도 불구하고 크라우드 펀딩 접근법은 여전히 메이저 레이블의 경우에도 활용될 수 있다. 갬블 등(Gamble et al., 2016)이 음악 산업 경영자 및 아티스트와의 일련의 정성적 인터뷰를 통해 밝힌 것처럼, 크라우드 펀딩은 재원을 확보하고 프로젝트 리스크를 관리하는 측면보다, 새로운 음악 상품 출시, 시장조사, 상품 사전 판매를 위한 소비자의 초기 관심을 구축함으로써 마케팅 효과를 높이는 데 더 가치가 있을 수 있다.


## 4. 맺음말

디지털 기술과 새로운 플레이어들은 엔터테인먼트의 비즈니스 측면과 엔터테인먼트 콘텐츠가 그 제작자들에게 가치를 창출하는 체계를 변화시키고 있다. 엔터테인먼트 가치 사슬은 제작을 유통 활동 및 소비자와 연결하고, 모든 엔터테인먼트 사업 결정(및 변화)이 이뤄지는 '영역', 주요 유통 모드와 중개자를 정의하는 동시에 엔터테인먼트 회사가 적용할 수 있는 핵심 전략적 혁신 시도의 개요를 설명한다. 또한 오늘날 엔터테인먼트 분야의 주요 플레이어들, 그들의 현재 활동 및 비즈니스 포트폴리오, 그리고 이들이 수익을 창출하고 리스크를 관리하는 데 적용할 수 있는 주요 접근 방식에 대한 개요도 논의되었다.

현재의 역학 관계에도 불구하고, 엔터테인먼트 회사들은 계속해서 소비자와 광고주로부터의 수익을 기대할 것이다. 광고가 적어도 일부 제작자들에게 막대한 재정적 자원을 제공하는 반면, 이러한 재원의 균형을 유지하기 위해서는 상품을 망칠 수도 있는 부정적인 효과를 피하기 위한 경영상의 예민한 주의가 요구된다는 것을 강조했다. 엔터테인먼트 상품의 리스크 관리에 관해서는, 개별 상품 수준의 경우 다른 이들과 리스크를 공유하기 위한 전략을 수립하는 데 해결책이 있음을 설명했다. 슬레이트 수준의 경우 기업은 상품 유형 간의 잠재적 리스크 및 수익 차이의 이해에 기초한 다각화를 통해 리스크를 효율적으로 완화하려는 목적으로 재무 포트폴리오 이론의 이해와 통찰을 활용할 수 있다. 이 같은 논의에는 상세한 지침과 권고가 포함되었다.

다음 장에서는 엔터테인먼트 소비자에 대해 검토하면서 I권을 마무리하고자 한다. 가치 창출 체계에서 궁극적으로 상품이 흥행할 것인지 아닌지를 결정하는 요인은 소비자라는 사실을 적시한 바 있다. 2부인 II권, III권에서는 우리가 쌓아 올릴 기초 지식의 마지막 부분으로 영화, 게임, 책, 노래와 함께 시간과 돈을 소비하도록 이끄는 소비자들의 기분과 생각에 대한 이해를 다루고자 한다. 여기서, 핵심은 어떤 마케팅 관행이 엔터테인먼트적 맥락에서 다른 관행보다 더 효과가 있는지를 학문적 통찰로부터 배우는 것이다.

# 참고문헌

Abrams, R. (2013). Even Hollywood studios that churn out hits use pre-sales to minimize downside. *Variety*, August 20, https://goo.gl/WqnEJv.

*Amazon* (2016). Kindle store terms of use. Retrieved October 19, 2016, from https://goo.gl/76aC83.

Alter, A. (2015). The plot twist: E-book sales slip, and print is far from dead. *The New York Times*, September 23, https://goo.gl/2kpyG1.

Anderson, P. (2016). Glimpses of the US market: Charts from Nielsen's Kempton Mooney. *Publishing Perspectives*, May 20, https://goo.gl/1Kc8YF.

Bagella, M., & Becchetti, L. (1999). The determinants of motion picture box office performance: Evidence from movies produced in Italy. *Journal of Cultural Economics, 23*, 237-256.

Bart, P. (2017). Peter Bart: Amazon raises bet on movie business, but rivals still baffled about long-term strategy. *Deadline*, March 10, https://goo.gl/t46Vvj.

Berk, J., & DeMarzo, P. (2014). *Corporate finance* (3rd ed.). Boston: Pearson.

*Blickpunkt:Film* (2003). Moritz Borman uber die neue Intermedia-Strategie, March 24, https://goo.gl/zQEtRr.

*Blickpunkt:Film* (2016). Deutschland wird zunehmend abgehangt, November 8, https://goo.gl/cV4KX7.

Brehm, J. W. (1966). *A theory of psychological reactance*. New York: Academic Press.

Brodkin, J. (2016). Netflix finishes its massive migration to the Amazon cloud, February 11, https://goo.gl/rwos6H.

Cachon, G., & Lariviere, M. A. (2005). Supply chain coordination with revenue-sharing contracts: Strengths and limitations. *Management Science, 51*, 30-44.

Caves, R. E. (2000). *Creative industries: Contracts between art and commerce*. Cambridge, MA: Harvard University Press.

Castillo, M. (2017). Disney will pull its movies from Netflix and start its own streaming services. *CNBC*, August 8, https://goo.gl/Egu4mZ.

Chisholm, D. C. (1997). Profit-sharing versus fixed-payment contracts: Evidence from the motion pictures industry. *Journal of Law Economics and Organization, 13*, 169-201.

Chisholm, D. C. (2004). Two-part share contracts, risk, and the life cycle of stars: Some empirical results from motion picture contracts. *Journal of Cultural Economics, 28*, 37-56.

Chitwood, A. (2013). Warner Bros. and Legendary Pictures to part ways. *Collider*, June 25, https://goo.gl/wQSH1S.

Chmielewski, D. C., & Hayes, D. (2017). Comcast Fox deal talks latest entry into media merger mania. *Deadline*, November 16, https://goo.gl/EQCWK6.

Coen, B. (2017). Amazon ramps up content spending in battle with Netflix. *The Street*, July 28, https://goo.gl/ptKaga.

Cowen, N., & Patience, H. (2008). Wheels on film: Matrix Reloaded. *The Telegraph*, August 23, https://goo.gl/scAvZY.

Dana Jr., J. D., & Spier, K. E. (2001). Revenue sharing and vertical control in the video rental industry. *Journal of Industrial Economics, 49*, 223-245.

*DEG* (2017). 2016 Home entertainment report. *The Digital Entertainment Group*, available via https://goo.gl/KyidSx.

Dillet, R. (2016). Spotify launches new series of original recordings called Spotify Singles. *Tech-crunch*, December 1, https://goo.gl/RzMibZ.

Dyce, A. (2015). The 15 worst video game movies. *Screenrant*, March 12, https:// goo.gl/844iY4.

Epstein, E. J. (2010). *The Hollywood economist—The hidden financial reality behind the movies*. Brooklyn: MelvilleHouse.

Fee, E. C. (2002). The costs of outside equity control: Evidence from motion picture financing decisions. *The Journal of Business, 75*, 681-711.

Feldman, D. (2017). Netflix remains ahead of Amazon and Hulu with 128 M viewers expected this year. *Forbes*, April 13, https://goo.gl/93xn1n.

Filson, D., Switzer, D., & Besocke, P. (2005). At the movies: The economics of exhibition contracts. *Economic Inquiry, 43*, 354-369.

Filson, D., Besocke, P., & Switzer, D. (2007). Coming soon to a theater near you? A proposal for simplifying movie exhibition contracts. Working Paper, Claremont McKenna College.

Finke, N. (2012). 'Battleship' recruits $50 M in promotional partnerships: Universal's big bet paying off. *Deadline*, February 6, https://goo.gl/WS4QRr.

Fleming, M. (2000). Village people. *Variety*, February 3, https://goo.gl/MwpZQq.

Follows, S., & Nash, B. (2017). Update: What types of low budget films break out? *American Film Market*, https://goo.gl/CsiDQg.

*Forbes* (2016). Why AT&T is buying Time Warner, October 24, https://goo.gl/FRbCQV.

Fritz, B., & Schwartzel, E. (2017). Hollywood's misses are hits overseas. *The Wall Street Journal*, June 25, https://goo.gl/RFq956.

*Frontline* (2001). The monster that ate Hollywood. Transcript of PBS program aired November 22, https://goo.gl/QXCufm.

Fuchs, S. (2010). *Spielfilme im Fernsehen*. Lohmar: Eul.

Gamble, J. R., Brennan, M., & McAdam, R. (2016). A rewarding experience? Exploring how crowd funding is affecting music industry business models. *Journal of Business Research, 70*, 25-36.

Garrahan, M., & Fontanella-Khan, J. (2016). Apple executive proposed bid for Time Warner. *Financial Times*, May 26, https://goo.gl/Zj5Rs4.

Gersema, E. (2016). Lights, camera and no action: How state film subsidies fail. *Press Room*, University of Southern California, August 18, https://goo.gl/yWrMNJ.

Goettler, R. L., & Leslie, P. (2005). Cofinancing to manage risk in the motion picture industry. *Journal of Economics & Management Strategy, 14*, 231-261.

Goldstein, G. (2017). AFM: Netflix, Amazon part of forces shaping indie business models. *Variety*, October 31, https://goo.gl/rHukCC.

Guerrasio, J. (2017). Disney's requirements for the new 'Star Wars' movie have angered some movie theaters. *Business Insider*, November 1, https://goo.gl/WuVyF7.

Hayes, T. C. (1982). Coke expected to acquire Columbia pictures. *The New York Times*, January 19, https://goo.gl/n1XGc3.

Hennig-Thurau, T., Hofacker, C. F., Bloching, B. (2013). Marketing the pinball way: Understanding how social media change the generation of value for consumers and companies. *Journal of Interactive Marketing, 27*, 237-241.

Hofmann, K. H. (2013). *Co-financing Hollywood film productions with outside investors: An economic analysis of principal agent relationships in the U.S. motion picture industry*. Wiesbaden: Springer Gabler.

Homer, P. M. (2009). Product placements. *Journal of Advertising, 38*, 21-31.

*Ifpi* (2017). Global music report 2017. https://goo.gl/WSPh8U.

*Information is beautiful* (2015). Selling out—How much do music artists earn online? April 10, https://goo.gl/hS36gS.

Ingham, T. (2015). Apple Music is a terrible disaster. Apple Music is a storming success. *Music Business Worldwide*, August 6, https://goo.gl/ivkSmx.

Ingham, T. (2016). Spotify is out of contract with all three major labels—and wants to pay them less. *Music Business Worldwide*, August 22, https://goo.gl/38VjAP.

*Instavest* (2015). Sponsoring James Bond: 007's branding sweepstakes, November 2, https://goo.gl/tWNfzC.

Jackson, J. (2017). Could the Call of Duty franchise be the next Marvel? *The Guardian*, April 5, https://goo.gl/BkK8Cp.

Jansen, C. (2005). The performance of German motion pictures, profits and subsidies: Some empirical evidence. *Journal of Cultural Economics, 29*, 191-212.

Jourdan, J., & Kivleniece, I. (2017). Too much of a good thing? The dual effect of public sponsorship on organizational performance. *Academy of Management Review, 60*, 55-77.

Karp, H. (2017). In a first, streaming generated the bulk of '16 music sales. *The Wall Street Journal*, March 30, https://goo.gl/Bx5gU8.

Keslassy, E. (2017). Luc Besson, EuropaCorp face day of reckoning with shareholders over flop of 'Valerian'. *Variety*, September 21, https://goo.gl/gbmsJt.

Koblin, J. (2017). Netflix says it will spend up to $8 billion on content next year. *The New York Times*, October 16, https://goo.gl/st7WPp.

Kotler, P., Wong, V., Saunders, J., & Armstrong, G. (2005). *Principles of marketing* (4th European ed.). Harlow: Pearson.

*Knowledge@Wharton* (2000). Now showing at Blockbuster: How revenue-sharing contracts improve supply chain performance, October 16, https://goo.gl/at3fCt.

*Knowledge@Wharton* (2007). Investing in the fragmented entertainment industry: Is safe better than sexy? May 2, https://goo.gl/jzddHM.

Kupferschmitt, T. (2017). Onlinevideo: Gesamtreichweite stagniert, aber Streamingdienste punkten mit Fiction bei Jungeren. *Media Perspektiven, 47*, 447-462.

Lev-Ram, M. (2016). How Netflix became Hollywood's frenemy. *Fortune*, June 7, https://goo.gl/JAFP3P.

Lieberman, D. (2017). Hollywood bear: Why media analyst is gloomy about the movies. *Deadline*, March 17, https://goo.gl/HanNbM.

Lynch, D. (2007). *Catching the big fish: Meditation, consciousness, and creativity*. New York: Jeremy P. Tarcher.

Madigan, J. (2016). *Getting Gamers. The psychology of video games and their impact on the people who play them*. Lanham: Rowman & Littlefield.

Marchand, A., Hennig-Thurau, T., & Best, S. (2015). When James Bond shows off his Omega: Does product placement affect its media host? *European Journal of Marketing, 49*, 1666-1685.

Marelli, A., & Ordanini, A. (2016). What makes crowdfunding projects successful 'before' and 'during' the campaign? In D. Bruntje & O. Gajda (Eds.), *Crowdfunding in Europe* (pp.175-192). Springer Science + Business Media: Cham.

Markowitz, H. (1952). Portfolio selection. *Journal of Finance, 7*, 77-91.

Martin, G. R. R. [@GeorgeRRMartin_] (2015). A reader lives a thousand lives before he dies, the man who never reads lives only one. #WorldBookDay. https://goo.gl/TJwsuk.

McDonald, H. (2016). Music industry investors. *The Balance*, October 14, https://goo.gl/dL9mnT.

McKenzie, J., & David Walls, W. (2013). Australian films at the Australian box office: Performance, distribution, and subsidies. *Journal of Cultural Economics, 37*, 247-269.

*McKinsey & Company* (2015). Global media report 2015, July, https://goo.gl/Wd7n5a.

*Meedia* (2014). Knapp 170.000 Euro Gewinn: So viel Geld bekommen die "Stromberg" Crowdfunder. *Meedia*, October 16, https://goo.gl/ryzp2u.

Meloni, G., Paolini, D., & Pulina, M. (2015). The great beauty: Public subsidies in the Italian movie industry. *Italian Economic Journal, 1*, 445-455.

Meyer, J., Song, R., & Ha, K. (2016). The effect of product placements on the evaluation of movies. *European Journal of Marketing, 50*, 530-549.

Mol, J. M., Wijnberg, N. M., & Carroll, C. (2005). Value chain envy: Explaining new entry and vertical integration in popular music. *Journal of Management Studies, 42*, 251-276.

Mollick, E. (2014). The dynamics of crowdfunding: An exploratory study. *Journal of Business Venturing, 29*, 1-16.

Mosendz, P. (2014). Amazon has basically no competition among online booksellers. *The Atlantic*, May 30, https://goo.gl/uDQjGU.

Negro, G., & Sorenson, O. (2006). The competitive dynamics of vertical integration: Evidence from U.S. motion picture producers, 1912-1970. *Advances in Strategic Management, 23*, 367-403.

*Newzoo* (2017). The global games market will reach $108.9 billion in 2017 with mobile taking 42%. *Newzoo website*, April 20, https://goo.gl/vBRLMy.

Otterson, J. (2017). 'Karate Kid' sequel series with Ralph Macchio, William Zabka greenlit at YouTube Red. *Variety*, August 4, https://goo.gl/xHJpZN.

Owczarski, K. (2012). Becoming Legendary: Slate financing and Hollywood studio partnership in contemporary filmmaking. *Spectator, 32*, 50-59.

Owczarski, K. (2017). A very significant Chinese component': Securing the success of Transformers: Age of Extinction in China. *The Journal of Popular Culture, 50*, 490-513.

Palia, D., Abraham Ravid, S., & Reisel, N. (2008). Choosing to cofinance: Analysis of project-specific alliances in the movie industry. *The Review of Financial Studies, 21*, 483-511.

Patel, S. (2017). Inside Facebook's pitch for entertainment content. *Digiday UK*, March 3, https://goo.gl/w4ciRP.

Pierce, J. R., & Aguinis, H. (2013). The too-much-of-a-good-thing effect in management. *Journal of Management, 39*, 313-338.

Posener, A. (2014). Die bittere Bilanz der deutschen Filmforderung. *Die Welt*, November 17, https://goo.gl/p4UNgX.

Powers, L. (2010). Time Warner's Jeff Bewkes: Netflix is no threat to media companies. *Hollywood Reporter*, December 13, https://goo.gl/4LvWYm.

*PQ Media* (2015). Double-digit surge in product placement spend in 2014 fuels higher global branded entertainment growth as media integrations & consumer events combo for $73.3B, March 13, https://goo.gl/gWhBWj.

*PwC* (2014). Global radio industry revenue from 2013 to 2018 (in billion U.S. dollars). In Statista—The Statistics Portal, https://goo.gl/a2bfu8.

*PwC* (2015). Distribution of radio industry revenue worldwide from 2010 to 2019, by source. In Statista—The Statistics Portal, https://goo.gl/5WqBLz.

Rahman, A. (2017). Has pandering to Chinese audiences hurt 'Transformers 5'? *The Hollywood Reporter*, July 2, https://goo.gl/e1pcDY.

Revilla, A. (2015). James Bond turned down Sony's $5 M offer to use an Xperia Z4 because he only uses 'the best'. *Digital Trends*, April 24, https://goo.gl/Pzv5iY.

*RIAA* (2017). U.S. sales database. https://goo.gl/z9Vf1i.

Rosoff, M. (2017). Jeff Bezos has advice for the news business: 'Ask people to pay. They will pay'. *CNBC*, June 21, https://goo.gl/6osLb1.

Sandberg, B. E. (2016). Film and TV tax incentives: A state-by-state guide. *Hollywood Reporter*, April 21, https://goo.gl/DLwzBU.

Sanchez, D. (2017). Apple music finds a sneaky way around the 'album exclusive'. *Digital Music News*, July 21, https://goo.gl/aASrA2.

Schrodt, P. (2015). Even Hollywood insiders are completely clueless about Netflix's streaming numbers. *Business Insider*, December 2, https://goo.gl/BsrnVX.

Sharma, A. (2016). AT&T-Time Warner deal is mostly about defense. *The Wall Street Journal*, October 23, https://goo.gl/z3cZti.

Singleton, M. (2015). This was Sony Music's contract with Spotify. *The Verge*, May 19, https://goo.gl/jDxm1M.

Sisario, B. (2017). Now on stage: The countdown to a new Taylor Swift album. *The New York Times*, September 3, https://goo.gl/id9SLZ.

Spangler, T. (2017). Apple sets $1 billion budget for original TV shows, movies (Report). *Variety*, August 16, https://goo.gl/YsJiDj.

*Statista/Audiencenet* (2015). Devices used by teenagers for audio content consumption in the United

States as of July 2015. https://goo.gl/w4YJ9P.

Suquet, Y. (2012). Can film-inspired project financing work for games? *Gamasutra.com*, September 20, https://goo.gl/1Gy46w.

*The Economist* (2016). Cutting the cord, July 16, https://goo.gl/BKU9wp.

*The Economist* (2017). Traditional TV's surprising staying power, February 9, https://goo.gl/RKcnid.

Thom, M. (2016). Lights, camera, but no action? Tax and economic development lessons from state motion picture incentive programs. *American Review of Public Administration*, 1-23.

Tostado, K. (2013). Answer to thread "How do movie directors/producers/studios get paid for streaming on Netflix?" *Quora.com*, March 3, https://goo.gl/rFMgaF.

Verberckmoes, S., Poels, K, Dens, N., Herrewijn, L., & de Pelsmacker, P. (2016). When and why is perceived congruity important for in-game advertising in fantasy games? *Computers in Human Behavior, 64*, 871-880.

*VGChartz* (2017). Global unit sales of current generation video game consoles from 2008 to 2016 (in Million Units). *Statista—The Statistics Portal*, https://goo.gl/FL1rbQ.

Walter, G. A., & Barney, J. B. (1990). Management objectives in mergers and acquisitions. *Strategic Management Journal, 11*, 79-86.

Wang, Y., Jiang, L., & Shen, Z. J. (2004). Channel performance under consignment contract with revenue sharing. *Management Science, 50*, 34-47.

Wyche, E. (2017). MGM, Annapurna strike output deal. *Screen Daily*, March 27, https://goo.gl/GZqhMP.

Zhou, W. (2004). The choice of commercial breaks in television programs: The number, length, and timing. *The Journal of Industrial Economics, 52*, 315-326

# 6장

## 엔터테인먼트의 소비 측면

앞서 강조했듯이, 쾌락적인 성격은 엔터테인먼트 상품의 주요 특징이다. 이 장에서 엔터테인먼트 소비에 대한 논의는 우리를 즐겁게 하는 특정 상품뿐만 아니라 소비자로서 우리에게 의미를 부여하는 기본적인 인간의 욕구와 과정을 설명하는 고유한 특성을 기반으로 한다.

다음 페이지에서, 쾌락적 소비에 대한 근본적인 통찰력 그리고 감정과 이미지의 핵심 측면을 보다 총체적이고 다층적인 엔터테인먼트 소비의 체계로 변환시킨다. 이 체계는 상품의 매력에서 소비자에게 제공하는 즐거움에 이르는 고리를 추적하는 '수단-목표'의 논리를 따른다. 이런 변환 과정은 엔터테인먼트 상품의 친숙성에 초점을 둔 역할과 함께 소비자가 인지하는 흥분을 부여하기에 '흥분(sensations)-친숙(성)(familiarity)'이라고 한다.

먼저 '흥분-친숙(성)' 체계를 살펴보겠다. 흥분과 친숙(성)은 엔터테인먼트 상품의 '객관적' 요소가 일반적으로 엔터테인먼트 소비자가 원하는 '최종 상태'로서 즐거움을 창출하는 데 어떻게 도움이 되는지 설명한다. 그런 다음 흥분과 친숙(성)으로 인해 유발되는 정서적·인지적 과정을 더 깊이 살펴보겠다. 엔터테인먼트 소비 과정에 대한 분석으로 이 장을 마치고 다른 단계들을 분석한다.

## 1. 우리가 엔터테인먼트를 좋아하는 이유: 엔터테인먼트 소비의 흥분-친숙(성) 체계

엔터테인먼트 상품에 쾌락의 개념을 도입했을 때 쾌락 상태를 경험하는 것이 소비자가 엔터테인먼트 상품을 위해 시간과 돈을 쓰는 주된 목표라고 할 수 있다. 앞서 엔터테인먼트 소비가 우리 마음의 다른 2가지 영역을 활성화함으로써 즐거움으로 이어질 수 있다는 과학적 연구를 인용했다. 감정을 유발하는 것뿐만 아니라 인지 과정을 활성화함으로써 흔히 심리학자들이 '형상화(imagery)'라고 부르는 형태로 이뤄진다. 이에 더 많은 심리적 단계를 추가하여 이 관점을 구체화하겠다. 〈그림 6.1〉은 이전의 쾌락적 소비 모형을 엔터테인먼트 소비의 완전한 단계적 구조로 확장한 것이다.

즐거움이 원하는 최종 상태이자 엔터테인먼트 소비의 궁극적인 이유인 만큼 체계의 최상위 단계부터 시작하겠다.[1]

---

1) 우리는 즐거움이 거의 모든 종류의 엔터테인먼트 소비 뒤에 바람직한 상태이지만, 그것은 또 다른 근본적인 동기, 즉 순수한 사회적 동기로 보완될 수 있음을 인정해야 한다. 리와 리(Lee and Lee, 1995)는 TV 시청이 프로그램에 대해 다른 사람들과 이야기하려는 사람들의 관심에 의해 주도될 수 있음을 발견했으며, 팔러 보더 홀테와 헤니그-투라우(Pähler vor der Holte and Hennig-Thurau, 2016)는 새로운 드라마를 시청하는 동안 그리고 그 후에 다른 사람들과 대화할 수 있는 능력이 소비의 원동력임을 보여 준다. 새로운 드라마를 본 후 소비의 원동력이 된다. 마찬가지로 셰퍼와 세들마이어(Schäfer

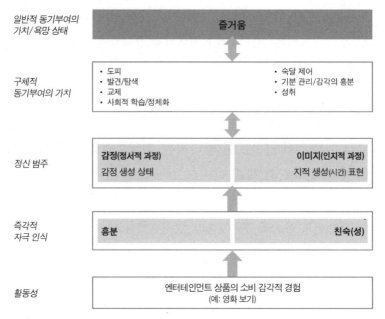

| 일반적 동기부여의<br>가치/욕망 상태 | 즐거움 | |
|---|---|---|

| 구체적<br>동기부여의 가치 | • 도피<br>• 발견/탐색<br>• 교제<br>• 사회적 학습/정체화 | • 숙달 제어<br>• 기분 관리/감각의 흥분<br>• 성취 |
|---|---|---|

| 정신 범주 | 감정(정서적 과정)<br>감정 생성 상태 | 이미지(인지적 과정)<br>지적 생성(시간) 표현 |
|---|---|---|

| 즉각적<br>자극 인식 | 흥분 | 친숙(성) |
|---|---|---|

| 활동성 | 엔터테인먼트 상품의 소비 감각적 경험<br>(예: 영화 보기) | |
|---|---|---|

〈그림 6.1〉 엔터테인먼트 소비의 흥분-친숙(성) 체계

여기서 핵심은 즐거움이 감정적 또는 인지적 과정에서 즉시 발생하는
것은 아니라는 점이다. 대신 소비 활동에 의해 하나 또는 많은 소비 동기
가 충족될 때 소비자는 쾌락을 인식한다. 아래에서 논의한 것처럼 쾌락은

---

and Sedlmeier, 2009)는 음악이 "다른 사람을 만날 수 있는 기회"를 제공한다고 했다.
리(Yee, 2006)는 상품 자체적으로 소비자를 연결할 수 있는 게임을 찾아 다른 대규모 다
중 사용자 온라인 게임(MMOG)과의 사교와 함께하는 것이 영향력 있는 동기임을 발견
했다. 이러한 엔터테인먼트 상품 소비의 가치는 상품 자체가 제공하는 즐거움에 의해서만
결정되는 것이 아니라 상품이 근본적인 사회적 요구를 경험하는 수단으로 작용한다. 즐
거움을 제공할 뿐만 아니라 사람들을 연결하는 데 매우 적합한 것은 엔터테인먼트의 상
징적 특성이다. 엔터테인먼트 제작자는 확실히 사회적 혜택을 제공함으로써 얻을 수 있
는 반면에 엔터테인먼트에만 국한되지 않으며, 관심 있는 독자들은 매슬로우(Maslow,
1943)를 시작으로 사회적 동기와 필요에 관한 광범위한 일반 문헌을 추천한다.

엔터테인먼트를 통해 소비자가 추구하는 가장 높고 일반적인 동기부여 가치이지만 광범위하고 꽤 추상적인 개념이다. 학자들은 엔터테인먼트 소비를 촉진하는 몇 가지 구체적인 동기부여 가치 또는 동기를 확인했다. 특정 동기 중 하나는 현실도피이다. 즉, 스타워즈 은하제국(Galaxies of the Star Wars saga)과 같은 엔터테인먼트 경험의 현실과 일상을 교환하려는 소비자들이다(Henning and Vorderer, 2001). 만약 소비자가 그러한 도피를 위해 노력한다면, 그것을 경험하는 것은 궁극적으로 원하는 상태로서 즐거움을 경험하는 길이다.

엔터테인먼트 상품이 어떻게 특정 소비자 동기를 충족시킬 수 있을까? 감정과 이미지 인식이 중요하다. 2가지 모두 소비자의 동기와 연결되려면 엔터테인먼트 상품에 의해 활성화되어야 하는 핵심 정신 소비자 범주(Hirschman and Holbrook, 1982)이다. 모든 엔터테인먼트 동기는 감정적 처리와 인지적 처리를 필요로 한다. 상대적 중요성은 다양할 수 있다. 한 범주가 특정 동기(예: 도피 등)에 중요할 수 있는 반면, 다른 범주는 다른 동기에 더 중요할 수 있다.

감정적이고 인지적 과정을 선행하고 소비 활동을 가장 즉각적으로 따르는 체계(framework)의 단계는 우리가 체계를 명명하는 것이다. 흥분과 친숙(성)은 엔터테인먼트에 대한 소비자들의 반응을 이해하기 위한 핵심 개념이다(Bohnenkamp et al., 2015). 이 체계는 왜 필수적인가?

이 체계가 엔터테인먼트 제작자들에게 유용하기 위해서는 어떤 종류의 상품 자극이 감성적 반응을 유발하는지, 소비자의 마음속에 이미지가 생성되는지를 조명해야 한다. 단순히 제작자에게 자신의 상품이 만족스러운 수준의 감정과 이미지를 만들어 소비자의 즐거움을 이끌어 내야 한다고 말하는 것은 실용적 가치가 있기에는 너무 모호한 조언일 것이다.

아래에서 정의하고 자세히 논의하는 흥분과 친숙(성)은 엔터테인먼트 흥분제에 의해 제공되는 주요 매력에 대한 소비자들의 즉각적인 인식이다. 다시 말해, 흥분과 친숙(성)은 엔터테인먼트 상품이 소비자의 감정과 이미지의 정신적 범주에 어떤 영향을 미치는지 개별적으로 혹은 동시에 결정한다. 왜냐하면 엔터테인먼트의 제작자들이 그들의 상품이 소비자들에게 흥분과 친숙(성)을 제공할 정도를 추정하거나 예측할 수 있을 것으로 기대하기 때문이다. 이러한 요소들은 체계에 유용성을 더한다.

흥분-친숙(성)의 위계적 구조는 제작자에게 그 자체로 의미를 지니고 있다는 점에 주목하자. 그것은 친숙성이나 흥분도 자급(self-sufficing)이 아니라 소비자의 동기와 연결되도록 요구하는 감정과 이미지라는 체계의 다음 단계에 간신히 촉발시킬 때에만 성공으로 이어진다는 것을 알려 준다. 이것은 선정적 폭발이 즐거움을 보장하지 않고 대신 무감각해질 수 있는 이유이다. 소니 임원인 톰 로스먼은 "관객의 관심을 끄는 것은 일을 날려 버리는 것보다 훨씬 어렵다"라고 했다(Ford et al., 2017 인용). 흥분-친숙(성) 체계의 단계적 구조는 왜 즐거움을 제공하는 데 필수적인지를 앞서 설명한다.

요약하면, 이 체계는 소비자가 엔터테인먼트 제품을 소비함으로써 경험하는 즐거움의 정도가 다층적 프로세스의 결과라는 것을 암시한다. 즐거움은 상품이 소비자가 인지하는 충분한 수준의 흥분 혹은 친숙(주요 매력)을 먼저 제공할 때만 발생할 수 있다. 그렇다면 흥분과 친숙(성)은 소비를 촉진하는 특정한 동기부여 가치를 충족시키는 데 필수적인 감정적·인지적 과정을 촉발할 수 있다. 즐거움은 원하는 특정 동기가 충족될 때만 나타난다.[2]

또한 체계의 서로 다른 수준 사이의 연결이 단방향이 아니라는 점을 강

---

2) 특히 소비자가 즐거움보다는 기분 조절을 목표로 하는 경우 정서적 반응이 동기부여 자체로 작용할 수 있다.

조하고 싶다. 대신 피드백 고리가 존재할 수 있다. 예를 들어 동기부여 가치의 충족은 인지 평가를 통해 정서적 반응을 강화할 수 있다. 전체적 프로세스는 상단(쾌락을 경험하려는 소비자의 욕구)과 하단(라디오나 TV를 켜는 것) 모두에서 촉발될 수 있다. 또한 이 체계가 엔터테인먼트 상품을 접할 때 어떤 일이 일어나는지 설명하지만, 특정 상품을 위해 시간과 돈을 쓸지 여부는 대개(엔터테인먼트 상품은 경험적 자질에 의해 지배된다) 이전에 일어난다는 것을 명심해야 한다. 즉, 흥분과 친숙(성)은 감정의 측면에서 상품으로부터 예상할 수 있는 것에 대한 기대가 있다는 것을 의미한다. 그리고 동기 충족과 즐거움의 이미지 또한 중요하며, 그렇게 성공을 거둔다.

다음은 체계의 핵심 개념을 살펴보는 것이다. 인간으로 하여금 엔터테인먼트(특정 동기나 동기부여 가치)를 소비하게 하는 것이 무엇인지, 흥분과 친숙(성)을 엔터테인먼트의 주요 매력으로 설명할 때 무엇을 의미하는지에 대한 개요부터 시작한다. 그런 다음 엔터테인먼트 소비의 '마음과 정신'을 살펴본다. 엔터테인먼트의 흥분과 친숙(성)에 의해 촉발된 감정과 이미지, 즉 결국 그것을 경험하는 것에 대한 우리의 반응을 알아낸다.

## 1) 엔터테인먼트 소비를 유도하는 특별한 동기부여 가치

나는 현실도피를 팔고 있다.

— 지미 버핏(Jimmy Buffett)(Leung, 2004 인용)


엔터테인먼트 사이언스 학자들은 쾌락과 즐거움에 대한 일반적인 동기부여 욕구를 인식하는 것 외에도 소비자가 엔터테인먼트에 빠지게 만드는 내적 힘을 이해하려고 노력했다.[3] 일반적으로 소비자 동기부여에 대한 연구와 마찬가지로, 엔터테인먼트 소비의 동기를 구조화하는 것은 결코 사소한 일이 아니다. 동기부여와 다른 심리적 개념(감정, 태도, 과정, 행동 또는 상태 등) 사이의 경계가 모호하고 동기부여 개념의 정의가 일관성이 없는 반면, 여러 주요 동기가 연구에서 구체화되었다. 그중 일부는 다양한 형태의 엔터테인먼트와 관련이 있는 반면, 다른 일부는 특정 콘텐츠와 더 밀접하게 연결되어 있다.[4]

※ 현실도피

소비자들이 엔터테인먼트를 이용하는 (가장 자주 인용되는) 이유 중 하나는 불쾌하거나 걱정스러운 것을 피하고, 문제와 압박으로부터 벗어나고자 하는 욕구이다. 이러한 도피 동기는 개인의 즉각적인 사회적 환경, 일반적인 일과 삶의 상황 (그리고 같은 것에 대한 불만족) 또는 할 일이 없을 때 인식되는 공허감과 관련이 있을 수 있다(Henning and Vorderer, 2001). 미국의 시인이

---

3)  이러한 동기 중심 연구의 중요한 하위 스트림은 '이용과 충족'이라는 꼬리표를 가지고 있다. 그 기원은 대중 커뮤니케이션에 대한 사람들의 관여를 이해하기 위해 이용과 충족 접근법이 개발된 라디오 및 TV의 초기 시대로 거슬러 올라간다. 카츠 등(Katz et al, 1973)은 일찍이 개요를 제공한다. 엔터테인먼트 동기에 대한 논의는 여러 가지 용도와 평가 연구의 결과를 포함하고 있는 반면, 엔터테인먼트 소비자들이 의식적으로 선택된 '목표'를 달성하기 위해 적극적으로 선택한다고 가정하지 않는다는 점에서 다소 다르다(Palmgreen and Rayburn II, 1982). 이와는 대조적으로, 우리는 잠재 의식적이고 수동적인 소비자 행동을 허용한다. 첨예한 방식으로 이용과 충족 접근법은 접근 방식의 역사적 뿌리를 반영하는 '합리적이고 인지적인 소비자 행동에 대한 관점'과 연관되어 있다. 이 접근법은 엔터테인먼트 행위에 대한 관점의 바탕이 되는 쾌락적 소비 모형이 감정과 이미지에 대한 학문적 관점을 바꾸기 훨씬 전에 개발되었다.

4)  소비자들을 위한 핵심적 내부 동인이라고 생각하는 것을 포함하더라도, 엔터테인먼트 동기 목록은 포괄적이지 않다는 것을 주목한다. 연구자들이 언급한 다른 동기는 '도덕적 성향'(영화에서 우세한 선과 나쁜 고통을 경험하는 것)과 '사회적 비교'(소설 속 등장인물과 같은 다른 사람을 바라보는 것, 보다 더 나쁜 삶을 사는 사람들을 보는 것)이다(Bartsch and Viehoff, 2010).

자 SF 소설가인 어니스트 클라인 (Ernest Cline)의 문학적 분신 웨이드 와츠[영화 〈레디 플레이어 원(Ready Player One)〉 (2018)의 가상 등장인물]는 '대규모 다중 사용자 온라인 게임(MMOG: Massive Multiplayer Online Games)'•인 오아시스 (OASIS)에 접속하여 레디 플레이어 원 디스토피아 세계에서 현실도피를 연습한다.

• 수백, 수천 여명의 사용자가 네트워크로 게임을 즐기는 게임 분류. 장르상 특성으로 롤플레잉 게임이 많기 때문에 일반 사용자들은 MMORPG라는 용어를 더 많이 사용하고 있다.

왜냐하면 그것은 "그의 마음이 스크린에서의 가차 없는 맹공격에 집중하면서 즉시 걱정을 떨쳐 버릴 수 있게 해 주기 때문이다"(Cline, 2011: 14). 빌리 조엘(Billy Joel)의 히트 앨범 〈피아노 맨(Piano Man)〉(1973)의 가사처럼 토요일 청중은 그의 음악을 즐긴다. 음악은 그들이 몇 시간 동안 그들의 삶에 대해 생각하지 않도록 도와주기 때문이다. 현실도피는 학자들에 의해 TV, 영화, 소설 등 다양한 형태의 내러티브 엔터테인먼트와 경험적으로 연관되어 왔다(Hirschman, 1987). 이것은 게임 강도를 예측하는 가장 좋은 예측 변수로 밝혀졌다(Yee, 2006).

※ 발견과 탐험

소비자들은 또한 엔터테인먼트와 함께 시간을 보내며 일상의 환경과 다른 '세계'를 탐구하고 발견한다. 이러한 탐구는 현실의 불행에 의해 움직이는 것이 아니라 새롭고 고무적인 것을 발견하려는 소비자들의 호기심에 의해 이뤄진다. 아몬드(Almond, 2006: 7)는 이 영화를 "미지의 도시로 가는 문(the gates to an unknown city)" 또는 "보물 상자의 뚜껑(the lid of a treasure chest)"을 여는 것으로 묘사하고 있다. 실증적으로, 애디스와 홀브룩(Addis and Holbrook, 2010)은 1927년에서 2003년 사이에 오스카 상 후보에 오른 440편의 영화를 모두 연구하고 소비자들이 개인적으로 경험하지 못한 환경에서 일어나는 영화에 대한 소비자 등급을 높인다. 이(Yee, 2006)는 그의 MMOG 연구에서 발견의 기쁨과 역할극에 대한 열망이 도피주의를 넘어서는 주요 게임 동기라는 것을 발견한다. 발견과 탐험 동기는 심리학자들이 몰입(transportation)과 몰입감(immersion)이라고 부르는 정신 상태와 밀접하게 연관되어 있다.

※ 동반자 관계와 다른 관계 기능들

엔터테인먼트 상품은 작품 속 캐릭터(소설의 여주인공 등)나 배후에 있는 캐릭터(영화 속 주연배우 등)와 정서적으로 참여할 수 있는 방법을 제공하기 때문에 사람들은 엔터테인먼트를 소비한다. 이러한 '관계'를 통해 소비자들은 타인의 감정에 대한 깊은 애정과 감성을 느낄 수 있다(Hirschman, 1987). 루빈(Rubin, 1981)은 626명의 소비자를 대상으로 한 조사를 바탕으로 영화를 보거나 노래를 듣는 것이 사람들을 덜 외롭게 만든다는 것을 발견하면서 엔터테인먼트 콘텐츠가 교류에 기여하는 것을 강조했다. 그리고 그는 그러한 교류가 사람들이 보는 TV의 양에 상당한 영향을 미친다는 것을 보여주었다. 허슈먼(Hirschman, 1987)은 이러한 발견을 영화와 소설로 확장했다. 또한 교류 동기는 엔터테인먼트 스타를 '준사회적 관계 파트너(parasocial relationship partners)'로 이해하는 데 기초를 제공했다.

※ 사회적 학습과 자기 학습

사실 사람들이 학습만을 위해 엔터테인먼트 상품을 소비하는 경우는 거의 없다. 그러나 특히 서사 형태의 엔터테인먼트 소비는 종종 사람들의 사회적 학습 동기에 의해 주도될 수 있다. 엔터테인먼트 상품은 소비자가 특정 역할이나 캐릭터에 스스로를 투사하거나 동일시하기 때문에 사회적 학습이 가능하다(Hirschman, 1983). 사회적 학습 동기의 정확한 성격은 광범위한 연속체에 걸쳐 있다. 그것은 구체적이고 실용적인 것에서부터 추상적이고 근본적인 것까지 다양하다.

실용적 사회 학습은 소비자들이 다른 사람들(예: 영화 캐릭터)이 소비자가 잠재적인 개인적 관련성이 있다고 생각하는 도전에 어떻게 대처하는지를 관찰한다는 것을 의미한다. 영화 〈캐스트 어웨이(Cast Away)〉(2000)를 생존 가이드로 시청하거나 영화 〈실버라이닝스 플레이북(Silver Linings Playbook)〉(2012)을 정신장애를 가진 자녀의 부모로서 보는 것을 생각해 보라. 보다 근본적인 사회적 학습은 소비자들이 엔터테인먼트 콘텐츠에서 소비자가 열망적인 자아를 시각화하는 데 도움을 주는 역할 모델과 영웅을 발견할 때 일어난다. 제임스 본드나 영화 〈황야의 무법자(Per un pugno di dollari)〉(1964)에 등장하는 이름 없는 남자(Man With No Name, 배우 클린트 이스트우드)의 냉정함은 자기 의심적인 소년에게 단호함을 부여한다. 영화 〈해리 포터(Harry Potter)〉(2001)에 등장하는 네빌 롱바텀(Neville Longbottom, 배우 매슈 루이스)은 악당에게 맞설 수 있는 능력을 제공한다. 제니퍼 로렌스(Jennifer Lawrence)가 출연한 영화 〈헝거 게임(The Hunger Games)〉(2012)에서 여주인공인 캣니스 에버딘(Katniss Everdeen, 배우 제니퍼 로렌스)은 사춘기 소녀가 용감하고 대담하게 행동하도록 고무시킨다.[5] 이러한 사회적 학습은 서사 엔터테인먼트에만 국한되지 않는다. 셰퍼와 세들마이어(Schäfer and Sedlmeier, 2009)는 독일 소비자 507명을 대상으로 한 조사를 바탕으로 음악 소비에 가장 중요한 동기 중 일부는 자아와 관련된 문제를 다루고 있으며, 음악은 자신의 정체성과 가치관의 구현이라고 밝혔다.

---

5) 이러한 동기는 엔터테인먼트의 개인적 관련성과 연관될 수 있다.

## ※ 지배력

심리학자들은 소비자들이 상황을 통제할 수 있는 능력에서 가치를 얻는다고 오랫동안 주장해 왔다. 왜냐하면 그것은 우리가 자율적인 결정을 내리고 결과를 조작할 수 있게 해 주기 때문이다(Ryan and Deci, 2000). 엔터테인먼트 사이언스 학자들은 엔터테인먼트 상품의 사용을 설명하기 위해 이 논리를 채택했다. 허슈먼(Hirschman, 1987)은 통제 동기가 상상적이고 환상적인 방식으로만 충족될 수 있는 비상호적 형태의 엔터테인먼트임에도 불구하고 소비자들의 지배적 동기가 책, TV 콘텐츠, 영화의 선택과 관련이 있다는 증거를 제공한다(Mansell, 1980). 라이언 등(Ryan et al., 2006)은 (자기) 통제 인식이 소비자가 실제로 자신의 행동으로 경험의 과정을 결정할 수 있는 대화형 게임의 사용자에게 특히 중요하다는 것을 보여 준다. 그들의 표본은 온라인 커뮤니티 회원 730명을 구성한다. 게임의 경우, 통제 동기의 충족은 소비자의 '몰입(flow)' 상태 경험과 밀접하게 관련되어 있다.

## ※ 감정 관리와 감각 자극

소비자는 자신의 감정을 조절하기 위해 엔터테인먼트와 함께 시간을 보낸다(Zillmann, 1988). 감정 관리론에 의하면 소비자들은 엔터테인먼트 상품을 외부 자극의 원천으로 사용한다. 흥미진진한 콘텐츠를 소비함으로써 소비자들은 흥분 수준을 높이고 과소평가로 인해 존재했던 나쁜 감정 상태를 벗어날 수 있다. 나쁜 감정은 '과도한 자극'(또는 스트레스)의 결과로 나타날 수 있다. 이는 각성을 줄임으로써 엔터테인먼트 콘텐츠를 진정시킬 수 있는 집합이다. 그러나 옳은 엔터테인먼트 상품은 이미 존재하는 좋은 분위기를 더욱 강화시킬 수 있다(Bartsch and Viehoff, 2010). 음악 소비(Schäfer and Sedlmeier, 2009)뿐만 아니라 소비자의 TV 시청 패턴(Lee and Lee, 1995; Hirschman, 1987)], 영화와 책 선호도에 대한 감정 관리에 대한 경험적 증거가 존재한다(Hirschman, 1987).

　※ 성취

소비자가 매우 능동적(vs. 관찰적)인 역할을 하는 비디오 게임의 경우, 개인의 성취도는 또 다른 영향력 있는 동기로 부각되고 있다. 엔터테인먼트 사이언스 학자들은 게이머들이 종종 높은 수준의 역량을 갖고자 하는 강한 욕구(즉, 어떠한 것에 능숙함)에 의해 움직인다는 증거를 수집했다. 성취도는 게임의 진보와 같은 절대적 기준과 다른 사람들보다 더 잘 수행하는 것과 같은 상대적 기준에 관해서 측정할 수 있다(Coursaris et al., 2016; Ryan et al., 2006). 성취동기는 소비자의 기술에 의존하는 심리적 몰입의 상태와 밀접하게 연관되어 있다.

지금까지 엔터테인먼트 동기에 대한 논의를 통해 엔터테인먼트 형태에 따라 어느 정도의 차이가 있음을 보여 주었다. 사람들은 TV를 보거나 음악을 듣는 것 이외의 다른 이유로 게임을 할 수도 있다. 그러나 허슈먼(Hirschman, 1987)의 연구는 그러한 변화를 다른 시각으로 표현한다. 그녀는 엔터테인먼트의 형태 전반에 걸쳐 특정 동기의 영향력을 결정하는 것이 엔터테인먼트 상품의 장르라는 것을 보여 준다. 예를 들어, 그녀는 전문적 기능 통제 동기가 코미디 책이나 영화를 소비하는 선택에 거의 영향을 미치지 않지만, 이러한 동기는 에로틱한 책과 에로틱한 영화를 선호하는 소비자의 선호에 강한 역할을 한다는 것을 발견한다. 그리고 허슈먼은 엔터테인먼트 동기가 소비자의 성별이라는 한 가지 추가 요인에 따라 크게 다르다는 것을 보여 준다. 남성은 사회적 학습 잠재력을 위해 SF영화와 역사소설을 즐기는 반면, 여성들은 교제를 위해 로맨틱한 콘텐츠를 훨씬 더 많이 소비한다는 것이다.

## 2) 흥분과 친숙(성)

엔터테인먼트 상품과 소비자의 반응을 연결하여 상품-소비자 인터페이스를 구성하는 2가지 요인은 사람들이 상품을 소비할 때 경험하는 흥분과 그것이 제공하는 친숙함이다. 둘 다 소비 동기를 다루고 결국 즐거움을 가져오는 감정과 이미지를 촉발시키는 것이 중요하다. 이 요인들은 정확히 무엇이며, 우리는 그것에 대해 무엇을 알고 있는가?

소비에서 흥분은 외부 자극에 노출되어 소비자가 경험하는 감각 반응이다(Zuckerman, 1979). 흥분된 반응은 육체적·생리적 과정이며 그들이 촉발할 수 있는 사고와 해석과 같은 인지 과정과는 구별된다. 흥분은 신경이 활성화되고 도파민과 같은 호르몬이 생성될 때 느끼는 흥분성으로 묘사될 수 있다. 특히 영화, TV, 노래, 소설, 비디오 게임에는 소비자의 기본 감각(귀, 눈, 손가락 등 인간의 '하드웨어 장치'를 통해)이 인식하는 시력, 소리, 촉각 등이 포함되어 있다.

즐거움을 지각하려는 소비자의 욕구와 관련하여 모든 종류의 흥분이 똑같이 적합한 것은 아니다. 주커먼(Zuckerman, 1979)에 의하면 소비자들은 서로 다르고, 새롭고, 다채로운 흥분을 소중히 여긴다. 인간은 선천적으로 다양성을 선호하기 때문에(McAlister and Pessemier, 1982) 같은 흥분을 끊임없이 반복하기보다는 시간이 지남에 따라 다른 흥분을 경험하는 것을 선호한다. 또한 인간은 시간이 지남에 따라 다양한 것 외에도 새로운 흥분(Hirchman, 1980)에 대한 기본적인 욕구를 가지고 있다. 우리는 단순히 새로움을 접하는 것만으로도 흥분하는 것을 발견한다. 끝으로, 풍부하고 다차원적인 흥분은 단순하고 1차원적인 흥분보다 더 강렬한 신체 반응을 일으킨다.

따라서 엔터테인먼트 상품은 풍부하고 충분히 혁신적이어야 하며 또는 이전 상품으로부터 충분히 다양해야 소비자에게 흥분을 일으킬 수 있기 때문에 '동일하게 낡은' 느낌을 피할 수 있다(Busch and D'Alessandro, 2016). 즐거움을 소비할 때 소비자가 원하는 흥분이기 때문에 (즐거움의 수단으로서) 이러한 흥분은 만족 효과와 밀접하게 연관되어 있다. 상품이 약한 흥분만 생성해도 소비자는 빠르게 만족감을 경험할 수 있다. 흥분의 잠재력은 기존 작품의 독창적인 창작물 및 확장(예: 속편과 리메이크)과 같은 엔터테인먼트 상품의 유형에 따라 체계적으로 차이가 있으며, 이는 각각의 마케팅 및 성공 잠재력에 큰 영향을 미친다.[6]

엔터테인먼트 상품이 즐거움을 창조할 수 있는 두 번째 요인인 친숙성은 소비자가 엔터테인먼트 상품 및 그 요소와 캐릭터와의 연결성을 인식하는 것을 말한다. 이러한 친숙성은 상품/요소 또는 이와 유사한 다른 것과의 이전의 만남에 기초한다(Bohnenkamp et al., 2015; Green et al., 2004). 마리오가 등장하는 닌텐도 비디오 게임에서 소비자의 즐거움은 부분적으로 새로운 도전에서 비롯되기도 하지만 사랑받는 캐릭터의 친숙함에서 오기도 한다. 영화 〈007 스펙터〉(2015)의 제임스 본드 캐릭터는 다른 본드 영화를 본 사람들에게 매우 친숙할 것이다. 심지어 그의 문화적 인기와 명성에 근거하여 다른 사람들에게도 친숙할 수 있다. 사람들은 영화배우 다니엘 크레이그가 주연한 새 영화를 배우로서 그의 이전 작품을 알기 때문에 친숙하다고 인식할 수 있다. 그리고 어떤 사람들은 새로운 영화의 줄거리나 배경 때문에 다른 영화들의 기억을 떠올릴지도 모른다. 흥분의 개념처럼, 친숙함은 이야기 형태의 엔터테인먼트에만 관련 있는 것은 아니다. 노래 또한 소비자들에게 다소 친숙하게 들릴 수 있다(Ward et al., 2014).

---

6)  다양한 상품 유형에 대한 흥분의 잠재력과 이전 장에서의 기술을 통해 흥분의 풍부함이 어떻게 영향을 받을 수 있는지에 대해 논의한다.

친숙은 엔터테인먼트 쾌락으로 가는 필수 요소인데, 그것은 긍정적인
(또는 부정적인) 기억과 감정을 활성화할 수 있기 때문이다. 소비자가 이전에
친숙한 상품 요소와 마주쳤을 때의 경험을 새로운 상품으로 옮겨 새로운
엔터테인먼트 상품에 대한 긍정적인(또는 부정적인) 감정을 불러일으킨다. 보
다 근본적인 차원에서 친숙은 소비자가 새로운 엔터테인먼트 상품, 즉 상
품이 무엇에 관한 것인지 이해하고 심지어 신상품에 대한 환상을 갖도록
돕는다는 것을 인지적으로 분류하는 데 도움이 된다. 소비자들이 자신이
알고 있는 엔터테인먼트 상품의 기존 '관념 지도'에 새로운 상품을 넣을
수 있을 때, 그들은 잘 발달된 인지적 연관성을 그릴 수 있다. 그러면 인지
처리는 훨씬 단순하고(더 높은 유창성) 더 적은 노력이 필요하다. 즉, 소비자가
중요하게 여기고 익숙한 선택으로 편중된다(Reber et al., 2004).

이제 소비자의 엔터테인먼트 선택에 대해 흥분과 친숙(성)은 얼마나 영
향력을 미칠까? 셰퍼와 세들마이어(Schäfer and Sedlmeier, 2010)는 53명과 210
명의 독일 학생들을 대상으로 한 두 번의 실험에서 소비자들의 음악적 선
호도(즉, 특정 노래를 좋아하는 정도)가 흥분을 일으키는 음악의 능력(즉, 흥분과 활성화
를 자극하는 능력)에 의해 강하게 영향을 받는다는 실증적 증거를 제공하고, 친
숙한 콘텐츠와 체계를 제공했다. 워드 등(Ward et al., 2014)은 친숙성의 중요
한 역할에 대한 추가적인 지원을 제공한다. 또한 총 434명의 학생들에게
한 쌍의 노래(친숙한 노래와 낯선 노래)중 하나를 선택하도록 한 실험을 실시한
결과, 그들은 노래에 대한 소비자의 선호도와 만족감을 조절할 때에도 노
래의 친숙도가 노래 선택과 밀접하게 연관되어 있음을 발견했다. 그들의
회귀분석에서 친숙은 노래를 좋아하는 것만큼 노래 선택을 설명하는 데
가장 강력하다. 그리고 앞서 아스킨과 마우스카프(Askin and Mauskapf, 2017)가
이전의 히트곡과 너무 유사하면 곡의 히트 잠재력을 해칠 수 있다는 것을
발견한다고 말했지만, 이는 만족스러운 기준점에 도달하기 전에, 히트곡

과의 유사성이 높아지면 곡의 상업적 성공이 높아진다. 소비자는 노래를 일반적으로 (적어도 만족스러운 상태가 될 때까지) 좋은 것으로 간주하는 소비자에게 더 친숙하게 인식된다.

영화의 경우 648개의 영화 예고편에 대한 흥분과 친숙(성) 인식이 실제 영화를 시청하려는 평가자의 의도와 어떻게 관련되는지 조사하기 위해 6700개 이상의 소비자 등급과 648개의 영화 예고편의 친숙성을 사용한다(Behrens et al., 2017). OLS 회귀분석(의도를 종속변수 또는 영상 녹화로 시청)을 이용하여, 예고편을 볼 때 소비자가 경험하는 흥분과 친숙(성)은 영화를 보고자 하는 의지를 증가시킨다는 것을 알 수 있다. 그 변수를 영상 녹화 비디오(DV)로 사용할 때 흥분과 친숙(성)에 대한 인식은 영화의 가정된 품질과도 관련된다. 두 경우 모두 2가지 요인이 강한 영향을 미치지만 예고편의 흥분이 친숙보다 훨씬 더 큰 영향을 미친다는 것을 알게 된다.

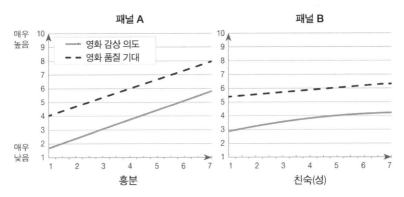

〈그림 6.2〉 흥분, 친숙(성), 그리고 소비자의 영화 평가

주: 결과는 흥분과 친숙(성)을 독립변수로 삼아 OLS 회귀의 비표준화된 매개변수를 기반으로 하는 회귀 함수를 보여 주는데, 각각의 그림에 나타나지 않는 변수를 그 평균으로 설정하여 효과를 시각화한다. 영화 시청 의도는 영화 648편에 대한 시청 6760개를 기반으로 1~7 척도로 측정된다. 품질 판단은 영화 온라인 매거진 *Moviepilot*에 의한 영화의 평균 소비자 등급이다(1~10개 규모).
자료: Behrens et al.(2017) 참조.

또한 결과는 흥분과 친숙(성)이 소비자들에게 어떻게 영향을 미치는지에 대한 더 풍부한 통찰력을 제공한다. 〈그림 6.2〉는 회귀 함수의 과정을 보여 준다. 예고편 관련 흥분은 소비자의 영화 평가에 선형적인 영향을 미치는 반면(패널 A), 친숙도의 수준이 높아질수록 긍정적인 영향이 작아지기에 친숙도에 대한 만족적인 효과가 존재하는 것 같다(패널 B).[7] 흥미롭게도, 이것은 본질적으로 엔터테인먼트와 방식의 다른 형태에도 불구하고 아스킨과 마우스카프가 음악에 대해 발견한 것과 동일하다.[8] 그리고 흥분과 친숙(성)은 상당한 상관관계가 있지만, 상호작용 용어를 추가하는 것은 결과에 영향을 미치지 않기 때문에 소비자 평가에 공동으로 영향을 미치지 않는다.


## 2. 엔터테인먼트 소비의 감정적 측면

그리고 당신이 전적으로 축복 받은 예술이라고 느낄 때.

축복이라고 불러요! 심장! 사랑! 하느님!

나는 그것을 말할 이름이 없어요. 감정이 전부예요.

— 괴테의 소설 『파우스트: 비극』(1808)에서


감정은 쾌락적 엔터테인먼트 소비의 2가지 기본 개념 중 하나이다. 우리가 좋아하는 엔터테인먼트 상품과의 연관성은 거의 항상 강렬한 감정

---

7)  사실, 친숙도가 높을수록 기준점에 도달한 후 영화 평가가 낮아지지만, 이 한계치는 기준 제한 밖에 있다.

8)  새로운 엔터테인먼트 상품 샘플(영화 예고편 등)에 대한 정보 전략 논의의 일환으로 만족도 효과를 더 면밀히 조사해야 할 것이다.

의 경험과 밀접하게 연관되어 있다. 때때로 엔터테인먼트는 거울을 들고 감정의 역할에 대한 상위 관점(meta-perspective)을 취하기도 한다. 예를 들어, 영화 〈시애틀의 잠 못 이루는 밤(Sleepless in Seattle)〉(1993)에서 배우 리타 윌슨(Rita Wilson)의 캐릭터가 눈물을 터뜨리면서 고전적인 드라마 영화 〈러브 어페어(An Affair to Remember)〉(1958)의 줄거리를 다시 이야기하는 것과 같이, 톰 행크스(Tom Hanks)의 캐릭터가 전쟁 액션 영화 〈더티 더즌(The Dirty Dozen)〉(1967)의 치명적인 종말에 의해 감동받은 것처럼 말이다.

우리 각자는 감정에 대한 직관적인 이해를 가지고 있는 반면, 그 개념의 기초가 되는 과정은 확실히 사소한 것과는 거리가 멀다. 이 부분에서는 먼저 감정이 어떻게 작용하는지 살펴보고, 놀이에서 핵심 감정의 유형을 제시한다. 그런 다음 감정이 소비자들의 엔터테인먼트 선택에 어떤 영향을 미치는지에 대한 실증적 결과를 확인한다. 그렇게 할 때, 우리는 다른 엔터테인먼트 사이언스 학자들과 마찬가지로 우리를 매료시키는 것에 특별한 관심을 기울인다. 소비자로서 우리는 왜 울거나 겁을 먹기 위해 엔터테인먼트에 돈을 쓰는 것일까? 우리는 왜 부정적인 감정 경험을 즐기는 것일까?

## 1) 감정이 작동하는 방식

감정은 심리학, 철학, 신경학, 마케팅 및 관리와 같은 다양한 과학에 의해 연구된다. 정의는 관점과 분야에 따라 크게 다르다. 여기서 우리는 감정을 인지적, 생리적, 반응 관련 구성 요소를 결합한 심리 생리적 과정으로 말하는 통합적 접근법을 취한다(LeDoux, 1996). ① 감정의 인지적 요소는 앨프리드 히치콕(Alfred Hitchcock)의 전설적인 영화 〈사이코(Psycho)〉(1960)의 '샤워 장면'과 같은 특정 자극에 대한 소비자의 인식을 가리킨다. ② 생리

• 에피네프린(epinephrine)이라고도 한다. 부신(adrenal gland)의 내부핵에서 분비되는 호르몬으로서 자율신경계의 교감신경과 합동으로 생체가 위급에 처했을 때 대처하도록 해 준다. 에피네프린이 분비되면 위장과 내장의 혈관이 수축되고 심장박동을 빠르게 하며, 망상계(網狀系)에 작용하여 교감신경계를 흥분시키고 교감신경계는 다시 아드레날린의 분비를 촉진시킨다.

적 요소는 위협적인 것으로 인식되는 상황에서 아드레날린(adrenaline)•의 생성과 같은 소비자의 신체 호르몬 반응을 묘사한다. 이 요소는 연구자들이 감정의 일부인 '감정' 자극의 동인이라고 생각하기 때문에 핵심적 요소이다. ③ 세 번째 요소는 다른 2가지 요소에 대한 신체의 반응이다. 예를 들어 눈을 감거나 히치콕의 공포 앞에서 비명을 지르는 것과 같다.

학자들은 이러한 요소들이 인간의 감정을 구성하는 데 어떻게 상호 작용하는지에 대한 다른 설명을 제공했다. 아놀드(Arnold, 1960)와 같은 인지심리학자들은 인지 과정과 평가가 자극에 대한 소비자의 감각적 인식과 감정의 경험을 매개하기 때문에 감정 반응의 초점이라고 주장하며, 이는 신체적 반응에 의해 표현된다. 신경학자들은 그러한 처리에 대한 지원을 제공해 왔는데, 이는 각 단계가 우리의 뇌의 다른 부분을 포함한다는 것을 보여 준다. 따라서 감각 입력에 대한 초기 인식은 뇌의 시상하부에서 일어나는 반면 의식적인 인지 처리는 주로 뇌의 대뇌피질에서 일어난다. 뇌의 편도체 부위에 의해 조정되는 궁극적인 감정 반응을 구조화한다.

그러나 평가 이론만이 유일한 설명은 아니다. 자이언스(Zajonc, 1980)가 자극의 '잠재의식' 처리9)에 대해 연구한 것과는 다른 이론의 몰입은 무의식적인 '정서적 과정'(즉, 감정적)의 역할을 강조하며, 정서적 반응은 지각을 넘

---

9) '잠재의식 상태에 있는(subliminal)' 참가자가 의식적으로 처리할 수 없고 해당 질문에 안정적으로 대답할 수 없을 정도로 짧은 시간 동안 참가자들에게 자극이 제공될 때 발생하는 일종의 처리를 말한다.

어 어떠한 인지적 처리도 요구하지 않는다고 주장한다. 그리고 실제로 포스너와 스나이더(Posner and Snyder, 1975)는 감정적 판단을 내리는 반응 시간이 자극 인식을 위한 반응 시간보다 더 빠를 수 있다는 것을 실증적으로 보여 주었다. 즉, 사랑하는 사람의 사진에 대해, 그 사람을 알아볼 수 있기 전에도 긍정적인 감정 반응을 보일 수 있다. 신경학적 발견 또한 이러한 '무의식 작용'과 일치한다. 그들은 피질이 제거된 동물이 여전히 감정적인 반응을 보일 수 있다는 것을 보여 주었다(LeDoux, 1996).

그래서 평가와 무의식적 영향 이론은 상반된 설명을 제공한다. 이 2가지 처리 방법이 모두 존재하기 때문에 '편도체(amygdala: 측두엽 내측에 있는 신경핵의 집합체)'에서 일어나는 것에 대한 포괄적인 설명을 제공하는 것은 2가지 방법의 조합이라고 주장한다. 특히, 자극에 직면할 때마다 뇌의 시상하부(hypothalamus)는 감정 이론가들이 제안한 '하이로드(high-road)'를 택해 상황 평가를 할 때 피질을 포함시킬 것인지, '로우로드(low-road)'를 택할 것인지를 결정하여 인지 평가의 복잡성을 최소로 배제하는 것이 중요하다.

뇌는 자신이 판단하는 상황에서 '로우로드'를 선호할 것이다. 즉, 상황을 철저히 평가할 시간이 충분하지 않은 순간 '로우로드'를 선택하면 소비자가 완전한 이해 없이 즉시 반응할 수 있다. 그러나 평가 요소를 배제하는 것은 르두(LeDoux, 1996: 164)가 말한 것처럼 '빠르고 더러운 처리 경로'이기 때문에, 뇌는 '하이로드'를 택함으로써 즉각적이고 무의식적인 감정 반응을 재평가할 것이다. 필요할 경우, 그렇게 할 충분한 시간이 되면 본연의 해석이나 반응을 수정할 것이다.

히치콕의 유명한 공포영화[10]를 두 사람이 볼 때 어떤 반응이 일어나는지 자세히 살펴봄으로써 서로 다른 감정적인 방식을 설명해 보자. 예를

---

10) 영화 〈사이코〉의 샤워 장면은 http://goo.gl/XfSvuQ 등에서 확인할 수 있다.

들어 '프레데릭'은 공포영화 장르의 경험이 많은 팬인 반면, '클라우디아'는 이전에 공포영화를 많이 보지 못했다. 프레데릭의 뇌는 상황을 즉각적으로 위협적인 것으로 인식하지 못하고, 다시 '하이로드'를 택한다. 프레데릭은 극적인 음악과 화면상의 폭력의 조합을 영화 체험의 일부로 인식하고 배우 자넷 리(Janet Leigh)가 영화 속에서 두려움 없이 샤워를 하다가 살해당했을 때 그의 편도체는 둔한 놀라움을 보여 준다. 그는 감독의 기교에 대해 웃고 팝콘에 빠져들 것이다.

그러나 클라우디아는 화면에 무슨 일이 일어나고 있는지 자세히 인지할 여지가 없다고 본다. 그녀의 시상하부는 위협을 느끼고 그녀의 건강에 부정적인 결과를 피하기 위해 짧게 단축한다. 그 결과, 그녀는 모든 행동을 취하면서 눈을 크게 뜨고 몸을 떨면서[11] 두려움과 공포로 직행한다. 하지만 잠시 후, 그녀는 상황의 인위적인 성격이 신체적인 해를 입혀 자신을 위협하지 않는다는 것을 깨닫고, 신피질(neocortex)이 상황에 대한 재평가를 요청한다. 그 결과 미소를 짓기 시작하고, 심지어 프레데릭의 팝콘을 훔치기까지 한다.

〈그림 6.3〉에서 엔터테인먼트에 대한 이와 같은 기본적인 인간의 감정 반응 패턴을 설명했다. 패널 A는 '하이로드'(감정)와 패널 B는 '로우로드'(무의식적 영향)를 보여 준다. 마지막으로 패널 C는 2가지 처리 패턴의 조합을 보여 준다.

---

11) 엔터테인먼트의 무서운 자극에 대한 반응으로서 무의식적이고 순전히 행동적인 반응도 신체의 다른 분야의 신경학자들에 의해 증명된다. 예를 들어, 네메스 등(Nemeth et al., 2015)은 공포영화를 보는 것에 대한 신체적 반응으로 혈액응고의 현저한 증가를 지적했지만 다른 영화들은 주목하지 않았다. 대부분의 무의식적인 과정과 마찬가지로 그런 반응에 대한 설명은 진화를 가리킨다. 무서운 상황에서 우리 몸은 더 빠른 혈액응고로 위협이 되는 출혈에 대비한다.

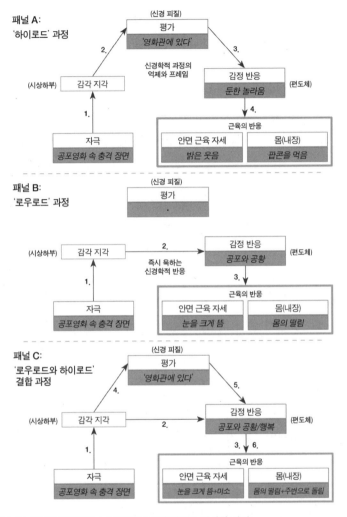

패널 A:
'하이로드' 과정

(신경 피질)
평가
'영화관에 있다'

2.

3.

신경학적 과정의
억제와 프레임

(시상하부)    감각 지각

감정 반응
둔한 놀라움

(편도체)

1.

4.

근육의 반응

| 안면 근육 자세 | 몸(내장) |
|---|---|
| 밝은 웃음 | 팝콘을 먹음 |

자극
공포영화 속 충격 장면

패널 B:
'로우로드' 과정

(신경 피질)
평가
.

(시상하부)    감각 지각

2.

감정 반응
공포와 공황

(편도체)

즉시 욱하는
신경학적 반응

3.

1.

근육의 반응

| 안면 근육 자세 | 몸(내장) |
|---|---|
| 눈을 크게 뜸 | 몸의 떨림 |

자극
공포영화 속 충격 장면

패널 C:
'로우로드와 하이로드'
결합 과정

(신경 피질)
평가
'영화관에 있다'

4.

5.

(시상하부)    감각 지각

2.

감정 반응
공포와 공황/행복

(편도체)

1.

3.    6.

근육의 반응

| 안면 근육 자세 | 몸(내장) |
|---|---|
| 눈을 크게 뜸+미소 | 몸의 떨림+주변으로 돌림 |

자극
공포영화 속 충격 장면

〈그림 6.3〉 엔터테인먼트를 소비할 때 감정에 이르는 다양한 방법

주: 그림의 숫자는 서로 다른 경로가 활성화되는 순서를 나타낸다. 괄호 안의 용어는 소비자의 두
뇌에서 어떤 행동이 일어나는 부분이다.
자료: LeDoux(1996) 참조.

소비자의 두뇌가 엔터테인먼트 자극에 노출되었을 때 '로우로드' 또는 '하이로드'를 택하는지 여부는 여러 요인에 따라 달라진다. 자극의 설계는 소비자의 특이한 유전적 구성 및 사회화와 함께 확실히 핵심적인 역할을 한다. 예를 들어, 우리 중 일부는 다른 사람들보다 더 높은 수준의 공감력을 가지고 있어 화면에서 인간의 고통에 더 강하게 반응한다. 영화 〈글래디에이터(Gladiator)〉(2000)의 막시무스가 사후 세계에서 가족과 재회할 때 또는 〈라이언 일병 구하기〉에서 나이 든 라이언 일병이 아내에게 그가 '좋은 삶'을 살았는지 물었을 때 울었는가? 이는 공감 레퍼토리에 대한 리트머스 테스트로 간주할 수 있다.

그러나 항상 그렇듯이 엔터테인먼트의 인위적인 본성을 잊지 말아야 한다. 노래를 듣거나, 책을 읽거나, 영화를 볼 때 두려워하거나 슬퍼할 실제 이유가 거의 없다. 이러한 환상의 본성은 감정의 경험을 엔터테인먼트가 소비되는 실제 상황과 밀접하게 연관시킨다. 영화관이나 집에서 소파에 앉아 있는 다른 사람의 잘못된 웃음, 말, 벨소리 한 번이면 우리가 감정적으로 관여하는 것을 막을 수 있다.[12]

그럼에도 불구하고 우리는 그것이 모두 시뮬레이션, 가짜라는 것을 알고 있는데 엔터테인먼트 자극에 왜 감정적으로 반응하는가(우리는 그 경험에 대한 대가를 치르기에 그래서 알아야 한다)? 잭스(Zacks, 2015)는 엔터테인먼트 자극을 감정적 행동을 유발하는 데 매우 효과적인 것으로 알려진 '초정상적이고 과장된 자극'과 비교한다. 그는 감정 표현, 대화, 신체 행동, 설정, 색, 소리 등의 특징을 과장하여 감정 반응을 일으킨다고 결론짓는다(Zacks, 2015: 82). 그는 틴베르헌(Jan Tinbergen)의 실험에서 새끼 갈매기가 보통 크기의 갈매기보다 훨씬 큰 '부모 갈매기'에게 더 강하게 먹이를 구걸한다는 것을 밝혀

---

12) 이 장에서 엔터테인먼트 '몰입'의 결정 요인에 대한 토론을 볼 수 있다.

냈을 때와 같이 동물 세계에는 유사점이 있다고 지적한다. 초자연적인 것에 대한 진화적 프로그래밍이 된 선천적 반응 또한 슈퍼히어로나 초비례적인 디즈니 공주의 매력에 대해 설명할지도 모른다(Gardner, 2013).

## 2) 어떤 종류의 감정이 존재하는가?

### (1) 소비자 감정의 단순한(그러나 의미 있는) 유형

우리는 이전 토론에서 픽사의 영화 〈인사이드 아웃(Inside Out)〉(2015)의 주인공인 기쁨(황금색), 슬픔(푸른색), 분노(빨간색), 두려움(보라색), 그리고 혐오(녹색)의 반응을 이끌어 내는 여러 구체적인 감정들을 언급했다. 그러나 이상적으로 감정을 명명할 뿐만 아니라 유사점과 차이점에 기초하여 소비자 감정을 보다 포괄적으로 나열하는 것은 확실히 엔터테인먼트 상품에 대한 소비자의 반응을 보다 완전하게 이해하는 데 도움이 될 것이다. 심리학자들은 꽤 오랫동안 인간의 감정에 대한 유형학을 만드는 것을 목표로 해 왔다. 대표적으로 미국의 심리학자 실반 톰킨스(Silvan Tomkins), 로버트 플러치크(Robert Plutchik), 폴 에크먼(Paul Ekman)[13]이 있다. 그러나 이들의 유형은 본질적으로 1차원적이고 열거적이어서 실용성이 제한된다.[14]

---

13) 톰킨스(Tomkins, 1962)는 8개의 '기본적' 감정(고통/슬픔, 혐오, 공포, 기쁨, 흥미, 분노, 수치심, 놀라움)을 제시했고, 플러치크(Plutchik, 1980)는 8개의 '기본적' 감정을 흥미와 수치심 대신 기대와 수용을 제시했다. 에크먼(Ekman, 1999)은 만족, 흥분, 죄책감 등 총 15개의 감정을 추가했다.

14) 또 다른 질문은, 주로 개념적 관련성을 가지고 있지만, 이 목록들 중 하나에서 나온 각각의 개념이 감정이나 다른 것으로 간주되어야 하는지에 관한 것이다. 예를 들어 '흥분'을 예로 들어보자. 톰킨스와 플러치크가 감정 목록에 포함시키지 않는다는 사실은 사람들이 흥분하는지에 대해 의문을 제기하는 것이 아니라, 단지 독특한 감정으로 간주될 만큼 복잡하지 않은 감정 상태 또는 감정이라고 생각한다는 것을 의미한다(이것은 독특한

다른 감정 연구자들은 다양한 감정을 특징짓고 그들의 차이를 설명하는 근본적인 차원으로 탐구함으로써 이러한 한계를 극복하기 위해 노력해 왔다. 그 결과 발생하는 유형들 중 어떤 문제도 없는 것은 아니지만, 그것들은 감정의 현상을 더 조명하고 중복을 줄이는 데 도움을 주었다. 특히 '쾌락-각성론(pleasure-arousal theory)'이라는 강력한 접근 방식은 2가지를 암시한다. 즉, 감정을 특징짓는 긍정(또는 쾌적함)과 연결된 '유의성 차원'과 감정의 활성화 수준, 흥분, 또는 그것이 경계심을 유발하는 정도를 가리키는 '에너지 차원'이다(Posner et al., 2005).

〈그림 6.4〉 일부 주요 감정의 2차원 표현

주: 공간에서 감정의 위치는 각각의 일반적인 강도 수준과 근사하다.
자료: Reisenzein(1994) 참조.

_____

신체 반응과의 연관성을 의미할 것이다).

이런 모형에서 다른 감정들은 어떻게 위치하는가? 대부분의 감정 학자들이 러셀(Russell, 1980)을 따라 감정 서클(emotional circle, circumlex)의 외곽에 감정을 배치하는 반면 라이젠제인(Reisenzein, 1994)은 제한적인 접근법을 보다 적게 취했다. 그는 35명의 심리학 학생들이 평가한 각각의 쾌감과 즐거움 수준에 기초해 다양한 감정을 2차원의 유의성 에너지(valence-energy) 영역에 배치했다. 〈그림 6.4〉의 결과 위치는 주요 감정의 평균 등급을 보여 준다.

이 수치는 우리에게 각각의 감정을 특징짓는 것과 그들이 어떻게 다른지에 대한 더 깊은 이해를 준다. 예를 들어 기쁨은 매우 긍정적이고 흥분된 감정인 반면, 만족은 긍정적으로(기쁨만큼은 아니지만) 경험되기도 하지만, 흥분은 낮다. 부정적이고 낮은 각성인 슬픔과는 대조적으로 분노는 똑같이 부정적이지만 훨씬 더 높은 각성 수준을 암시한다. 또한 그림에서 감정의 위치는 어떤 감정이 유사점을 공유하는지 보여 준다. 예를 들어, 기쁨은 사랑과 유사하며 죄책감은 수치심과 유사하다.

동시에 의문점들이 남아 있다. 두려움과 죄책감 같은 몇몇 감정들은 가까운 곳에 있지만, 그들이 느끼는 반응은 분명히 다르다. 두려움은 행동을 유발하지만 죄책감은 수동성과 더 밀접하게 연결되어 있다. 기쁨과 사랑에도 비슷한 차이가 존재한다. 이러한 패턴은 2차원의 유의성 에너지가 엔터테인먼트에 대한 소비자의 감정 반응을 이해하는 데 도움이 되지만 소비자 감정의 복잡한 성격을 전체적으로 파악하기 위해서는 더 많은 요인이 고려되어야 함을 시사한다.

### (2) 기대하기: 감정에 대한 이해에 시간 차원을 추가하는 것

소비자 감정에 대한 연구는 일반적으로 사람이 상품을 경험하는 순간에 나타나는 감정을 조사한다. 그러나 엔터테인먼트 상품의 경험 속성은 소비자가 이러한 감정을 실제로 경험하기 전에 구매 결정을 내려야 함을 의미한다. 이것은 감정이 실제 엔터테인먼트 선택과 관련이 없다는 것을 의미하는가? 아니다. 연구에 의하면 소비자는 소비에 앞서 감정(그리고 감정에 대한 생각)도 생성한다고 한다.

이러한 사전 소비 감정은 구매일에 국한되지 않고 상품이 출시되기 전 며칠, 몇 달 또는 심지어 몇 년까지 발전할 수 있다. 엔터테인먼트의 쾌락적이고 문화적인 특성 때문에, 큰 기대를 할 수 있는 잠재력이 있다. 개별 소비자 수준에서 감정 학자들은 상품의 실제 소비에서 소비자의 감정 처리를 분리하기 위해 두 종류의 사전 소비 감정을 도입했다. 즉, 기대감과 관련되지만 뚜렷한 개념이다(Cohen et al., 2006).15)

기대감의 개념은 소비자가 상품의 미래 소비에 대해 생각할 때 실제로 감정을 경험하는 상황을 설명한다. 예를 들어, 소비자는 나중에 소비할 상품에 대해 들었을 때 흥분할 수 있다. 이러한 기대감은 (예를 들어) 트위터 사용자가 실제 개봉하기 거의 반년 전 영화 〈그레이의 50가지 그림자〉(2017)에 대해 글을 쓸 때 분명하게 나타난다.

우리는 그런 예상 감정들이 (인지적) 이미지의 생성(감정에 더해 쾌락적 소비의 또다른 핵심 개념)과 밀접하게 연관되어 있다는 점에 주목한다. 소비자는 그 시점에서 엔터테인먼트 상품을 경험하지 않기 때문에, 감정적인 반응은 소비자가 이런 경험을 어떻게 상상하느냐에 달려 있다. 연구에 따르면, 상상을 잘하는 소비자들은 결정을 내릴 때 예상 감정에 더 의존한다(Pham, 1998).

반면에 예상된 감정은 사실 감정이 아니다. 대신, 이 개념은 소비자들이 미래에 상품을 소비할 때 경험할 것으로 기대하는 감정을 묘사한다.

---

15) 종합적인 차원에서 볼 때 엔터테인먼트 상품이 출시되기 전에 종종 발생하는 '버즈(buzz: 입소문 전략)'를 일으키는 것은 출시 전 및 소비 전 기대이며, 그 자체로 시장에서 상품의 궁극적인 성공에 영향을 미칠 수 있다.

즉, 엔터테인먼트에 참여하는 것이 감정적 결과를 인지적으로 예측하는 것이다. 트위터는 사용자가 저스틴 비버(Justin Bieber)의 새 앨범 〈네버 세이 네버(Never Say Never)〉(2009)의 발매를 기대할 때, 그의 팔로어들에게 "11월 13일 금요일은 운 좋은 날이 될 것"이라고 말한다. 왜냐하면 저스틴 비버의 새 앨범은 우리를 행복하게 해 줄 것이기 때문이다.

다음은 이러한 미묘한 구분을 하는 것이 중요한지, 그리고 경영자가 어떤 개념에 (더 많은) 주의를 기울여야 하는지 살펴본다.

## 3) 엔터테인먼트 결정에 영향을 미치는 감정

당신이 만든 영화로 사람들을 웃고 울고 느끼게 할 수 있다면 성공할 것입니다.

— 라세터(애니메이션 영화감독)(Lasseter, 2015)

이제 인간 감정의 광범위한 레퍼토리를 살펴보겠다. 엔터테인먼트 사이언스 연구가 엔터테인먼트 경험을 할 때 감정의 역할에 대해 어떻게 말해야 하는지, 그리고 앞서 내린 결정에 대해 살펴보겠다. 우리는 부정적인 감정의 역할에 특히 중점을 둘 것이다. 왜냐하면 울거나 두렵게 하는 것들은 종종 우리가 가장 즐기는 것들이기 때문이다.

### (1) 엔터테인먼트의 감정에 관한 일반적인 연구

먼저 좀 더 일반적인 시각에서 시작해 보자. 오리에와 갱트체바(Aurier and Guintcheva, 2014)는 소비 경험 및 소비자의 이러한 경험에 대한 판단과 감정이 어떻게 연관되는지 연구했다. 연구자들은 400명의 파리 영화 팬들과 출구 조사 인터뷰를 하고, 이 소비자들의 감정 상태를 그들이 방금 본 영화에 대한 만족감과 연결시켰다. 표본은 28편의 영화에 대한 이질적인 반응을 포함하고 있다. 연구자들은 영화의 여러 측면(연기 및 대본의 질 등)과 전 반적인 '영화 우수성'의 측정을 제어하는 구조 방정식 모델을 사용하여 부 정적인 감정(슬픔)뿐만 아니라 긍정적인 감정(기쁨)에 대한 만족도를 높이는 연결 고리를 발견했다. 흥미롭게도, 긍정적이지만 에너지가 적은 감정인 '차분함'이 높아지면 만족도가 낮아지는 것을 발견한다. 그 결과 '기쁨'은 모든 요인(전체적인 '선함'보다 높은)에서 가장 큰 영향을 미치고, '슬픔'은 그 뒤를 이었다.16)

또한 엔터테인먼트적 맥락에서 감정의 역할을 연구했지만 엔터테인먼 트 상품을 소비하기 전에 소비자가 경험하는 감정에 초점을 맞췄다 (Henning et al., 2012). 구체적으로는 다양한 종류의 예상 감정을 살펴봤다. 실험에서 우리는 308명의 독일 대학생들에게 영화 〈스테이(Stay)〉(2005)의 DVD를 구입할 수 있는 기회를 제공했다. 그런 다음 다른 감정 구성과 ⓐ 엔터테인먼트 상품에 대한 소비자의 태도, ⓑ 구매 의도, ⓒ 실험에서 DVD를 실제 구매하는 것과의 상관관계를 계산했다. 일련의 회귀 모형을 통해 우리는 예측적 감정과 예상된 감정의 역할을 인지적 영향으로부터 분리했다. 또한 상품 품질에 대한 소비자의 인지적 기대에 대한 통제도 포함한다.

그래서 우리는 무엇을 배웠을까? 인지적 평가만 포함하는 모형과 비교 하여(예: 영화 장르, 스토리, 스타 및 DVD 기능과 같은 주요 상품 요소의 등급) 소비자 감정을 포함하는 모형은 상품에 대한 소비자의 태도를 3분의 1만큼 더 설명한다.

---

16) 오리에와 갱트체바는 두려움과 만족 사이의 중요한 연관성을 발견하지 못했다. 이는 그 들이 사용하는 이질적인 영화 샘플에서 비롯된다고 가정할 수 있다. 공포는 공포영화의 맥락에서 긍정적인 상태가 되어야 하지만, 그것은 아마도 다른 영화의 평가에 영향을 미치지 않을 것이다. 저자들은 장르나 하위 표본 분석과 감정의 상호작용을 보고하지 않았기에 그 실재는 추측으로 남았다.

긍정적/높은 활성화된 기대감(예: 흥분)이 가장 많이 설명되지만, 긍정적/낮은 활성화(예: 만족감)도 상품에 대한 소비자의 태도를 증가시켰다. 그러나 부정적인 기대감은 그것을 크게 악화시켰다. 기대감(정서적 기대치)도 소비자의 태도와 상관관계가 있는 반면, 기대감에 의한 회귀분석에서 그 효과는 풍부해진다.

응답자의 구매 의도와 실제 구매 행동에 대한 소비자의 반응은 상당히 유사하다. 〈그림 6.5〉는 긍정적/고활성화 감정이 일반적으로 낮은 활성을 가진 사람들을 지배하지만, 부정적인 감정의 경우 패턴이 역전된다는 것을 보여 준다. 부정적인 저활성화 감정은 높은 활성을 가진 부정적인 감정보다 엔터테인먼트적 결정을 더 설명하는 경향이 있다. 엔터테인먼트 소비가 미리 촉발시키는 감정, 즉 우리가 다루고 있는 감정에 관한 한

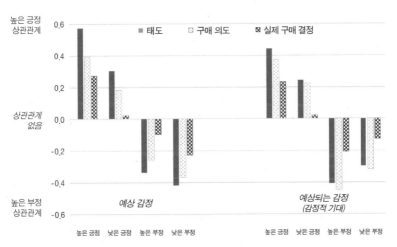

〈그림 6.5〉 서로 다른 종류의 예상/ 예상 감정과 소비자 결정의 3가지 측면 간 상관 관계

주: 태도 및 구매 의도에 대한 막대는 쌍 상관계수이다. 구매 결정을 위한 막대는 양류 상관분석 (point-biserial correlations)이다. 여기서 종속변수는 2진수이고 0은 구매 안 함, 1은 구매를 뜻한다.
자료: Henning et al.(2012) 참조.

지루함과 둔감함은 두려움과 슬픔보다 더 나쁜 것으로 보인다. 이는 다음 부분에서도 다룬다. 흥미롭게도, 소비자가 상품을 소비할 때 무엇을 기대하는지를 인지하는 개념(예상된 감정)에서, 더 강한 영향을 미치는 것은 활성화가 높은 부정적인 감정이다. 또한, 소비자의 구매 의도와 선택에 직접적으로 영향을 미칠 뿐만 아니라, 의도와 선택에 영향을 미치는 태도에 미치는 영향을 통해 간접적으로도 영향을 미친다는 것을 발견한다.

포두르 등(Fowdur et al., 2009)은 감정의 역할을 연구할 때 집계된 데이터를 사용했다. 그들은 소비자 감정을 영화의 실제 흥행 성공과 연결시켰다. 영화 콘텐츠에서 데이터 세트[17]에 있는 932개 영화에 대한 소비자의 감정 반응을 추론했다. 텍스트 대사전 아카이브를 기반으로 용어 간 거리를 결정하는 방법인 잠재 의미 분석(LSA: Latent Semantic Analysis)을 사용하여, 영화의 구성 키워드와 6개의 핵심 감정(기쁨·사랑·놀라움의 긍정적 감정, 분노·두려움·슬픔의 부정적 감정) 사이의 의미적 거리를 바탕으로 각 영화에 대해 '감정적 프로파일'을 생성한다.

연구자들은 베이지안 방법(Bayesian method)을 사용하여 키워드와 감정 사이의 거리를 추정한 다음, 결과적인 감정적 프로파일을 각 영화의 성공(특정 주간의 연극 시장 점유율)과 연결시킨다. 그들은 6개의 개별 감정을 사용하는 대신, 영화의 감정적 복잡성(영화 요소에 의해 유발되는 여러 다른 감정)과 부정적 감정의 범위로 개인의 감정 사이의 관계를 반영하는 2개의 복합적인 감정적 요소를 사용한다.

연구자들의 결과는 2가지 감정적 요소가 모두 중요하다는 것을 보여 준다. 정서적 복잡성은 영화의 흥행 점유율에 더 강한 역할을 한다(더 많은 복잡성이 더 높은 성공과 연관되어 있다). 그러나 부정적 감정은 정서적 복잡성에 대한

---

17) 데이터 세트의 영화는 1999~2005년 북미 극장에서 개봉되었다.

한 영향과는 무관하게 영화 성공에 긍정적인 영향을 미친다. 우리는 그 결과를 분석함으로써 서로 다른 개별 감정의 성공 효과에 대해서도 알게 된다. 사랑은 가장 강한 연관성을 가지고 있지만 두려움과 슬픔의 부정적 감정은 밀접하게 뒤따른다. 놀라움도 긍정적이지만 성공에 미치는 영향은 가장 작다. 포두르 등의 연구 결과는 긍정적 감정과 부정적 감정을 결합하여 복잡한 감정적 반응을 자극하는 것이 적어도 영화에는 상당히 강력한 접근법이라는 것을 암시한다. 물론 특정 영화의 콘텐츠 요소가 실제로 그들이 평균적으로 연결되어 있는 감정을 촉발시키는지는 불분명하다. 그것은 적어도 부분적으로 콘텐츠 요소가 실행되는 방식에 의한다.

## (2) 부정적 감정의 매력과 관련성

지금까지 만들어진 영화 중 가장 끔찍한 영화.

— 영화 〈마크 오브 더 데빌(Mark of the Devil)〉(1970)의 카피

가장 성공적인 엔터테인먼트물 중 일부는 부정적 감정과 깊은 불가분의 관계에 있다. 소비자들은 7편의 시리즈 영화 〈쏘우(Saw)〉(2005~2017)의 폭력을 통해 공포를 느끼고자 극장에서만 10억 달러 이상을 썼고, 약 160만 명의 엑스박스 원(Xbox one)● 사용자들이 디스토픽 게임 〈데드 라이징 3(Dead Rising III)〉(2013)를 하면서 좀비들에게 학살당하는 특권을 누리고자 게임을 구매했다. 미국 내 200만 명의 독자 중에 코맥 매카시(Cormac McCarthy)의 소설 『로드(The Road)』(2006)에서 황폐한 대지를 아버지와 아들

● 2000년 3월 GDC(게임 개발자 회의)에서 공식 발표한 이후, 2001년 5월에 E3 2001에서 게임 구동하는 시연 과정을 거쳐 2001년 11월 15일 마이크로소프트가 컴퓨터 하드웨어와 Windows API를 활용해 플레이스테이션 2를 누르는 것을 목표로 개발한 콘솔이다.

이 따라 걸었는데, 에릭 클랩튼(Eric Clapton)이 천국에서 아들을 잃은 것에 대해 고통받는 것을 듣지 못한 사람이 있을까?

우리는 왜 엔터테인먼트에 매료되어 두려움이나 슬픔과 같은 부정적 감정을 유발하는지 이해하기 위해 상당한 양의 연구가 수행되었다. 그러나 이러한 노력에도 불구하고, 보편적으로 받아들여지는 단 하나의 설명은 아직 나오지 않았다(Vorderer, 2003). 그럼에도 학자들은 일련의 설명을 제안했으며, 종종 실증적 지원을 통해 보완했다. 어떤 설명은 더 일반적인 반면에, 어떤 설명은 특정한 부정적 감정과 연결된다.

일반적으로 엔터테인먼트 감정은 소비 중 또는 소비 후에 일어나는 재평가 과정 때문에 '실제 감정'과 같지 않다는 것이다. 실증적 연구에서 학자들은 즐거움 같은 긍정적 감정과 함께 슬픔과 같은 부정적 감정이 공존하면서 나타나는 엔터테인먼트에 대한 양면적 감정 반응을 관찰했다. 이런 혼합된 감정 상태는 인지 재평가와 일치했다(Kawakami et al., 2013). 흥분-전이 이론(Excitation-transfer theory)은 이 재평가 과정에 대한 생리-심리학적(physio-psychological) 설명을 제공한다(Zillmann, 1971). 그것은 슬프거나 무서운 엔터테인먼트 상품을 경험함으로써 촉발되는 즉각적인 흥분이 새로운 경험에 비추어 인지적으로 재구성될 때까지 우리 안에 남아 있다고 주장한다.

영화의 경우 이러한 새로운 경험들은 긍정적인 줄거리 반전, 해피엔딩, 또는 크레딧이 지나갈 때 덜 비참한 현실로의 복귀일 수도 있다. 탐보리니와 스티프(Tamborini and Stiff, 1987)는 공포영화 관람객 155명의 응답을 조사하기 위해 구조 방정식 모델링을 적용했을 때 만족스러운 해상도로 가능해진 경험적 잔인성을 소비자들이 재구성하는 것이 영화를 좋아하는 주요 동인임을 알 수 있었다. 행복감이나 다른 긍정적 감정의 여지를 제공하는 것은 바로 이러한 재구성이다. 이러한 발견을 통해 얻은 주요 교훈은 실제 감정을 위해 개발된 전통적 2차원 공간(예: 〈그림 6.4〉)에서 엔터테인먼트 자극에 대한 감정적 반응을 그리는 것이 이러한 재구성 과정이 무시될 경우 오해의 소지가 있을 수 있다는 점이다.

인지적 재평가 발생의 한 가지 이유는 소비자들이 부정적 감정을 유발하는 엔터테인먼트성을 사회적 수준에서 높게 평가되는 특징인 '예술적'으로 간주하는 경향이 있기 때문이다(Kawakam et al., 2013). 만약 음악, 영화, 또는 다른 엔터테인먼트 형식이 우리 안에서 부정적 감정을 불러일으킬 수 있다면, 감정적 반응을 예술적 숙달과 미덕의 결과로 판단하는 경향이 있다. 부정적 감정은 우리의 '어두운 면'의 일부인데, 인간은 전형적으로 우리의 정체성의 '밝은 면'보다 훨씬 더 복잡하고 이해하기 어렵다고 믿는다. 독일어는 클래식 음악을 'Ernste Musik(심각한 음악)'라고 부르는데 보다 실재적이고 가치가 적은 'Unterhaltungs Musik(흥미로운 음악)'와 구별하는 것이 좋은 예이다.

부정적 감정과 예술 사이의 이러한 관계는 〈그림 6.6〉에 반영되어 있다. 사람들은 일반적으로 (어두운) 드라마 영화보다 (밝은) 코미디에 더 관심이 있는 반면, 예술적 맥락에서 이러한 변화는 사람들이 예술적 영화 성과를 찾고 있을 때 (검색 문구에 골든 글로브와 같은 상을 추가함으로써 입증된 바와 같이) 관심이 역전되어 코미디보다 드라마에 대한 검색량이 더 높다.

부정적 엔터테인먼트 경험을 즐기는 이유로 명명된 별도의 메커니즘은 엔터테인먼트 경험의 시뮬레이션된 특성에 초점을 맞춘다. 시뮬레이션은 허슈먼(Hirschman, 1980)이 '대리 소비(vicarious consumption)'라고 분류한 것을 경험할 수 있는 기회를 제공한다. 영화, 책, 비디오 게임 또는 노래의 일부로 캐릭터가 어떤 활동에 참여하는 것을 관찰함으로써 우리는 그 활동을 대신하여 살아간다(Kawakami et al., 2013 참조). 현실에서 슬프거나 무서운 상황을 경험하는 것과 슬프거나 무서운 영화를 보는 것 사이의 주요한 차이점은 우리가 극장에서 '안전하다'는 것이다. 우리가 직면하는 위험은 단지 시뮬

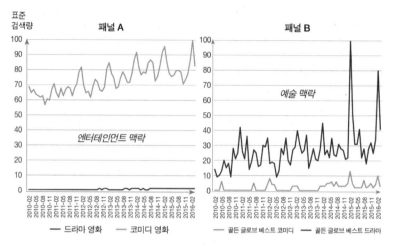

**〈그림 6.6〉 다양한 맥락에서 코미디 및 드라마 영화에 대한 구글 검색량**

주: 패널 A는 코미디 및 드라마 영화의 시간 경과에 따라 정규화된 총 검색 볼륨을 보여 주며, 패널
　B는 골든 글로브 상에서 코미디 및 드라마 영화에 대한 정규화된 검색량을 보여 준다. 척도는
　시간 경과에 따른 총 검색량의 변화를 설명하지 않으므로 0에서 100 사이 값으로 정규화된다.
자료: 구글 트렌드의 데이터를 참조.


레이션된 위험일 뿐이고, 비극적이거나 두려운 자극은 우리에게 진정한
위협이 되지 않는다. 엔터테인먼트에 의해 유발된 부정적 감정이 너무 심
하면 극장을 떠나거나, 책을 닫거나, 게임 컨트롤러를 내려놓거나, 라디오
방송국을 바꿀 수 있다.

　그런데 우리는 왜 애초에 그런 부정적 경험을 탐구하고 싶은 유혹을 받
을까? 이러한 욕망은 사회 학습의 동기와 관련이 있다고 가정하는데, 이
것은 우리 자신의 가장 깊고 어두운 영역을 탐험하게 하고 인간에게 삶이
할 수 있는 잔학 행위, 폴란드 출신의 영국 작가 조지프 콘래드(Joseph Conrad)
가 소설 『어둠의 심장(Heart of Darkness)』(1902)에서 내레이터 찰스 말로(Charles
Marlow)를 보낸 장소, 그리고 이 책을 각색한 프랜시스 포드 코폴라(Francis
Ford Coppola) 감독의 〈지옥의 묵시록(Apocalypse Now)〉(1979)에서 마틴 쉰(Martin

Sheen)의 성격에 대한 보이지 않는 원동력과 관련이 있다고 가정한다. 이러한 간접적 소비와 관련된 이유는 엔터테인먼트 소비를 통한 긴장이나 좌절의 근본적인 상태를 완화하기 위한 감정의 표출, '카타르시스(catharsis)'이다. 폭력적인 게임을 해서 내면의 공격성을 전달하거나 그들의 좌절감에서 벗어나기 위해 눈물 흘리는 사람을 본다(Vorderer et al., 2004). 카타르시스 논쟁은 탐보리니와 스티프(Tamborini and Stiff, 1987)가 공포영화에서 보이는 파괴의 수준이 왜 소비자의 영화 선호와 가장 강한 연관성을 가지고 있는지 이해하는 데 도움이 될 수 있다.

마지막으로 부정적 감정, 특히 슬픔을 유발하는 엔터테인먼트를 선택하는 것에 대한 보완적인 설명은 정서적 지원이다. 이 개념은 엔터테인먼트를 더 나은 느낌을 주기 위해 부정적 감정을 이용하는 방법으로 취급하는 것이 아니라, 의도적으로 부정적 감정 상태를 강화하는 것으로 취급한다. 보더러(Vorderer, 2003)는 인터뷰한 소비자의 40%가 이러한 이유로 음악을 선택했다고 보고했다. '좋은 울음이 필요할 때 들을 수 있는 슬픈 노래 16곡(16 Sad Songs to Listen to When You Need a Good Cry)'(Reid, 2016)과 같은 인터넷의 목록은 추가적인 증거를 더한다. 보더러는 독일 속담인 '슬픔을 나누면 반이 된다(Geteiltes Leid ist halbes Leid)'에 따라 어떤 상황에서는 엔터테인먼트가 예술가와 함께 느낌을 제공할 수 있다고 주장한다. 즉, 공유된 고통은 절반의 고통이 되는 것이다.[18]

전반적으로 이러한 통찰은 엔터테인먼트의 모의적(simulated)인 성격과 소비에 따르는 인지적 재평가 메커니즘 때문에 사람들이 '나쁘게' 느끼도록 만드는 것이 강력한 전략이 될 수 있다고 설명한다. 하지만 우리는 엔터테인먼트에서 부정적 감정을 성공적으로 사용하는 것이 소비자의 부정

---

18) 엔터테인먼트 브랜드에 대한 장에서 준사회적 관계에 대한 논의 참조.

적 감정의 몰입과 나중에 재구성하는 것, 그리고 소비자들의 의지와 능력에 의존한다는 것을 명심해야 한다.

부정적 감정을 즐기는 이유는 시간이 지남에 따라 두드러짐이 다르기 때문에 기대가 중요하다.[19] 하지만 소비자들도 그런 과정을 할 수 있어야 한다. 드라마틱한 엔터테인먼트를 위해서 소비자의 '공감 잠재력'은 엔터테인먼트 공연자들과 함께 고통을 겪는 데 필수적이다. 드 위드 등(de Wied et al., 1994)은 '감정적 민감성'이 높은 진짜 눈물 짜는 영화 〈철목련(Steel Magnolias)〉(1989)의 시청자들이 공감 수준이 낮은 시청자들보다 영화를 더 즐겼다는 증거를 제공한다.

그리고 재구성과 관련하여 약 100명의 공포 비디오 게임 플레이어들에 대한 별도의 연구는 엔터테인먼트 상품 자체뿐만 아니라 즐거움의 결정요인으로서 이러한 재구성을 수행하는 소비자의 개별적 능력의 역할을 지적한다(Lin et al., 2017). 일반적으로 공포심이 강한 사람들은 공포심을 덜 느끼는 사람들만큼 공포게임을 즐기지 않았지만, 그럼에도 불구하고 그들은 공포게임을 좋아한다. 그들은 미디어 긴장감(media suspense)에 대처할 수 있는 능력이 있다고 믿는 것이다(즉, 높은 공포 자기 효능감).

## 3. 엔터테인먼트 소비의 이미지 측면

앞서 언급했듯이 엔터테인먼트에서 큰 즐거움은 감정에서만 나오는 것이 아니다. 그것은 또한 강력한 인지 과정을 포함한다. 이 부분에서는 인

---

19) 오리에와 갱트체바(Aurier and Guintcheva, 2014)의 연구는 감정에 대한 기대 역할에 초기 탐구를 제공한다.

지 처리의 핵심인 이미지 개념, 즉 우리가 보여 줄 '내부 이미지'의 생성을 소개한다. 이는 실제로 시각적 이미지 이상으로 구성될 수 있다.

그런 다음 서사 몰입, 몰입감, 몰입, 즉 그러한 내적 이미지가 우리가 들어갈 수 있도록 하는 인지 상태에 대해 논의할 것이다. 이러한 상태는 우리의 내면 이미지와 엔터테인먼트를 소비하도록 자극하는 동기 부여적 열망 사이의 직접적인 연결 고리가 된다.

그들을 통해 우리는 자신들의 현실에서 벗어나 영화 속 제다이 기사, 호빗, 또는 이름은 없어도 우리 시대를 만들 수 있는 신화 속 사람들이 살고 있는 대안적인 현실을 탐험할 수 있다.

### 1) 이벤트 모형, 이미지, 형상화

#### (1) 일부 기본 이미지

책을 읽거나 영화를 볼 때, 뇌는 쇼핑을 가거나 길을 걸을 때와 같이 '실제 세계'를 다루는 데 사용하는 것과 매우 유사한 접근 방식으로 입력에 대응한다(Zacks, 2015). 우리의 마음은 경험한 일을 추상화하고 단순화한 소위 '이벤트 모형(event models)'을 자동으로 구성한다. 이러한 모형은 우리가 보고 듣거나 읽은 자료의 단순한 일대일 기록이 아니다. 대신, 우리 자신의 지식과 이전 경험을 기반으로 한 통찰력과 논리를 통합하고, 우리가 지금 관찰하는 입력을 우리 자신의 논리와 결합하여 우리에게 이치에 맞는 모형을 만든다. 우리는 소비하는 동안 엔터테인먼트를 처리할 때 이러한 이벤트 모형을 사용하고 나중에 이를 기억하는 방법을 결정한다. 우리는 소설의 등장인물에 배경 이야기를 제공하고 그들의 행동을 더 잘 이해할 수 있도록 동기를 부여한다. 비록 이러한 측면이 책에 반드시 포함되어 있지 않으며 심지어 작가에 의해 상상된 것도 아니다. 이벤트 모형은 특이하다.

그러나 이벤트 모형에는 한 단계 더 나아가 "사물이 어떻게 보이고, 어떻게 느끼고, 소리를 내고, 물건과 사람이 어디에 위치하며, 어떻게 행동할 수 있는지에 대한 정보"(Zacks, 2015)가 포함되어 있다. 엔터테인먼트 경험(그러나 현실 세계)에서 개발된 이벤트 모형에는 '내부 이미지(inner images)'로 구상될 수 있다. '내부'라는 용어는 마음 안에서 일어나는 것을 가리키는 반면, 이러한 맥락에서 널리 사용되었음에도 불구하고 '이미지'라는 용어는 다소 오해를 불러일으킨다는 것을 경고한다. 그 이유는 이벤트 모형의 이미지는 단순한 시각적 인상을 담고 있는 것이 아니라 후각, 미각, 촉각의 흥분을 포함하는 다감각일 수 있기 때문이다(MacInnis and Price, 1987).

첫 로맨틱한 사랑을 생각할 때, 우리는 그녀의 얼굴뿐만 아니라 목소리, 심지어 그녀의 피부 맛과 그녀가 좋아하는 향수 냄새까지도 활성화할 수 있다. 마이클 프레인(Michael Frayn)의 소설 『스파이(Spies)』(2002)에서 주인공은 어른이 되어서도 시간이 흐른다는 상상 속 여행을 통해 소년 시절을 다시 보게 된다. 그는 수십 년 전 자신과 그의 친구가 앉아 있던 빛나는 식당 테이블을 보았지만 초콜릿의 맛도 마음속에 재현하고, 레몬 보리차 텀블러의 무늬를 다시 한번 손끝으로 느끼게 된다. 시각적 차원은 종종 인간이 그러한 모형을 만들고 사용하는 데 있어 지배적이며, 소비자의 결정에도 지배적이다. 이는 다감각적 특성에도 불구하고 내면의 이미지를 말하는 이유를 설명한다.

내부 이미지는 '형상화'라고 불리는 과정을 통해 활성화될 뿐만 아니라 생성된다. 이미지는 우리가 감각 수용체(코, 귀 등)를 통해 정보를 인식하는 방법, 즉 내부 이미지를 생성하고 자극을 처리하는 데 어떻게 사용하고 이러한 이미지를 저장하는지 설명하는 작업 기억 장치에 도달한다(MacInnis and Price, 1987).[20] 내부 이미지는 외부 또는 내부 자극에 의해 생성되고 활성화된다. 외부 자극은 시각적 인상(사진, 텍스트, 필름, 게임 화면) 또는 비시각적 자극일 수 있다. 예를 들어, 수십 년 전에 읽은 책을 만지면 젊은 시절의 모습이 되살아나거나 라디오에서 노래를 들으면 소원해진 친구들과 함께 다녔던 콘서트의 모습이 떠오른다. 또는 상점의 팝콘 향이 영화관에서 즐거운 시간을 보내는 이미지를 만들어 스마트폰을 통해 새로운 〈스타워즈〉 영화 티켓을 구매하도록 유도한다.

그러나 때때로 내면의 이미지들은 그러한 외부의 자극 없이 나타기도 한다. 그것들은 단지 외설적이거나 공상에 잠길 때와 같은 내부적인 과정에 의해서만 야기될 수 있다. 우리가 이미지를 인지 과정으로 분류하더라도, 그것은 대부분 자동으로 발생하며, 소비자의 의식적 통제는 매우 제한적이다. 만약 여러분이 내면의 이미지가 종종 말로 표현하기 왜 어려운지 궁금해 본 적이 있다면, 그것은 바로 자동적인 특성 때문이다.

### (2) 엔터테인먼트 이미지의 유형

엔터테인먼트는 이미지를 만들고 자극하는 중요 원천이다.

숫자 2001을 보면 무엇이 떠오르는가? 만약 당신이 헌신적인 영화광이라면, 스탠리 큐브릭(Stanley Kubrick)의 동명(同名) 고전 SF영화[〈2001: 스페이스 오디세이(2001: A Space Odysse)〉(1968)]를 생각할 가능성이 있다. 그리고 붉은 눈 슈퍼컴퓨터 HAL 9000*, 뼈를 뒤집는 우주, 스타차일드(starchild)**를 상상할 수 있을 것이다.

헌신적인 독자들 중 일부는 심지어 리처드 스트라우스(Richard Strauss)가

---

20)  이미지의 개념은 과학에서 꽤 긴 역사를 가지고 있으며, 1870년대 이후 인지심리학자와 철학자들에게 어필되었다. 고전적인 역사적 기여에 대해 알아보려면 갤턴(Galton, 1880)을 참조해라. 토머스(Thomas, 2017)는 이론 및 경험적 이미지 연구의 역사적 논의에 대한 포괄적인 리뷰를 제공한다.

• 〈2001: 스페이스 오디세이〉에 나오는 가상의 인공지능 컴퓨터이다. HAL이라고 줄여 쓰고, (남자 이름 해럴드를 줄여 부를 때처럼) '할'이라고 읽는다. HAL은 사람과 자연어로 이야기할 수 있으며, 사람의 얼굴을 알아볼 수 있고, 입술 모양을 읽고, 그림을 비평하고, 감정을 읽거나 추론할 수 있다. 또한 인간과 함께 게임할 수 있도록 프로그래밍되었다.

•• 진보된 다른 행성이나 차원에서 인간들의 에너지를 높이고 영적 상승(진화)을 돕기 위해 인간의 몸을 빌려 지구에 태어나는 사람들을 말한다.

작곡한 「차라투스트라는 이렇게 말했다(Also Sprach Zarathustra)」(1954)도 감상할 수 있을 것이다. 허슈먼과 홀브룩(Hirschman and Holbrook, 1982)은 우리가 과거에 실제로 경험한 이미지인 '역사적 이미지(historic imagery)'라고 이름을 붙였다. 근본적인 경험이 긍정적이었다면, 그러한 이미지는 긍정적 감정과 함께 진행된다. 이미지를 자극하는 것은 감정적인 기억을 다시 불러일으킨다. 그러나 악곡이 부정적으로 묶인 이미지를 활성화한다면 경험(끔찍한 콘서트 공연)과 그 부정적인 감정들도 다시 돌아올 것이다. 이러한 역사적 이미지가 새로운 엔터테인먼트 상품에 의해 촉발된다면 소비자들이 그것을 어떻게 생각하고 느낄지에 영향을 미친다.[21]

그러나 허슈먼과 홀브룩은 엔터테인먼트 제작자들에게 훨씬 더 중요할 수 있는 또 다른 종류의 이미지를 나열하고 있다. 이들은 이를 '공상 이미지(fantasy imagery)'라고 한다. 즉, 소비자의 이전 경험과 직접적인 관련이 없는 이미지의 구성을 말한다. 이러한 공상 이미지의 경우, "보이는 색과 모양, 들리는 소리, 느껴지는 손길은 실제로 일어난 적이 없지만, 이 특정 구성에서 처음으로 하나로 모아져 관념 현상으로 경험된다"(Hirschman and Holbrook, 1982: 93). 이러한 이미지는 엔터테인먼트의 즐거움을 창출하는 데 특히 강력하다. 소비자가 엔터테인먼트 상품을 경험할 때 느끼는 즐거움(즉, 쾌락적 소비의 전반적인 목표)과 직접적으로 연결되는 엔터테인먼트 선택을 유

---

21) 브랜드 이미지는 엔터테인먼트 상품의 역사적 이미지와 밀접한 관련이 있다.

도하는 동기를 충족시킬 수 있도록 한다.

〈스타워즈 에피소드 4: 새로운 희망(Star Wars)〉(1977)에서 한 솔로(Han Solo)
와 레이아 공주(Princess Leia)의 '역사적인' 스크린 모험을 마음속에 되새기는
것은 도피 잠재력이 크지만, 많은 사람들이 조지 루카스(George Lucas)의 우
주 이야기에서 특정 사건들을 넘어 은하계의 새로운 모험과 도전에 대한
환상을 가질 것이다. 그것은 탈출하고, 탐험하고, 다른 동기들을 다룰 수
있는 끝없는 기회를 제공한다. 이러한 환상적 이미지는 제임스 카메론 감
독의 〈아바타〉(2009)의 엄청난 성공에 책임이 있다. 영화의 초현실적인 상
상 세계는 우리 중 많은 사람들이 판도라 우주의 다른 지역에서 일어나는
일을 꿈꾸게 만들고, 영화를 보는 동안 혹은 후에 잠시 동안 이야기 속으
로 떠날 수 있게 한다.

위에서 주장했듯이 내면 이미지는 실제 경험이나 인상을 완전히 정확
하게 기억하는 것이 아니다. 따라서 우리는 역사와 판타지 이미지를 2진
법의 범주로 취급해서는 안 된다. 대신 순전히 역사적 회상에서부터 완전
한 환상에 이르는 연속체의 종점을 정의한다. 거의 항상, 엔터테인먼트를
위한 이벤트 모형의 내부 이미지는 이러한 극단적 사이에 있다(Hirschman
and Holbrook, 1982).

## (3) 이미지의 원동력

엔터테인먼트 제작자들에게 핵심 질문은 소비자가 강력한 이미지를 생
성하는 원인을 파악하는 것이다. 이 주제에 대한 대부분의 학문적 연구는
브랜딩과 일반 심리학과 같은 엔터테인먼트 이외의 분야에서 수행되었
다. 우리는 적어도 몇 가지 통찰이 이 책의 맥락과 매우 관련이 있고, 또한
전달될 수 있다는 것을 발견한다. 그렇다면 이미지의 결정 요소에 대해
무엇을 알 수 있을까?

연구에 따르면 소비자가 이미지를 생성하는 여부와 상품(또는 자극), 상황 및 개별 소비자의 양을 설명하는 3가지 일반적인 요소가 확인되었다. 상품과 관련하여 학자들은 자극의 속성이 이미지 생성에 어떤 영향을 미치는지 조사할 때 사진을 자극제로 사용하는 경우가 많았다. 중요한 발견은 '생동적 자극'이 이미지 생성에 크게 기여한다는 것이다. 생동감이란 무엇인가? 여러 가지 방법으로 측정되지만 생동감은 일반적으로 시각적(vs. 텍스트) 특성 및 높은 수준의 구체성(vs. 추상성)과 관련이 있다(Petrova and Cialdini, 2005). 상품 결정 요인에 대한 다른 학술적 결과는 자극과 이미지 생성의 '감정적 프로파일' 사이의 밀접한 연관성을 지적한다. 피실험자에 의해 더 자극적인 이미지로 판단되는 사진은 상쾌한(불쾌한) 자극처럼 훨씬 더 많은 이미지를 유발한다(Bywaters et al., 2004).

이러한 상황에서 소비자들에게 자극에 노출되는 동시에(단어 목록을 암기하는 등) 완료해야 할 과제를 부여한 실험은 그러한 '인지적 하중(cognitive load)'의 존재가 소비자들의 이미지 생산을 방해한다는 것을 보여 준다. 그 이유는 과제가 이미지의 생산에 필요한 인지적 자원을 흡수하기 때문이다(Drolet and Luce, 2004). 이러한 발견은 이미지 창출에 관심을 갖는 엔터테인먼트 제작자들에게 엔터테인먼트용 혼합 유통의 일부인 소비 환경의 중요한 역할을 강조한다. 극장에서 보는 영화가 넷플릭스에서 보는 영화보다 소비자의 이미지 생성에 더 큰 영향을 미치는 이유는 극장 맥락이 소비자의 전적인 관심을 사로잡기 때문일까? 아니면 다른 사람들의 존재와 군중의 주변 소음을 처리하는 것이 극장에서 더 많은 인지적 자원을 흡수하는 것일까? 이것은 특정 엔터테인먼트물에 대한 소비자들의 반응뿐만 아니라 그러한 이미지의 존재(또는 부재)에 기반을 둔 또 다른 상품에 대한 소비자의 반응을 모두 설명할 수 있는 미해결 질문이다.

마지막으로, 소비자는 일반적으로 캐릭터 특성으로 이미지를 생성하는 개인 능력도 다른 것으로 밝혀졌다(Bywaters et al., 2004). 그러나 연구는 높거나 낮은 '이미지 능력(imagery ability)'을 가진 소비자들의 구체적인 특징에 대해 우리에게 별로 말해 주지 않는다. 이미지를 만드는 데 있어 나이는 중요하지만, 비선형적인 방식으로 성인을 어린이와 비교했을 때 일반적으로 우월하지만(Kosslyn et al., 1990), 특정 연령(Craik and Dirkx, 1992)까지만 가능하다. 성별 효과는 때때로 존재한다고 주장되지만, 실증적 연구는 일반적으로 이미지 생성에서 남성과 여성 간에 실질적인 차이를 발견하지 못한다(Campos, 2014).

따라서 관객의 마음속에서 지속적인 인상을 심어 주며 즐거움을 높이려는 엔터테인먼트 제작자들은 신중하게 상품을 제작하고, 소비를 방해받지 않고 지원해야 한다. 이에 비해 적어도 인구 통계학적 측면에서는 목표 집단이 누구인지는 중요하지 않아 보인다.

## 2) 이미지의 힘: 서사 몰입, 몰입감, 몰입

강한 이미지의 생성과 활성화는 소비자들이 엔터테인먼트 상품의 대체 세계에서 상실 소비자에 의해 엔터테인먼트 동기를 충족시킬 수 있는 특정 심리학적 상태에 들어갈 수 있게 해 준다. 그러한 3가지—서사 몰입(narrative transportation), 몰입감(immersion), 몰입(flow)은 엔터테인먼트 학자들로부터 특히 주목을 받았다. 이들에 대해 각각 살펴보도록 하겠다.

### (1) 서사 몰입

서사 몰입(narrative transportation)은 소비자가 이야기를 경험하고 강렬한 이미지를 바탕으로 그 속에서 '실제 세계'의 길을 잃어 가는 상황을 의미한다(van Laer et al., 2014). 이야기 요소와 소비자가 식별할 수 있는 캐릭터의 존재는 몰입이 일어나기 위해 중요하기 때문에, 따라서 소설, 영화, TV 시리즈 및 특정 종류의 게임과 같은 서사 형식의 엔터테인먼트에 주로 적용된다.

반 라에르 등(van Laer et al., 2014)은 '확장된 몰입 이미지 모형(extended trans-portation-imagery model)'에서 요약된 것처럼, 엔터테인먼트 상품이 몰입 과정을 유발하는지 여부를 결정하는 여러 요소들을 밝혀냈다. 우리는 기본적으로 효과적인 서사 몰입은 서사의 특성과 그것이 몰입되는 방식(스토리 텔러)과 그것을 소비하는 사람(이야기 수신자) 모두에 달려 있다는 것을 알고 있다. 서사 자체와 관련한 연구는 이야기에서 식별 가능한 캐릭터의 필요성을 강조해 왔다. 만약 관객들이 소설의 영웅이나 여주인공의 생각, 느낌과 관련되지 않는다면 그들은 이런 캐릭터들과 공감할 수 없다(Slater and Rouner, 2002). 또한, 스토리라인은 생생함과 감정적 프로파일에 따라 이미지를 만드는 잠재력이 다를 수 있듯이 스토리라인도 마찬가지로 '몰입 가능성(transportation potential)'에서 차이가 난다. 강력한 이미지의 생성을 자극할 수 있는 일련의 이벤트를 제공하는 것은 독자, 시청자, 또는 플레이어들을 이야기 속 세계로 이동시킬 수 있는 더 좋은 기회를 갖는다.

세 번째 결정 요소는 이야기의 '사실성(verisimilitude)', 즉 가상현실주의(fictional realism)이다. 이것은 저자인 우리가 특히 흥미를 느끼는 부분이다. 왜냐하면 사실성이 부족하여 서사 몰입의 중단이 수많은 엔터테인먼트 경험을 상기시켜 주기 때문이다. 우리가 경험했던 것은 비현실적이었지만 '현실주의(realism)'가 반드시 현실 세계를 모든 면에서 준수한다는 것을 의미하지는 않는다. 대신, 창조적인 예술가들에 의해 초대되는 모든 허구적이고 환상적인 세계에는 거의 항상 쓰여지지 않는 법들이 있다. 이런 법칙이 일관되지 않거나 위반될 때 위반 행위는 이야기의 혼란으로 두드러지고 주요 산만함이 된다. 엔터테인먼트 소비에서 불가능한 순간이 된다.

거의 모든 허구의 이야기들은 현실의 일부 측면을 변화시킨다. (만약 좀비

<표 6.1> 사실성이 결여된 유명 영화 장면들

| 영화 | 장면 | 사실성이 왜 부족한가 |
|---|---|---|
| <캣우먼> | 농구를 하는 캣우먼 | 그녀의 실력을 보여 주는 대신, "두 사람에게 중학교 게임의 15초짜리 클립을 보여 주고 막연하게 비슷한 일을 하여 모든 것을 나쁜 1990년대 뮤직비디오처럼 보이게 하라"라고 말한 것처럼 보인다① |
| <매트릭스 리로디드> | 수많은 스미스 요원과 싸우는 네오 | 싸움이 시작되면 네오와 에이전트 스미스 모두 CGI로 대체되어 SIMS가 가상현실처럼 보인다② |
| <에어 포스 원> | 추락 장면 | 마이크로소프트 플라이트 시뮬레이터처럼 보이는 연출로 액션 영화를 망쳤다③ |
| <스타워즈: 에피소드 II> | 아나킨과 파드메의 로맨스 장면 | 공감대, 연기, 대화, 기본적으로 모든 것이 부족하다④ |
| <007 어나더 데이> | 제임스 본드의 쓰나미 서핑 | N64에서 골든아이를 게임하는 것보다 약간 덜 현실적으로 보인다⑤ |

자료: 인용문 출처는 다음과 같다.
① https://goo.gl/iy1qhR; ② https://goo.gl/Am1792; ③ https://goo.gl/NHx868;
④ https://goo.gl/HWnbJ8; ⑤ https://goo.gl/amw7Qn

가 실제로 존재한다면?) 소비자 지향성을 유지하는 데 중요한 다른 것들은 그대로 유지하면서 말이다. 만약 캐릭터가 갑자기 말도 안 되는 이유로 초능력을 보이거나 줄거리 법칙 밖에서 다른 일이 일어난다면, 우리가 여행했던 허구의 세계가 파괴되고 우리는 실제 세상으로 되돌아온 것을 발견하게 된다. 인터넷상의 '가장 비현실적인 영화-완전히 망가진 영화' 목록 수가 어떤 징조라면, 서사 몰입이 중단된 것만은 아니다. <표 6.1>에는 우리가 가장 좋아하는 5가지 장면이 나와 있다. 즉, 사실성이 결여 되어 영화를 보는 경험을 손상시키는 영화 장면이다.[22]

---

22) 해당 장면을 직접 살펴보고 싶은 경우 인터넷에서 찾아볼 수 있다.
　　<캣우먼(Catwoman)>(2004) https://goo.gl/vPFPAs
　　<매트릭스 II: 리로디드>(2003) https://goo.gl/f7HNHn
　　<에어 포스 원(Air Force One)>(1997) https://goo.gl/MaBWVa

하지만 서사 몰입은 상품뿐만 아니라 개별 소비자, 즉 이야기의 '독자'에 달려 있다. 반 라에르 등(van Laer et al., 2014)의 결과는 소비자가 관심을 기울이는지, 그리고 그 이야기가 이미 존재하는 이야기나 장르에 익숙한지에 따라 몰입이 달라진다는 것을 보여 준다. 따라서 친숙함은 스토리에 대한 이해와 서사 몰입을 용이하게 한다. 비록 연결이 반드시 선형적이지는 않지만, 스토리라인과의 매우 높은 친숙도 수준은 낮은 수준의 새로운 흥분에 대한 인식을 만들어 낼 수 있고, 따라서 몰입하는 데 필요한 관심과 주의를 줄일 수 있다.

일부 학자들은 또한 소비자의 몰입성이 안정된 성격 특성, 즉 어떤 사람들은 다른 사람들보다 더 쉽게 몰입된다고 주장했다. 달 친 등(Dal Cin et al., 2004)은 예를 들어 영화와 소설 4편으로 '몰입력(transportability)' 척도를 테스트하여 이 척도가 서사 몰입의 정도와 상당히 연관되어 있다는 것을 발견했다. 그러나 이러한 '몰입성(transportation trait)'이 이미지를 생성하는 소비자의 능력과 공감 능력의 조합 이상인지는 확실하지 않다. 이 시점에서 우리는 이 문제에 대해 더 많은 것을 밝혀 내기 위해 향후 연구를 기다려야 한다.

서사 몰입은 소비자의 성별에 따라 다른 것으로 나타났다. 평균적으로 여성의 공감 능력이 높기 때문에 더 강하게 나타난다. 젊은 소비자들은 실제 세계에 덜 뿌리를 두고 있기 때문에 더 높은 이미지 잠재력을 기대할 수 있음에도 불구하고, 다른 연령대에는 그러한 차이가 발견되지 않았다(van Laer et al., 2014). 다른 요인들도 중요하며 이 장점에 응하는 것 같다.

마지막으로, 서사(이야기)를 소비하는 상황은 서사 몰입을 경험하는 것에

---

⟨스타워즈: 에피소드 II(Star Wars: Episode II)⟩ (2002) https://goo.gl/TX8KeX
⟨007 어나더 데이(Die Another Day)⟩ (2002) https://goo.gl/xom5wR

도 영향을 미칠 수 있다. 그러한 상황적 요인에 우리가 스토리를 혼자 소비하는지 아니면 다른 사람들 사이에서 소비하는지 (우리를 산만하게 할 수 있지만 전달을 용이하게 하는) 그리고 사용하는 장치가 포함된다. 인쇄된 책이 태블릿이나 스마트폰보다 큰 TV 화면에 반응하는 우리에게 서사 몰입을 경험하는 데 더 적합한가? 미래 기술, 특히 가상현실(VR)은 서사 몰입력을 강화시켜 준다.[23]

소비자의 반응과 행동에 대한 서사 몰입의 결과에 대해 무엇을 알고 있는가? 이 개념은 위에서 논의한 몇 가지 주요 엔터테인먼트 동기와 이론적으로 또는 경험적으로 연결되어 있다. 이러한 연구 결과는 이미지가 엔터테인먼트 소망을 충족시킬 수 있는 메커니즘으로서 흥분-친숙(성) 체계에서 서사 몰입을 수행하는 데 중요한 역할을 강조한다. 그린 등(Green et al., 2004)은 서사 몰입이 도피(현실 세계의 걱정거리를 뒤로 하는 것)를 위한 수단일 뿐만 아니라 발견 혹은 탐색(새로운 경험에 대한 개방성을 창출), 교제(엔터테인먼트 캐릭터를 아는 것), 사회적 학습(대체 성격과 행동의 시뮬레이션을 제공), 감정 관리를 위한 수단임을 제안한다. 기분을 관리하는 데 가장 효과적인 것은 서사 몰입을 경험하는 것이다(Green et al., 2004: 319).

이 개념의 관련성에 대한 추가 근거는 서사 몰입과 소비자의 스토리라인 선호와 후속 '행동 의도(behavioral intentions)' 사이의 연관성에 대한 기존 연구 결과에 대한 반 라에르 등의 통합 분석(van Laer, 2014)에서 비롯된다.[24] 두 관계 모두 통계적으로 유의하고 실질적이며 평균 r 값은 각각 0.44와

---

23) 엔터테인먼트에서 가상현실 사용에 관한 초기 실증적 결과는 II권 2장의 기술(technology)에 대한 논의를 참조하라.

24) 반 라에르에 의해 분석된 데이터는 학자들이 연구한 엔터테인먼트를 넘어서는 광고나 웹사이트 검색과 같은 이질적인 설정을 포함한다. 따라서 '행동 의도'는 광범위한 개념이다. 예시는 광고된 상품이나 행동을 채택하려는 소비자의 명시된 의지를 포함한다.

0.31이다. 끝으로, 서사 몰입은 모든 엔터테인먼트 활동의 내적 동인인 소비자의 즐거움 수준과도 높은 상관관계를 보이는 것으로 나타났다. 단편 소설과 소설 장(chapter)에 대한 연구에서 그린 등은 두 개념 사이의 상관관계 계수를 0.60 이상으로 보고하는데, 이는 적어도 특정 엔터테인먼트 환경에서는 스토리가 소비자들의 즐거움을 충족시키는 정도를 강하게 결정할 수 있다는 것을 암시한다.

### (2) 몰입감

몰입감(immersion)은 서사 몰입과 밀접한 관련이 있는 개념이다. 대체로 (종종 가상) 세계에 둘러싸인 소비자의 감각적 인상을 기술하고 있으며, 이것이 일부 학자들이 이것을 '공간적 존재(spatial presence)'라고도 부르는 이유이다(Madigan, 2010).25) 완전히 관심을 집중해 관여하면 소비자의 감각은 대체(엔터테인먼트) 세계와 연결되고, 실제 세계는 차단되어 소비자들은 상상의 세계라는 맥락에서만 이치에 맞는 결정을 내린다. 서부 게임 〈레드 데드 리뎀션(Red Dead Redemption)〉(2010)에 완전히 몰입감을 발산한 플레이어는 게임의 메뉴 화면에서 제공하는 빠른 이동 옵션을 사용하는 대신 말을 타고 장거리 여행을 선호할 것이다. 몰입감과 서사 몰입의 가장 큰 차이점은 서사 몰입이 엔터테인먼트 상품의 스토리라인과 밀접하게 연결되어 있는 반면, 몰입감에는 서사가 전혀 필요하지 않다는 것이다. 엔터테인먼트 상품의 미학과 '물리적 구성'에 중점을 둔다(Phillips and McQuarrie, 2010: 388).

---

25) 일부 학자들은 소비자의 존재에 대한 심리적 인식을 유발하는 기술적·객관적 요소로서 몰입도를 고려함으로써 존재와 분리하려고 노력했다(Wirth et al., 2007). 그러나 이러한 정의는 몰입감에 대한 일반적인 이해와 충돌한다. 브라큰(Bracken, 2006)을 포함한 다른 그룹은 몰입감을 보다 복잡한 존재 개념의 일부로 간주한다. 이러한 학자들은 몰입감 자체(대체 세계의 인식된 현실성 등)에서 몰입감을 분리한다.

결과적으로, 몰입감의 개념은 서사가 아닌 주로 미적인 경험과 관련이 있다. 엔터테인먼트의 영역에서, 서사 몰입은 설명이 적은 비디오 게임과 음악적 경험에 적용된다. 〈파 크라이 4(Far Cry 4)〉(2014), 〈엘 더 스크롤 5: 스카이림(The Elder Scrolls 5: Skyrim)〉(2011), 〈마인크래프트(Minecraft)〉(2011)와 같은 게임의 열린 세계, 가공의 스포츠 우주(예: FIFA 등)에 참여하는 짜릿함, 클래식 음악이나 치솟는 영화 사운드트랙을 듣는 경험을 생각해 보자.

그렇다면 몰입감이 발생하기 위해 존재해야 하는 중요한 요소는 무엇이며 이는 서사 몰입의 원동력과 어떻게 다른가? 와이어스 등(Wirth et al., 2007)은 ① 대체 세계의 인지적 창조와 ② 이 세계 안에서 소비자의 행동이라는 두 단계의 몰입감을 구분하는 통합적인 몰입감의 일반적인 모형을 제안했다.26)

이 단계에서 몰입감이 발생하려면 상품이 풍부한 단서를 제공해야 하며, 이러한 단서가 서로 일관되어야 한다고 주장한다(변화와 마찬가지로 개별 소비자 요소도 몰입도에 중요하지만 이후에 다시 설명하겠다).

단서의 풍부함은 이미지 섹션에서 논의한 생생하고 감정적인 자극의 아이디어와 부분적으로 겹친다. 그러나 여기에 다른 무언가가 있다. 소비자가 대체 세계에 대해 더 많은 정보를 받을수록 그는 세계의 존재에 의문을 제기해야 하는 이유가 적다.

쾌락적 소비 개척자인 허슈먼과 홀브룩(Hirschman and Holbrook, 1982)이 이미 강조한 '다감각적(multi-sensory)' 단서는 소비자의 경험에 더 많은 '현실주

---

26) 우리는 몰입감이 2진법 개념인지 아니면 연속 개념인지의 흥미로운 질문을 발견한다. 와이어스 등(Wirth et al., 2007)은 전자에 대해 주장하지만 우리의 경험은 지속적인 해석이 더 적절하다는 것을 시사한다. 그러한 세계에 대한 인식은 더 중요하다. 존재 경험이 깊이와 풍부함에 따라 배타적이거나 덜 배타적이기도 하다. 서사 몰입에도 같은 질문을 할 수 있다.

의'를 더한다. 현실적으로 서부에서 겹겹이 쌓인 말을 보는 것도 한 가지이지만, 말의 울음을 듣거나 잡는 것은 별개이다(Madigan, 2010). 이러한 풍요로움은 소비자의 내면 이미지에서 빈자리를 사라지게 한다. 즉, 정의되지 않은 대체 세계가 적을수록 그 존재를 받아들이기 쉽다. 학자들이 주장하는 몰입감의 다른 요소들은 부유한 대체 세계에 대한 소비자의 인식을 촉진시킬 것이다. 이 상품은 소비자의 정신적 자원을 흡수하고 너무 많은 정밀 조사로 대체 세계를 보는 것을 막는 도전적인 성격을 가지고 있다(Madigan, 2010). 또한 강한 서사는 몰입감에 필수적이지는 않지만 소비자가 대체 세계와 '연결된 상태'를 유지하도록 도울 수 있다(Wirth et al., 2007). 서사적 측면은 서사 몰입과 친밀감을 보여 주는 반면, 도전적인 캐릭터는 몰입감을 몰입의 경험과 연결시킨다.

몰입감을 가능하게 하는 일관성 측면은 서사 몰입의 결정 요인으로서 진실성의 개념과 유사하다. 몰입감을 위해 학자들은 단서가 상품이 확립하려고 하는 세계의 규칙과 일치해야 한다고 주장한다. 예를 들어, 한 플레이어가 매장실이 없는 무덤에 들어가거나, 유럽에서 미국 경찰차를 보거나, 철자가 틀린 표지판이 눈에 띄면, 대체 세계가 진짜라는 착각을 위협받는다[게임 디자이너 토비 가드(Toby Gard)(Stuart, 2010 인용)]. 게임에서는 메뉴의 통합과 디자인, 헤드업 디스플레이, 튜토리얼 메시지, 광고에 관한 한 특히 일치성이 도전적이다(Madigan, 2010). 또한 일관성은 게임 캐릭터의 행동에 영향을 받는다(내가 그들과 상호 작용할 수 있을까? 그들은 믿을 만한 방식으로 반응하는가?). 그리고 프레젠테이션의 기술적 유동성(예를 들어 장면 간 로딩 시간 없음)의 영향을 받는다.

개별 소비자의 특성으로 볼 때, 서사 몰입의 맥락에서 제시한 대부분의 주장들은 몰입감(장르에 친숙함 등)을 위해 적용된다. 또한 안정적 소비자 특성은 몰입감과 관련이 있다. 소비자 이동성 특성을 연상시키는 위트머와 싱어(Witmer and Singer, 1998)의 '몰입감 성향(immersive tendency)'은 70명의 학생을 대상으로 한 롤플레잉 게임 학습 몰입감의 13%를 설명하는 것으로 나타났다(Weibel and Wissmath, 2011). 와이어스 등(Wirth et al., 2007)은 2가지 하위 특성을 지적한다. 그들은 소비자들도 그들의 '불신의 일시(suspension of disbelief)' (우리 중 일부는 다른 사람들보다 '실제 단어' 요인과 부조화한 단서에 더 주의를 기울이고 따라서 운반될 수 있는 더 나은 기회를 갖는다)와 우리가 얼마나 쉽게 일상생활과 구별되는 현상에 매료되는지에 대해서도 다르다고 주장한다(Wild et al., 1995). 마지막으로 소비 상황(사용된 장치 등)도 서사 몰입과 마찬가지로 일정한 역할을 하지만, 정확한 영향의 성격을 문서화하기 위한 연구는 거의 없다.

특별히 몰입감에 관한 연구는 적지만 서사 몰입과 마찬가지로 소비자의 엔터테인먼트 상품 향유와 긍정적으로 상관되어 있다. 비슈 등(Visch et al., 2020)은 높은 몰입감 상태[프로젝터가 큐브에서 여러 벽을 비추는, 이른바 동굴 보기(CAVE viewing)]와 다소 낮은 몰입감 상태(3D 보기)를 비교하면서 필름 감상 실험에서 몰입감을 조작할 때, 즐거움('아름다운' 등급을 통해 측정된다)이 40% 이상 높아진다.27) 그리고 그들의 롤플레잉 게임 연구에서, 바이벨과 위스매스(Weibel and Wissmath, 2011)는 몰입감과 즐거움을 직접 측정하여 0.53의 강한 긍정적인 상관관계를 발견한다. 그러나, 그들의 데이터 경로 분석은 바이벨과 위스매스 연구의 게임 맥락에서 몰입감과 즐거움 사이의 연결이 직접적이지 않다는 것을 시사한다. 대신, 다음 부분에서 논의하는 소비자의 몰입 상태에 의해 조정된다는 것을 알게 된다.

---

27) 몰입감은 소비자 감정의 높은 수준(긍정적이든 부정적이든)과 함께 이뤄진다는 것을 발견해, 엔터테인먼트 소비의 이미지와 감정 처리의 공존에 대한 추가적인 증거를 더한다.

## (3) 몰입

몰입의 개념은 소비자의 인지 과정에 대한 구체적인 관점을 더한다. 서사 몰입과 몰입감은 모두 소비의 상상력적인 측면에 초점을 맞추고 있는 반면, 몰입은 소비자가 경험에 적극적으로 기여하는 데 더 관심이 있다. 이 개념을 도입하고 강하게 형성해 온 칙센트미하이(Csíkszentmihály, 1975: 43)는 몰입을 소비자들이 전적으로 관여하여 행동하는 상태라고 묘사하고 있다.

몰입 상태는 전체적인 에너지틱한 느낌과 관련된다. 그것은 강렬한 몰입도, 왜곡된 시간 감각, 그리고 활동에서 인지된 높은 수준의 개인 통제력이 특징이다. 서사 몰입 및 몰입감과 대조적으로, 몰입은 엔터테인먼트 경험에 특별히 초점을 둔 채로 개발되지 않는다. 대신에, 그것은 음악의 구성(MacDonald et al., 2006)과 인터넷 검색(Hoffman and Novak, 1996)과 같은 본질적인 동기부여에 의해 움직이는 다른 행동뿐만 아니라 모든 종류의 쾌락적 활동에 적용된 다소 일반적인 개념이다.

몰입을 구분하는 측면은 '제어'이다. 몰입은 균형을 필요로 한다. 자신의 기술로 소비자의 활동 요건을 충족시킨다. 몰입의 관점은 엔터테인먼트 상품의 소비를 사람이 성취하기 위해 선택하고 업무로 간주하고, 작업의 요구 사항이 해당 개인의 기술과 일치할 때만 발생한다. 작업은 소비자에게 너무 어렵거나 너무 쉬울 수 있으며, 두 경우 모두 몰입이 발생하지 않을 수도 있다. 기술은 상품과 작업에 따라 상당히 이질적일 수 있다. 이에 인지적(예: 복잡한 새로운 줄거리를 따라가는 능력), 심미적(예: 야심 찬 뮤지컬 작품의 아름다움을 보는 것), 운동적 기술(플레이스테이션 컨트롤러의 버튼을 신속하게 조작하는 것 등)이 있다.[28]

---

[28] 엔터테인먼트에 필요한 소비자 기술에 대한 논의에 관심 있는 독자에게는 셰리(Sherry,

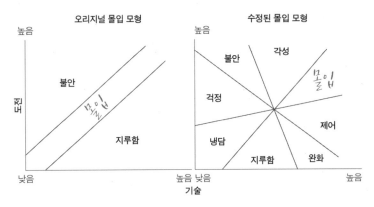

오리지널 몰입 모형 / 수정된 몰입 모형

〈그림 6.7〉 몰입의 모형

주: Studio Tense 그래픽 지원.
자료: Nakamura and Csíkszentmihályi(2002) 참조.

    초기 몰입에 관한 연구는 도전과 기술의 일치에 따른 몰입의 결과라고 주장했지만, 칙센트미하이와 그의 동료들은 나중에 '최소한의 도전', 즉 작업이 적어도 일정 수준의 기회를 제공할 때에만 소비자는 몰입 상태에 다다르게 된다(Nakamura and Csíkszentmihályi, 2002). 〈그림 6.7〉에서 보듯이, 소비자가 높은 도전에 직면해 있지만 낮은 기술(일정한 수준을 마스터하지 못하고 매번 좀비에게 살해당하는 게임 등)은 몰입 대신 불안(아마도 좌절)을 일으킬 것이다. 반면, 기술력이 문제를 해결하기 위해 필요한 기술보다 상당히 높은 경우, 순수한 통제, 휴식(사무실에서 지친 하루를 보낸 후 TV로 드라마 연속극을 시청) 또는 지루함(게임이 너무 쉬울 때)을 경험하지만, 특히 몰입감은 없다. 29)

---

    2004)의 연구를 추천한다.

29) 칙센트미하이의 몰입 모형에서 다른 상태 중 일부가 다소 논쟁의 여지가 있다는 것을 발견한다. 같은 수준의 과제를 고려할 때, 왜 높은 기술이 지루함을 완화로 전환해야 하는가? 그러나 전반적으로, 그 모형은 소비자가 몰입을 경험하는 데 필요한 것에 대한 건전한 이해를 제공한다.

고객이 해결해야 하는 과제와 작업의 중요한 역할은 한편으로는 모든 형태의 엔터테인먼트에 대한 관리자와 아티스트의 제작 결정에 영향을 미친다. 지적인 추리소설은 복잡한 줄거리를 따라가며 미스터리를 풀 수 있는 기술이 부족하면 몰입 대신 좌절감을 유발할 수 있지만 지나치게 단순한 진행은 독자들의 지루한 위험을 수반한다. 루스 등(Ruth et al., 2016)은 라디오 프로그램에 의해 재생되는 음악의 복잡성을 실험적으로 조작한다. 그들은 높은 음악적 복잡성이 낮은 기술을 가진 소비자들이 몰입을 경험하는 것을 막는 반면, 높은 기술을 가진 소비자의 경우, 복잡성이 실제로 이론적 주장에 따라 몰입을 촉진한다는 것을 발견했다.

엔터테인먼트 형식 중에서도 몰입은 특히 소비 행위가 소비자에게 보다 적극적인 역할을 지정하는 비디오 게임과 관련이 있다. 이런 맥락에서 몰입은 일반적으로 흔하다. 호프먼과 나델슨(Hoffman and Nadelson, 2010)은 일주일에 5시간 이상 게임을 한 게이머의 89%가 몰입의 핵심 측면인 플레이를 할 때 왜곡된 시간감을 경험한다고 보고했다. 따라서 게임과의 엔터테인먼트 거래의 몰입에 대한 대부분의 학문적 연구가 놀랄 일은 아니다.

그 외에도 몰입감은 몰입의 핵심 요소이며, 두 개념 사이의 밀접한 연관성이 실증적으로 나타났다. 바첸 등(Bachen et al., 2016)은 역할극 게임의 플레이어의 데이터에 구조 방정식 모델링을 적용하면 몰입감이 몰입의 28%를 설명하고, 바이벨과 위스매스(Weibel and Wissmath, 2011)는 비슷한 환경에서 0.34(즉, 공유 분산 12%)의 상관관계를 보고한다.

서사 몰입과 몰입감의 경우와 마찬가지로, 학자들은 누군가가 경험하는 몰입의 수준이 소비자의 성격에 영향을 받는다고 주장해 왔다. 구체적으로, 칙센트미하이는 사람들이 삶을 즐기는 정도 또는 쾌락적 활동이나 일차적인 사고에 대한 선호도가 일반적으로 다르다고 제안했다. 이론적으로 그러한 '자기 목적적 성격(autotelic personality)'은 높은 수준의 호기심,

지속성, 낮은 자기중심성(Csíkszentmihályi, 1997)과 관련이 있지만, 경험적 증거는 아직 부족하다. 다른 이들은 다른 몰입 수준을 설명하기 위한 쾌락적 선호보다 소비자 능력에 더 초점을 맞추고 있다(Baumann, 2012). 예를 들어, 셰리(Sherry, 2004)는 뇌 3D 회전과 같은 성별에 특정한 능력을 가진 특정 종류의 비디오 게임을 가진 남성 대 여성 소비자의 더 큰 매력을 설명하려고 시도한다. 우리는 소비 맥락이 주어진 상황에서 몰입이 경험되는지에 영향을 미칠 것이라고 가정하지만, 이 문제를 다루는 연구는 거의 없다.

몰입의 결과에 대해, 학자들은 몰입이 다양한 형태의 엔터테인먼트를 위한 즐거움과 상품 사용 혹은 애호하는 주요 동인이라는 증거를 모았다. 몰입은 종종 '최종 목표'가 활동 자체에 참여하기 위한 핑계일 뿐인 활동에 대한 내재적 관심에 기반하기 때문에, 그러한 연결 고리는 우리를 놀라게 해서는 안 된다. 비디오 게임의 경로 분석 결과, 바이벨과 위스매스(Weibel and Wissmath, 2011)는 몰입이 소비자들의 게임에 대한 즐거움을 22% 설명하는 것으로 나타났다. 최동성과 김진우(Choi and Kim, 2004)는 게임을 재생하려는 의도에서 소비자의 몰입 인식이 3분의 2를 훨씬 넘는다고 보고했고(한국 온라인 게이머 약 2000명의 서베이 데이터를 구조 방정식으로 모델링한 결과), 스미스 등(Smith et al., 2016)은 호주인 표본에서 몰입이 더 오래 재생된다는 것을 보여 주었다(상관 값은 0.34). 결과는 음악과 비슷하다. 루스 등(Ruth et al., 2016)은 라디오 음악 소비의 연구에서 몰입이 참가자가 프로그램을 좋아하는 변화량의 60% 이상을 설명한다고 계산한다. 하지만, 이러한 모든 연구에는 한 가지 약점이 있다. 일반적으로 경험적 모형에 포함되는 제어 변수는 매우 적다(종종 심지어 없다). 따라서 보고되는 몰입의 효과는 실제로 몰입 자체보다는 서사 몰입 또는 몰입감에 의해 야기될 수 있다.

마지막으로, 경험을 몰입화하는 데 '어두운 측면'도 있을 수 있다. 인터넷 게임에 전념하는 가상 커뮤니티 구성원 395명을 대상으로 한 조사에서

슈와 팅(Chou and Ting, 2003)은 구조적 방정식 모델링을 통해 몰입이 집착(즉, 게임을 멈출 수 없는 것)과 금단증상을 포함한 다양한 중독적 행동과 강하게 연관되어 있음을 발견했다. 엔터테인먼트로 사람들을 흥분시키는 것은 분명 좋은 일이지만, 제작자들은 그들의 상품 사용과 관련된 의도하지 않은 결과를 알아야 한다. 이를 무시하면 결국 고객들뿐만 아니라 상품, 회사, 그리고 산업 전체의 평판에도 해를 끼칠 수 있다.

다음으로 넘어가기 전에, 우리는 엔터테인먼트 상품에 대한 의사결정 과정을 논의한다. 〈표 6.2〉에서 논의한 서사 몰입, 몰입감, 몰입의 3가지 경험적 상태에 대해 유사점과 주요 개념적 차이를 요약한다.

**〈표 6.2〉 서사 몰입, 몰입감, 몰입의 요약 비교**

| 상태/개념 | 서사 몰입 | 몰입감 | 몰입 |
|---|---|---|---|
| 정의 | 스토리 속에서 길을 잃고 생리학적 의미에서 '실제 세계'를 놓치는 감각적 인상 | '실제 이야기'가 가려지는 등, 다른 세계에 존재하는 (공간적으로) 감각적 인상 | 소비자가 총체적인 관여를 가지고 행동하는 상태 |
| 주요 관련성 | 서사가 초점이 되는 엔터테인먼트(소설, 영화, TV 시리즈) | 미학이 초점인 엔터테인먼트(비디오 게임, 음악) | 소비자에게 적극적인 역할을 부여하는 엔터테인먼트 경험(그리고 소비자가 내재적 동기에 관여하는 다른 활동) |
| 주요 방법 | 이야기의 등장인물들에 대한 강한 이미지와 공감 | 대체 세계를 만들고 그 안에서 활동할 수 있는 강력한 이미지 | 엔터테인먼트 제품과 소비자 기술의 몰입과 도전의 균형 |
| 제품 결정 요인 | 식별 가능한 문자, 이미지 잠재력이 있는 줄거리, 진실성 | 대체 세계에 대한 풍부한 묘사(다양한 감각, 포괄적·도전적이고 강력한 이야기) | 몰입도 확인, 소비자의 제품 과제를 결정하는 기능(예: 인지적·심미적·운동적 기술) |
| 기타 결정 요인 | 스토리/장르에 대한 소비자의 친숙성, 운송 가능성 특성, 인구통계, 상황별 요인(예: 장치, 사회적 구성) | 익숙함, 몰입감 발현형, 불신임 중단, 흡수 특성, 상황적 요인 | 자기 목적적인 성격 및 능력, 상황적 요인 |
| 실증적으로 제안된 결과 | 엔터테인먼트 동기, 즐거움, 제품 선호, 행동 의도와 연계됨 | 감정과 연결, 즐거움 | 즐거움, 제품 선호, 행동 의도, 사용 시간, 중독성 있는 행동 |

## 4. 엔터테인먼트 소비의 프로세스 모형

우리는 영화 관객의 의사결정 과정을 잘 모른다.

— 스튜디오 마케팅 임원(Stradella Road, 2010)

엔터테인먼트 소비에 대한 우리의 흥분-친숙(성) 체계는 다양한 심리적 반응과 소비자 내에서 결합되어 영화를 보고, 소설을 읽고, 게임을 하고, 노래를 듣고 싶은 욕구를 조성하는 상태를 연결한다. 또한 이러한 반응과 엔터테인먼트물을 소비하면서 사람들이 경험하는 상태를 강조한다. 그러나 이 체계는 수많은 옵션 중에서 특정 엔터테인먼트 상품이 원하는 수준의 즐거움 또는 기쁨을 제공하기에 적합한지 여부를 결정할 때 소비자들이 겪는 과정을 우리에게 알려 주지 않는다.

이 질문은 관리자들에게 분명한 관련성이 있지만 도입부 인용문에서 입증되었듯이, 이 프로세스에 대해 실제로 알려진 것은 비교적 적다. 전세계 MBA 강의실이나 경영자 교육에서 가르치는 소비자 의사결정 과정의 전통적인 모형은 너무 일반화되어 있을 뿐, 앞서 논의한 것처럼 엔터테인먼트의 특수성을 위한 충분한 공간을 제공하지 못한다는 것이 주된 이유이다. 고전적인 '주의-관심-욕구-행동(attention-interest-desire-action)' 일련과 같은 모형은 매우 높은 수준의 추상적 개념에서 구성되므로 소비자가 엔터테인먼트 특수성을 접하는 상품을 검색할 때 어떻게 직면하는지에 대한 제한된 통찰만을 가능하게 한다.

이후 제시되는 엔터테인먼트 의사결정 모형은 소비자 행동의 일반적인 프로세스 모형을 기반으로 하지만, 더 나아가서는 하트 등(Hart et al., 2016)의 연구에서 영감을 얻었기 때문이다. 소비자들이 엔터테인먼트에 대해 어떻게 결정을 내리는지 더 잘 이해하기 위해, 이 연구자들은 정성적 자기

성찰적 연구 접근법을 적용했고, 가능한 모든 샘플 크기 중 가장 작은 한 소비자의 풍부한 개인적 경험을 그렸다. 수십 년 동안 소비자의 엔터테인먼트 선택에 대한 연구는 하트 등(Hart et al., 2016)의 통찰력이 실제와 일치함을 시사한다. 그들의 통찰력을 바탕으로, 소비자들이 엔터테인먼트 상품에 관한 의사결정을 할 때 진행하는 3가지 주요 단계, ① 감각 형성, ② 의사결정, ③ 소비 경험 자체를 구분한다.

이 세 단계는 연속적으로 발생하지만, 선형 과정은 아니다. 단계 간 피드백 루프(feedback loops)가 가능하며 예외라기보다는 표준이다. 그 과정은 얼마나 걸릴까? 이러한 결정은 성급한 것(거의 자동 처리)처럼 보이지만, 몇 분, 몇 시간, 심지어 며칠(심의 처리) 동안 신중하고 천천히 내릴 수도 있다. 어느 경우든, 소비자가 실제로 단계적 프로세스를 거치게 된다. 각 단계에서 어떤 일이 일어나는지, 그리고 그것들이 어떻게 상호 연결되어 있는지 자세히 살펴보자.30)

※ 1단계: 감각 형성(Sensemaking)

의사결정 과정의 초기 단계에서 소비자들은 자신이 노출되어 있는 상품에 대해 이해한다. 때로 이러한 노출은 의도적으로 우리를 즐겁게 해줄 상품을 찾고 있을 때 일어난다. 그러나 다른 경우에는 광고나 상점 진열대를 우연히 발견하거나 친구나 소셜 네트워크의 접촉으로 "이걸 보고 읽고 듣고 재생해야 한다"라고 말한다. 노출된 상품들 중 일부는 시장에 새로 나온(흔히 아직 출시되지 않은) 상품이지만, 다른 상품들은 이전에는 인식하

---

30) 울필과 웰런(Wohlfeil and Whelan, 2008), 밧핫과 울필(Batat and Wohlfeil, 2009)은 성찰 연구의 형태로 소비자의 엔터테인먼트 소비 프로세스에 대한 풍부한 통찰력을 제공한다.

지 못했거나 이전에 무시한 제품도 있다.

소비자들은 상황에 상관없이 상품에 대한 정보를 감지하고 처리하는 것에 기초하여 엔터테인먼트 상품의 자체적인 분류 체계에 자동으로 상품을 적합시킨다. 이 정보는 단편적일 수 있고(예: 첫 번째 티저 예고편이나 모호한 소문을 공유하는 친구 등) 또는 매우 상세할 수 있다(예: 상품의 모든 요소와 품질에 대한 정보 등). 이런 감각 형성 단계에서 소비자들은 새로운 엔터테인먼트 상품의 요소와 측면(영화의 장르, 참여하는 배우 등)에 대한 지식과 감정을 잠재의식적으로 상품에 대한 이미지와 예상되고 예상된 감정을 개발하기 위해 사용한다.

영화 〈블레이드 러너〉 속편의 촬영에 대해 처음 들었을 때 당신의 반응을 생각해 보라. 당신은 그것을 이해하려고 애쓰고 있었다. 만약 당신이 원작 고전의 열렬한 팬이라면 그 정보는 회의론을 부풀리게 했을지도 모른다. 특히 원작의 감독이 이번에는 (직접적이지는 않지만) 제작만 할 것이라는 말을 들었을 때 말이다. 여러분은 새로운 감독인 드니 빌뇌브(Denis Villeneuve)가 그의 초기 작품에 대한 리뷰를 읽거나 넷플릭스 혹은 DVD에서 그중 몇 개를 보고 좋은지 알아내려고 할 것이다. 원작의 작가가 속편의 각본을 만들고 있다는 말을 들으니 흥분되지만, 그의 공동 작가가 영화 〈그린 랜턴(Green Lantern)〉 (2011)의 시나리오를 집필했다는 것을 알고는 기대를 저버릴 것이다. 누가 출연을 할까? 해리슨 포드가 돌아와 영화 〈드라이브(Drive)〉 (2011)에서 라이언 고슬링(Ryan Gosling)과 함께 출연한다는 사실은 당신을 흥분시키고 내면의 이미지를 만들어 낸다. 이러한 내면 이미지의 생생함은 인터넷을 통해 공유되는 첫 번째 스틸에 의해 강화된다. 티저 예고편을 보면서 흥분이 고조된다. 더 이상 영화를 보고 싶어 견딜 수 없고, 그렇게 하고 싶은 욕망이 가득 차게 된다.

다른 경우, 감각 형성은 기대와 욕망을 훨씬 적게 만들 것이다. 영화 〈매그니피센트 7(The Magnificent Seven)〉 (2016)의 리메이크는 완벽했던 1960년

작을 왜 다시 촬영하는 것일까? 스티브 매퀸(Steve McQueen)과 율 브리너(Yul Brynner)를 대신할 사람은 아무도 없다. 그리고 유튜브에서 영화의 예고편을 우연히 발견하고 화려한 음악 테마가 포함되어 있지 않다는 사실을 알게 되면 욕망이 더욱 식어 버린다.

어쨌든, 그러한 감각 형성의 결과는 상품들 사이에 분명히 다른 상품에 대한 어느 정도의 욕구이다. 쾌락적 상품에 대한 모든 소비자 판단과 마찬가지로, 전체론적 유형(특정 속성 기반)이자 각 소비자에 대해 매우 특이하며, 이전의 지식과 경험, 선호 및 동기를 기반으로 한다. 그 과정에서 미래의 모든 활동을 중재하는 것은 감각 형성에서 비롯되는 욕망(또는 욕망의 부족)이다.

### ※ 2단계: 의사결정(Decision Making)

감각 형성 단계의 결과로 경험되는 상품에 대한 욕구를 바탕으로 소비자의 뇌는 결정적 욕구 수준을 초과하면 상품을 경험하려는 의도를 생성하게 된다. 그런 다음 소비자는 소비 옵션을 탐색한다. 이 기준점에 도달하지 않으면 상품 소비는 발생하지 않는다(적어도 욕구가 변경될 때까지). 후자의 경우, 소비자가 다른 엔터테인먼트 상품(같은 형태의 엔터테인먼트, 즉 다른 영화를 보는 것)을 탐구하거나 완전히 다른 것에 관여하는 등 과정이 중단된다(예: 잠자리에 드는 것, 일하는 것).

소비에는 욕망과 그에 따른 내면의 소비 의도가 필요하지만 충분하지 않다. 결국 소비의 발생 여부는 여러 상황에 따른 힘에 달려 있다. 그러한 힘에는 소비 환경이 포함된다(예를 들어 영화를 보여 줄 수 있을 만큼 가까운 영화관이 있는가? 아니면 아이튠즈에서 다운로드할 수 있는가? 영화의 연령 등급이 소비자가 상영에 참석할 수 있도록 허용하는가?). 상황 환경(예를 들어 소비자는 충분한 시간과 돈이 있는가? 소비자의 기분이 좋은가?) 및 사회적 환경(예를 들어 친구들이 이용 가능한가, 아니면 다른 일을 고집하는가?) 조건은 소비자가 경험하는 욕구의 수준(그리고 그에 따른 소비 의도)을 확대하거나 감소시킬 수 있다. 예를 들어, 단순히 영화 볼 시간이 없다는 것을 아는 것은 잠재의식적으로 높은 수준의 욕망의 발전을 억제할 수 있고(실망을 피하기 위해) 소비자가 그 과정의 후반부에서 이 시간 제약을 깨달았을 때 실제로 기존의 욕망을 낮출 수 있다.

이 단계에서는 상품의 문화적 역할도 중요하다. 상품은 소비자의 지역 문화나 사회의 주관적인 사회규범과 일치하는가? 예를 들어, 3D로 촬영된 노골적인 하드코어 섹스 장면을 포함시킨 영화가 사회적 규범을 어긴다면, 〈러브(Love)〉처럼 비평가들에게 찬사를 받는 드라마 영화를 경험하는 것이 적절한가? 이러한 상황에서 영화의 훌륭한 전문가 리뷰와 예술적 가치가 소비자의 욕구와 소비 의도를 정당화하는가? 환경적 힘과 마찬가지로 주관적 규범도 소비자가 경험하는 욕구 수준에 영향을 미칠 수 있다.

#### ✳ 3단계: 소비 경험

상품에 대한 소비자의 미래 행동이 결정되는 것은 소비 중에 있다. 소비 경험은 추가 검색 활동을 유발 시킬 수 있다. 소비자는 제작자들이 TV 시리즈인 〈트루 디텍티브(True Detective)〉(2014~2019)[31]에서 6분간의 연속 추적 장면을 어떻게 촬영했는지 알아내기 위해 새로운 정보를 찾을 수도 있다. 그러나 상품을 소비하는 경험은 영화를 다시 보거나, 스포티파이를 통해 사운드트랙을 듣거나, 〈스타워즈〉의 광선검 같은 상품을 구입하는 등 다감각 자극의 소비를 자극할 수도 있다. 또한 경험 품질은 소비자들이 소셜 미디어, 웹사이트 또는 친구들과의 개인적인 교류를 통해 엔터테인먼트 상품에 대해 어떻게 의사소통하는지 결정한다.

---

31) 이에 대해 알고 싶은 경우 후쿠나가(Fukunaga, 2014)의 연구를 확인하라.

그렇다면 이것이 우리가 엔터테인먼트를 어떻게 소비하는지 보여 주는 전체 그림인가? 아직은 아니다. 지금까지의 논의는 엔터테인먼트 상품의 한 가지 중요한 측면, 즉 크게 그들의 사회적 차원을 설명했다. 엔터테인먼트 소비는 사회적 요인에 의해 영향을 받는 경우가 많기 때문에, 다음의 프로세스 모형에 대한 논의에서 피상적으로 언급했던 사회적 환경에 대한 더 깊은 시선이 보장된다. 소비자들은 혼자가 아니라 그룹으로 함께 엔터테인먼트를 즐기는 것을 선호한다. 엔터테인먼트는 중요한 문화적 기능을 가지고 있기 때문에 소비자들은 친구나 배우자와 함께 영화를 보러 가고, (그리고 인터넷을 통해 다른 사람들과 함께) 게임을 하고, 파티나 클럽에서 춤을 춘다.

〈그림 6.8〉의 패널 A는 각 단계에 관련된 서로 다른 개념을 명명하는 것과 함께 감각 형성, 의사결정, 소비 경험의 세 단계를 통해 흐르는 엔터테인먼트 소비 과정에 대해 양식화된 개요를 보여준다. 그러나 판타지 고전 〈네버엔딩 스토리(The Neverending Story)〉(1984)를 보고 싶어 하는 한 여성과 영화에 대한 정보에 근거하여 히틀러의 마지막 전쟁영화 〈다운폴(The Downfall)〉(2014)을 보고 싶어 하는 남성 소비자처럼 다른 두 소비자를 위한 완전한 프로세스 과정을 보여 준다. 그런 다음 패널 B는 두 사람이 공동으로 보고 싶어 하는 영화의 사례 과정을 조정한다. 그들은 결국 호전적이고 모독스러운 독일의 히트 코미디 〈팩 주 괴테(Fack Ju Göhte)〉(2013)를 보게 되는데, 이 코미디는 그들이 둘 다 보고 싶은 욕망을 느끼는 것이다.

'엔터테인먼트-소비-집단(entertainment-consumption-as-a-group)' 모형에서 우리는 다음과 같이 도출한다. 바고치(Bagozzi, 2000)는 '의도적인 사회적 행동(intentional social action)'에서 집단이 특정한 '우리 의식(We-ness)'으로 특징지어진다고 가정한다. 집단 구성원은 이 '우리 의식'을 인식하면서 그들의 행동, 믿음, 태도, 그리고 욕망을 공유한다. 이 그룹의 후속 사회적 행동(예: 함

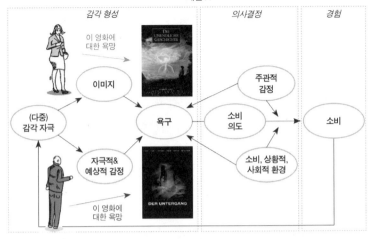

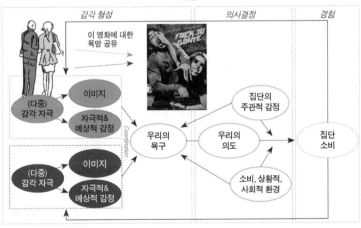

**〈그림 6.8〉 엔터테인먼트 의사결정 프로세스 모형**

주: 패널 A는 소비자가 고립된 상태에서 행동할 때 엔터테인먼트 의사결정을 설명한다. 패널 B는 그룹을 위한 과정을 보여 준다.

째 영화 보기)은 공통 목표를 위한 공동의 '우리 욕구(We-desire)'에 기초하고 있다. 이런 '우리 욕구'는 집단 구성원 간의 조정과 상호작용을 통해 나타난다. 그림에서, 두 소비자는 다른 그룹 구성원이 각자 좋아하는 선택에 대해 서로 다른 생각과 감정을 가지고 있기 때문에 최초의 계획을 생략한다. 그룹으로서 그들은 세 번째 영화인 〈팩 주 괴테〉라는 '우리 욕구'를 개발한다.

공동 욕망의 결정적 한계점을 넘길 경우 그룹 구성원이 함께 상품을 소비하는 주체 역할을 할 수 있도록 '우리 의도(We-intention)'가 형성된다. 또한 이런 사회적 엔터테인먼트 행위가 소비 행위에서 파생된 즐거움에 영향을 미칠 수 있다는 초기 증거가 있다. 라마나단과 맥길(Ramanathan and McGill, 2007)은 57명의 학생들이 TV 쇼 〈새터데이 나이트 라이브(Saturday Night Live)〉(1975~)의 동영상을 시청한 실험에서 그룹 소비가 더 많은 즐거움을 가져온다는 것을 발견했다.[32] 하지만, 그룹 응집력과 다른 요소들이 그러한 그룹 효과를 완화시킬 것이라고 말해도 무방할 것 같다. 즉, 자신의 감정에 보답하지 않는 잠재적인 사랑의 관심을 가지고 표현하는 것은 댄스 음악에 대한 긍정적인 평가로 이어지지 않을 것이다.

마지막으로, 의도적 사회 행동 이론은 사회적 유대가 훨씬 약한 집단의 활동을 설명하는 데 도움이 될 수 있다. 브랜드 커뮤니티나 소셜 네트워크(Bagozzi and Dholakia, 2002)를 생각하되 일반적으로 같은 생각을 가진 팬 혹은 소비자에게 더 광범위하게 다가갈 수 있다. 우리는 팬들이 새로운 엔터테인먼트 상품에 대한 욕구를 공유할 때 무슨 일이 일어날 수 있는지 알고 있다. 그것은 소셜 미디어 자료, 실제 대화, 온라인 트렌드 주제 목록 등에서 쉽게 관찰할 수 있는 예상 버즈 행동(buzz behaviors)을 촉발시킨다. 이러한 버즈는 대개 직접적으로 연결되지는 않지만 종종 버즈 행동을 통

---

32) 이 효과는 잠재의식일 수 있다. 소비자들은 이 즐거움을 다른 그룹 구성원의 존재가 아니라 쇼의 품질에 기인한다고 생각한다.

해서만 서로를 아는 팬과 소비자의 대규모 '우리 욕구'를 표현한다. 이 비정형 집단의 '우리 욕구'는 아직 움직임에 가입하지 않은 사람들(그리고 '차세대 빅 팬'이 되고 싶지 않은 사람들에게 긍정적인 신호를 보낼지도 모른다)에게 선순환을 불러와 훨씬 더 많은 소비자들에게 확산될 수 있다.[33]

## 5. 맺음말

궁극적으로 새로운 엔터테인먼트 상품을 채택(또는 무시)하는 것은 소비자이기 때문에 소비자를 이해하는 것은 엔터테인먼트를 성공적으로 관리하는 데 중요하다. 광고주나 보조금 제공업체가 기업의 주요 수입원이고 소비자가 상품에 접근하기 위해 힘들게 번 돈을 넘겨 주지 않는 상황에서도 결국 엔터테인먼트 상품의 장기적인 성공을 결정하는 것은 소비자의 반응이다. 이 장에서 우리는 많은 학문적 연구를 모아서 엔터테인먼트 상품에 관한 소비자의 인지적·감정적 반응과 이러한 반응이 영화, 게임, 책, 노래를 소비할지 말지를 결정하는 행동을 어떻게 야기하는지 설명하는 틀을 제시한다.

간단히 말해서, 기업은 그들의 상품이 다음과 같은 경험을 제공하도록 해야 한다. 소비자들이 바람직한 감정과 이미지를 생성할 수 있도록 원하는 수준의 흥분을 만들어야 한다. 하지만 즐거움을 유발하는 것은 흥분뿐만이 아니다. 소비자들은 또한 새로운 상품이 친숙하고 사랑하는 영웅, 장소, 그리고 새로운 경험과 좋아하는 이전 경험을 연결하는 것들을 소중

---

33) 버즈 개념과 상품 성공을 위한 역할에 대한 논의는 엔터테인먼트 커뮤니케이션에 관한 III권 1장, 2장을 참조하라.

히 여긴다. 흥분과 친숙(성)을 올바른 방식으로 결합하면 소비자들이 다른 우주로 옮겨져 '잃어버린' 것을 얻을 수 있는 감정과 인지 과정을 촉발시켜 소비자들을 끌어당기고 즐거움을 불러일으킨다. 이러한 몰입은 현실 도피와 사회 학습과 같은 주요 소비자 엔터테인먼트 동기를 실현하는 데 도움이 된다.

흥분과 친숙(성)의 올바른 조합을 결정하는 것은 매우 큰일이다. 그러나 체계 요소 사이의 연결은 복잡하고 미묘하기 때문에 너무 익숙한 제공은 만족감의 위험을 수반한다. 감정은 다차원적이며 엔터테인먼트의 시뮬레이션된 성질은 즉각적인 반응과 이후의 반응 사이의 구별을 의미한다. 그리고 몰입의 성공은 상품뿐만 아니라 소비자와 상황적 요인에 의해 영향을 받는다.

엔터테인먼트 상품과 시장의 독특한 특성과 업계의 가치 창출 프로세스 및 비즈니스 모델에 대한 이해와 함께 엔터테인먼트 소비자에 대한 이러한 이해는 II권의 2부 엔터테인먼트 관리와 마케팅에서 다룬다.

# 참고문헌

Addis, M., & Holbrook, M. B. (2010). Consumers' identification and beyond: Attraction, reverence, and escapism in the evaluation of films. *Psychology & Marketing, 27,* 821-845.

Almond, D. (2006). Introduction. In D. Hahn, L. Flynn, & S. Reuben (Eds.), *The ultimate teen book guide* (Vols.VII-VIII). London: A & C Black Publishers.

Arnold, M. B. (1960). *Emotion and personality.* New York: Columbia University Press.

Askin, N., & Mauskapf, M. (2017). What makes popular culture popular? Product features and optimal differentiation in music. American Sociological Review, forthcoming.

Aurier, P., & Guintcheva, G. (2014). Using affect—expectations theory to explain the direction of the impacts of experiential emotions on satisfaction. *Psychology & Marketing, 31,* 900-913.

Bachen, C. M., Hernández-Ramos, P., Raphael, C., & Waldron, A. (2016). How do presence, flow, and character identification affect players' empathy and interest in learning from a serious computer game? *Computers in Human Behavior, 64,* 77-87.

Bagozzi, R. P. (2000). On the concept of intentional social action in consumer behavior. *Journal of Consumer Research, 27,* 388-396.

Bagozzi, R. P., & Dholakia, U. M. (2002). Intentional social action in virtual communities. *Journal of Interactive Marketing, 16,* 2-21.

Bartsch, A., & Viehoff, R. (2010). The use of media entertainment and emotional gratification. *Procedia—Social and Behavioral Sciences, 5,* 2247-2255.

Batat, W., & Wohlfeil, M. (2009). Getting lost "Into the Wild": Understanding consumers' movie enjoyment through a narrative transportation approach. In *Proceedings of ACR* (pp.372-377).

Baumann, N. (2012). Autotelic personality. In S. Engeser (Ed.), *Advances in Flow Research* (pp.165-186). New York: Springer.

Behrens, R., Kupfer, A., & Hennig-Thurau, T. (2017). Empirical findings on the role of sensations and familiarity for motion picture success. Working Paper, University of Münster.

Bohnenkamp, B., Knapp, A.-K., Hennig-Thurau, T., & Schauerte, R. (2015). When does it make sense to do it again? An empirical investigation of contingency factors of movie remakes. *Journal of Cultural Economics, 39,* 15-31.

Bracken, C. C. (2006). Perceived source credibility of local television news: The impact of television form and presence. *Journal of Broadcasting & Electronic Media, 50,* 723-741.

Busch, A., & D'Alessandro, A. (2016). 'Star Trek Beyond' launches to $59 M; 'Lights Out' electrifies; 'Ice Age' tepid; 'Ghostbusters' no Cinderella story—boxoffice final. *Deadline,* July 25, https://

goo.gl/XyFPHm.

Bywaters, M., Andrade, J., & Turpin, G. (2004). Determinants of the vividness of visual imagery: The effects of delayed recall, stimulus affect and individual differences. *Memory, 12*, 479-488.

Campos, A. (2014). Gender differences in imagery. *Personality and Individual Differences, 59*, 107-111.

Choi, D., & Kim, J. (2004). Why people continue to play online games: In search of critical design factors to increase customer loyalty to online contents. *CyberPsychology & Behavior, 7*, 11-24.

Chou, T., & Ting, C. (2003). The role of flow experience in cyber-game addiction. *CyberPsychology & Behavior, 6*, 663-675.

Cline, E. (2011). *Ready Player One*. London: Arrow Books.

Cohen, J. B., Pham, M. T., & Andrade, E. B. (2006). The nature and role of affect in consumer behavior. In C. P. Haugtvedt, H. Paul, & K. Frank (Eds.), *Handbook of consumer psychology*. New Jersey: Lawrence Erlbaum.

Coursaris, C. K., van Osch, W., & Florent, S. (2016). Exploring the empirical link between game features, player motivation, and game behavior. *MCIS 2016 Proceedings*, Paper 53, 1-9.

Craik, F. I. M., & Dirkx, E. (1992). Age-related differences in three tests of visual imagery. *Psychology and Aging, 7*, 661-665.

Csíkszentmihályi, M. (1997). *Finding flow*. New York: Basic.

Csíkszentmihályi, M. (1975). Play and intrinsic rewards. *Journal of Humanistic Psychology*, 15, 135-153.

Dal Cin, S., Zanna, M. P., & Fong, G. T. (2004). Narrative persuasion and overcoming resistance. In E. S. Knowles & J. A. Linn (Eds.), *Resistance and Persuasion* (pp.175-191). Mahwah, NJ: Lawrence Erlbaum Associates.

De Wied, M., Zillmann, D., & Ordman, V. (1994). The role of empathic distress in the enjoyment of cinematic tragedy. *Poetics*, 23, 91-106.

Drolet, A., & Luce, M. (2004). The rationalizing effects of cognitive load on emotion-based trade-off avoidance. *Journal of Consumer Research, 31*, 63-77.

Ekman, P. (1999). Basic emotions. In T. Dalgleish & M. Power (Eds.), *Handbook of cognition and emotion* (pp.46-60). Chichester: Wiley.

Ford, R., Kit, B., & Giardina, C. (2017). Hollywood rethinks key movie franchises amid a mixed summer at the box office. *The Hollywood Reporter, 21*, https://goo.gl/YcJgNd.

Fukunaga, C. (2014). How we got the shot. *The Guardian*, March 17, https://goo.gl/qgrA3S.

Fowdur, L., Kadiyali, V., & Narayan, V. (2009). The impact of emotional prod-uct attributes on consumer demand: An application to the U.S. motion picture industry. Working Paper, *Johnson School Research Paper Series* #22-09.

Galton, F. (1880). Statistics of mental imagery. Mind, 5, 301-318. [Available at https://goo.gl/C39Uuc as part of the "Classics in the History of Psychology" repertoire.].

Gardner, J. (2013). Busting the Disney myth: Artist tears apart the unbelievably perfect anatomies of your favorite characters step-by-step. *Mail Online*, June 4, https://goo.gl/384ana.

Green, M. C., Brock, T. C., & Kaufman, G. F. (2004). Understanding media enjoyment: The role of transportation into narrative worlds. *Communication Theory, 14*, 311-327.

Hart, A., Kerrigan, F., & vom Lehn, D. (2016). Experiencing film: Subjective personal introspection and popular film consumption. *International Journal of Research in Marketing, 33*, 375-391.

Henning, B., & Vorderer, P. (2001). Psychological escapism: Predicting the amount of television viewing by need for cognition. *Journal of Communication, 51*, 100-120.

Henning, V., Hennig-Thurau, T., & Feiereisen, S. (2012). Giving the expectancy-value model a heart. *Psychology & Marketing, 29*, 765-781.

Hirschman, E. C. (1980). Innovativeness, novelty seeking, and consumer creativity. Journal of *Consumer Research, 7*, 283-295.

Hirschman, E. C. (1983). Predictors of self-projection, fantasy fulfillment, and escapism. *Journal of Social Psychology, 120*, 63-76.

Hirschman, E. C. (1987). Consumer preferences in literature, motion pictures, and television programs. *Empirical Studies of the Arts, 5*, 31-46.

Hirschman, E. C., & Holbrook, M. B. (1982). Hedonic consumption: Emerging concepts, methods and propositions. *Journal of Marketing, 46*, 92-101.

Hoffman, D. L., & Novak, T. P. (1996). Marketing in hypermedia computer-me-diated environments: Conceptual foundations. *Journal of Marketing, 60*, 50-68.

Hoffman, B., & Nadelson, L. (2010). Motivational engagement and video gaming: A mixed methods study. *Educational Technology Research and Development, 58*, 245-270.

Katz, E., Blumler, J. G., & Gurevitch, M. (1973). Uses and gratifications research. *Public Opinion Quarterly, 37*, 509-523.

Kawakami, A., Furukawa, K., Katahira, K., & Okanoya, K. (2013). Sad music induces pleasant emotions. *Frontiers in Psychology, 4*, 1-15.

Kosslyn, S. M., Margolis, J. A., Barrett, A. M., Goldknopf, E. J., & Daly, P. F. (1990). Age differences in imagery abilities. *Child Development, 61*, 995-1010.

Lasseter, J. (2015). Technology and the evolution of storytelling. *Medium*, June 24, https://goo.

gl/dRsCxd.

LeDoux, J. (1996). *The mysterious underpinnings of emotional life*. New York: Simon & Schuster Paperbacks.

Lee, B., & Lee, R. S. (1995). How and why people watch TV: Implications for the future of interactive television. *Journal of Advertising Research, 35*, 9-18.

Leung, R. (2004). Jimmy Buffet rediscovered. *CBS News*, October 4, https://goo.gl/RsBv6o.

Lin, J. T., Wu, D., & Tao, C. (2017). So scary, yet so fun: The role of self-efficacy in enjoyment of a virtual reality horror game. *New Media & Society*, https://doi.org/10.1177/1461444817744850, forthcoming.

MacDonald, R., Byrne, C., & Carlton, L. (2006). Creativity and flow in musical composition: An empirical investigation. *Psychology of Music, 34*, 292-306.

MacInnis, D. J., & Price, L. L. (1987). The role of imagery in information processing: Review and extensions. *Journal of Consumer Research, 13*, 473-491.

Madigan, J. (2010). The psychology of immersion in video games. *The Psychology of Video Games*, July 27, https://goo.gl/znZgNN.

Mansell, M. (1980). Dimensions of play experience. *Communication Education, 29*, 42-53.

Maslow, A. H. (1943). A theory of human motivation. *Psychological Review, 50*, 370-396.

McAlister, L., & Pessemier, E. (1982). Variety seeking behavior: An interdisciplinary review. *Journal of Consumer Research, 9*, 311-322.

Nakamura, J., & Csíkszentmihályi, M. (2002). The concept of flow. In C.R. Snyder & S. J. Lopez (Eds.), *Handbook of positive psychology* (pp.89-105). New York: Oxford University Press.

Nemeth, B., Scheerens, L. J. J., Lijfering, W. M., & Rosendaal, F. R. (2015). Bloodcurdling movies and measures of coagulation: Fear Factor crossover trial. *BMJ, 351*, 1-7.

Pähler vor der Holte, N., & Hennig-Thurau, T. (2016). Das Phänomen Neue Drama-Serien. Working Paper, Department of Marketing and Media Research, Münster University.

Palmgreen, P., & Rayburn, J. D., II. (1982). Gratifications sought and media exposure: An expectancy value model. *Communication Research, 9*, 561-580.

Petrova, P. K., & Cialdini, R. B. (2005). Fluency of consumption imagery and the backfire effects of imagery appeals. *Journal of Consumer Research, 32*, 442-452.

Pham, M. T. (1998). Representativeness, relevance, and the use of feelings in decision making. *Journal of Consumer Research, 25*, 144-159.

Phillips, B. J., & McQuarrie, E. F. (2010). Narrative and persuasion in fashion advertising. *Journal of Consumer Research, 37*, 368-392.

Plutchik, R. (1980). *A psychoevolutionary synthesis*. New York: Harper & Row.

Posner, M. L., & Snyder, C. R. R. (1975). Facilitation and inhibition in the processing of signals. In P. M. A. Rabbitt & S. Dornič (Eds.), *Attention and performance V* (pp.669-682). London: Academic Press.

Posner, J., Russell, J. A., & Peterson, B. S. (2005). The circumplex model of affect: An integrative approach to affective neuroscience, cognitive development, and psychopathology. *Development and Psychopathology, 17*, 715-734.

Ramanathan, S., & McGill, A. L. (2007). Consuming with others: Social influences on moment-to-moment and retrospective evaluations of an experience. *Journal of Consumer Research, 34*, 506-524.

Reber, R., Schwarz, N., & Winkielman, P. (2004). Processing fluency and aesthetic pleasure: Is beauty in the perceiver's processing experience? *Personality and Social Psychology Review, 8*, 364-382.

Reid, M. (2016). 16 sad songs to listen to when you need a good cry. *Lifehack*, https://goo.gl/hreJSx.

Reisenzein, R. (1994). Pleasure-arousal theory and the intensity of emotions. *Journal of Personality and Social Psychology, 67*, 525-539.

Rubin, A. M. (1981). An examination of television viewing motivations. *Communication Research, 8*, 141-165.

Russell, J. A. (1980). A circumplex model of affect. *Journal of Personality and Social Psychology, 39*, 1161-1178.

Ruth, N., Spangardt, B., & Schramm, H. (2016). Alternative music playlists on the radio: Flow experience and appraisal during the reception of music radio programs. *Musicae Scientiae, 21*, 75-97.

Ryan, R. M., & Deci, E. L. (2000). Intrinsic and extrinsic motivations: Classic definitions and new directions. *Contemporary Educational Psychology, 25*, 54-67.

Ryan, R. M., Scott Rigby, C., & Przybylski, A. (2006). The motivational pull of video games: A self-determination theory approach. *Motivation and Emotion, 30*, 347-363.

Schäfer, T., & Sedlmeier, P. (2009). From the functions of music to music preference. *Psychology of Music, 37*, 279-300.

Schäfer, T., & Sedlmeier, P. (2010). What makes us like music? Determinants of music preference. *Psychology of Aesthetics, Creativity, and the Arts, 4*, 223-234.

Sherry, J. L. (2004). Flow and media enjoyment. *Communication Theory, 14*, 328-347.

Slater, M. D., & Rouner, D. (2002). Entertainment-education and elaboration like-lihood: Understanding the processing of narrative persuasion. *Communication Theory, 12*, 173-191.

Smith, L. J., Gradisar, M., King, D. L., & Short, M. (2016). Intrinsic and extrinsic predictors of video gaming behaviour and adolescent bedtimes. *Sleep Medizine, 30*, 64-70.

*Stradella Road* (2010). Moviegoers 2010. Company report.

Stuart, K. (2010). What do we mean when we call a game 'immersive'? *The Guardian*, August 11, https://goo.gl/V3wLHA.

Tamborini, R., & Stiff, J. (1987). Predictors of horror film attendance and appeal: An analysis of the audience for frightening films. *Communication Research, 14*, 415-436.

Thomas, N. J. T. (2017). Mental imagery. In E. N. Zalta (Ed.), *Stanford encyclopedia of philosophy*. https://goo.gl/PfTfuC.

Tomkins, S. (1962). *Affect imagery consciousness: Volume I: The positive affects*. New York: Springer.

van Laer, T., de Ruyter, K., Visconti, L. M., & Wetzels, M. (2014). The extended transportation-imagery model: A meta-analysis of the antecedents and conse-quences of consumers' narrative transportation. *Journal of Consumer Research, 40*, 797-817.

Visch, V. T., Tan, E., & Molenaar, D. (2010). The emotional and cognitive effect of immersion in film viewing. *Cognition and Emotion, 24*, 1439-1445.

von Goethe, J. W. (1808). Faust: A Tragedy. Our English-language cite is from the 1870 edition translated by Bayard Taylor, published by The Riverside Press, Boston.

Vorderer, P. (2003). Entertainment theory. In J. Bryant, D. Roskos-Ewoldsen, & J. Cantor (Eds.), *Communication and emotion: Essays in honor of Dolf Zillmann* (pp.131-153). Mahwah: Lawrence Erlbaum.

Vorderer, P., Klimmt, C., & Ritterfeld, U. (2004). Enjoyment: At the heart of media entertainment. *Communication Theory, 4*, 388-408.

Ward, M. K., Goodman, J. K., & Irwin, J. R. (2014). The same old song: The power of familiarity in music choice. *Marketing Letters, 25*, 1-11.

Weibel, D., & Wissmath, B. (2011). Immersion in computer games: The role of spatial presence and flow. *International Journal of Computer Games Technology, 2011*, 1-14.

Wild, T. C., Kuiken, D., & Schopflocher, D. (1995). The role of absorption in experiential involvement. *Journal of Personality and Social Psychology, 69*, 569-579.

Wirth, W., Hartmann, T., Böcking, S., Vorderer, P., Klimmt, C., Schramm, H., et al. (2007). A process model of the formation of spatial presence experiences. *Media Psychology, 9*, 493-

525.

Witmer, B. G., & Singer, M. J. (1998). Measuring presence in virtual environments: A presence questionnaire. *Presence, 7*, 225-240.

Wohlfeil, M., & Whelan, S. (2008). Confessions of a movie-fan: Introspection intod a consumer's experiential consumption of 'Pride and Prejudice'. In P*roceedings of European ACR Conference* (pp.137-143).

Yee, N. (2006). Motivations for play in online games. *CyberPsychology and Behavior, 9*, 772-775.

Zacks, J. M. (2015). *Flicker: Your brain on movies*. New York: Oxford University Press.

Zajonc, R. B. (1980). Feeling and thinking: Preferences need no inferences. *American Psychologist, 35*, 151-175.

Zillmann, D. (1971). Excitation transfer in communication-mediated aggressive behavior. *Journal of Experimental Social Psychology, 7*, 419-434.

Zillmann, D. (1988). Mood management: Using entertainment to full advantage. In L. Donohew, H. E. Sypher, & E. Tory Higgins (Eds.), *Communication, social cognition, and affect* (pp.147-171). Hillsdale, NJ: Lawrence Erlbaum.

Zuckerman, M. (1979). *Sensation seeking: Beyond the optimal level of arousal*. Hillsdale, NJ: Erlbaum.

# 이제 '엔터테인먼트 사이언스'의 힘을 발휘해 봐요!

이게 그거다.

―마이클 잭슨의 노래

엔터테인먼트 매니지먼트는 전통적으로 엔터테인먼트 상품의 상업성과 관련해 시나리오 작가 윌리엄 골드먼의 상징적인 발언('어떻게 될지 아무도 몰라요')에서 묘사된 패러다임인 "직감(gut feeling)"과 경영 본능에 의존해 왔다. 그러나 골드먼의 격언은 35년 이상의 학문적 연구와 강하게 대조되는데, 이 학문적 연구는 엔터테인먼트 상품에 관한 소비자의 결정과 그 상품의 재무 성과가 체계적이고 비임의적인 패턴을 따른다는 충분한 경험적 증거를 제공한다. 학자들은 이러한 패턴을 데이터와 계량 알고리즘으로 연구해 왔으며, 그 기초가 되는 규칙이나 이론을 규명했다. 엔터테인먼트 사이언스 I~III권에서는 그러한 통찰의 광대한 몸뚱이를 하나로 모아 이른바 '엔터테인먼트 사이언스 이론'을 향해 첫걸음을 내디뎠다. 여러분이 이 책의 페이지에서 확실히 주목했듯이, 이 이론은 포괄성과 거리가 멀다. 무엇이 엔터테인먼트 상품을 성공하게 하는지를 설명하는 데 있어서 많은 공백과 빈 공간이 있다. 그리고 어떤 주장은 다른 주장들보다 훨씬 더 데이터에 의해 강하게 지지된다(그리고 어떤 주장은 아직 경험적으로 전혀 시험하지 않았다). 그러나 거의 모든 이론은 정의에 따르면, 거의 항상 그 현상에 대해 배울 것이 더 많기 때문에, 확정적이고 최종적인 이론을 접하는 것은 매우 드문 일이다(하나가 있을지라도).

엔터테인먼트 사이언스의 일반적인 논리는 생활과 경제의 다른 분야와 마찬가지로 엔터테인먼트에서의 성공은 일정한 패턴과 규칙을 따르고, 데이터와 알고리즘은 우리가 그것들을 이해하는 데 도움을 줄 수 있다는 것이다. 엔터테인먼트 사이언스의 밑바탕은 엔터테인먼트 세계를 복잡하고 다방면으로 보는 확률론적 세계관이다. 이런 복잡한 세상에서는 하나의 요소나 하나의 마케팅 기구의 사용은 결코 소비자의 반응이나 100% 확실성을 가진 상품의 성공을 설명하지 못하고, 다만 소비자가 어떤 식으로 반응하거나 엔터테인먼트 상품이 히트할 확률을 높일 뿐이다. 이것은 엔터테인먼트 사이언스가 속한 학문 분야인 어떤 사회과학에서도 항상 그러하며 앞으로도 그럴 것이다.

단편적이기는 하지만 엔터테인먼트 사이언스는 '순수' 이론이 아니라 응용된 이론이다. 엔터테인먼트 상품의 성패에 관한 실용적 주제를 다루며, 우리는 그것을 경영자나 엔터테인먼트 산업에 관련된 다른 사람들에게 유용하게 사용하고자 한다. 엔터테인먼트 사이언스는 무엇이 더 잘 작동하는지(그리고 왜 더 잘 작동하는지)에 대해 논쟁을 벌이지만, 엔터테인먼트에서 창의성을 몰아내기 위한 시도는 하지 않는다. 그 대신 엔터테인먼트 사이언스 이론은 엔터테인먼트와 그 상품을 규정하는 구체적인 요소, 엔터테인먼트 상품이 거래되는 시장, 엔터테인먼트 소비자에 대한 철저한 분석과 이해를 바탕으로 하고 있다. 그러한 세부 사항들은 엔터테인먼트의 맥락에서 어떻게 사물이 경제적으로 작용하는지에 대한 우리의 관점을 형성한다. I권 1장에서는 엔터테인먼트의 쾌락적·문화적 특성과 그 밖의 여러 측면을 포함한 상품 특성에 대해 심도 있게 논의했다. 이 장에서는 또한 서로 다른 특성이 마케팅 전략의 효과에 어떻게 영향을 미치는지에 대한 링크도 제공했다. I권의 나머지 장인 2~6장에서는, 엔터테인먼트 시장의 특성과 소비자들이 엔터테인먼트를 경험하기 위한 결정을 내리는 방법에 대한 분석으로 이 토론을 보완했다.

그리고 II권, III권은 초기 아이디어의 창출에서부터 그것의 수명주기가 끝날 때까지 엔터테인먼트 경영자가 엔터테인먼트 상품을 마케팅하기 위해 사용할 수 있는 도구에 바쳐졌다. 마케팅에 대한 우리의 관점은 광고나 다른 판촉 활동에 국한된 것이 아니라 시장과 소비자를 다루는 엔터테인먼트 회사의 모든 활동을 포괄하는 총체적 관점이라는 점에 주목했다. 이러한 마케팅 관점은 모든 엔터테인먼트 상품의 경험 품질을 결정하는 창의성과 예술성을 위한 공간을 제공하며, 관객과 전문가들이 이에 어떻게 반응하는지를 결정한다. 이러한 경험 품질은 필수적이며 따라서 I~III권 전체에서 논의한 '엔터테인먼트 마케팅 믹스'의 첫 번째 요소가 된다. 우리는 '위대한 엔터테인먼트'에 기여하는 것이 무엇인지 더 잘 이해하기 위해 자료와 알고리즘뿐만 아니라 문화 이론에 근거한 연구 결과를 보고했다. 하지만 예술가들은 안심할 수 있다. 비록 우리의 통찰력이 품질이 무엇인지 규정하는 데 도움이 되기는 하지만, 다음 걸작을 위한 공식은 없으며, 그것이 언젠가 곧 바뀔 것이라고 기대하지 않는다. 우리는 알고리즘의 힘이 엔터테인먼트 그 자체를 창조하는 것보다 복잡한 사업 결정을 개선하는 데 있어 경영자들에게 훨씬 더 유용하다고 주장했다.

경험 품질과 더불어 엔터테인먼트 경영자들이 마음대로 가지고 있는 마케팅 도구의 전 영역에 대해 논의했다. 엔터테인먼트 사이언스의 가장 잘 발달한 분야 중 하나인 엔터테인먼트 성공을 위한 브랜딩의 힘을 강조하고 특정 장르 등 다른 (브랜드가 아닌) 특징들이 상품을 위해 하는 역할을 연구했다. 우리는 새로운 엔터테인먼트 상품의 개발에 대한 오래된 주장을 반박했고, 엔터테인먼트 혁신이 경영자들이 신상품의 성공 가능성을 예측하는 데 도움을 주는 특정한 전략, 문화, 구조, 방법으로부터 실제로 이익을 얻을 수 있다는 사례를 구축했다. II권 5장은 예측을 위한 '하나뿐인' 접근법을 제시하지 않았다. 대신에, 우리는 독자들이 그/그녀의 회사의 독특한 요구와 자원에 가장 적합한 접근법을 개발하기 위한 영감으로 우리가 제시하는 대안적 접근법을 평가하기를 바란다.

III권 1장과 2장은 페이드(유료) 미디어, 온드(소유) 미디어, 그리고 (악성) 입소문과 (악성) 상품에 대한 전문적인 리뷰를 포함하는 언드(평가형) 미디어를 아우르는 다양한 커뮤니케이션 접근법이 엔터테인먼트 상품에 얼마나 효과적인지에 대한 이해도 제공했다. 이 글을 쓸 당시 할리우드에서는 로튼토마토가 영화를 망친다는 잡담이 많았다(예: Rodriguez, 2017). 인과관계와 상관관계를 분리함으로써 엔터테인먼트 사이언스는 독자들이 전문적 리뷰가 가지고 있는 '진정한' 효과를 판단하고, 이미 문제가 된 상황만을 악화시키는 임시적(ad hoc) 결정을 피하도록 도울 것이다.

III권 3장은 또한 ① 기존 유통 창구에 대한 변경 사항 및 ② 불법 채널이 오늘날 엔터테인먼트 성공에 미치는 영향(즉, 불법 복제의 영향)에 대한 열렬한 논쟁에 과학적 층을 추가하고 대안적 구제책을 논의한다. 우리는 III권 4장에서 엔터테인먼트 경영자가 모든 상품의 가격을 동일하게 책정하는 전통적인 접근 방식을 재고하는 대신 매력이 다른 상품 간에 가격을 다르게 하는 것이 대가를 지불할 수 있음을 보여 주었다.

우리는 III권 5장에서 실전에 사용된 2가지 지배적인 통합 마케팅 전략으로서 블록버스터와 틈새 마케팅에 대한 토론으로 엔터테인먼트 사이언스 이론을 끝냈다. 여기서, 우리는 산업을 위해 경고한다. 엔터테인먼트 사이언스를 단편적으로 적용하여 디지털화와 세계화의 경제적 잠재력을

'극한 블록버스터'라는 단일 유형의 상품으로 축소해서 이용하는 것은 전체 산업으로서의 엔터테인먼트에 위협이 된다. 그것은 소비자들을 영화, 음악, 게임, 책으로부터 그리고 소셜 미디어와 같은 새로운 경쟁적인 형태의 엔터테인먼트에 이르기까지 전반적으로 멀어지게 할 수 있다.

우리는 엔터테인먼트 사이언스(이론과 책)가 독자들이 엔터테인먼트 상품에 대한 결정을 내릴 때 '과학적으로' 생각하는 가치를 강조하도록 도움을 주고자 했다. 그렇게 함으로써 이론과 데이터 분석을 통해 예술적 기술과 경영 직관의 힘을 향상시키고자 했다. 그렇게 하면 독자들이 '어떻게 될지 아무도 몰라요'라는 통설을 뒤로 하고, 분석 함정(엔터테인먼트의 복잡성과 상품이 갖는 창의적 특성의 주요 역할을 무시하고, 분석적 기술을 순진하고 부주의하게 사용하는)을 피할 수 있다. '아무도 몰라요'뿐만 아니라 '이론 없는' 분석도 테이블에 많은 가치를 남긴다. 우리는 우리가 그러한 도움을 줄 수 있기를 바라며, 엔터테인먼트 사이언스(이론)와 함께 일하거나 그것과 함께 확장하는 데 있어서 행운을 빈다. 이제 헤어질 시간이다. 전설적인 작곡가 오스카 해머스타인(Oscar Hammerstein)의 말을 의역하여 여러분을 떠나도록 하겠다. 사랑하는 독자 여러분! 안녕히 계십시오. 안녕히 계십시오.

**참고문헌**

Rodriguez, A. (2017). The 10 worst summer 2017 movies that Rotten Tomatoes helped destroy. Quartz, August 25, https://goo.gl/7CDHTs.

# 찾아보기

# 지은이

**토르스텐 헤니그-투라우 (Thorsten Hennig-Thurau)**
독일의 저명 경제학자로 주로 미디어·영화·소셜 미디어 경제와 관계 마케팅을 연구했다. 현재 뮌스터대 마케팅 센터 마케팅·미디어 연구 의장이다. 루네버그대 경영학과를 나와 하노버대에서 경제학 박사를 받았다. 웨스트필름스대 경제학과 교수, 바우하우스대 미디어학부 교수, 런던 시티대 카스비즈니스 스쿨 연구 교수 등을 지냈다. 영화 불법 복제물의 경제적 피해 영향을 학술적으로 처음 규명했다. 저서에 『관계 마케팅: 고객 만족 및 고객 보존을 통한 경쟁력 확보』 등이 있다. JSR 리서치 '최우수논문상(2005)'을 받고 비즈니스 잡지 《Handeliet》에 의해 독일·오스트리아·스위스 '상위 1% 학자'(2007)로 선정되었다.

**마크 B. 휴스턴 (Mark B. Houston)**
미국의 마케팅 학자로 주로 채널·영화 마케팅 및 혁신 전략에 대해 연구했다. 현재 텍사스크리스천대(TCU) 닐리비즈니스 스쿨 마케팅학과 교수이다. 볼리바르 사우스웨스트침례대 경영학과와 미주리대 MBA를 각각 나와 애리조나주립대에서 경영학 박사를 받았다. 미주리대, 세인트루이스대, 볼링그린주립대, 트룰라스케대, 텍사스A&M대 메리비즈니스 스쿨의 마케팅학과 교수, 독일 뮌스터대 객원 교수 등을 역임했다. 식품회사 블루 벨 크리머리즈의 초대 의장을 지냈다. 저서에 『전략적 마케팅과 계획』 등이 있다. 마케팅·유통 채널 연구로 쉐스재단의 '최우수논문상'(2018)과 '루이스스턴 상'(2019)을 각각 받았다.


엔터테인먼트 사이언스(Entertainment Science)의 최신 버전과
저자와 다른 독자들을 만나려면 웹사이트 http://entertainment-science.com와
페이스북 https://www.facebook.com/EntertainmentScience을 방문하십시오.

# 옮긴이

### 이청기

현재 KBS공영미디어연구소 연구위원(Ph. D.)으로서 주로 미디어·엔터테인먼트 산업·전략을 연구하고 있다. KBS 입사 이후 KBS 콘텐츠전략팀장, KBS 미디어텍과 KBS 아트비전의 이사, e-KBS 대표 등을 역임했다. 미국 보스턴 Hult 인터내셔널 비즈니스 스쿨에서 MBA를, 서울 광운대에서 박사 학위를 각각 취득했다. 숙명여대 미디어학부 겸임교수를 맡아 '엔터테인먼트 비즈니스', '미디어경영 및 마케팅' 등을 강의했다.

### 김정섭

성신여대 문화산업예술대학원 문화산업예술학과 교수(Ph. D.)로서 엔터테인먼트 예술 콘텐츠 및 엔터테인먼트 산업 전반을 연구하고 있다. 저서 『케이컬처 시대의 배우 경영학』, 『케이컬처 시대의 뮤직 비즈니스』, 『한국대중문화예술사』, 『명품배우 만들기 스페셜 컨설팅』, 역서 『할리우드 에이전트』 등을 펴냈다. 학술논문은 「배우 손예진의 코어 페르소나와 주연 작품에 대한 수용자 반응과의 정합성 분석」 등이 있다.

### 조영인

한국문화예술연구소 소장(Ph. D.)으로 문화 콘텐츠 전반을 연구 중이다. 미스 춘향 숙(2003), 미스코리아 서울 미(2004) 출신으로 한국무용가와 배우로 활동했다. SBS 〈바람의 화원〉, KBS 〈대조영〉과 〈달이 뜨는 강〉, TV조선 〈바람과 구름과 비〉 등을 안무 감독했다. 영인베스트먼트 대표, 허드슨헨지 투자본부 이사, 동국대와 추계예술대 강사 등을 맡고 있다. 학술논문은 「문화상호주의로 분석한 BTS 안무 연구」 등이 있다.

### 조희영

중앙대 첨단영상대학원 영상학과 교수(Ph. D.)로서 주로 영상 산업·정책, 트랜스 미디어 스토리텔링 기반의 콘텐츠 기획 전략 등을 연구하고 있다. 한국영화아카데미의 프로듀싱 과정 졸업 후 CJ CGV, CJ E&M, 타임와이즈인베스트먼트 등에서 영화 및 문화 콘텐츠 투자·유통에 관한 실무 경험을 축적했다. 학술논문은 「한국영화 제작자·감독·배우 네트워크 분석: 2013-2019 개봉작을 중심으로」 등이 있다.

**박정은**

경희사이버대 실용음악학과 겸임교수(Ph. D.)로서 실용음악, 음악교육을 주로 연구하고 있다. 크로스오버 바이올리니스트로서 첫 솔로 앨범 〈LIBER TANGO〉 발매 후 포털의 '바이올리니스트' 부문 1위에 올랐으며, 야마하뮤직코리아 데몬스트레이터로도 활동했다. 저서 『월드 뮤직』을 출간했다. 학술논문은 「초·중등학교 대중음악 교육과정 기준 개발 연구」, 「국내 음악산업의 디지털 음악제작과 유통구조 분석」 등이 있다.

**이규탁**

한국조지메이슨대 교양학부 교수(Ph. D.)로 재직 중이며, 케이 팝(K-pop)과 대중음악 분야를 집중적으로 연구하고 있다. 저서에 『케이 팝의 시대』, 『대중음악의 세계화와 디지털화』, 『갈등하는 케이, 팝: 한국적인 동시에 세계적인 음악』이 있으며, 학술지, 신문, 잡지 등에 대중음악과 케이 팝에 관한 다수의 글을 쓰고 있다. 역서는 『교양의 효용』, 『모타운: 젊은 미국의 사운드』(공역)가 있다.

**이은혜**

동국대 영상대학원 공연예술학과 교수(Ph. D.)로서 뮤지컬, 예술 콘텐츠, 엔터테인먼트 산업을 주로 연구하고 있다. 미국 브로드웨이 뮤지컬 배우 출신으로 미국에서 〈미스 사이공〉, 〈왕과 나〉, 한국에서 〈캐츠〉, 〈원효〉 등을 각각 주연했다. 저서에 『알기 쉬운 뮤지컬 가창 실기』가 있으며, 학술논문은 「손드하임의 뮤지컬 융합 양식을 향한 실험과 전략」, 「아시아의 중심, K-Musical의 역할과 가능성」 등이 있다.

한울아카데미 2310

# 엔터테인먼트 사이언스 I — 엔터테인먼트 경영·경제학

지은이 | 토르스텐 헤니그-투라우·마크 B. 휴스턴
옮긴이 | 이청기·김정섭·조영인·조희영·박정은·이규탁·이은혜
펴낸이 | 김종수
펴낸곳 | 한울엠플러스(주)
편집 | 배소영

초판 1쇄 인쇄 | 2021년 6월 15일
초판 1쇄 발행 | 2021년 6월 30일

주소 | 10881 경기도 파주시 광인사길 153 한울시소빌딩 3층
전화 | 031-955-0655
팩스 | 031-955-0656
홈페이지 | www.hanulmplus.kr
등록 | 제406-2015-000143호

Printed in Korea.
ISBN  978-89-460-7310-4 93320 (양장)
       978-89-460-8088-1 93320 (무선)

# 엔터테인먼트 사이언스 II — 엔터테인먼트 상품 경영론

• 토르스텐 헤니그-투라우·마크 B. 휴스턴 지음
• 이창가·김정섭·조영인·조희영·박정은·이규탁·이은혜 옮김
• 2021년 7월 발행 예정

이제는 단연 엔터테인먼트의 시간!
### 3권 시리즈로 담은 빅 히트 솔루션
[ 엔터테인먼트 사이언스 I · II · III ]

**영상, 음악, 공연, 출판, 게임 등 엔터테인먼트 상품을
문화산업학과 엔터테인먼트 경영·경제학 시각에서 통찰해
'프로젝트 성공'의 경험적·이론적·통계적 솔루션 제공**

가장 현대적인 관점에서 엔터테인먼트 상품, 사업, 산업
특성을 경험적·이론적·통계적으로 통합 분석함으로써
리스크는 줄이고 수익을 드높이는 혜안을 제시한다.

기획·투자-제작-유통-이용 등 가치 사슬의 전 과정에서
적용될 이론, 법칙, 전략을 명쾌하게 제시함으로써
학술적·실용적 가치를 겸비한 통찰을 가능하게 한다.

엔터테인먼트 분야의 현장 전문가와 아티스트 출신 학자 등
실무 경험이 풍부한 전문가들이 번역에 나서 실무와 이론,
현장과 학계의 괴리를 최대한 좁혔다.

엔터테인먼트의 시간, 이 책이 유용한 이유이다.

II권에서는 상품, 판촉, 유통, 가격 결정이라는 4P 마케팅 믹스 중 상품에 대해 4개 장에 걸쳐 탐구
한다. 1장은 위대한 상품에 필요한 스토리와 같은 소비자 경험 품질에 대해, 2장은 기술, 장르 등
상품에 영향을 미치는 탐색 품질에 대해, 3장은 스타와 같은 품질을 판단할 수 있는 지표로서의
브랜드에 대해, 4장은 성공적인 엔터테인먼트 상품을 개발하는 방법을 고찰한다.

# 엔터테인먼트 사이언스 III — 엔터테인먼트 통합 마케팅

이제는 단연 엔터테인먼트의 시간!
## 3권 시리즈로 담은 빅 히트 솔루션
[ 엔터테인먼트 사이언스 I · II · III ]

**영상, 음악, 공연, 출판, 게임 등 엔터테인먼트 상품을
문화산업학과 엔터테인먼트 경영·경제학 시각에서 통찰해
'프로젝트 성공'의 경험적·이론적·통계적 솔루션 제공**

가장 현대적인 관점에서 엔터테인먼트 상품, 사업, 산업
특성을 경험적·이론적·통계적으로 통합 분석함으로써
리스크는 줄이고 수익을 드높이는 혜안을 제시한다.

기획·투자-제작-유통-이용 등 가치 사슬의 전 과정에서
적용될 이론, 법칙, 전략을 명쾌하게 제시함으로써
학술적·실용적 가치를 겸비한 통찰을 가능하게 한다.

엔터테인먼트 분야의 현장 전문가와 아티스트 출신 학자 등
실무 경험이 풍부한 전문가들이 번역에 나서 실무와 이론,
현장과 학계의 괴리를 최대한 좁혔다.

엔터테인먼트의 시간, 이 책이 유용한 이유이다.

• 토르스텐 헤니그-투라우·마크 B. 휴스턴 지음
• 이청가·김정섭·조영인·조희영·박정은·이규탁·이은혜 옮김
• 2021년 8월 발행 예정

III권은 커뮤니케이션(promotion), 유통(place), 가격(pricing) 결정 및 이를 기초로 통합 마케팅 결정론에 대해 탐구한다. 1장은 소비자와의 커뮤니케이션 중 페이드(paid: 유료) 채널과 온드 (owned: 보유) 채널에 대해, 2장은 전문가 비평과 같은 언드(earned: 평가형) 채널에 대해, 3장은 유통 결정에 대해, 4장은 가격 결정론에 대해 설명하고, 마지막으로 5장은 4P를 기반으로 엔터테인먼트 통합 마케팅을 다루면서, 블록버스터와 틈새상품 개발법을 제시한다.

# 케이컬처 시대의 뮤직 비즈니스

• 김정섭 지음
• 2021년 2월 12일 발행 ㅣ 신국판 ㅣ 320면

**엔터테인먼트 산업 최고 전문가가 집필하고**
**음악 산업 경영자·아티스트·연구자들이 손꼽은**
**대한민국 음악보감[大韓民國 音樂寶鑑]**

이 책은 '케이팝 르네상스 시대'에 대한 긍지에서 집필을 시작하여 음악산업 이면의 각종 문제점을 극복하고 새로운 사업 제도·관행·문화를 정착시켜 지속 가능한 케이팝의 영광이 이어지도록 하는 염원을 담아 완성되었다.

저자는 "이 책을 쓰면서 국내외 음악 시장의 급변 추세에 맞춰 현시점에서 대중음악과 뮤직 비즈니스를 제대로 이해하고 적용할 수 있도록 가능한 한 최신 정보와 통찰을 담았다. 대중음악에 대한 기본 지식은 물론 케이팝의 성공 요인, 개별 아티스트/기업의 성공 사례를 긍정적인 관점에서 체계적으로 분석하는 한편, 각광받는 케이팝의 외형에 가려진 한국 음악 생태계의 문제점과 병폐를 가감 없이 제시함으로써 지속 가능한 한국 음악산업을 위한 법제와 정책의 개선점을 모색했다"라고 강조했다.

이 책의 장점은 음악 분야 창업자, 취업자들을 위해 환상이나 착시 효과를 야기하는 포장과 거품을 걷어 내고, 지극히 현실적이고 정제된 정보들을 제공하고, 연구자들을 위해서는 세부 주제와 관련된 논의와 이론을 충실하게 소개하거나 적용하면서 보다 분석적이고 비판적인 시각에서 접근했다는 점이다.

한울엠플러스의 책

# 디지털 르네상스
## 데이터와 경제학이 보여주는 대중문화의 미래

- 조엘 월드포겔 지음 ㅣ 임정수 옮김
- 2020년 2월 28일 발행 ㅣ 신국판 ㅣ 344면

**디지털 테크놀로지, 미디어 산업의 새로운 황금시대를 열다**

이 책은 실증적 데이터에 근거하여 디지털과 온라인 커뮤니케이션이 보편화된 미디어 환경을 드러낸다. 이 책의 저술 작업은 저자가 특히 두 가지 측면에서 보여 준 노력의 결실이다. 데이터 수집과 시대별 비교를 위한 지표화 작업이 그것이다. 저자가 서문에서 밝히고 있듯이, 데이터의 수집은 연구진의 연구 의지가 만들어 낸 결실이며, 미국 미디어 산업이 지난 100년 동안 축적해 둔 데이터와 각종 평가 시스템의 혜택이라고 할 수 있다. 또한 저자는 여러 데이터를 가지고 여건이 다른 시대를 비교하는 방법을 고안해 냈는데, 한국 미디어 산업을 평가해 보는 데 시사하는 바가 크다.

역사는 문화의 발상지가 계속 번성하는 것이 아니라, 다양한 문화가 유입되고 교차하고 섞이는 곳에서 문화가 번성한다는 사실을 말해 준다. 온라인 미디어 플랫폼은 문화의 국경선을 무너뜨렸고, 그 어느 때보다도 다양한 문화를 빠르고, 저렴하게 이용할 수 있는 환경을 만들어 주었다. 또, 과거였다면 시장에서 선택받지 못하고 평생 습작만 했을 수많은 사람들이 만들어 내는 다양한 문화 상품이 유통의 장에 올라올 수 있는 기회가 생겼다. 저자는 이를 '디지털 르네상스'로 칭한다.

한울엠플러스의 책

# 할리우드 에이전트

엔터테인먼트 제국 막후 주역들의 비즈니스 구조와 지략

- 비올렌 루셀 지음 | 김정섭 옮김
- 2019년 7월 31일 발행 | 신국판 | 424면

**미국 할리우드 엔터테인먼트 산업 110년 역사!**
**쇼비즈 노하우 '경계'와 '비밀'의 장막을 벗기다**

LA 할리우드 제국의 걸출한 스타 아티스트들을 화려하게 빛나게 하는 막후 주역은 단연 '에이전트'이다. 이들은 제국의 설계자이자 수완 좋은 해결사, 그리고 숨은 실세, 나아가 미래의 '빅 픽처'를 그리는 지속 가능 경영자들이다.

이 책의 저자 비올렌 루셀은 무대 뒤에서 할리우드 제국을 호령해 온 에이전트들의 세계에 직접 뛰어들어 인의 장막을 뚫고 범접하기 어려운 업계 거물들까지 인터뷰해 그간 알려지지 않은 산업과 비즈니스 구조를 제대로 분석했다.

정밀 현장연구인 민속지학 방법으로 엔터테인먼트 산업의 복잡한 비즈니스 층위와 지형도, 업계 이해관계자들 간의 관계 형성과 권력 관계, 에이전트들의 문화상품 생산 기여 현황 및 사업 노하우, 에이전트 업무의 기원, 발전 과정, 위계구조, 육성 및 전문화 과정, 배우·작가·감독·작품 등에 대한 평가와 시장가격 결정 구조 등을 대중문화의 기틀에 사회학적 통찰력을 가미해 융합적으로 분석했다.

독자들은 이 책을 통해 할리우드 제국의 명암과 성장사, 미래를 위해 변화 중인 현재의 모습을 접하며 사업 노하우는 물론 한류 정점 이후 온갖 흉사로 재구성과 질적 도약이 필요한 한국 엔터테인먼트 산업의 과제를 모색할 수 있다.

# 케이팝의 시대
## 카세트테이프부터 스트리밍까지

---

- 이규탁 지음
- 2016년 8월 3일 발행 | 신국판 | 232면

**케이팝은 뭘까?**
**아이돌 댄스음악=기획사가 찍어낸 상품=자랑스러운 한류 콘텐츠, 케이팝?**

케이팝은 체계적이고 표준화된 시스템에 의해 생산-유통-소비 된다. 이런 시스템이야말로 이전의 신세대 댄스가요 및 현재 가요에서 타 장르와 케이팝을 구분 짓는 가장 중요한 요소이다. 즉, 전자 댄스음악이든 발라드이든 록이든, 혹은 그룹이든 솔로 가수이든 간에 특정한 형태의 시스템에 따라 생산-유통-소비 된다면 그것이 바로 케이팝이다.

이 책은 2000년대 중반 이후 국내 대중음악계에서 가장 높은 인기를 얻고 있는 장르의 음악이자, 음악산업을 넘어 한국 문화산업 전반에서 가장 큰 화두 중 하나라고 할 수 있는 문화 현상, '케이팝(K-Pop)'에 대해 이야기한다. 케이팝이 어떻게 자신의 정체성을 형성해 왔으며, 다양한 로컬(지역) 음악 중 하나였던 한국 대중음악의 한 장르가 어떻게 글로벌 수용자들로부터 주목받는 음악이 되었는지 정치경제적·사회적·문화적·역사적 맥락 아래 흥미로운 서술을 펼친다.